·浙江大学哲学文存·

TEMPORALITY AND
THE PHILOSOPHY OF NOEIN:
THINKING TRANSCENDENTAL
PHENOMENOLOGY WITH HUSSERL

马迎辉／著

（增订本）
时间性与思的哲学
与胡塞尔共同思考超越论现象学

中国社会科学出版社

图书在版编目（CIP）数据

时间性与思的哲学：与胡塞尔共同思考超越论现象学 / 马迎辉著. -- 增订本. -- 北京：中国社会科学出版社，2024.9. --（浙江大学哲学文存 / 王俊主编）.
ISBN 978-7-5227-3864-2

Ⅰ.B81-06

中国国家版本馆 CIP 数据核字第 2024DH3589 号

出 版 人	赵剑英
责任编辑	郝玉明
责任校对	谢　静
责任印制	李寡寡

出　　版	中国社会科学出版社
社　　址	北京鼓楼西大街甲 158 号
邮　　编	100720
网　　址	http://www.csspw.cn
发 行 部	010-84083685
门 市 部	010-84029450
经　　销	新华书店及其他书店
印　　刷	北京君升印刷有限公司
装　　订	廊坊市广阳区广增装订厂
版　　次	2024 年 9 月第 1 版
印　　次	2024 年 9 月第 1 次印刷
开　　本	710×1000　1/16
印　　张	27.25
字　　数	439 千字
定　　价	129.00 元

凡购买中国社会科学出版社图书，如有质量问题请与本社营销中心联系调换
电话：010-84083683
版权所有　侵权必究

目 录

导 论	(1)
第一节 再思胡塞尔	(2)
第二节 研究思路	(9)
第一章 实显性困境	(21)
第一节 范畴代现	(21)
第二节 内感知及其困境	(36)
第三节 前—实显的体验	(44)
第二章 内时间结构	(54)
第一节 同时性	(56)
第二节 滞留	(58)
第三节 双重意向性	(69)
第四节 活的当下	(74)
第五节 时间化	(85)
第六节 争论与回应	(98)
第七节 新构架	(112)
第三章 思的哲学	(116)
第一节 首次突破	(117)
第二节 还原与反思	(129)
第三节 纯粹意识	(141)
第四节 意向流形	(157)

第五节　能思／所思 …………………………………………（166）
　　第六节　类型学 ……………………………………………（182）

第四章　基本问题 ……………………………………………（193）
　　第一节　超越论 ……………………………………………（195）
　　第二节　存在问题 …………………………………………（203）
　　第三节　本质直观 …………………………………………（220）
　　第四节　真理与明见性 ……………………………………（250）
　　第五节　本我论 ……………………………………………（266）
　　第六节　他人问题 …………………………………………（278）
　　第七节　身体之维 …………………………………………（288）
　　第八节　生活世界 …………………………………………（297）
　　第九节　思的界限 …………………………………………（305）
　　第十节　哲思定位 …………………………………………（318）

第五章　对法国的影响 ………………………………………（328）
　　第一节　自我的超越性 ……………………………………（329）
　　第二节　身体与存在 ………………………………………（342）
　　第三节　绝对他者 …………………………………………（362）
　　第四节　质料与生命 ………………………………………（376）
　　第五节　还原与给予 ………………………………………（389）

第六章　未尽之思 ……………………………………………（406）
　　第一节　严格的科学 ………………………………………（407）
　　第二节　未来的任务 ………………………………………（411）

参考文献 ………………………………………………………（416）

后　记 …………………………………………………………（427）

增订本后记 ……………………………………………………（430）

导　论

胡塞尔对超越论现象学研究持续了30余年，对现象学运动的影响最为深远，与时代也最为契合。但在理解超越论现象学时，我们会遭遇到各种困难，姑且不提它复杂的结构和内涵，单单是纯粹现象学、纯粹意识中的"纯粹"二字就足以引发诸多争议①，批评者甚至可能就此认为，胡塞尔开始收缩入纯粹意识内部，现象学至此与现实世界无关了。而从后继者们对胡塞尔的继承和推进看，这种形态的现象学显然会更加尴尬，似乎除了梅洛-庞蒂，就很少有人公开宣称自己的工作是发端于超越论现象学的。但事实果真如此吗？恐怕未必。只要我们看到《观念》对存在论的新理解，尤其是看到作为原区域、原范畴的纯粹意识对包括人格、精神在内的各区域存在的构造，那么问题显然不会如此简单，因为这里无疑蕴含了一种革命性的存在理解和构造。

鉴于围绕超越论现象学的讨论将面对巨大的困难，我们在导论中有必要做一些预备性的工作：首先，我们将从西方哲学的思与存在的往复运动以及胡塞尔对20世纪西方诸思潮的影响，说明超越论现象学在历史和时代中可能具有的独特地位，以校准我们的研究对象；其次，按照笔者的写作习惯，我们将对本书所要探讨的问题、研究思路和篇章结构做一些说明，希望能给读者对本书的阅读和理解带来些许便利。

---

① 参见赵汀阳《不纯粹的现象学》，《哲学研究》1999年第6期；倪梁康《纯粹的与不纯粹的现象学》，《学术月刊》2007年第1期。

第一节　再思胡塞尔

自从巴门尼德提出存在就是被思的这一命题之后，西方哲学便一直处在从思之存在到存在之思的往复运动之中，在柏拉图与亚里士多德、奥古斯丁与阿奎纳、笛卡尔与斯宾诺莎、康德与黑格尔、胡塞尔与海德格尔之间，我们或多或少都能够看到这一运动。前一列哲学家可以被称为思的哲学家，他们关注如何借助数学理型进入并构造被思的存在，而接续他们的存在学家们则致力于先行考辨存在并探讨如何在存在中生成并规定思。思的哲学家大多强调开端，存在学家则喜好谈论终结，开端意味着在思的批判中揭示思的形式、权能和限度，而终结则意味着借助在思的批判中所确定的存在分类，揭示存在相对各种形态的思所具有的根基性。①

在此脉络中，胡塞尔现象学自然可以被视为黑格尔与海德格尔之间的思的哲学，它不仅标志着思的哲学在黑格尔之后再度兴起，而且似乎也呈现为一种前—存在的哲学，也就是说，一种有待被他的弟子海德格尔的存在论超越和终结的哲学。对胡塞尔的这一定位之所以重要，是因为它不仅关系到对胡塞尔在现代哲学中的开端地位的理解，而且关系到对超越论之思向新的存在论过渡何以可能的理解，不仅如此，如果考虑到存在论总是建立在作为其原像的思的哲学之上，那么这一定位甚至也影响到我们对海德格尔之后的思的哲学如何再次发端的先行把握。

在黑格尔之后，西方哲学的一项重要任务就是重建主体与存在，这一点在尼采以永恒轮回对存在的重塑以及祁克果对人与上帝的生存关联的构造中已经有所显示。在尼采等人对存在的新构造中，黑格尔一直是最重要的批判对象。但我们认为，就新存在的构造而言，对黑格尔式的

---

① 当然，这里的概括是粗线条的，读者们当然可以根据自己的思考加入譬如可思或不可思、可见或不可见的维度。也就是说，思的权能和范围确实在不断变动，但在西方哲学史上，存在与思的互见、互证的关系却从未消失：普罗提诺接续并推进柏拉图，论证太一超越并生成存在，但对他而言，太一却是可以凝思的；一般而言，神学家当然会认为上帝的存在是不可思的，但对承认原罪的存在者呢？实际上，对严格的哲学家而言，问题从不在于什么人划定了什么界限，而在于就思本身的权能揭示其可能的结构。

精神发生史的批判，如果不是以对作为黑格尔哲思之基础的康德的超越论逻辑与经验被给予性之间的界限的批判为前提，那么对新存在的构造就不可能真正获得成功，因为我们必须解决黑格尔已然指出，但又无法真正解决的超越性和经验性之间的最初对立，即所谓最高分离的可能性问题①，否则，所谓的新存在最终仍然只能是黑格尔式的那种具有进化论色彩的整体存在，尽管它的确满足了人们对灵魂上升、精神完满的向往。因此，超越黑格尔，构造新的存在，最关键的倒不是在绝对精神的体系内部反思批判黑格尔，譬如指出某个自我否定、自我扬弃的环节是否合理，我们是否能添加入某些新的环节，而是要回到德国古典哲学的基础范式，对康德的哲思范式进行前提性的批判。

超越论现象学承担的就是这一批判任务，这也是胡塞尔看似不恰当地超过黑格尔，直面康德的重要原因。在现象学运动诞生之初，胡塞尔的对话者主要是英国的经验论，后者同样激发了康德的批判哲学对经验被给予性的关注。也就是说，胡塞尔现象学的起源点同样也是康德哲学的起源点。但他们对经验的理解并不相同：康德将感性杂多视为认识的起点，因为经验本身不具有构造性而求助范畴的综合能力，而胡塞尔一开始就剥夺了经验作为认识起点的意义：经验只是含义意向的充实内容，因而是第二性的，在向超越论现象学的突破中，胡塞尔很快意识到经验是生成性的，其内结构支撑起了含义意向的存在空间。以此为基础，我们自然可以理解康德何以会在区分感性和知性的基础上，着力探讨知性如何综合感性，而胡塞尔则要求回到纯粹体验，试图在体验内部发现它自身的综合能力，感性和知性应该在体验的自身综合中获得被给予性。

在胡塞尔那里，这种被给予性被具体展示为范畴直观和本质直观（或艾多斯直观②），它们代表了胡塞尔对康德理性哲学的整体突破。在康

---

① 在黑格尔语境中对这一问题的揭示首先应归功卢卡奇，参见［匈］卢卡奇《历史与阶级意识：关于马克思主义辩证法的研究》，杜章智、任立、燕宏远译，商务印书馆2017年版，第226页。

② "艾多斯直观"是胡塞尔在超越论现象学阶段关于直观的说法，描述心理学阶段讨论的主要是范畴直观和普遍直观。"艾多斯"是希腊语eidos的音译，在《观念Ⅰ》中，为了将超越论现象学的形式本质区别于《逻辑研究》中的种属普遍性上的本质观念，胡塞尔重新引入了这一术语。一般所说的"本质直观"就是艾多斯直观。

德的认识论批判中，存在不是实在的谓词，因为它无法给出感性刺激以承载范畴从而成为统觉的对象，而在超越论现象学中，胡塞尔则借助现象学还原，将纯粹意识揭示为能思/所思（noesis-noema）的多维的体验流形（Mannigfaltigkeit）结构。纯粹意识所构造的存在具有绝对性，它不是对象性的统觉物，甚至也不是那种区域性的并且能够在本质类型学上得到考察的存在，它已经是超种属的存在一般了。超越论现象学为西方哲学确立了什么？最简单的回答是：它确立了一种全新的思的范式以及由这种独特的思所规定的一元多维的存在。通过回溯德国古典哲学的开端，胡塞尔向我们揭示了一种新的思、新的存在以及新的绝对性。

纯粹意识及其构造的存在是绝对的、可思的。这对黑格尔式的整体和绝对意味着什么？意味着他通过精神的中介化以及自身否定所建构起具有内在整体性的诸历史阶段，必须一开始并且原初地就处在有效的映射关系之中，否则中介和自身否定只能依靠外在力量的规定。① 黑格尔式的辩证发生似乎也能说明低等级对高等级的"映射"建构，但这种理性的狡黠与胡塞尔试图揭示的可规定的无限性全然不同。对胡塞尔来说，绝对性不应该是精神的自我证明，黑格尔式的圆环显示的其实只是同一性，在此同一性上谈绝对，根本上也只能是自以为是（或存在），可规定的无限性建基于超越论的主体性，它构造出了不同生成环节，亦即不同存在区域之间的生存关联，换言之，在超越论现象学中，构造同一的绝对必须外在于黑格尔式的精神整体，它体现为纯粹意识的意向流形结构。

胡塞尔将意向流形结构揭示为一维流形构造二维连续统，这不仅使超越论的主体具有了绝对的存在性，也据此使其具有了构造世界、历史的绝对权能。在多维的意向流形结构中，根据意向形式的差异，生存者具有了不同的存在方式，譬如习性的、人格的、精神的，甚至连历史先天也成了超越论主体性的内在之物。至此，如何理解乃至批判性地消解超越论现象学的绝对性重新成为现代西方哲学的重要主题。

---

① 黑格尔的逻辑学似乎也具有这一方法论的功能。但即便如此，它本质上也还是一种思辨。在黑格尔过世后的几年里，随着非欧几何运动的兴起，这种思辨的存在在构造上开始获得直接的明见性。我们愿意将此知识结构的整体转变视为包括现象学运动在内的现代西方诸思潮诞生的最重要的理论背景。

从 20 世纪 20 年代开始，海德格尔对胡塞尔发起了全方面的批评：从还原、反思到纯粹意识，再到意向行为与存在，在他看来，胡塞尔的现象学仍然是一种以实显的立义模式为基础的认识论研究。这一批评影响深远，甚至成了人们理解胡塞尔的标准版本。但对胡塞尔的这一定位是非常不准确的，它至少造成了如下严重的后果。首先，胡塞尔现象学被死死地压制在描述心理学阶段，以整体与部分或者说种属关系为基础对意向行为的研究居然成了超越论现象学的主题！其次，胡塞尔开拓出的思的哲学的丰富内涵无法得到客观的表达。能思/所思的多维构造中蕴含了理念与存在的关系、被思的存在的构造与界限等丰富的哲学内涵，当胡塞尔现象学被简单地定位为认识论时，这些论题连同胡塞尔继承自柏拉图的作为存在之阶梯的数理的存在问题以及作为存在之目的的善的存在问题也就被令人遗憾地抹除了。如果确实如此，那么我们必须首先思考的问题是，海德格尔对胡塞尔的超越论的流形结构的耽误意味着什么？最简单的回答是，因为海德格尔掩盖了自己的存在之思的真正来源，致使他无法真正走出胡塞尔及其所代表的 20 世纪的科学范式，对现代存在的批判就此成了外在的宣言，从根本上是乏力的最终甚至是逃避性的。

一旦无视他本人与胡塞尔的思的哲学之间的内在关联，那么海德格尔自然也就遮蔽了超越论现象学通过对传统思的哲学的批判所敞开的新的绝对存在领域，这对他的早期工作乃至对整个现象学运动都产生了不利的影响。① 实际上，除了海德格尔的存在与领会着存在的此在的相关性源自胡塞尔的思与被思的存在的相关性以外②，无论是萨特对意向性的所谓新理解，还是梅洛-庞蒂从身体角度对超越论现象学的继承与推进，抑或列维纳斯对善的存在相对存在一般的奠基地位的指示，都与胡塞尔对新的意识结构和存在领域的发现有着内在的理论关联。

---

① 我们认为，海德格尔实际上成功地改造了现象学运动，在他的解读中，胡塞尔主导的意识模式是立义模式，现象学反思就是内感知，本质直观无非就是范畴直观，这些理解为萨特的前—反思的自身意识以及现如今时髦的前—反思的自身觉知理论建立了基础，这些理论之所以彰显"前—"维度，就是因为在他们看来，胡塞尔无法如其所是地进入纯粹意识，在此理解下，超越论现象学真正的难问题自然也就无法显示了。

② 对海德格尔与胡塞尔的思想关联的理解，参见马迎辉《海德格尔与主体性哲学：基于心体构造的反思与重建》（江苏人民出版社 2022 年版）的上篇，尤其是第三、四章。

萨特在主体与存在的构造关系中谈论自由，一些学者将之视为对传统形而上学的无批判的回归，最著名的当然还是海德格尔。但萨特的工作在现象学史上无疑具有其独特的价值，因为他尝试在前—反思的我思的基础上引入辩证法的因素，由此实际地关涉了存在的发生问题。可以说，萨特的工作使"现象学与辩证法的关系"这一本已隐藏在胡塞尔发生现象学中的问题无比激烈地凸显了。时至今日，此难题仍然占据着现象学研究的重要位置。与萨特一样，梅洛-庞蒂也是胡塞尔的《观念》阶段的"弟子"，他直接将思与被思的存在及其所构造的生活世界指认为其身体现象学的基础，在此基础上甚至决绝地将海德格尔的存在论视为胡塞尔生活世界理论的翻版，这不得不让研究者们认真面对。作为现象学神学转向的最重要的代表，列维纳斯比萨特、梅洛-庞蒂更深地勘测了超越论现象学的根基，在超出存在走向绝对他者，将伦理学视为第一哲学的过程中，胡塞尔在时间意识研究中对显现之最终根基的揭示给了他决定性的激发，甚至在其后期的工作中，超越论现象学也一直是他最重要的理论资源。

　　胡塞尔对现象学运动意味着什么？我们的回答是，他所揭示的新的思、新的存在以及新的绝对性在现象学运动中始终处于建基地位。这不仅是胡塞尔个人能力使然，更重要的是，他的工作中隐含了对19世纪以来的非欧几何运动的深刻回应，只要我们还能想到我们现今身处于其中的现代存在依然是这场科学革命的产物，那么自然就不难理解我们这里对胡塞尔的推崇：现象学研究者们不应为自己仍然依靠胡塞尔而惭愧，相反倒应该庆幸自己仍然处于这个时代的脉搏之中。在我们看来，海德格尔的存在之思之所以是现代的，同样是因为他无法彻底摆脱譬如流形论的影响，这一点特别地体现在他早期的现象学研究中。

　　如果将胡塞尔置于20世纪西方哲学的整体背景中，那么我们将看到另一番景象：现象学无非是当时诸多思潮中的一种而已，与其伴生的至少有索绪尔、弗洛伊德、卢卡奇所分别开创的结构主义、心理分析和西方马克思主义思潮。现象学自诞生起就与这些思潮处于无尽的理论和实践纠葛之中，它们互斥互证，共同构建了20世纪现代西方哲学的基本形态。

　　心理分析与现象学运动几乎同时诞生，我们甚至也可以将它归入思与存在的哲学运动，因为弗洛伊德同样针对笛卡尔和康德，对思的权能和界限进行了彻底的批判。与胡塞尔一样，他在对意识的考察中甚至也经历了从多维结构到结构的发生的转变。在他们的共同努力下，意识已经不再被视为笛卡尔和康德意义上的实显的表象化活动，而是具有了前—实显的结构和发生机制。胡塞尔将前—实显的意识刻画为具有内在的多维建基的纯粹意识，而弗洛伊德则将之区分为前意识和深层的无意识。但与弗洛伊德将扭曲、替代以及变异等现象视为存在的基本形态不同，胡塞尔尽管同样揭示了"无意识"——对应于活的当下——在生成纯粹意识过程中存在变异现象，但他通过论证变异的本质在于综合，还是坚持在超越论现象学的基础上建构一门科学的形而上学。这两种思潮在展现出对传统哲学的相同方向的突破的同时，也展示出了巨大的理论张力。

胡塞尔与西方马克思主义之间也存在相似的情况。在超越论现象学的影响下①，卢卡奇提出黑格尔辩证法应该奠基于他本人提出而又被他遗忘了的最高的分裂中。这一洞见直指辩证法的根基。② 卢卡奇对辩证法的再奠基，与胡塞尔最早在时间意识研究揭示出的最终意识的变异性综合以及弗洛伊德在早期思考中指向的无意识的最初变异在问题层次上具有相似性。在我们看来，正是由于这一问题维度的开启，卢卡奇才有可能提出无产阶级如何作为现实历史的基础在生成自身的同时创造新的历史进程的问题。③

早期西方马克思主义者中最为敌视胡塞尔的应该是阿多诺和本雅明。阿多诺在《认识论元批判》一书中对超越论现象学的几乎所有经典问题，例如能思/所思、自我和直观等予以了全面的批判，而本雅明则毫不隐瞒他对胡塞尔的不屑。在20世纪西方哲学的范围内，星丛理论的主要对手自然应该包括胡塞尔现象学，或者保守一点说，超越论现象学对同一性

---

① 笔者赞同一些学者的观点，卢卡奇关注到了当时已经成为欧洲哲学的显学的现象学，并且受到了超越论现象学的影响，Cf. Richard Westerman, "The Reification of Consciousness: Husserl's Phenomenology in Lukács's Identical Subject-Object", In *New German Critique*, No. 111, 2010, pp. 97–130.

② 在现象学运动中，创造性地聚焦此问题并成功地将辩证法纳入现象学的应该是萨特。

③ 对生产生产关系的主体的考察很快被法兰克福学派中的哈贝马斯及其后学遮蔽和阉割了，对话、商谈，这些必然陷入乌托邦式的世内的循环构造成了时髦的话题，直到法国所谓的后马克思主义那里，卢卡奇对胡塞尔式的最终建基性主体的强调才重新得到回应。

的构造无论如何都不可能不面对本雅明等人对同一性哲学的批判。这里马上又出现了我们在海德格尔与胡塞尔的关系上曾经遭遇到的问题。在对具体问题的讨论中，作为被批判者的胡塞尔常常是缺位的。在阿多诺将超越论现象学改造为康德哲学的翻版时，现代数学理性对传统哲学的突破以及由此实现的向未来敞开的可能性都被消除了。如果看不到超越论现象学继承并在新的基础上实现了对西方哲学的更新的话，那么基于这种思想变革所实现的对本己生存经验的彻底改造的可能性也就从根本上被遮蔽了。

20 世纪西方诸哲学思潮都继承了尼采问题，他们以各自的方式追问失去超越者之后，存在如此以其自身的权能存在，譬如弗洛伊德对无意识的追溯就是对彻底消除上帝的存在统治权的表达，而胡塞尔在揭示纯粹意识的绝对性之前也要求悬搁上帝①，以此开启了新的存在论革命。可见，现象学从不是既有的意识形态辩护者，相反，胡塞尔提出的现象学还原、现象学反思等方法为我们消除各种意识形态所制造的幻觉，揭示人的真实存在及其界限提供了切实的可能，而这也就意味着，只要我们仍然试图在 20 世纪西方哲学所获得的基本成就之上构建未来的新的存在，那么现象学就不可能丧失其基础地位。

因此，重新确立超越论现象学的基本问题的意义已经超出了现象学运动本身。如果说胡塞尔的超越论现象学本质上是一种思的哲学批判，那么笔者认为，这一深层的开端性的批判已经渗入同时代的其他思潮中，而且得到了积极的甚至在思的形态上更为激烈的回应，而正是由于这些回应和互动的存在，我们通过胡塞尔所尝试探讨的这场思的批判运动自然也就应该包括索绪尔、弗洛伊德以及卢卡奇等人所开创的思潮。据此，超越论现象学不仅在现象学运动史上具有了特殊的构造含义，甚至决定了这场运动的基本的问题走向，在与 20 世纪的其他思潮的横向比较中也具有其特殊的价值：它以现代数学理性为基础给出的哲学框架能够为我

---

① 在此背景下，我们显然更容易理解海德格尔解读保罗书信的意义，简单地说，他的起点和胡塞尔一样，就是悬搁上帝，差别在于，悬搁之后，胡塞尔尝试以数学理型构筑新的存在，最终将之刻画为纯粹意识的绝对存在，而海德格尔则在悬搁上帝的同时保留了上帝的超越的存在，进而试图在现象学上寻找一种其特性就在于领会这种存在的存在者。可见，在海德格尔的此在与存在的共属性中残留着超越的存在的痕迹甚至是必然的。

们理解20世纪各种思想的实质以及它们之间的关系提供绝好的理论参照。

将胡塞尔现象学置于什么样的思想背景和时代背景中来考察，这不仅决定了我们能够从胡塞尔那里获得何种哲学姿态以面对现象学的内在发展及其与同时代其他思潮的关系，而且决定了我们能够以何种方式面对现代西方哲学的不断生成。从哲学史看，胡塞尔不仅是柏拉图创立的思的哲学的现代继承者和发扬者，而且是黑格尔之后的思与存在关系的新的创立者，从20世纪西方哲学的视野看，他的地位同样特殊，他既是现象学运动的开创者，与其他哲学思潮一起组建起了现代西方哲学，同时也是那场发端自19世纪上半叶的数学革命的哲学继承者和批判者，毫无疑问，这些特质决定了胡塞尔现象学在整个西方哲学的版图上具有不可替代的价值，对作为现代哲学之开端的这样一种思的哲学的深入研究显然也是必需的。正是在此意义上，回到胡塞尔[①]，回到20世纪哲学的开端处，应该成为我们共同的抉择。

第二节　研究思路

《逻辑研究》之后，最迟从1907年开始，胡塞尔的哲学生涯发生了一次重大的变革，这就是广为人知的向超越论现象学的突破。在笔者看来，这一突破的首要意义，就像胡塞尔本人在《观念Ⅰ》的副标题"纯粹现象学与现象学哲学的观念"所表明的，它标志了胡塞尔真正将现象

[①] 从20世纪90年代开始，英语世界对胡塞尔的解读逐渐占据主流，但他们的解读局限性太大。首先，局限于某个视角，弗雷格式的、康德式的等。当然，何种视角本身不是问题，但如果这些解读不是以完整地理解胡塞尔的工作为基础，那么结果就可想而知了，作为兰德格雷贝的亲炙弟子，威尔顿（Donn Welton）在此潮流中也只能将自己对胡塞尔的理解称为"另类的"，何其悲哀?！但人们很容易反问：那又如何呢？回到胡塞尔就一定比某个视角的解读更优越吗？对我们来说，答案是肯定的，这也涉及第二点，胡塞尔本人的现象学思考不仅深刻地回应了发端于19世纪的非欧几何运动，他甚至亲身参与了20世纪的整体知识结构的构建。同时，我们也很容易看到，胡塞尔与弗雷格、弗洛伊德、索绪尔等人一样，也是20世纪西方哲学的最重要的创立者，也就是说，胡塞尔的现象学思考不仅承载了哲学的历史命运，同时也反映了思想的时代特征，在此意义上，回到胡塞尔牵扯出的更根本的问题是：我们应该以何种思想姿态面对我们当下正身处其中的存在，如何反思批判这种存在，进而揭示我们自己的未来？

学确立为了一门哲学，准确地说，一门严格的超越论哲学。

《逻辑研究》的第一版与第二版以及与作为第二版之基础的《观念》之间有何根本差异？这是我们理解超越论现象学的起点。也是破除笼罩在现象学上空的所有迷雾的突破点。描述心理学专注一般意义上的认识论研究，它在问题形态上直接继承自经验论和布伦塔诺。① 人们当然可以强调胡塞尔以表象和立义为核心的意向性理论如何出色地克服了传统哲学中的图像论，但在"第六逻辑研究"揭示了范畴直观的可能过程之后，胡塞尔仍然试图建立一门代现论，也就是说，仍然试图探讨范畴对象与其代现性内容之间具有何种关联。这一做法无疑延续了传统代现论的一般思路。胡塞尔甚至将这种以范畴代现为基点的研究视作现象学认识论的最重要的启蒙工作。

由此，将胡塞尔现象学判定为一门认识论研究，这显然并非毫无根据，它至少适用于描述心理学。但只要考虑到胡塞尔在《现象学的观念》中就已经提出了如何在绝对被给予性的基地上"切中"对象的问题，并随后在《观念Ⅰ》中将绝对被给予性具体刻画为能思／所思的先天平行关系，那么我们就应该考虑一下对胡塞尔现象学的这一定位是否足够准确了。而从胡塞尔在《逻辑研究》第二版导言中对范畴代现这一说法的否定来看，我们更有理由相信，描述心理学的认识论无论如何都不可能成为胡塞尔现象学的核心。据此，本书将首先聚焦胡塞尔由描述心理学向超越论现象学突破的内在必要性和可能的路径问题。

整部《逻辑研究》都建立在纯粹逻辑学的观念之上，在理解范畴直观和代现的可能性时，我们特别需要注意整体与部分的先天关系所起到的建基意义，简单地说，范畴立义的方向——联合、分离，或者也可以说，合取、析取——是确定的，因为在胡塞尔看来，行为质料的相合统一只能建立在这些先天的关系中，即便仅就此，我们已经不难得出如下判断了，源自维特根斯坦对私人语言的批评对胡塞尔是无效的，现象学的内在经验不是私人的。

---

① 这里将布伦塔诺和经验论并置，完全是出于《逻辑研究》论述的逻辑，胡塞尔在"第二研究"批评经验论的抽象理论，"第五研究"通过改造布伦塔诺的意向性概念探讨意识的本质，"第六研究"拓展直观的范围，揭示普遍直观和范畴直观的可能性。

我们的重点不在于谈论范畴直观对现象学运动的开创意义，而在于探讨胡塞尔走向超越论哲学的可能道路，因此我们选取了《逻辑研究》中最困难的范畴代现问题。范畴对象与其代现者之间的观念关系，显然不同于经验主义代现论的图像论，在此问题上，胡塞尔无疑突破了传统经验论的局限，但范畴代现中残留了若干裂隙，其中尤以范畴直观和普遍直观之间在代现性内容和被代现者间的相合性、明见性的差异，行为质料的相合统一所预设的同时性上体现得最明显，而这些裂隙一方面与"第五逻辑研究"中特别谈及的作为现象学反思方法的对象化的内感知有关，另一方面也直指范畴代现所预设的代现模式本身。随后，以反思范畴代现的内在困境为契机，我们将跟随胡塞尔在《逻辑研究》之后对内感知的限度的反思以及对新的反思方法的指引，大致标画出他对前—实显的原初体验领域的可能探索。

1906/1907年对胡塞尔现象学有着重大的意义。作为对前—实显的原初体验何以可能对这一问题的具体回应，胡塞尔从两个角度突破了描述心理学：首先是内时间研究，通过对立义模式的批判，他发现了滞留概念，后者标画的是体验流的相位关联；其次，在空间研究中，通过对立义模式中的体现性内容和立义行为间的剩余显现的揭示，胡塞尔重新激活了动感概念。滞留和动感概念都不是实显的现成存在，作为对立义模式的超出，它们一同展示了原初体验领域的可能构造。这里需要强调，在向原初体验领域的突入过程中被放弃的，或者用胡塞尔的话说，被"消融的"立义模式特指《逻辑研究》中以整体与部分关系为先天法则的意向模式，其体验内容在此先天法则下是实显的、现成存在的，对它的把握依赖的同样是具有实显特征的内感知。

《逻辑研究》对直观的拓展建立在对自身被给予性的揭示之上，简单地说，直观的本质不在于是否有感性刺激，而在于是否有某物明见地被给予。仔细想来，感性直观其实只是从"感性"这一给予方式上对直观的限制，而不是对直观行为的整体特征的刻画。范畴直观呢？有趣的是，当胡塞尔凭借将直观的本质刻画为明见的被给予性，从而将直观从感性拓展到范畴时，他恰恰错失了对自身被给予性之本质的先行说明。因为只有在澄清了自身被给予性的本质的前提下，我们才可能说明它何以能体现为"感性的"和"范畴的"，这两种给予的"方式"之间有何种关联，胡塞尔何以就能做出拓展？范畴代现自然也应该建立在这种建基性的被给予性之上，我们甚至可以追问，范畴的代现如其所是地展示了范畴的原初被给予吗？实际上，即便仅就此而言，我们也应该能够理解《现象学的观念》何以会提出诸如绝对的自身被给予性、自身构造着的绝对被给予性以及绝对被给予性的先天这些奇特的说法了，它们针对的其实就是《逻辑研究》中作为直观拓展之基础的自身被给予性的可能性问题，这是《逻辑研究》之后对直观之根基的再次突入，而探讨此问题的最关键的切入点无疑就是"给予的方式"问题。

在立义模式中，某物已经以范畴或感性的方式被给予了，现在需要揭示被给予性本身，胡塞尔据此拓展了整个现象学研究的领域，而扩展的通道就是内时间意识研究，一个很容易被忽视的证据是，在《现象学的观念》的第五讲开始谈论本质构造的可能过程时，胡塞尔突然转向了回忆与滞留的差异，这是一个重要的标志！现象学需要一个新的存在领域，而对回忆与滞留的区分是与《现象学的观念》同时期的内时间意识研究的最重要的成就。

因此本书的第二章对内时间结构的研究对我们的超越论现象学研究至关重要。对胡塞尔而言，内时间结构研究不仅是专题性的，它在描述心理学和超越论现象学之间同样也起到了重要的中介和建基作用。在问题方向上，内时间结构研究中承袭了范畴代现中的同时性困境：行为质料的相合统一，不仅应该建立在多束行为的同时被意识到之上，而且必须在某种特殊的反思中获得揭示，而滞留概念的提出正是解决此困境的结果。根据胡塞尔，滞留是一种特殊种类的意向性，它勾勒出的是纯粹意识内在的相位之间的关联，一种活的位置性的存在关联，现象学就此进入了更深层的体验领域。尽管胡塞尔参照立义模式称其为特殊种类的意向性，但实际上，唯有这种意向性才真正提供了刻画纯粹意识的可能构架，对现象学运动而言，它才是真正建基性的。

1910 年前后，胡塞尔着眼滞留具体的流逝样式，揭示出了滞留的双重意向性，他所谓特殊种类的意向性就此得到了具体说明，此后，我们必须得学会理解纯粹意识就是显现方式之间的多维的关联构造了，这与建立在整体与部分关系之上的立义模式有着根本差异。在揭示出滞留的双重意向性之后，我们不会马上转向双重意向性与超越论现象学的关系，而是暂时停留在胡塞尔延续30余年的内时间意识研究上。"贝尔瑙手稿"聚焦显现方式的流动关联,但该书稿文字晦涩、思路艰深,我们将详细地探讨胡塞尔如何将滞留的双重意向性扩展到整个绝对流,至于他如何进一步揭示作为双重意向性之基础的具体当下以及构造后者的活的当下,我们只能稍加勾勒。"C时间手稿"写作于1929年之后,与《观念Ⅱ》经"贝尔瑙手稿"到《笛卡尔沉思与巴黎讲演》(下文简称《沉思》)的习性现象学不同,此阶段被我们特别地称为本性现象学。① 作为本性现象学的基础文本,"C时间手稿"最重要的工作就是深入活的当下的被构造的过程,本书将简要地勾勒胡塞尔提出的二——一性方案。在此基础上,我们将评述扎哈维与布洛赫围绕体验流的构造的争论,以期更清晰地展示胡塞尔内时间结构研究的价值。当然,胡塞尔对内时间的最终构造的研究细密而艰深,有些显得过于晦涩,其中二——一性方案甚至也只是具有方向性的意义,这里提请读者注意两点:首先,从整体上看,胡塞尔的内时间结构呈现为自身建基于二——一性之上的活的当下对具体当下以及纵横双重意向性的构造,根据胡塞尔本人的说法,我们也愿意简要地将之称为一维流形对二维连续统的构造;其次,立义结构整体上都属于内在时间客体,因而是内时间意识的构造对象,我们强调其实显性,胡塞尔也曾多次形象地将之比喻为河流上的波浪,这一点对理解描述心理学和超越论现象学的关系至关重要。

内时间结构对理解超越论现象学具有建基意义,本书愿意将其视为测度超越论现象学的深度以及厘清其内在结构的最重要的工具,当然,对此做法的合法性的说明还有待于对超越论现象学的基本问题的深入探讨。在第三章"思的哲学"中,我们将着重探讨胡塞尔与内时间意识研究同步的现象学研究。思(noein)的哲学是对能思/所思的结构及其所展示的哲思的概括。在《现象学的观念》提出绝对给予性的观念之后,超越论转向就已经开始。我们将这本小册子对内在和外在的新理解视为向

---

① 这里谈的"习性现象学""本性现象学"等说法均取自我的导师倪梁康教授,本书的研究也自始至终建立在倪梁康教授自2007/2008年以纵意向性为基础对发生现象学的系统研究之上,相关基本概念和框架,参见倪梁康《心性现象学的研究领域与研究方法》,《华东师范大学学报》(哲学社会科学版)2011年第1期;倪梁康《纵横意向——关于胡塞尔一生从自然、逻辑之维到精神、历史之维的思想道路的再反思》,《现代哲学》2013年第4期。

新存在领域的首次突破,这里仅指出新的内在和构造的揭示表明胡塞尔已经彻底超出了《逻辑研究》中的立义模式,彻底离开了描述心理学的基地就足够了。这一纲领性的文件带来了早期现象学阵营的分裂,在我们看来,其原因就在于胡塞尔此时并未公布他在作为《现象学的观念》之隐秘基础的内时间研究上所获得的成就。

超越论现象学建立在内时间结构之上的一个重要的证据是,现象学还原、现象学反思,甚至如今在学界仍然极少谈论的根本性还原、拆解、自身思义,等等,都建立在胡塞尔揭示的内时间结构之上。对此,本书将尝试提出,内感知、向实项内存在的还原是与《逻辑研究》中的立义模式紧密相关的方法,现象学还原、现象学反思与对双重意向性的揭示有关,而根本性还原、拆解以及自身思义则严格地建立在活的当下及其被构造的可能性之上,现象学的方法与实事之间具有不可忽视的严格性。

《观念Ⅰ》提出的纯粹意识不同于"第五逻辑研究"中提出的任何一种意识,它是一种全新的意识形式,是对多维的内时间结构的表达,但可惜胡塞尔在该书中多处含混的说明阻碍人们对此问题的深入理解,譬如胡塞尔将前—实显的纯粹意识误解为非实显的,这鼓励了学界将纯粹意识的多维结构简单地理解为视域意向性,鉴于此,我们将胡塞尔《观念》之前就已经获得的理论成就,即滞留的双重意向性重新引入纯粹意识结构的理解,并就此提出一种不同于立义模式的新的意向性结构,即意向流形。立义模式建立在总体化之上,意向流形则与超出总体化并为之建立基础的形式化有关,我们将围绕胡塞尔对区域存在论、形式存在论的界定,说明意向流形何以能具有绝对性与先天性。

何谓意向性?我们认为,胡塞尔在超越论现象学阶段将意识总是关于某物的意识拓展为了一种多维的意向关联结构,本书将借助他在内时间结构研究中提出的一维流形构造二维连续统的观念刻画这种新的意向流形结构。不同于立义模式,意向流形为现象学敞开了全新的存在和构造领域,正是在此架构中,胡塞尔才得以以超越论的名义重新开始他的现象学研究。随后,我们将同样基于多维的意向流形结构,重新解读能思/所思的先天平行论,正如梅洛-庞蒂强调的,此平行关系才是胡塞尔的真正贡献,我们也愿意将之视为现象学运动的真正基础。在此基础上,我们将对超越论现象学的类型学做出简要的说明,根据多维的意向流形结构，我们将把胡塞尔的类型区分为顺次建基的原初的本质类型、人格与精神的动机网络类型和行为类型，作为超越论的具体构造，胡塞尔的类型学为现象学开启了通往现代其他思潮的大门。

通过揭示以内时间结构和意向流形为基础的新的思的范式，我们获得了理解超越论现象学几乎所有基本问题的前提和基础。本书选取了学界普遍关注的几个问题：超越论的含义、存在问题、本质直观、真理与明见性、本我论、他人、身体、生活世界、思的界限以及哲思定位问题。当然，当笔者将这些问题称为基本问题时，并不是说诸如反思、还原以及时间性等问题不是基本的，而是说，此类问题因为同时充当了进入超越论现象学的通道以及理解这些基本问题的方法和框架，在进入基本问题之前就已经被讨论了。

从实事上看，胡塞尔的"超越论"一开始便与康德不同，与康德相比，此形态的哲学其实更接近休谟。在胡塞尔那里，"超越论"关涉的是超越的可能性与不可能性，现象学坚持在现象学还原所揭示的显现的关联中探讨超越者被构造的可能性。与康德的最大差异是，现象学认为范畴以及主体都必须在显现的关联中予以揭示，而与康德之后的德国古典哲学家试图以辩证的方式进入并揭示康德那里的不可知物不同，现象学认为，无论是构造它们的经验，还是构造它们的过程，在绝对被给予的意向流形结构中都是明见的，我们将强调，超越论现象学的这一理论姿态与20世纪整体的知识结构是相合的。

胡塞尔时常给人这样的印象：他对任何问题的讨论几乎无一例外地陷入了不断重复、周而复始的怪圈。但这个印象是错误的。以内时间结构和意向流形为基点，胡塞尔至少提出了三种形态的超越论现象学，即1905年到1913年的纯粹现象学，1913年到1929年的习性现象学，以及1929年到1937年的本性现象学，不同阶段的研究重点不同：纯粹现象学阶段侧重于说明意向流形以及作为具体表达形式的能思/所思的先天平行关系；在纵意向性与具体当下的构造关系的基础上，习性现象学对人格以及历史性的超越论构造进行了探讨；在本性现象学阶段，胡塞尔将超越论现象学的基础揭示为活的当下的自身构造以及对整个内时间结构的构造，在此基础上，不仅几乎所有的现象学基本问题都获得了更为建基性的说明，现象学的界限问题也随着这一基础的彻底更新而真正得以揭示。

对超越论现象学的基本问题的误解大都与不了解现象学的范式革命和层次划分有关。本书将证明：胡塞尔在超越论现象学中提出的纯粹意识就是绝对存在的观念，尽管没有将存在问题直接理解为海德格尔一直希求但又不断错过的存在一般，但却为后者重提存在问题奠定了最坚实的基础。在此基础上，海德格尔对现象学史的著名的曲解将得到澄清，他理解和改写的是超越论现象学，而绝非他自己一直刻意强调的《逻辑研究》；在揭示了能思/所思与内时间结构的内在关联的基础上，我们将细致地在操作上展示本质直观的复杂过程：与建立在共形变异之上的范畴直观不同，本质直观的基础是一维流形对二维连续统的构造，同样在本质直观的多维构造中，我们也将初步探讨集合、连续统的被构造的可能过程，这些构造既是胡塞尔为现象学定下的目标，也是证明其与20世纪整体知识具有同构性的重要证据；超越论的真理绝非符合论，而是一种新的相即论和绝然论，事实上，立义模式中的真理都很难说是一种符合论，准确地说，它应该是一种特殊的充实论，因为在立义模式中，事实不是符合的因素，而是充实含义意向的因素。超越论真理的相即论和绝然论只能在意向流形的框架中得到理解，相即与否体现在基于生存动机的经验关联是否一致之上，而绝然论则与具有绝然明见性的活的当下对一致性经验的构造有关，胡塞尔从超越论维度拓展了传统的真理论。

胡塞尔的现象学归根到底是一门主体性哲学，我们将在本我论的框架下展示胡塞尔对主体的新思考。简言之，超越论现象学的主体不是传统主客对立下的自我，在意向流形的框架内，诸自我已经具有了更原始的形态：胡塞尔所谓实显的自我只能显现在横意向性上，习性自我与具体当下对纵意向性的构造有关，而原—自我则必然建立在活的当下之上，前—自我甚至指向了活的当下被构造的可能性。诸自我与意向层级的严格对应为胡塞尔对他人问题的探讨和解决提供了基础，共在、交往等解决交互主体问题的方案在超越论现象学中早已存在。从意向流形的结构看，"孤独"只能是实显性自我的存在方式，人格自我由于在其生存积淀中一开始便拥有了他人的存在因素而具有了共在的特征，我们在此甚至可以预先看到胡塞尔、海德格尔强调的此在在世的共在性。但新的问题是，这种共在是如何被诸形态的自我意识到的，或者说被构造的？意向层次的差异决定了构造形式的差异，我们将特别指出，最底层的他人构造就建立在母婴之间从原区分到融合的意向关联之上，胡塞尔对交互主体性问题的解决是成功的。当然，关键仍然在于理解作为超越论现象学的意向基础的流形结构。胡塞尔对身体动感的揭示与内时间研究中揭示滞留相位一样为超越论现象学开启了道路，我们对身体问题的探讨可以视为对此问题的补充说明。根据意向流形结构，身体在动感上也呈现出多种形态，我们将顺次揭示身体与这些意向层次的构造关联，最终的结论是，身体经验本身就是一种可明见的超越论的经验，超越论现象学从来就是身体性的。胡塞尔晚年的现象学也被称为生活世界现象学。但对生活世界的探讨并不意味着胡塞尔放弃了现象学作为严格科学的信念，相反，回到生活世界的目的在于揭示支撑它的意向结构。从胡塞尔对主体性悖论的探讨看，他在此阶段强调的是活的当下，或者说一维流形的构造作用，与习性现象学阶段着眼于双重意向性，或者说二维连续统显然不同，这是一种最终建基性的研究，胡塞尔在对生活世界的探讨中打开了通往本性现象学的道路。

最后，我们将关注超越论现象学的思的界限和哲思定位问题。在对界限问题探讨中，我们将指出，无意识、出生和死亡问题并不意味着超越论现象学跃出了自己的界限，似乎有能力探讨不显现之物，相反，现象学只能在显现结构中探讨界限，在此意义上，界限问题实际上意味着胡塞尔对超越论构造的最终可能性的探求。从意向结构上看，它体现为活的当下或者说一维流形本身的构造问题，而作为现象学的最终基础，它们承载了解决习性和本性现象学中隐含的所有困境的最终希望。胡塞尔以时间性的涌流的活的当下为基础，最终将绝对存在建基在前—存在的善的目的论之上。尝试对任何形态的哲学以准确的定位都是困难的，更何况是胡塞尔这样的不断谋求突破的哲学家。在与柏拉图的比较中，我们将尝试证明：超越论现象学不仅继承和改造了柏拉图的理念论，而且完整地继承并推进了柏拉图的一系列最基本同时也是最困难的问题，譬如直观的可能性和限度问题、存在与善之间的断裂以及弥合的可能性问题，这与海德格尔在生存论建构中以存在的本源性遮蔽善的超越性形成了巨大的反差。

第五章将探讨超越论现象学对法国现象学的影响。《逻辑研究》是现象学运动的起点，但法国现象学家显然更多的还是站在超越论现象学的基础上理解现象学，这一哲思倾向在萨特、梅洛-庞蒂、列维纳斯、米歇尔·亨利那里都可以清晰地看到，而晚近的马里翁比较特殊，他对胡塞尔的理解带有了强烈的海德格尔的色彩，超越论现象学对他的作用是间接的。我们显然无法详述这些现象学家与胡塞尔的思想关联，本书将着重指明他们是如何从超越论现象学中获得自己的现象学立场的，以此展示超越论现象学对未来哲思可能具有的思想承载力。

作为法国现象学的最初代表，萨特不仅与胡塞尔同样洞察了对象性反思的局限，提出了前—反思的我思的观念，而且试图揭示一种能够深入原初体验的非设定的、同谋性的反思。反思问题上的突破使萨特同样获得了超越论现象学的问题域。在意向性问题上，萨特部分接受了胡塞尔的能思/所思的体验结构，强调意向性的外在性维度，但由于他缺乏对原初体验的时间性结构的深入考察，致使他在主体性问题上无法理解胡塞尔式的在绝对存在中构建存在的超越论自我，但这一偏离却为他成功地打开了从纯粹意识通往海德格尔的无化以及黑格尔式的虚无化的理论通道。

如果说在问题意识上，萨特主要站在《观念Ⅰ》的立场上，那么梅洛-庞蒂显然将其关注点延伸至了《观念Ⅱ》，我们甚至能从两卷本《观念》之间的差异，也就是说，第一卷主要在形式化上刻画纯粹意识的意向结构，第二卷聚焦纯粹意识之下的区域存在的构造，一窥他与萨特之间的根本差别。胡塞尔将身体理解为世界、心灵和人格构造的中间环节，一举将其纳入了主体的超越论的经验，而梅洛-庞蒂则进一步将之基础存在论化，在此基础上，他甚至对海德格尔的生存论建构提出了关键性的批评：意义构造的源发点不是将来，而是当下，从而在根基上回应了超越论现象学的一维流形的构造问题。

胡塞尔的超越论现象学，尤其是作为其基底的内时间结构研究是列维纳斯最重要的思想资源。从对胡塞尔已然揭示的超越论构造中的他者基础地位的强调，到对原印象的自身差异化的改造，再到后期对原印象性中存在的失眠和唤醒关系的揭示，列维纳斯层层深入，向我们揭示了他者现象学的根基和界限，尽管他对胡塞尔的理解存在不足甚至错误，但通过与胡塞尔理性现象学的对话，列维纳斯还是清楚地告诉我们：他者最终显现于原印象性中的失眠与唤醒之间的构造关联，他者现象学是对胡塞尔现象学乃至西方整个理性哲学传统的深层建基。

在对生命现象的思考中，尽管米歇尔·亨利错失了胡塞尔在"贝尔瑙"和"被动综合"手稿中对质料的三重感发性（远距感发性、近距感发性和本己感发性）的精细考察，据此不无草率地认定胡塞尔将质料概念单纯规定为在能思/所思的对象化赋义结构中存在的现成的充实性内容，但由于他对质料的感发性的深层勘测已经触及了前我性的本己感发的前史，从而使他一举超越了经典现象学的时间性的绽出模式，从而成功地开辟出了一条独特的生命现象学的路径。与列维纳斯一样，亨利的工作也属于对胡塞尔晚年已经指出的活的当下的自身被构造的可能性的追问，现象学的严格性可见一斑。

同样作为现象学神学的代表，马里翁显然并不特别地关注胡塞尔现象学的发展历程。还原、给予本就是超越论现象学的主题，但马里翁似乎并不清楚胡塞尔那里的还原可以区分为向实项内存在的还原、现象学还原与根本性还原，给予至少也可以区分为《逻辑研究》中作为直观之本质的自身证实的被给予与《现象学的观念》开始揭示的自身构造的、绝对的被给予。据此，尽管他在海德格尔的深度无聊上揭示的向神圣者的呼声的还原看似实现了对经典现象学的整体建基，但他的理解实际上仍然接续了胡塞尔晚年提出的根本性的还原，存在之外的自我在胡塞尔那里就表现为前—自我。将人理解为扁平化的存在，这是马里翁的现象学神学的最大秘密，也是他错失意向流形结构的最大的"成就"。我们将通过揭示马里翁与胡塞尔的超越论构造的差异，彰显超越论现象学对现代思维和存在的建基意义。

任何研究都应该是共同思考，这样说当然不是拔高本研究或者是肆意曲解胡塞尔的托词，相反，笔者深切地体会到，面对胡塞尔这样一位在专注于反思的同时又时刻保持怀疑，甚至是对他本人已经获得的几乎所有明见性保持怀疑的哲学家而言，任何试图对之进行一劳永逸的解读都必然会冒下强迫甚至歪曲他的思想的危险。尽管如此，笔者仍然相信，我们完全有可能最大限度地忠实于胡塞尔本人的思考，因为他从不隐瞒自己的思的进路，无论是对自己，还是对这个时代，他都是坦诚的。

共同思考式的研究实际上就是现象学的本性,诚如梅洛－庞蒂所言"只有通过一种现象学方法,现象学才是可达及的"①,因此,只有面对我们自己当下的实际经验,以现象学的态度重读现象学,我们才可能挖掘出文本中已经隐含的意义、"使其显现"。据此,借用海德格尔的话说,本书的目的不在于给出结论,而在于尽可能清晰地标画出胡塞尔走向超越论现象学的道路。

---

① [法]梅洛－庞蒂:《梅洛－庞蒂文集·第2卷,知觉现象学》,杨大春、张尧均、关群德译,商务印书馆2021年版,第2页。

第一章

实显性困境

在《逻辑研究》第二版前言中,胡塞尔宣称:"我已经不再赞同某一些说法,例如不再赞同范畴代现的学说。"① 这很令人惊讶,因为范畴代现是范畴直观的落足点,而范畴直观一直被视为描述心理学的理论制高点,甚至是整个现象学运动的起点。

"不再赞同"意味着什么?意味着范畴直观存在无法根除的缺陷,现象学自诞生起就缺少坚实的基础?还是说胡塞尔已经成功地消除了这些缺陷,进而提出了新的直观理论,从而为现象学运动确立了新的起点?现象学家们对此意见不一,海德格尔、马里翁等人倾向于前者:范畴直观需要更深的基础,而这一基础是胡塞尔本人无法给出的;梅洛-庞蒂则倾向于后者,他认为胡塞尔的真正贡献在于揭示了表象模式之下的功能意向性。

着眼范畴代现的命运,本章将探讨如下问题:范畴代现何以可能,它隐含哪些困难?这些困难是否表明描述心理学具有某种局限性,这些局限又产生于何处?对现象学而言,这些困难和局限是摧毁性的,还是建构性的?胡塞尔对这些问题的揭示又为现象学的发展提供了何种契机,指明了哪些方向?

第一节 范畴代现

一 经验主义的代现论

我们首先按照胡塞尔的思路重构一下他眼里的经验主义代现论。在

---

① [德] 埃德蒙德·胡塞尔:《逻辑研究》第二卷第二部分,倪梁康译,商务印书馆2015年版,$B_2 V$。

胡塞尔看来，经验主义者一般都认为，观念的普遍性存在于理智给予符号（语词或观念）的一种对个别事物的无差异的代表功能和唤起功能中①，用他的话说："普遍名称或奠基性的个别直观就是这个等级的'代表'（Repräsentant）。"② 胡塞尔对此持激烈的批评态度，在他看来，这种做法实际上是将名称和概念作为实用的技艺手段，其结果只能是将逻辑学和知识论认定为工艺论，纯粹逻辑学的观念在他们那里是不存在的。

诚然，在自然信念中，我们当然可以将眼前一寸长的黑色线段当作所有个别线段的代表，它标识一般之物。但问题是，它所代表的普遍物是否与属于此范围的所有个别的线段具有同样的逻辑地位，其他个别的线段是否也能作为这一代表？如果坚持经验论原则，否认普遍物具有独特的逻辑地位，认为被代表的普遍物无非只是某种变形了的图像性的个别之物，那么就必须承认同一种类的其他个体经过相应变形都可以充当这一代表，但这其实就意味着无须谈及代表，否则，经验主义就必须放弃它的原则，承认普遍物的逻辑地位。

在胡塞尔看来，对种类对象的表象是直接明见的，根本无须回到个体表象之上，它们在一种全新的行为，即种类化的行为中被指向，其间甚至不需要任何个体表象作为这种观念化行为的经验支点。在此问题上，心理主义者的困难在于，一方面，他们似乎承认一般名称和概念与个别物具有不同的逻辑地位和作用；但另一方面，他们又否认表述行为可以直接具有种属意义，从而一味地试图在个体的图像化中寻求普遍的意义。

除了普遍观念与个体物在逻辑上的矛盾地位以外，经验论者面对的另一个困难是：这种"代现"在具体操作上究竟是否可能？用胡塞尔的话说，经验论所谓对"普遍观念"或"普遍性"的把握是否只是"一个以另一种方式被着色的个别表象？"③

经验主义预设了这样的前提：无论是外感知还是内感知，都是对个体对象的图像性的、实在的"触手可及"的把握，这种认识因而本身就是个

---

① 参见［德］埃德蒙德·胡塞尔《逻辑研究》第二卷第一部分，倪梁康译，商务印书馆2015年版，A174/B$_1$176。

② ［德］埃德蒙德·胡塞尔：《逻辑研究》第二卷第一部分，倪梁康译，A168/B$_1$169。

③ ［德］埃德蒙德·胡塞尔：《逻辑研究》第二卷第一部分，倪梁康译，A169/B$_1$170。

体性的。即便明见地把握到了普遍性的表述，我们也必须在个体对象和个别表述中寻找它的合法性根源，脱离个体性的探索都将是无效和危险的。

胡塞尔认为，洛克以心理学的方式将与普遍名称相关的"普遍观念"认定为在意识活动中存在的一种可被直接把握的实在存在，并且认为普遍名称的作用就在于借助这种作为外在对象之共同特征的"普遍观念"来指称这些对象。然而，这实际上预设了我们具有某种特殊的抽象能力，即"具有那种从作为特征复合被给予我们的现象事物中分离出局部观念、个别特征观念、并且将它们与作为其普遍含义的语词相联系的能力"①。但我们完全可以怀疑，即便拥有了洛克所说的"辛苦和技巧"，这种抽象是否可能，我们真的可以从无数个别三角形中抽象出三角形一般的直观图像？就像胡塞尔指出的，洛克在"观念"这一术语下将内感官的客体、表象行为、表象对象、感觉内容、直观的图像表象以及含义表象等诸多概念混为一谈了。实际上，他所谓特征复合、局部观念和个别观念都是感性图像意义上的，并不是对象意义上的普遍观念。洛克的抽象学说不恰当地将具体的感性图像当作了普遍物。

与洛克相似，贝克莱和休谟同样认为"普遍性是在代现之中的"②，但与前者不同，他们认为不应该在经验个体的范围之外寻找某种可感的普遍物。比如休谟就认为，我们需要研究的是个体的普遍性的应用，研究如何使显现的个别性成为其他个别性的代表，个别图像如何超出其个体性具有普遍性的功能，从而能够运用于普遍判断。

在发生心理学的范围内，休谟确实道出了心理活动的某些实情，但在胡塞尔看来，"休谟对抽象的探讨在逻辑学和认识论的方面是一个极端的错误"③，因为他没有在认识体验中对逻辑学和认识论的基本概念做出澄清，而是仅仅侧重对心理过程进行实在的描述。更严重的是，休谟一方面承接了心理主义的共同错误，混淆了显现与显现者、体验与感知，将被立义为对象的特征和属性当作主观习性和心境的某些被直接联想的存在；另一方面，与前者相关，休谟的联想心理学动摇了内感知的明见

---

① ［德］埃德蒙德·胡塞尔：《逻辑研究》第二卷第一部分，倪梁康译，A126/$B_1$127。
② ［德］埃德蒙德·胡塞尔：《逻辑研究》第二卷第一部分，倪梁康译，A184/$B_1$185。
③ ［德］埃德蒙德·胡塞尔：《逻辑研究》第二卷第一部分，倪梁康译，A188/$B_1$190。

性，因为在对抽象因素的"感知"中被对象性把握的是显现对象与其他对象的相似性，而不是对这种抽象因素直接有效的对象。

据此，心理主义者在代现论上陷入了另一个困境：如果彻底坚持经验主义立场，他们就必须澄清"普遍观念"如何以个体性的方式存在。但问题是，当他们竭力将"普遍观念"解释为个体物或个体性的某种特殊的图像化使用时，恰恰使之与个体的实在性具有了本质性的区别，这无疑动摇了心理主义最初的唯名论立场。反之，如果彻底坚持唯名论，那么他们就必须放弃经验个体物的个体性。

出于思维经济原则的考虑，经验主义者并没有忽略普遍表述和普遍名称的特殊含义，但他们拒绝承认普遍物表征着纯粹逻辑学的观念，同时也拒绝承认存在一种承载普遍表述的全新的意识活动。进而，受限于经验主义原则，他们把返回"实事本身"与通过感性经验来获得知识混为一谈，将可经验严格地限定为可感性经验。由此，他们要么不无艰辛地试图在感性图像中抽象出"普遍观念"，要么诉诸主观的习惯和心理联系。在胡塞尔看来，他们最终将"客观分析当作现象学分析的基地"①，也就是说，把对体验内容的分析实在化，并将它混同于意向分析。

二 范畴直观与代现

实际上，对经验主义代现论的批评只是《逻辑研究》对哲学史的批评性回溯，其意义在于重新激活含义的观念性和意向行为之间的本质关系，经过"第三逻辑研究"对行为体验的内在内容和对象的先天法则的确立，"第五逻辑研究"随即确立了对意识的三重划分，意向性概念成为现象学探讨的主题，在"第六逻辑研究"，胡塞尔从观念的被给予性上拓展了直观的范围，范畴直观和代现终于被提出，现象学运动也据此获得了它第一个稳定的基点。

我们大致可以从先天性和结构角度对范畴直观和代现做如下说明：从先天性上看，"第三逻辑研究"谈论的整体与部分关系为范畴直观和代现奠定了基础，简单地说，意识对某物的指向之所以是确定的，其原因

---

① ［德］埃德蒙德·胡塞尔：《逻辑研究》第二卷第一部分，倪梁康译，A182/B$_1$184。

就在于，我们的意指行为绝非任意，相反，它至少遵循质料的三重综合，下文讨论范畴代现的限度时，我们将回到此根本问题；在结构上，对范畴的把握同样属于胡塞尔著名的立义模式，此模式大致具有如下结构性的因素：体现性内容作为认识行为的基石①，在意识行为的综合（统觉）中获得直观的意义并成为直观的对象，在不同语境下，胡塞尔也将体现性内容称作意识的实项内容②或代现性内容③，把综合行为称为立义④、客体化释义⑤、赋予灵魂（的立义）⑥。在立义行为中，代现性内容和行为是以非对象性的方式内在被体验到的，而意向对象和直观"意义"作为被感知物则是对象性地显现的。

有趣的是，尽管批评经验论，但胡塞尔此时同样也将描述心理学对意向体验的分析限定在"内部经验到的自在自为的体验"⑦。这意味着，对象的同一性以及我们对此同一性的把握，首先必须在体验内容的变换中直接明见地被给予，胡塞尔甚至说："对于实项现象学的考察来说，对象性本身什么也不是。"⑧ 这无疑为胡塞尔后来受到主观主义甚至相对主义的指责埋下了伏笔，但只要考虑到第三研究对先天性的先行确立，我们便不难理解，这些指责显然是不公正的。

在象征意向和符号行为上，认识启蒙无法完成，因为它们都是空乏的，缺乏本真的代现者，或者用胡塞尔的话说"意向质料与对每个行为来说本质性的表象基础之间的关系"⑨ 并未实现自身，而整部《逻辑研究》

---

① 参见［德］埃德蒙德·胡塞尔《逻辑研究》第二卷第一部分，倪梁康译，A362/$B_1$383。
② 参见［德］埃德蒙德·胡塞尔《逻辑研究》第二卷第一部分，倪梁康译，A159/$B_1$160，A349/$B_1$369，A374/$B_1$397 等。
③ 参见［德］埃德蒙德·胡塞尔《逻辑研究》第二卷第二部分，倪梁康译，A508/$B_2$36，A562/$B_2$90，A564/$B_2$92 等。
④ 参见［德］埃德蒙德·胡塞尔《逻辑研究》第二卷第一部分，倪梁康译，A74/$B_1$74，A75/$B_1$75，A109/$B_1$109，$B_1$130，A171/$B_1$172，A364/$B_1$385。
⑤ 参见［德］埃德蒙德·胡塞尔《逻辑研究》第二卷第一部分，倪梁康译，A75/$B_1$75。
⑥ 参见［德］埃德蒙德·胡塞尔《逻辑研究》第二卷第一部分，倪梁康译，A329/$B_1$351，A363/$B_1$385 等。
⑦ ［德］埃德蒙德·胡塞尔：《逻辑研究》第二卷第一部分，倪梁康译，A374/$B_1$397。
⑧ ［德］埃德蒙德·胡塞尔：《逻辑研究》第二卷第一部分，倪梁康译，A388/$B_1$412。
⑨ ［德］埃德蒙德·胡塞尔：《逻辑研究》第二卷第二部分，倪梁康译，A474/$B_2$2。

最关键的就是说明各种在纯粹逻辑学的观念上明见的表述：个体的、种类的，特别是范畴的，如何在某种特殊"经验"支点上成为切身被给予的。

在被给予的问题上，我们愿意再咬文嚼字地区分如下情况：首先是一般意义上的被给予，它与直观的本性有关；其次强调切身，它特别地与充实的方式有关。

一般意义上的被给予性。根据胡塞尔的思路，素朴的感性感知是奠基性的，范畴形式的被给予只是相对感性感知才得出的，但他说明的是：范畴形式似乎也被给予了，但不在感性感知和内感知之中。直到扩展感知的前一刻，胡塞尔仍然信心不足，譬如，他强调说"就像我们已经预设的那样，形式确实也会得到充实"①，"但如果表达所具有的这些与材料因素并存的'范畴形式'没有在感知中（只要这感知被理解为单纯的感性感知）得到具体的限定，那么关于感知之表达的说法在这里就必定是以另一个意义为基础，无论如何，在此必须有一个行为来同样地服务于范畴的含义因素，就像单纯的感性感知服务于材料的含义因素一样"②。不能更清楚了，无论是"已经预设的"，还是推论：因范畴形式没有在感性感知中得到表达，所以……抑或类比"就像单纯的感性感知服务于材料的含义因素一样"，这些无不表明胡塞尔扩展感知和直观的含义的立足点一直就是感性感知和感性直观。

正是基于这种同类性，胡塞尔对感知和直观做出了扩展："将每一个以此证实的自身展示之方式而充实着的行为表示为感知，将每一个充实的行为都标示为直观，将它的意向相关项标示为对象。"③胡塞尔将感知的本质扩展为了"以此证实的自身展示之方式而充实着的行为"，将直观的本质扩展为了"充实的行为"，于是，但凡符合"以此证实的自身展示之方式而充实着的行为"的就是感知，而作为其意义上的"充实的行为"的就是直观。我们可以说，感性感知之所以是感知，是因为它本性上就是一种以感性的自身展示之方式而充实着的行为，在此意义上，谁又能否定存在一种以范畴的自身展示之方式而充实着的行为呢？据此，范畴感知和直观

---

① ［德］埃德蒙德·胡塞尔：《逻辑研究》第二卷第二部分，倪梁康译，A614/B$_2$142。
② ［德］埃德蒙德·胡塞尔：《逻辑研究》第二卷第二部分，倪梁康译，A614/B$_2$142。
③ ［德］埃德蒙德·胡塞尔：《逻辑研究》第二卷第二部分，倪梁康译，A614/B$_2$142。

就在"自身展示之方式而充实着的行为"上获得了说明。用胡塞尔的话说:范畴感知和感性感知"被包容在这样一个大的行为种类之中,这些行为的特征就在于,在它们之中有某物作为'现实的',并且是作为'自身被给予的'而显现出来"①。自身展示、自身被给予才是感知和直观的本质!

但我们可以提出如下问题:胡塞尔真的将直观从感性扩展到范畴了吗?还是说他对这两者只是做了类比?现在看来,所谓扩展实际上只是类比而言,因为扩展必须建立在将感知和直观的本质理解为自身被给予性之上。因而,进一步的问题是,当胡塞尔认定范畴形式因符合自身被给予性而可以被直观时,他对此进行了足够清晰的说明了吗?这样的要害是,胡塞尔是否应该先行说明,自身被给予或者说自身展示本身具体何种特性,使其能够容纳感性和范畴,或者更准确地说,能够让自己以范畴和感性的方式被给予?

切身和充实意义上的被给予。这是对自身被给予性的进一步展开。在切身被给予性中,范畴直观和范畴代现仍有微妙的区别:简单地说,范畴直观特别地与自身展示以及自身被给予有关,它探讨的是作为对象的范畴如何能够成为被给予之物,而范畴代现偏重作为对象的范畴与内在被体验物之间的关联,它要揭示的是范畴何以能体现在具有这种而非那种特征的被体验的内容之上,从而具有切身的被给予性和在场性。

根据胡塞尔,理解范畴直观的关键在于理解认同的统一与一个认同行为的统一之间的事态差异:前者是一种被分片的感知行为,由分片所产生的单个感知在连续的过渡中指向的仍然是总体感知行为的对象,认同行为的统一则是一种全新的客体性行为:"它使一个新的'对象'显现给我们,一个只有在一个这种被奠基的行为中才能'自身被把握'或'被给予'的对象。"② 也就是说,在认同行为被指向的并非部分行为指向的对象,也不是多个实在对象之和,而是某种本质上非实在的,但却又与充实行为合而为一并在它之中显现的客观之物,这种新的对象被胡塞尔视为相合性事态本身。

认同行为的统一过程也被胡塞尔称为共形变异,一个总体感知中隐

---

① [德]埃德蒙德·胡塞尔:《逻辑研究》第二卷第二部分,倪梁康译,A615/B$_2$143。
② [德]埃德蒙德·胡塞尔:《逻辑研究》第二卷第二部分,倪梁康译,A623/B$_2$151。

含的局部意向的代现性内容"以双重的方式作为同一个被代现者起作用"①，它不仅承载着局部意向，同时也承载着局部意向与总体意向的相合关联，我们可以以关系范畴"和"为基础作如下表述"桌上有一本书和一支笔"，在这里，两个局部意向各自承载着双重代现，使书和笔在各自的行为质料中直观地显现，同时也使新的关系事态"和"整体直观地显现，其中，关系"和"的切身被给予是建立在共形变异之上的：使书、笔显现的两个不同的行为质料向同一个确定的方向发生综合，或者说合取，当然，相反的方向，即分离和析取自然也存在。在我们的例子中，新的范畴形式既可以是"和"，也可以是"在……的左边"或者"在……的右边"，这取决于相合统一的方向。对此，我们可以用胡塞尔的话总结："范畴联结的形式是从属于行为－综合方式的形式"②，换言之，范畴的联结形式建立在感性行为之上，是一种被奠基行为的联结形式。据此，一种新的对象，即"从属于实事状态这个属的对象"便"随着综合形式的构造"③ 产生出来了。

需要强调，这里被综合的不是书和笔的图像性的内容或感性内容，而是行为质料，胡塞尔强调："综合的被奠基行为的范畴因素所联结的并不是奠基性行为的这些非本质的要素，而是它们两方面的本质之物；它在任何情况下都联结着它们的意向质料。"④ 被联结的是行为质料的相合统一⑤，这是对象性关系的综合形式，而非奠基性行为的代现性内容，因为作为新的对象性，范畴对象必然已经超出了奠基性行为的感性显现，更遑论实项被体验的感性内容了，在此意义上，胡塞尔将意向质料的这种共形变异称为制作着综合的行为间被体验到的心理纽带⑥，认为它最终可被还原为"一

---

① ［德］埃德蒙德·胡塞尔：《逻辑研究》第二卷第二部分，倪梁康译，A626/B$_2$154。
② ［德］埃德蒙德·胡塞尔：《逻辑研究》第二卷第二部分，倪梁康译，A628/B$_2$156。
③ ［德］埃德蒙德·胡塞尔：《逻辑研究》第二卷第二部分，倪梁康译，A628/B$_2$156。
④ ［德］埃德蒙德·胡塞尔：《逻辑研究》第二卷第二部分，倪梁康译，A647/B$_2$176。
⑤ 陈志远进一步刻画出了行为质料在范畴代现中的双重负担：奠基性行为之行为质料的相合统一在范畴直观中同时具备了代现性内容和质料的双重特征，参见陈志远《胡塞尔直观概念的起源——以意向性为线索的早期文本研究》，第六章第七节"范畴代现的理论困境"，江苏人民出版社2009年版。
⑥ 参见［德］埃德蒙德·胡塞尔《逻辑研究》第二卷第二部分，倪梁康译，A626/B$_2$154，A645/B$_2$173。

个始终共同的东西",后者"提供了特别从属于范畴之因素的代现者"。①

三 范畴代现的限度与裂隙

图根特哈特认为范畴直观中存在如下困难:根据描述心理学的立义模式:"实项的意识内容要么被立义为它自身,要么被立义为严格意义上的被代现者(它物的被代现者),要么立义为外在对象的映射。一种感性内容范畴地被立义,这一想法是悖谬的……"② 因而,与感性直观中的体现性内容的直接被体验相似,范畴代现中这种现成的综合统一只能直接被体验到,它甚至只能是一种不可被指明的结构性因素而已。由此,相对那种不可被指明的结构性因素,"唯一能被指明的就是那种范畴综合通过奠基性行为的实显实施"③,"范畴直观一再被理解为各种综合行为的'现实实施',而实施的这种前提通过感性的基础地位仅仅在未被规定的形式中被看到,并被我们还原到这种形式之上"④。图根特哈特赞同胡塞尔在纯粹观念意义上对个体表象与范畴表象的区分,他质疑的是感性内容被范畴立义的可能性,这一矛盾立场使他不得不强调范畴行为的实显实施,他甚至将之视为范畴直观得以可能的一个必需的前提。

图根特哈特的理解遭到了洛玛的反对,他认为图根特哈特的见解仅适合于空乏的符号行为,"符号行为不被实施的话,我们就不能拥有、甚至不能意谓其对象",而"范畴行为的实施的可能性就是对范畴对象的直观的必要前提"。⑤ 在他看来,图根特哈特的这一指示的意义仅在于指明

---

① [德]埃德蒙德·胡塞尔:《逻辑研究》第二卷第二部分,倪梁康译,A645/B₂173。洛玛比我们这里更细致地考察了范畴代现问题在胡塞尔那里生成,特别指出了以下三个阶段:奠基行为对唯一代现者的立义、对非本真的代现者的立义以及联结行为的心理结纽。(Cf. Lohmar, "Wo lag der Fehler der Kategorialen Repräsentation? Zu Sinn und Reichweite einer Selbstkritik Husserls", S. 185–189)

② Tugendhat, *Der Wahrheitsbegriff bei Husserl und Heidegger*, Walter de Gruyter, S. 122.

③ Tugendhat, *Der Wahrheitsbegriff bei Husserl und Heidegger*, S. 122–123.

④ Tugendhat, *Der Wahrheitsbegriff bei Husserl und Heidegger*, S. 123. 《逻辑研究》第一版的描述心理学阶段,胡塞尔并未严格区分实显、实显性(Aktualität)与现实、现实性(Wirklichkeit)这两组概念,特别在"第六研究"第8章中它们基本在相同意义上被使用。也可参见洛玛的说明:Lohmar, "Wo lag der Fehler der Kategorialen Repräsentation? Zu Sinn und Reichweite einer Selbstkritik Husserls", S. 190.

⑤ Lohmar, "Wo lag der Fehler der Kategorialen Repräsentation? Zu Sinn und Reichweite einer Selbstkritik Husserls", S. 190.

在行为实施之中已经存在的充实成就。

实际上,在"第三逻辑研究"中,胡塞尔已经部分回答了图根特哈特的困惑。按照胡塞尔的构想,意向体验必然遵循如下三个阶段的综合:在最低种差中的感性内容的融合与突出①,种属关联中的内容的独立与不独立②,以及独立内容在整体意向与部分意向的综合关联对新对象性的建构③。任何实项被体验的内容都必然呈现在"最低的种类差"对"感性内容"的融合的中断之上,也就是说,在最底层的感性直观的领域中,被体验的感性内容只有通过最低种差的作用被突出,进而才可能在特定种属关联中获得描述,至于中断之前的形态,胡塞尔坦承:在描述心理学中"无法进一步得到描述"④。

因而,"感性内容被范畴地立义"这个说法其实并不"悖谬",因为感性内容之所以能够向我们呈现并被体验到,就是因为它已经经受了最小种差的作用。换言之,种属的范畴关系在最底层的感性体验中就已经发挥作用了。可见,即便是最低层次的理解也不可能将实项的意识内容单纯地理解为它自己,它的显现必定建立在种属关联之上。

但在立义的形式问题上,范畴代现确实存在含混之处。范畴代现建立在奠基性行为的行为质料的相合统一或共形变异之上,它与奠基性行为的实项被体验内容无关,换言之,在范畴代现中,那种使感性内容的凸显成为可能的最低种差以及决定体验内容独立与否的种属关联都已经不再直接起作用了,与行为质料的相合统一相关的仅仅是整体意向与部分意向之间的综合关联。在此意义上,当图根特哈特认定范畴代现的内容"只是一种不可被指明的结构性因素"时,这一说法倒有了一定的合理性,因为胡塞尔将范畴代现中的共形变异限定在整体与部分的关系上,甚至最终限定在特殊的种属关系上:"范畴构形在现象学上奠基于客体化

---

① 参见[德]埃德蒙德·胡塞尔《逻辑研究》第二卷第一部分,倪梁康译,A244/B₁250 - A245/B₁251。
② 参见[德]埃德蒙德·胡塞尔《逻辑研究》第二卷第一部分,倪梁康译,A230/B₁233。
③ 参见[德]埃德蒙德·胡塞尔《逻辑研究》第二卷第一部分,倪梁康译,A272/B₁279 - A273/B₁280。
④ [德]埃德蒙德·胡塞尔:《逻辑研究》第二卷第一部分,倪梁康译,A244/B₁250。

行为的普遍之物之中，或者说，这是一个本质上束缚在客体化行为之种属上的作用。"① 实际上，同样早在"第三研究"中，胡塞尔就已经明确了整体与部分本质上依然是种属关系："一个在完整和真正意义上的整体完全就是一个受最低的'部分'属规定的联系。"②

从最低种类差到整体与部分的关系，种属关系在这里承载得太多了。更重要的是，作为生成范畴对象之代现性内容的关键环节，共形变异如果被束缚在整体与部分的关系上，甚至最终被束缚在奠基性行为之种属的功能上，它还能承担起代现范畴对象的作用吗？进一步说，纯粹逻辑学的观念能否被束缚在整体与部分的关系上？答案如果是肯定的，那么可以追问：此类范畴构形何以具有绝对性？以种属关系为起点向纯粹形式关系的共形变异何以可能？胡塞尔在《逻辑研究》中并未专门探讨这些问题，相反他倒是直接指明了整体与纯粹形式之间的层次差异："只要我们从有关内容类的殊相中'抽象出来'，我们就从某一个整体上升到它们的纯粹形式、它们的范畴类型之上。"③ 在此，形式化确定无疑地超出了整体与部分的关系，范畴代现的困难据此也可以归结在形式化与总体化的关系上：它们的界限和关联究竟何在？又如何可能？

据此，广义的范畴代现中存在裂隙，即本真的范畴代现的方式并不适合普遍直观中的代现，范畴代现中因而存在不相即性。④ 范畴直观的代现性内容，即奠基性行为的行为质料之自身相合，相对个别行为的行为质料而言是一种高阶的形式化的内容。在内感知中感性被给予的因素只有"在一个带有范畴感知或想象特征的被奠基的行为中"首先自身被"范畴化""种属化"，才能使一个范畴形式的对象切身被给予。

具体地说，在普遍直观中，一方面，我们可以以现象学的方式确立被表述的含义与表述行为间的先天区别，并且也能先天地确定普遍直观中的代现性内容与被代现者之间存在着逻辑上的种属关联。就两类表述

---

① [德] 埃德蒙德·胡塞尔：《逻辑研究》第二卷第二部分，倪梁康译，$A647/B_2175$。
② [德] 埃德蒙德·胡塞尔：《逻辑研究》第二卷第一部分，倪梁康译，$A276/B_1283$。
③ [德] 埃德蒙德·胡塞尔：《逻辑研究》第二卷第一部分，倪梁康译，$A277/B_1284$。
④ 对笔者一个可能的反驳是，不同类型的直观的被给予性和相即性的模式本来就不相同，的确是这样，但问题在于，为什么在有这些差异的情况下，它们还能被统称为直观？这里要追问的是它们是否拥有共同的特征，以及在什么条件下能够拥有这些共同的特征。

或两类截然不同的感知而言，种类含义（对本质的感知）"隐含在"个别之物的含义（感性直观）中，"但只是潜在地，而非作为被意指的对象"①。但问题在于，这样一种全新的对象类型或新的意识样式自身如何得到充实？胡塞尔表达了这种充实的原则上的可能性：我们可以"通过向充实性直观的回溯来澄清一个普遍名词的含义"②，实现纯粹指示性意向的真实意味。

但另一方面，与本真的范畴代现，例如"和""或者"等不同，它们的"简单综合行为是如此地奠基于素朴感知之中，以至于那个综合意向也一同朝向奠基性感知的对象"③，胡塞尔在普遍直观的代现问题上给出了一个否定的说法："在这些行为那里，奠基性行为的对象并不一同进入到被奠基行为的意向之中，并且只是在联系行为中才宣示出它们与这些行为的相近关系。"④也就是说，在普遍直观的代现中，奠基性直观的行为质料并不参与到普遍直观行为之中，这与本真的范畴代现显然不同。尽管胡塞尔强调，在普遍直观的一再进行中，可以"根据多个个体直观而意识到这个普遍之物的同一性"⑤，但问题恰恰在于，这里要寻找的是代现性内容，这种原则性的说法根本于事无补。更严重的是，如果缺失了作为意义从表达向感知领域转化之基础的相同的行为质料的某种变形，或者缺失了"一个具有范畴行为形式的感性内容"⑥，那么对本质之物的纯粹象征的表达所具有的意义就不可能真正地充实自身。对此，胡塞尔只是模糊地指出，普遍直观的行为"在这里被预设，这样我们在面对这种行为的个别因素之杂多时可以看到这种行为本身，并且是将它看作同一种行为"，"普遍之物自身被给予我们……而是把握它，观视（erschauen）它"⑦。但这种自身被给予之物的承载者为何，还是无法以本真

---

① ［德］埃德蒙德·胡塞尔：《逻辑研究》第二卷第一部分，倪梁康译，A146/B$_1$147 注。
② ［德］埃德蒙德·胡塞尔：《逻辑研究》第二卷第一部分，倪梁康译，A214/B$_1$216。
③ ［德］埃德蒙德·胡塞尔：《逻辑研究》第二卷第二部分，倪梁康译，A634/B$_2$162。
④ ［德］埃德蒙德·胡塞尔：《逻辑研究》第二卷第二部分，倪梁康译，A634/B$_2$162。
⑤ ［德］埃德蒙德·胡塞尔：《逻辑研究》第二卷第二部分，倪梁康译，A634/B$_2$162。
⑥ ［德］埃德蒙德·胡塞尔：《逻辑研究》第二卷第二部分，倪梁康译，A478/B$_2$5。
⑦ ［德］埃德蒙德·胡塞尔：《逻辑研究》第二卷第二部分，倪梁康译，A634/B$_2$162 - A635/B$_2$163。

范畴直观中的代现的方式予以说明。胡塞尔实际上也已经明确意识到了这一问题，他告诉我们：在对普遍之物的相即感知中"缺少一个具有相同直观内涵的相似想象"，"一个内容即便在个体区域中也无法与它自己相类似，因为被理解为它自己的它不能同时又被意指为它的相似者"。①

胡塞尔选择了另一条道路，普遍直观的代现只能诉诸一种直观的类比意识。观念对象总是拥有一种可直观的特型②，线的普遍观念可以直观地类比为在黑板上用粉笔画出的可直接感知的直线，也可以是单纯的"共形"想象的直线，普遍对象在这种类比意识中得到代现充实，胡塞尔将这个意义上的普遍代现称为普遍想象。

尽管本真的范畴代现与普遍直观的代现均属范畴代现，但它们具有如下区别：其一，在本真的范畴代现中，奠基性的对象关系能够进入被奠基的行为，在相即感知中被设定地把握，在普遍直观的代现中，单纯类比意识则兼具设定和非设定两种可能性；其二，在相即性上它们存在更为根本的区别，本真的范畴代现是完全相即的，而在普遍直观的代现中，某种缺少单纯类比的把握则是非相即的。据此，在广义的范畴代现中存在着裂隙：首先，范畴代现中存在两种差异明显的代现模式，即本真的范畴代现中的行为质料之自身相合与普遍直观代现中的类比意识；其次，"缺少类比意识"使普遍直观的代现具有了一种不相即的特性，而这也与本真的范畴代现不同。

四 范畴代现的预设

哲学家们就已经倾向于将认识界定为代现关系，认识论问题被诠释为如何说明我们直接拥有的意识内容就是有待被认识的对象的代表，或者说，我们如何通过直接的拥有物把握被认识的对象。这种认识论影响巨大，这里特别应该提到的是希腊时期广泛流传的流射说、影子说，胡塞尔极力批判的近代经验论和观念论，以及布伦塔诺对心理现象与物理现象的区分，等等。问题是，描述心理学的代现论是否也属于此种认识模式？

胡塞尔对心理主义代现论的批评主要在于认定后者在代现关系项上

---

① ［德］埃德蒙德·胡塞尔：《逻辑研究》第二卷第二部分，倪梁康译，A635/B$_2$163。
② 参见［德］埃德蒙德·胡塞尔《逻辑研究》第二卷第二部分，倪梁康译，A636/B$_2$164。

的误置，即将实项内容对意向对象的代现错位地理解为意向对象对外在之物的代现，进而将意向对象置于实项行为之中。但是，尽管他对此进行了精细的说明，但却没有对代现关系本身进行质疑和批判：认识关系何以一定是代现关系？意指何以必须在表象关系中实现自身？进而如何理解这种实现？在对心理主义的批评上，胡塞尔甚至会遭受到这样的挑战：心理主义认识论的失误不在于误解了代现关系项，而在于代现关系本身就是不可能的，我们自以为直接拥有的实项的代现内容实际上仅仅是某种心理学上的神秘之物而已。在笛卡尔式的怀疑之下，它甚至根本无须在任何意义上存在，代现关系最终也只是意识的一种伪装。

胡塞尔在描述心理学的研究中并未意识到这一问题，他确认的恰恰是："只有直观行为才使对象'显现'出来，使它被'直观'到，即通过以下方式：一个被代现者在此，立义形式将它立义为对象的相似者或对象本身。"① 胡塞尔继承了希腊传统：认识关系就是代现关系。笔者据此认定，把认识关系等同于代现关系是胡塞尔描述心理学代现论的第一个预设。

我们略微深入代现论。代现论诉诸代现内容与被代现者之间的某种亲缘性。流射说和影子说试图对存在物之间的相似性进行物理主义的说明，洛克对第一性的质和第二性的质的界说的前提亦在于此。同样，描述心理学的代现论非但没有削弱这种亲缘性，它的核心命题，诸如范畴直观和本质直观也都建立在这种特性之上。

在感性感知上，胡塞尔一方面明确对象和感觉在被把握方式上的不同：经历超越立义的对象是直观显现的，而作为实项内容的感觉则是直接被体验到的；而另一方面，他又指出，尽管被感知的对象不是感觉的复合，"但这些对象作为行为特征的复合显现出来，在真正的意义上的特征的属与感觉特征的属是相同的"②。范畴代现和普遍直观代现的可能性也以相似的方式得到了解释：本真的范畴对象是一种高阶对象，作为其代现性内容的行为质料的自身相合相对行为的部分意向而言也是一种与范畴对象同属的高阶内容，而作为普遍直观之代现性内容的类比意识同

---

① ［德］埃德蒙德·胡塞尔：《逻辑研究》第二卷第二部分，倪梁康译，A643/B$_2$171。
② ［德］埃德蒙德·胡塞尔：《逻辑研究》第二卷第二部分，倪梁康译，A706/B$_2$234，A707/B$_2$235。

样也与普遍含义具有种属上的相似性。两种范畴代现中存在的代现方式的差异看似并未破坏范畴代现的总体可能性。

但问题依然存在。在本真的范畴代现中，我们要确定的是奠基性行为的质料在形式上的自身相合的可能性，这里被考察的范畴对象是超时间的。这种代现关系除了代现性内容与范畴对象之间具有种属上的相似性之外，它还必须首先自身被种属化，必须在一个带有范畴感知或想象特征的被奠基的行为中构造一个范畴形式。但普遍直观的代现则不同，普遍物并不是一种关系性的存在，因为它的代现性内容（类比意识）并不需要本己的种属化，它的直观内涵在内感知中不可能与其相应的想象内涵同时存在。这里需要追问的是，普遍直观代现中的这种自身种属化的不可能性与在它之中存在的不相即性具有何种关联？这种不相即性源于非单纯想象的类比意识，胡塞尔在普遍直观代现中主要将之示例为可感性直观的特型类比意识，由此，关键问题自然也就指向了类比项以及本真范畴代现中的相合统一等直接被体验之物的存在和显现方式。

图根特哈特在范畴代现的讨论中同样指出："综合的实施只有在奠基性对象的感性当下中才得以可能。"[①] 当下性因而成了问题的关键。在《现象学的观念》的第五讲，胡塞尔正是在此方向上进一步追问："并且这不重又说明，直观超出了纯粹的现在点，即：它能够意向地在新的现在中确定已经不在现在存在的东西，并且以明见的被给予的方式确认一个过去的片段吗？"[②] 据此，描述心理学中的超越的立义只能被理解为：在同一个纯粹的现在点上或实项的块片中，立义行为如何实现对内在内容的超越把握，但可惜胡塞尔此时并未对行为及其内容本身是否延续，以及各种不能被相即感知的原初现象如何存在予以充分的考虑。

正如上文谈论范畴代现的限制时专门提到的，胡塞尔已经从被体验内容的显现的可能性角度指明了这种当下性的起源：实项被体验的内容只能是一种经受了最小种差的作用才得以凸显的内容，这种封闭性即意味着显现上的实显的当下性。据此，我们可以理解胡塞尔何以会将他对直观的现象学分析牢固地建立在对世界和存在的种属划分之上了，

---

① Tugendhat, *Der Wahrheitsbegriff bei Husserl und Heidegger*, S. 122.
② ［德］胡塞尔：《现象学的观念》，倪梁康译，人民出版社2007年版，第56页。

他的如下说法甚至带有了同语反复的色彩：直观红时的体验内容就是红的感觉①，他此时所谓本质直观实质上只能是种属直观，在目光的一次转向中，我们可以从对感性红的体验直接转向红的本质。但是，种属划分本身何以可能，种属划分之前的存在具有何种形态？这些问题并未得到描述心理学时期的胡塞尔的关注。

胡塞尔此时并未考虑"非现在点"，或者说非实显的内容及其与实显内容之间的隐秘关联。当只能实显被体验的特型类比被当作普遍直观之代现的现成支撑时，不相即性的根源已经存在。同样，本真范畴代现中的代现性内容的自身种属化也陷入了困境，因为在同一个时间点或实项块片中，行为的自身相合在它的实显实施中也无法真正实现。当人们以代现性内容的种属化的不可能性为由将实显性单纯地归于范畴直观的实显实施时，他们忽略了代现性内容的实显性才是这一困境真正根源。由此，笔者认为，描述心理学的代现论隐含了第二个预设：《逻辑研究》中被考察的实项内容，包括立义特征、外感知的感觉材料、内感知的意识内容以及范畴代现的代现性内容等都只是建立在实显被体验的意识块片之上，从时间体验来看，它们只能显现在纯粹的现在点之上。

第二节　内感知及其困境

一　"融入"行为

在考察范畴代实显，除了将代现性内容确定为行为质料的相合统一外，最值得关注的是胡塞尔从反思角度对此内容的说明："与纯粹感性客体和纯粹范畴客体之区别相符合的还有一个代现性内容的区别：唯有反思内容才能够作为纯粹范畴的被代现者而起作用。"② 这种反思具有何种特殊性自然成了描述心理学的关键问题。

《逻辑研究》伊始，胡塞尔便赋予了反思以如下特征："我们的意图并不在于对那些杂多的、相互交迭的意识行为的进行……我们的意图毋宁在于进行'反思'，即：使这些意识行为本身和其内在的意义内涵成为

---

① 参见［德］埃德蒙德·胡塞尔《逻辑研究》第二卷第一部分，倪梁康译，A221/B$_1$223。
② ［德］埃德蒙德·胡塞尔：《逻辑研究》第二卷第二部分，倪梁康译，A652/B$_2$180。

对象。"① 在此意义上，反思的一般特征在于，它是第二性的回返行为，或者说，一种对原初意识行为的再造性的后思。② 受布伦塔诺的影响，这种反思在《逻辑研究》第一版中首先表现为对体验的对象性的内感知。

胡塞尔将意识概念分为三类："意识作为经验自我所具有的整个实项的现象学组成、作为在体验流的统一中的心理体验的交织"，"意识作为对本己心理体验的内觉知"和"意识作为任何一种'心理行为'或'意向体验'的总称"。③

作为心理体验的意识，它直接拥有的内容是在客观化立义中获得对象性释义的实项内容和因素。现象学分析表明："感觉以及这些对它进行'立义'和'统摄'的行为在这里被体验，但它们并不对象性地显现出来……另一方面，对象则显现出来，被感知，但它们没有被体验。"④ 也就是说，这种体验本身并不是意指，它只是在意指行为中存在的对体现性内容的一种直接的、非对象性的把握，而感觉只有在反思中才能成为表象客体，它自身并不作为表象体验的对象而存在。可见，体验作为对体现性内容的直接把握具有明见性，它直接被体验到或被意识到。在此直接体验中，内容作为意识流的实项整体的组成部分与体验相合一："在被体验或被意识的内容与体验本身之间不存在区别。例如，被感觉到的东西就是感觉。"⑤

但必须注意，这种直接体验只有在具体感知实施的同时才能发生，并且只有在对感知进行反思时才能课题化地显现。在论述第二个意识概念时，胡塞尔提出，作为实项内容之体验流的意识奠基于内觉知或内感知之上，后者具有方法论上的优先性。内感知是一种"伴随着实显（aktuell）体现的体验并且将这些体验作为其对象而与之相联系"⑥ 的行为。

---

① ［德］埃德蒙德·胡塞尔：《逻辑研究》第二卷第一部分，倪梁康译，A10/B₁9。
② 参见倪梁康《现象学及其效应：胡塞尔与当代德国哲学》，生活·读书·新知三联书店1994年版，第107—111页。Ni Liangkang, "Urbewußtsein und Reflexion bei Husserl", in *Husserl Studies* 15, 1998, S. 77-99.
③ ［德］埃德蒙德·胡塞尔：《逻辑研究》第二卷第一部分，倪梁康译，A325/B₁346。
④ ［德］埃德蒙德·胡塞尔：《逻辑研究》第二卷第一部分，倪梁康译，A363/B₁385。
⑤ ［德］埃德蒙德·胡塞尔：《逻辑研究》第二卷第一部分，倪梁康译，A330/B₁352。
⑥ ［德］埃德蒙德·胡塞尔：《逻辑研究》第二卷第一部分，倪梁康译，A333/B₁354，本书将"aktuell"统一译为"实显"。

唯有当我们的注意目光指向心理体验时，或者说，唯有当我们对象性地反思这些体验时，它们才成为"在认识论上第一性的、绝对可靠的领域"①。

除了在意识概念的划分中对内感知的根源性地位的强调之外，胡塞尔在对休谟的抽象论的批评中就已经强调了内感知在对现象学事态的明察中所起的基础作用。在《第五逻辑研究》第一版中，他更是直接将内感知当作现象学描述的最终明见性的保证。② 但正如研究者们熟知的，如果内感知是一种对实显体验的对象性的把握，那么它必将陷入无限回退，因为内感知本身首先必须对象性地显现，否则它自身的合法性就是缺失的。

但是，这种对从对象化角度被理解的内感知理论的可能指责在胡塞尔对意向体验——第三个意识概念——的分析中以间接的方式被拒绝。在对"存在"等范畴概念的起源的分析中，胡塞尔否定了洛克意义上的内感知："'反思'是一个相当含糊的概念。在认识论中它具有洛克所赋予它的至少是相对固定的意义，即内感知的意义；因此在解释那个学说时，即那个相信可以再对判断之反思中找到存在概念之起源的学说时，我们只能坚持这个意义。而这样一种起源是我们所否认的。"③ 在胡塞尔看来，内感知作为一种对象化的行为，在它之中被把握的是体验或概念中实在构成物的概念，而不是感性对象的概念或实事状态的概念。或者说，现象学的体验被内感知到即意味着在反思中被对象化或实在化地拥有，"并且它从这个对象性内容中实在地给出那些须被总体化的规定"④。因而像"存在"这样的范畴显然并不能显现于内感知中。

但这是否意味着，范畴概念的被把握与任何一种反思都毫无关联？当然不是。胡塞尔明确指出："不言而喻，在对感知的反思那里被体验的必定是感知，而在对判断的反思这里被体验的则必定是判断或判断直观（实事状态感知），这样，各个抽象才会可能。"⑤ 这一事态针对的就是内感知。因为在内感知中，原初的感知行为和判断只能被对象性地把握，

---

① ［德］埃德蒙德·胡塞尔：《逻辑研究》第二卷第一部分，倪梁康译，A335/B$_1$357。
② 参见［德］埃德蒙德·胡塞尔《逻辑研究》第二卷第一部分，倪梁康译，A411/B$_1$438。
③ ［德］埃德蒙德·胡塞尔：《逻辑研究》第二卷第二部分，倪梁康译，A612/B$_2$140。
④ ［德］埃德蒙德·胡塞尔：《逻辑研究》第二卷第二部分，倪梁康译，A613/B$_2$141。
⑤ ［德］埃德蒙德·胡塞尔：《逻辑研究》第二卷第二部分，倪梁康译，A613/B$_2$141。

这里被抽象的恰恰也就是原初行为，但胡塞尔指出："我们不是在作为对象的行为之中，而是在这些行为的对象之中找到这些概念的抽象基础。"①也就是说，只有当原初行为以非对象化的方式显现，或用胡塞尔的话说，"被体验"时，对范畴的抽象才得以可能。

在范畴直观中，奠基性行为的行为质料的自身相合不会对象性地显现自身，它只是在实显认同或合取之中被体验到。② 但这并不意味着这种代现性内容不能被反思到，胡塞尔说："唯有反思内容才能够作为纯粹范畴的代现者而起作用。"③ 初看起来，这与奠基性行为的行为质料的相合统一作为范畴代现的代现性内容这一说法形成了重大的区别。胡塞尔似乎给出了两种代现性内容：反思内容与行为质料的相合统一。但其实不然，问题在于如何理解反思。按照胡塞尔的说法："在内感知中感性地被给予的（因而在其中起着感性被代现者作用的）因素可以在一个带有范畴感知或想象特征的被奠基的行为中构造一个范畴形式，亦即在这里承载一个完全不同的范畴代现。"④ 如果在严格意义上的奠基与被奠基行为的种属关系之外反思或抽象一个被奠基的行为，我们构成的只能是关于这一行为的概念，而非行为所指向的对象，唯有当我们能够在被奠基的行为之中进行抽象，奠基与被奠基行为的种属关系中生成的普遍之物才可能被直接地观向。⑤ 内感知已经无法承担这一重任了，因为它是一种感性的行为，只能发现行为中的感性被给予因素，应该存在一种特殊的反思，它能够在被奠基的行为中进行一种范畴的抽象，能够反思到行为质料的相合统一与范畴对象之间的代现关系。

根据胡塞尔的指示，我们可以这样描述一种新的反思："行为必须在此存在，这样我们才能够在它们之中'生活'，在可能的情况下'融入到'它们的进行之中，而且当我们（……）这样做的同时，我们关注到这些行为的对象，我们附带地或首要地朝向这些对象，在可能的情况下

---

① ［德］埃德蒙德·胡塞尔：《逻辑研究》第二卷第二部分，倪梁康译，A613/B₂141。
② 参见［德］埃德蒙德·胡塞尔《逻辑研究》第二卷第二部分，倪梁康译，A645/B₂173。
③ ［德］埃德蒙德·胡塞尔：《逻辑研究》第二卷第二部分，倪梁康译，A652/B₂180。
④ ［德］埃德蒙德·胡塞尔：《逻辑研究》第二卷第二部分，倪梁康译，A651/B₂179。
⑤ 参见［德］埃德蒙德·胡塞尔《逻辑研究》第二卷第二部分，倪梁康译，A651/B₂179。

以这些对象为探讨的课题。"① 对范畴起源的明察要求一种特殊的"生活"和"融入"原初行为的能力，因为只有这样，原初行为中隐藏的对象性才能被课题化地揭示，实显化的内感知根本不能满足这一要求。据此，我们的问题可以归结为：如果原初行为在相即感知中作为实显存在的实项块片被对象化，那么如何"融入"实显行为，从内感知的角度说，相即感知对意识体验的对象化与对原初行为的这种独特的"生活"和"融入"如何相容？

二 自身觉知模式辨析

既然相比实项的现象学组成，内感知在认识论上具有首要地位，那么，当内感知被胡塞尔确定为一种"伴随着实显的、体现的体验并且将这些体验作为对象而与它们发生联系"的行为时，作为一种对原初体验的对象性的把握，它显然不能承担"对被意指的实事状态的觉知"。胡塞尔在此意义上甚至已经暗示了一种不同于内感知的反思，但问题是这种对象化的内感知真的会导致无限回退吗？

面对胡塞尔在内感知的无限回退问题上受到的指责，扎哈维颇有见地指出：当我们谈论起意识流时，我们将唤起胡塞尔对第一个意识概念的理解，而胡塞尔对意识的第二个概念运用则"与自身觉知问题相关"②。在他看来，胡塞尔在《第五逻辑研究》中提出的第二个意识概念应该被理解为前—反思的自身觉知，它是一种非对象化的、伴随性的意识状态，因为胡塞尔的确说过内感知"伴随着……"。据此，胡塞尔的三个意识分别意味着：体验的整体、前—反思的自身觉知以及以客体化行为为基础的意向体验。

---

① ［德］埃德蒙德·胡塞尔：《逻辑研究》第二卷第一部分，倪梁康译，A385/B$_1$409。

② Zahavi, "The Three Concepts of Consciousness in Logische Untersuchungen", in *Husserl Studies* 18, 2002, p. 52. 该文后来被收录在出版于 2005 年的 Zahavi, *Subjectivity and Selfhood: Investigation the First-Person Perspective* 一书中，中文版可参见［丹］扎哈维《主体性和自身性：对第一人称视角的探究》，蔡文菁译，上海译文出版社 2008 年版。在该书中，扎哈维新添了一个重要的注释："既然我的目标在于分析胡塞尔最原初的立场，那么所有的引用都将是来自第一版《逻辑研究》，除非被特别提及之处。"（中文版第 38 页注 1）这一注释将对我们的讨论具有重要的意义，尤其是对意识的实显性特征问题上。

但这其实不难反驳，因为胡塞尔同时也强调了这种"伴随着实显"行为的内感知"将这些体验作为对象而与它们发生联系"。如果严格地将内感知理解为前—反思的，那么必须指出，笔者实在无法同时具有如下两种意识活动：在前—反思的自身觉知的同时将体验当作实显的对象！

对胡塞尔来说，在立义行为的现实进行中，现象学的实项组成并不是反思性地被把握的。实际上，在谈论意识作为体验总体的含义时，胡塞尔就已经提到："感觉复合在显现的行为中被体验到，但同时以某种方式'被立义'、'被统摄'……"，"在被体验或被意识的内容与体验本身之间不存在区别：例如，被感觉到的东西就是感觉"，"感觉复合在显现行为中被体验到……"① 笔者认为，在意识作为体验整体这一概念中就已经直接具有对意识内容的前—反思的体验了，这是一种更原初的被意识性，更准确地说，在前—内感知的直接体验中，感觉复合和意指行为就已经非对象性地被意识到了。

笔者认为，胡塞尔的第一个意识概念中包含了两层含义，即经验性的体验流以及对体验流的直接的心理体验，或者说自身觉知，而第二个意识概念，笔者倾向于保留胡塞尔赋予它的对实显意识的对象化把握的含义，它就是一种对象化的行为。这与扎哈维已经不同了：他把胡塞尔的第一个意识概念仅仅理解为意识流，把第二个意识概念创造性地理解为非对象性的自身觉知。当然，笔者仍然会被指责犯下承认无限回退的错误，我们更细致地考察一番。

首先，扎哈维将内感知理解为自身觉知确实有其理论深意，这样做是为了避免胡塞尔本人随后就提请注意的无限回退的危险。胡塞尔的这一提示与布伦塔诺有关。在布伦塔诺看来，如果内感知是一种独立性的存在，那么它必然需要另一种伴随性的内感知，为了避免无限回退，他提出内感知实际上就内在于意向体验之中，但始料未及的是，他由此陷入了由双重对象所导致的新的无限回退。②

---

① ［德］埃德蒙德·胡塞尔：《逻辑研究》第二卷第一部分，倪梁康译，A329/B$_1$351。
② 扎哈维指出，"双重对象说"导致的无限回退尽管在事态是正确的，但将它归于布伦塔诺是出于胡塞尔的强加，参见中文版《主体性和自身性：对第一人称视角的探究》，蔡文菁译，第50—51页。

从胡塞尔在讨论"内感知"的语境中对"无限回退"的指认来看，他针对的是布伦塔诺将内感知置于意向体验这一做法，这个后退是由以下状况所引起的："内感知本身又是一个体验，因此需要新的感知，这个新感知同样又需要更新的感知，如此等等。"① 胡塞尔的态度是，不能将内感知纳入体验流，因为一旦它属于体验，它自然需要在非"体验"性的新的内感知中获得其绝对的存在，无限回退就会产生。因而，必须将内感知分离出体验整体，将它视作一种新的对体验的反思行为，即他规定的第二个意识概念。可见，胡塞尔对内感知的反思性的规定并非像扎哈维所说的仅仅是附带性的。② 但是，将内感知理解为对象性的反思行为是否又会像布伦塔诺担心的那样重新唤回一种由于内感知的独立性而产生的无限回退呢？从胡塞尔对内感知的"伴随性"和"相即性"的强调中可以看到，他对此已经有所警觉。但有趣的是，直到《逻辑研究》的第二版，胡塞尔除了对内感知的相即性作了如上更为清楚的界定之外，他对这一无限回退的基本态度是"置而不论"。③

其次，需要注意的是胡塞尔对布伦塔诺的第二个无限回退，即体验的双重对象说所产生的无限回退的解决。在体验概念中的确存在一种伴随性的意识"行为"，它不是对象化的内感知，而是一种对体验流直接的"心理体验"。胡塞尔对意识概念的第一个规定中隐含的"心理体验"维度就已经预先有效地从形式上避免了由内感知所产生的无限回退的危险。据此，体验整体意义上的意识概念中隐含了前内感知的自身觉知。

与胡塞尔的思考略有错位，扎哈维在胡塞尔那里主要关注的是双重对象说所导致的无限回退："如果所有当前的心理状态都因被当前的二阶状态当作对象而成为意识的，那么这些二阶心理状态也必须被当作三阶心理状态当作对象，因而至于无穷。"④ 如果体验流的绝对性依赖于对象化的内感知，那么对体验流的最终明见性的澄清岂不是要求我们对内感知实施一种更高阶的感知把握？无限回退根源于内感知的对象化。扎哈

---

① [德] 埃德蒙德·胡塞尔：《逻辑研究》第二卷第一部分，倪梁康译，A334/B$_1$356。
② 参见 [丹] 扎哈维《主体性和自身性：对第一人称视角的探究》，蔡文菁译，第47页。
③ [德] 埃德蒙德·胡塞尔：《逻辑研究》第二卷第一部分，倪梁康译，A334/B$_1$356。
④ [丹] 扎哈维：《主体性和自身性：对第一人称视角的探究》，蔡文菁译，第30页。

维的建议是，如果内感知本身就是一种对体验行为的自身觉知，那么这种由对象化的内感知所导致的无限回退自然就可以被避免了。

但扎哈维的理解很难令人完全满意，他不仅过于仓促地将具有对象性反思内涵的内感知规定为非对象性的甚至透明的对意向体验的直接体验，从而错失了我们上文所揭示的第一个意识概念中真正拥有的作为直接的"心理体验"的自身觉知的含义，而且也掩盖了胡塞尔对布伦塔诺的无限回退问题的双重处理。

具体地说，首先是着眼点的失误：如果扎哈维对内感知的看法是正确的，那么他该如何理解胡塞尔对内感知的如下说明"当对象被实项地包含在感知本身之中时，这种感知就是相即的感知"，而"相即感知只能是'内'感知"。[①] 具有相即性的内感知也必然符合感知的一般特性，它是对象化的行为。事实上，即便在第二版中，胡塞尔也没有直接将内感知直接界定为非对象性的自身觉知，这应该做何解释？根据我们的分析，内含自身觉知含义的不是作为内感知的意识概念，而是第一个意识概念，在此意义上，笔者与扎哈维的区别不在于胡塞尔那里究竟是否存在着一种伴随性的自身觉知，而在于充当自身觉知作用的究竟是作为第二个意识的内感知，还是第一个意识概念中对体验流直接的"心理体验"。

其次，在对意识概念的辨析中取消了胡塞尔明确赋予意识的对象化反思的内涵。即便是通过对日常的意识行为的观察我们也能够明确，对意识活动对象化的反思把握是意识所具有的一项本质性的功能。在《逻辑研究》中，胡塞尔将这一功能赋予了那种能够确保"在认识论上第一性的、绝对可靠的领域"的内感知。实际上，即便胡塞尔在早期的内时间意识研究中已经明确了一种伴随性的内意识时："每个行为都是关于某物的意识，但每个行为也被意识到。每个体验都是'被感觉到的'，都是内在地'被感知到'（内意识）。"[②] 一种内在感知性的反思仍然是现象学的重要论题，这一问题我们稍后将更为详细地讨论。

在胡塞尔对意识概念的辨析中，只要我们将对象化的反思赋予内感

[①] ［德］埃德蒙德·胡塞尔：《逻辑研究》第二卷第一部分，倪梁康译，A333/B$_1$355。

[②] ［德］埃德蒙德·胡塞尔：《内时间意识现象学》，倪梁康译，商务印书馆2009年版，第168页。

知，并且承认在第一个意识概念中存在直接的心理体验的维度，那么前内感知的自身觉知与内感知性的反思在描述心理学中完全可以共存。从胡塞尔现象学的发展来看，这种根源于内感知的无限回退实质上是一种必然产生于描述心理学的实显性分析的困境。我们完全可以坦然接受对胡塞尔的内感知的批评，无须畏惧，因为在超越论现象学的论域内，它很快将被一种与直观的源泉相关的现象学反思取代。

第三节　前—实显的体验

一　实显性问题

笔者建议将描述心理学所面临的困境命名为实显性困境。范畴代现这一说法被胡塞尔本人放弃了，当然是在描述心理学的范式内。内感知是实显性的，因为它将"实显的体现的体验""作为对象"。对实显体验的对象性的反思行为本身何以是实显的？这一发问似乎过于谨慎了，因为当被反思揭示的体验呈现出实显的特征时，反思行为本身还可能不是实显的吗？当然，我们需要对此予以说明。

实显性具有双重特性：逻辑性以及显现上的超时间性。代现性内容作为切身被给予之物在显现上是一种"实在"的、现成在场的存在，在逻辑上则呈现为已经被种属化的存在。尽管《逻辑研究》拒绝发生性的考察，但我们还是可以在体验与反思之间找到一种奠基性的生成关系：内感知所揭示的实显性内容只能是经过最小种差的中断后才可能突出的被体验内容，这是先天规律。内感知的权能是有限的，它只能建基在体验的先天法则之上。描述心理学的分析最终只能是一种以种属关系为主要内容的逻辑学上的先天分析。

范畴代现中的裂隙和预设都与实显性相关。就裂隙而言，首先，在内感知中被揭示的范畴行为中的代现性内容无法现实地被范畴化，因为当它们被体验到时就已经是实显性的了，它就是在种属关系中已经被封闭了的独立内容；其次，因为直接体验和被意指的内容总是被实显设定的，在内感知中自然就不存在类似本真范畴代现意义上的质料的自身相合。就预设来看，首先，对代现的"迷信"就奠基于代现性内容在内感知中的实显地被给予上，关系项就是实显被给予的，人们就此只能就实显的代现性内容进行认识论研究；其次，在体验中纯粹的现在点是逻辑性的，这一事态将我们引至逻辑学和现象学的交会点：一方面，切身被给予是意识活动的客观化，是逻辑意义上的个体，另一方面，它也是逻辑观念在现象中的具身化，在意识活动中持续地被充实生成。

　　胡塞尔对图根特哈特所谓综合行为的实显实施已经进行过专门说明：范畴综合的"'现实的'实施性并不具有经验现实的特征，而是具有观念可能性的特征"①，因而它"可以根据有关的奠基性直观（哪怕是想象）而现实地实施"②。图根特哈特强调的实显性与胡塞尔此处的说明相关。③但与胡塞尔不同，图根特哈特将范畴直观的实显实施看作一种保守的策略：感性内容的范畴化在内感知中无法实现，所以范畴直观的存在只能依赖它自身的现实实施。但洛玛的态度积极得多。在他看来，范畴代现的内容的不可指明性并非现象学的顽疾，它在整体与部分意向的连续过渡中的行为质料之综合统一中已经得到了初步说明。④ 更应该做的是限定这一困难的范围，用他的话说，必须说明作为代现性内容的被给予性之基础的"直观性的'第三种'源泉"，这种源泉"同样永恒地适用于其他范畴形式的不同种类的非—感性的被代现者"。⑤

　　实显性上沉积的问题极为复杂和重要。首先，意识行为的实显性可以看作自然实在论在描述心理学中的折射。描述心理学对实项内容和意向内容的区分实际上仍然承继了自然主义对实在物和心理物的区分，而对内感知中显现的行为的实显存在的认定更是隐含了时空上的客观性，至少未对这一前提进行有意识的批判。因此，实显性分析中存在的各种裂隙和预设可被视为心理主义的残余。其次，胡塞尔的实显性分析显示出了代现论的各种裂隙、预设与内感知、感性当下的内在关联。如果我

---

　　① ［德］埃德蒙德·胡塞尔：《逻辑研究》第二卷第二部分，倪梁康译，A662/B$_2$190，引文略有改动。
　　② ［德］埃德蒙德·胡塞尔：《逻辑研究》第二卷第二部分，倪梁康译，A662/B$_2$190。
　　③ 在此意义上，图根特哈特特别强调《逻辑研究》"第七章的成果为胡塞尔本人在第八章所继承"，Tugendhat, *Der Wahrheitsbegriff bei Husserl und Heidegger*, S. 123.
　　④ Cf. Lohmar, "Wo lag der Fehler der Kategorialen Repräsentation? Zu Sinn und Reichweite einer Selbstkritik Husserls", S. 193.
　　⑤ Lohmar, "Wo lag der Fehler der Kategorialen Repräsentation? Zu Sinn und Reichweite einer Selbstkritik Husserls", S. 193.

们细致地观察胡塞尔在《逻辑研究》第二版与第一版的论述差别,特别是对体验之整体视域更为清晰的说明①,以及对内感知的彻底批评②,那么,我们便很容易预见到现象学可能的突破的方向,那就是彻底地消除这种隐含了素朴的自然信仰的实显性,寻找到被洛玛称为"直观性的'第三种'源泉"的新的本质直观。

二 对前一实显的体验的反思何以可能

在1906—1907年的讲座中,胡塞尔将意识概念重新划分为作为体验、作为意向意识以及作为执态、行为和注意的意识。与《逻辑研究》的划分相比,这里最大的变化是放弃了内感知在方法上的首要地位,胡塞尔开始探讨一种使原初现象的体验得以显现的特殊的反思。

胡塞尔认为,作为体验的意识有两种含义,"一方面是相即感知的内在客体,涉及一个时间流和它的实项的存在块片","另一方面是绝对的、并不通过相即的感知立义而被客体化的存在,任何原初现象的存在,这样的存在存在着但并不被感知"。③ 1901年的第一个意识概念与这里的第一个体验概念相关,它是一种对在"反思的感知"④ 中被发现的存在于统一的体验流中的体现性内容的直接把握。

第二个体验概念所意味的绝对的、未被感知的原初现象的存在倒是一个新的现象学事态。胡塞尔对这种原初现象的"未被感知"性的强调一举将它与作为实项现象学组成的体验概念相区别,它是一种本质上拒绝感知立义和客体化的体验存在之原始状态。但是,困难在于,我们如何把握这种未被感知的,甚至是"前反思的、原初现象学态度的"⑤ 原初现象的存在,用胡塞尔的话说:"感知的内容(Inhalt),比如它在感觉上

---

① 参见[德]埃德蒙德·胡塞尔《逻辑研究》第二卷第一部分,倪梁康译,B₁358。
② 参见[德]埃德蒙德·胡塞尔《逻辑研究》第二卷第一部分,倪梁康译,B₁440。
③ [德]埃德蒙德·胡塞尔:《逻辑学与认识论导论(1906—1907年讲座)》,郑辟瑞译,商务印书馆2016年版,第285—286页,引文略有改动,不一一指出。
④ [德]埃德蒙德·胡塞尔:《逻辑学与认识论导论(1906—1907年讲座)》,郑辟瑞译,第283页。
⑤ [德]埃德蒙德·胡塞尔:《逻辑学与认识论导论(1906—1907年讲座)》,郑辟瑞译,第285页。

的内涵（Gehalt），如何先于反思被给予，如何在它之中'现存'呢？"①

胡塞尔首先将这种原初现象的存在与素朴感知相类比。素朴感知"'以隐含的现实'具有了分析所凸显出来的因素，并且，整个素朴感知与这些因素一道都曾经'被意识到'，具有一个存在，此存在不具有被感知之物的（特征），不具有感知客体的被给予特征。每一个意识此在，每一个存在——它首先是在反思观察和分析中，在它刚刚曾在之后，被转换为被给予性，并且由此被描述，我们都称为'单纯的'或者原初现象的体验的存在"②。对胡塞尔来说，素朴感知中内含的诸因素，诸如感觉材料、注意和统觉等可以被单纯体验到。这种单纯体验不同于对象性的感知，同时被单纯体验的存在也不是被感知的存在，而是一种原初现象的体验存在。据此，胡塞尔不仅提出了不同于被感知物的原初现象的体验存在，同时也提出了一种与内感知不同的对现象学事态的把握方式。无须赘言，把握方式的不同源于事态自身的不同要求，内感知所面对的问题是如何厘清被实显化的各种实事因素，而这种新的把握方式则要求深入前反思感知的存在事态。因而，胡塞尔提出的这种原初现象的体验自然不能被理解为一种特殊的对象性的意向行为，而应该被理解为先于反思并同时为反思奠基的自身显现。但问题在于，原初现象的体验存在如何如其所是地被揭示而不至于成为内感知的对象？

解决这一难题的节点在于找到一种不同于反思感知的揭示原初现象体验的方式。我们发现，胡塞尔将这种反思观察和分析称为"新的反思意识"③，他对这种独特的现象学反思予以了如下描述："从任意体验和感知的实显拥有以及反思的实显实施出发，我们现象学地看感知的本质，

---

① ［德］埃德蒙德·胡塞尔：《逻辑学与认识论导论（1906—1907 年讲座）》，郑辟瑞译，第 284 页。与这里的问题方向相关，德怀尔从感知意向的"剩余"现象出发，揭示了"非—实显的体验"（non-actual experience）的存在（Cf. Daniel Dwyer, "Husserl' appropriation of the psychological concepts of apperception and attention", in *Husserl Studies*, 2007, pp. 83 - 118），这一思路是正确的，但笔者认为，"非—实显"这一说法并不是很恰当，胡塞尔从 1906—1907 年以来的总体工作应该被视为对"前—实显"领域的突破，在下一章对内时间意识构造的探讨中，我们将回到这一问题。

② ［德］埃德蒙德·胡塞尔：《逻辑学与认识论导论（1906—1907 年讲座）》，郑辟瑞译，第 284 页。

③ ［德］埃德蒙德·胡塞尔：《逻辑学与认识论导论（1906—1907 年讲座）》，郑辟瑞译，第 284 页。

我们发现它是一种时间上的延展物,我们在看的分析中发现同一物的诸因素,并且在分析意识与回忆意识的统一性中回溯地发现了刚刚曾在者和仍然活生生的素朴感知,以及前反思的、前现象学态度的感知……"①

反思感知的目的在于实显地把握对象物,而这种现象学的看则是一种原本的分析,它要做的是通过对对象的显现方式的把握如其所是地把握"同一因素"中显现的对象。比如我们反思地感知一个曾经的愤怒,被反思的愤怒已经被实显化为再造的对象,愤怒自身作为"时间上的延展物"并未原本地被把握。如果反思只关涉在现象学的时间性中被延展的素材,那么我们就能获得原初现象,用胡塞尔的话说,就可以"将单纯体验概念构造为原意识概念"②。这里所谓原意识当然不是指那种以心境、心理状态为主要标准的心理学概念,好像我们可以回到原初的心理状态似的,而是指一种本质地被构造出的意识形式。在现象学反思中,心理学意义上的心境或心理状态以及原初行为在内感知中的实显化都被消除了,时间素材及其在现象学时间中的位置。换句话说,时间素材以及它所构造的前现象存在的显现方式在现象学反思中则绝不会发生对象性的变化。由此,我们就可以实现向原初现象的回溯,并且可以明见地拥有那种被安置在现象学时间之流中的原初现象的体验以及存在于这种体验之中的现象学的实事一般。

由此,1901年将实显性的内感知当作实项体验之意识概念的明见性根源,这一想法在原现象体验的问题域中被否弃了。反思性的内感知构造于原初体验之中,它只能限定河流的部分因素并使之成为被给予物,但却不能将"被体验的被给予性构造为被意谓的被给予性",不能"在瞬间的统觉形式中透视(durchblicken)它"。③ 也就是说,原初现象的体验存在领域作为一种奠基性的、单纯被体验的存在不可能在内感知中如其所是地被把握,在内感知的瞬间统觉中,它被形变为某种聚合形态,从

---

① [德]埃德蒙德·胡塞尔:《逻辑学与认识论导论(1906—1907年讲座)》,郑辟瑞译,第285页。
② [德]埃德蒙德·胡塞尔:《逻辑学与认识论导论(1906—1907年讲座)》,郑辟瑞译,第285页。
③ [德]埃德蒙德·胡塞尔:《逻辑学与认识论导论(1906—1907年讲座)》,郑辟瑞译,第286页。

而丧失了本原性，成了实显的对象。针对这种新的存在，胡塞尔强调了一种构造原意识的现象学反思，与实显感知意义上的反思不同，前者就是时间性的回溯把握，在现象学时间中自身延展的原初现象的体验在这种时间性的反思中如其所是地显现自身。

据此，《逻辑研究》中强调的"对被意指的实事状态的觉知"可以得到清楚的说明了。在第一版中只是被暗示的那种使范畴显现自身的新反思就是这里所描述的现象学反思。因为只有在这种反思中，感知行为和判断行为才可能如其所是地被体验，我们才能"在置身于认同行为之中的过程中观向客观的统一性"①，并使其成为范畴抽象的基础，而在反思感知中，感知行为、判断行为以及这种认同行为自身首先便被实显化和对象化了。对同一现象学事态，胡塞尔在"时间讲座"中进行了如下描述："有一种意指不是在'内反思'、即意指的内感知中设定这些单元（指感知、判断、感受等——引者）并将它们对象化，而是栖息于（einleben）它们的意向性中，这样，这种意指便从它们那里'提取出'在它们之中隐含地被意指的对象，并将它们变为在客体化设定之确切意义上的对象。"② 这种特殊的反思之所以能成为对原初现象体验的构造，原因在于它能够非设定地重新生活于先前作为背景而"已经'在此存在'"③ 的体验之中，它可以得到如下较为完整的表述：自同者的各种显现方式在意向的、连续的时间流中、在注意的偏好中如其所是地被体验，并据此使存在于原初行为中的原初实事自身显现，而这里所谓注意应该被看作一种单纯的注意、一种纯粹的生活。

除了我们已经赋予现象学反思的回返性的后—思和不设定的行为特征之外，这种特殊的反思还具有如下特征：作为《逻辑研究》第一版时期就已经提出的要求，现象学反思必须使观察者能够生活于原初现象的体验并将之作为范畴抽象的基础，以此才能使现象学的实事本身能够自身显现，在此意义上，现象学反思具有原本性的特征，尽管我们不能在再造中本真地反思到原先的被感知之物，但却可以体验到本原之物并反思到作为印象而被拥有之物；再者，正如胡塞尔所指出的，无论在自然

---

① ［德］埃德蒙德·胡塞尔：《逻辑研究》第二卷第二部分，倪梁康译，A651/B₂179。
② ［德］埃德蒙德·胡塞尔：《内时间意识现象学》，倪梁康译，第 171 页。
③ ［德］埃德蒙德·胡塞尔：《内时间意识现象学》，倪梁康译，第 171 页。

反思，还是心理学或描述心理学的反思中，范畴概念的起源总是隐而未显的，因而，这种特殊的反思作为对这种概念起源的揭示恰恰是对原河流中沉默的经验的揭示，或者说，使其自身表达，在此意义上，现象学反思具有显示性的特征；最后，因为原初现象的体验存在始终处身于现象学的时间之流中，所有作为对这种存在之把握的现象学反思便也在一个时间意识的统一性中进行，在此意义上，它显然具有一种时间性的特征。

由此可见，这种反思与内感知除了在反思行为的质性上具有若干区别之外，还有如下更为重要的区别：它不仅是一种再造和非设定的行为，更是对原初行为的最直接的同情以及对这些行为之创生能力的最直接的揭示，只有当它作为一种原本性、显示性和时间性的行为时，它才可能使隐含于原初行为中的实事一般如其所是地显现自身，而这恰恰是现象学的本质要求。

在内感知中存在的所谓无限回退在现象学反思中根本不存在，因为在现象学反思中得到考量的是如何生活于原初行为中，而非对象性地把握它，同时，原初行为中存在的实事一般在单纯注意中也只是被课题化、被发现，而非被构造。在胡塞尔现象学中，下面这段摘自"内时间意识现象学"的引文对这一问题具有特殊的意义。

> 每个行为都是关于某物的意识，但每个行为也被意识到。每个体验都是"被感觉到"，都是内在地"被感知到"（内意识）……自然，看起来这像是回到了一种无限的回退上。因为，对行为（……）的内意识、对它们的感知现在不重又是一个行为，并因此而本身又是内部地被感知到的吗？对此应该反驳说：每个确切意义上的"体验"都内部地被感知到。但这种内感知行为并不在同一个意义上是一个"体验"。它并不自身再内部地被感知到。目光所及的每个体验都将自己作为一个持续的、流过的、如此这般变化着的体验来给出，而这并不是由我们的目光所造成的，我的目光只是看向它。①

我们在此要进一步追问的是："被感觉到"和"被感知到"这些现象

---

① ［德］埃德蒙德·胡塞尔：《内时间意识现象学》，倪梁康译，第168—169页。

学事态自身如何显现？胡塞尔的意思很明确，通过目光的变化所发现的不是实显性的内感知对象，而是具有"时间意识的统一"①的感知意识或感知行为。正如我们多次强调的，这种意义上的感知意识只能在特殊的反思中才能显现，克服这种无限循环的机缘正是这种反思。与 1906—1907 年讲座对内感知"漠视"相应，这里已不再强调内感知的对象化和实显化特性，被强调的是关涉自身的内意识，一种具有对原初体验的非课题化的把握和单纯注意的内意识已经逐渐成为现象学的本质特征之一。

在时间意识研究中，对反思的这一新发现得到了更为明确的指明。在对相即感知的区分中，胡塞尔指出："相即感知作为一个对象的纯粹内在的和相即的被给予性可以在双重意义上得到理解，其中的一层意义是与外感知十分类似的，而另一个意义则不是。在对一个声音的内在的听中，我可以采用双重的立义方向：这一次指向时间中的被感觉物，另一次指向在此河流中构造起自身的、但仍然是内在的东西。"② 在时间体验中，相即感知除了指向现成的被感觉的内容之外，它还是一种对内在于体验流，并在时间中作为"变换之物或持恒之物的'载者'"的"同一之物"③ 的感知立义。前一种相即感知仍是《逻辑研究》意义上的指向实显的体验复合、实项组成或意识块片的感知，而后者则已经是一种全新的感知行为了。在胡塞尔看来，它们具有了如下本质性的差别："'内感知'的标题有双重含义。它在两方面意味着完全不同的东西，即一方面意味着对一个内在于感知的组成部分的感知；另一方面意味着对一个内在的被观看之物的感知，但不是对一个块片的感知。"④ 新的反思意识被规定为相即感知的一种新含义，与"讲座"中的时间性意义上的反思意识有关，它体现为对时间性中与河流的所有时间相位统合在一起的非自为的同一性的把握，《逻辑研究》中相即感知的内涵由此被决定性地拓展了。

胡塞尔明确将相即感知界定为立义，内感知的客体化所导致的无限回退难道不会因此重新复活吗？他显然注意到了这一问题，随后才有对

---

① ［德］埃德蒙德·胡塞尔：《内时间意识现象学》，倪梁康译，第 169 页。
② ［德］埃德蒙德·胡塞尔：《内时间意识现象学》，倪梁康译，第 164—165 页。
③ ［德］埃德蒙德·胡塞尔：《内时间意识现象学》，倪梁康译，第 166 页。
④ ［德］埃德蒙德·胡塞尔：《内时间意识现象学》，倪梁康译，第 168 页。

"行为也被意识到。每个体验都是'被感觉到的',都是内在地'被感知到的'(内意识),即使它当然还没有被设定、被意指"的说明。内意识的非设定、非意指的特征与胡塞尔在"讲座"中揭示出的一种单纯注意意识相关:它作为"被体验存在意义上的意识",自身沉入被看物,因而具有一种"独特的观向",胡塞尔表明,如果将它理解为统觉性的,必然陷入无限回退。这里的"体验"已经超出了《逻辑研究》的实显性范围,因为胡塞尔指出,以非意指的方式直接把握到的体验是"一个'内意识的统一',时间意识的统一","时间意识的单元"①,它与相即感知的第二个立义方向相关,它关涉的不是意识的块片,而是在绝对的时间流中被构造的统一性。

胡塞尔在 1906—1907 年对意识概念的新界定的基础就是在绝对时间流中被构造出的内在的、非块片的时间统一,它不同于感知中现成存在的、块片性的实项被体验的内容。在新的基础上,胡塞尔拓展了意识概念的内涵:大致地说,意识的实项的现象学组成及其"心理体验"让位于绝对流意义上的意向体验与内意识,对内在被感觉内容的相即感知让位于对内在时间统一性的相即感知。

应该看到,尽管胡塞尔此时已经获得了现象学实事上的突破,但他并未彻底放弃实显性的视角,内在时间统一作为时间意识的单元也具有可感知性。② 同样,他对行为和意向体验的分析也仍然局限在绝对流所构造的内在统一性的基地之上,这些限制在《观念》时期同样可以看到。③

---

① [德]埃德蒙德·胡塞尔:《内时间意识现象学》,倪梁康译,第 169 页。
② 参见 [德]埃德蒙德·胡塞尔《内时间意识现象学》,倪梁康译,第 169 页。
③ 这一被构造的"内在统一性"的层次的存在决定了我们仍然可以从感知及其视域出发,谈论超出了实显性感知的问题,比如感知的未来视域和将来视域,以及感知视域的各种流形(Cf. Walton, "The Theories of E. Husserl and A. Gurwitsch", in *Husserl Studies*, 2003, pp. 1 – 24; Deyer, "Husserl's appropriation of the psychological concepts of apperception and attention", in *Husserl Studies*, 2007, pp. 83 – 118),但问题在于,我们能否直接描述这些未来和过去的视域以及各种视域的流形? 对前一实显性的区域的揭示和突入要回答的就是这些问题。同时,这一中间事态实际上蕴含了一个重要的现象学事态和问题,即所谓图像论或精神图像的构造问题,从胡塞尔对它的讨论同样可以看到现象学还原的内在的可能性,Cf. Andreea Smaranda Aldea, "Husserl's struggle with mental images: imaging and imagining reconsidered", in *Continent Philosophy Review*, 2013, pp. 371 – 394. 国内的相关讨论请参见陈志远《感觉和心象的区分——胡塞尔解决想象现象学基本问题的隐线》,《江苏社会科学》2016 年第 3 期。笔者能力有限,无法对此进行深入的探讨。

1913 年前后，胡塞尔在纯粹现象学的语境中表达了对实显化的内感知的不满："这样去设想是荒谬的，即是说，只有当意识在内在感知的反思意识中被给予时，它才在认识上是可靠的；或者说，意识只在特殊的实显现在中才是可靠的。"① 应当回到现象学的一切原则的原则，回到"直接的'看'，不只是感性经验的看，而且是作为任何一种原初给予的意识的看一般"②。这种原本给予的看一般必须通过现象学反思才可能被揭示，因为这种反思本身就是对现象学实事在原初行为中的起源的揭示。在与《观念》同期的《逻辑研究》第二版中，胡塞尔对内感知更是进行了彻底的批评："我们在前面曾说：通常在诉诸'内感知的明见性'时，人们不说内在本质直观，而说内感知，这是错误的。"③

《逻辑研究》之后，特别是经过 1906 年至 1909 年对现象学反思以及内意识等问题的深入探索，胡塞尔成功地摆脱了由内感知及其实显性所支撑的描述心理学的分析框架，同时也开启了一条通往纯粹现象学的道路。这条道路最重要的路标就是胡塞尔对时间性的原初体验的研究，值得强调的是，对这一问题的研究同样也在 1906—1907 年获得了重大的突破。

---

① ［德］胡塞尔：《纯粹现象学通论》，李幼蒸译，中国人民大学出版社 2010 年版，第 125 页。
② ［德］胡塞尔：《纯粹现象学通论》，李幼蒸译，第 25 页，引文略有改动，相同情况，不再一一指明。
③ ［德］埃德蒙德·胡塞尔：《逻辑研究》第二卷第一部分，倪梁康译，$B_1$440。

第二章

内时间结构

在"第六逻辑研究"的第六章中，胡塞尔将意向行为的相合统一描述为"两个立义彼此相合"①，奠基性行为的意向质料的相合统一不会对象性地显现自身，它只是"在实显（'实显的'，即是说，本真的、直观的）认同或合取之中被体验到"②。但在主导着第一版《逻辑研究》的内感知中，尽管相合统一的行为间具有内在的关联，但只要多个立义行为无法同时被意识到，那么对相合统一的体验也就无从谈起。

在对普遍直观的代现问题的探讨中，胡塞尔对此已有明察：普遍之物的代现中"缺少一个具有相同直观内涵的相似想象"，具体地说，"一个内容即便在个体区域中也无法与它自己相类似，因为被理解为它自己的它不能同时又被意指为它的相似者"③。但在对本真的范畴代现中，当胡塞尔确认奠基行为的意向质料之自身相合的现实可能性时，他似乎又陷入了失明：难道我们可以在一个客体化行为实显实施的同时体验到与之相合的其他客体化行为，并能够实显地体验到它们之间的"共形变异"？在使行为因素片段化显现的内感知中，这当然只能意味着又一个悖谬，洛玛将这种与同时性意向相关的悖谬称为范畴直观中的"同时性课题"④。与前文揭示的"感性内容范畴地被立义"这一所谓悖谬事态相比，这里所谓"同时"被意识的不可能性更为原初，因为它涉及的是被

---

① ［德］埃德蒙德·胡塞尔：《逻辑研究》第二卷第二部分，倪梁康译，A626/$B_2$154。
② ［德］埃德蒙德·胡塞尔：《逻辑研究》第二卷第二部分，倪梁康译，A645/$B_2$173。
③ ［德］埃德蒙德·胡塞尔：《逻辑研究》第二卷第二部分，倪梁康译，A635/$B_2$163。
④ Cf. Lohmar, "Wo lag der Fehler der Kategorialen Repräsentation? Zu Sinn und Reichweite einer Selbstkritik Husserls", S. 193.

代现者自身的被意识的方式问题。

在内感知中,我们无法体验到延展,而只能把握实显的实项因素,在内时间意识研究中,胡塞尔通过对再回忆之有效性的批判对此进行了确认:"我们在现象学陈述中完全束缚在实显的现象上,束缚在现实在场的现象上。"① 因而,唯有悬置这些实显性的感知因素,现象学才可能获得更原初的显现者。

但长时间以来,内时间研究与《逻辑研究》一样局限在立义模式之下,胡塞尔尝试以实显的对象化模式构造延续,直到1906年前后,主义模式才遭到胡塞尔本人的质疑。本章的第一节将证明,胡塞尔的自我批评与范畴代现中的同时性问题具有内在的相关性,这一点既显示了胡塞尔对立义模式的根本突破,同时也表明了一种新的体验模式,即以滞留相位所体现出新的显现模式的诞生,它直接回应的就是同样在1906/1907年胡塞尔提出的原体验和前体验的可能性问题,这些问题将在第二节中得到讨论。随后,我们将着重探讨胡塞尔在揭示体验流之内在结构时所获得的巨大成就:绝对流构造于双重意向性(第三节),双重意向性在活的当下中获得构造,在活的当下自身建基于二——一性结构(第四节),绝对流整体体现为时间化的多维的构造(第五节)。在这些讨论的基础上,第六节将评述并回应扎哈维与布洛赫关于体验流构造的争论,以指明内时间结构自身的独特性及其对超越论现象学可能具有的决定性的含义,最后我们将概括指出内时间结构为现象学提供了一种新的构架。

在正式讨论之前,我们还是有必要强调一下双重意向性对超越论现象学的特殊意义,由于"贝尔瑙手稿"长时间的缺席,学界长时间以来,不无仓促地跟随胡塞尔在《观念》中的指示,将内时间意识简单地等同于活的当下,由此至少产生了两个后果:其一,现象学的反思和还原成了泛泛的说法,它们的内在必然性、具体的操作步骤以及限度一直隐而不显;其二,人们不断质疑胡塞尔那里究竟是否可能存在习性、历史性等发生构造,这些质疑在发生现象学的相关著作出版之后尽管看似有点奇怪,但却仍旧可以理解,因为我们尚未指明它们在意向性上的先天基础。

---

① [德] 埃德蒙德·胡塞尔:《内时间意识现象学》,倪梁康译,第393页。

第一节 同时性

胡塞尔对时间问题的研究早在《逻辑研究》出版之前就已经开始了。我们大致可以以 1907—1909 年为界把胡塞尔早期的时间意识研究分为两个阶段：前一阶段，胡塞尔主要以立义模式为基础，尽管历经各种尝试，但由于他将研究的视角一直局限在客观化的路向中，致使他最终还是陷入了将时间客观化的陷阱；后一阶段，由于明察到立义模式与时间延续之间的悖谬现象，胡塞尔消除了表象立义模式，开启了对意识流内在结构的研究。

在相当长的一段时间内，胡塞尔对内时间意识采取了客观的研究视角，无论是通过部分内容的代现谈论对统一整体的想象表象和判断，将时间性当作判断的统一，还是尝试在图像表象中再现过去的内容，将时间性当作图像性意识的形式，这些思考显然都是将时间之物的显现误认为延续着的时间意识的自身显现，或者说对延续的体验。

突破发生在胡塞尔对"清新回忆"或"原生回忆"的揭示上。在全集第十卷的第 10 号"增补文字"中，胡塞尔指出：原生回忆与再回忆之间具有本质的区别：原生回忆"不是以一个想象材料、一个'再造'的方式显现"①，我们在原生回忆中对意指物的意向一直在延续，从未中断，而再回忆则是一种想象显现、一种图像性的再现，意向的同一性在其中可以一再地被确认。

时间意识的秘密就在于这种意向上的保留和期待，它与被体验的内容和内容本身的单纯变异无关，因为时间因素不可能自为地体现在内容上，而只能归结为立义和意识的方式。胡塞尔提出，必须借助现象学还原，将目光聚焦于立义和立义内容之间的关联上，他由此获得了时间研究的真正起点："对演替的感知是以感知的演替为前提的"②，更准确地说，对演替的感知必须建立在如下事态中：在一个连续的意识中，我在原生回忆中持守于对曾在之物的感知的同时感知另一物并将两者联合在

---

① ［德］埃德蒙德·胡塞尔：《内时间意识现象学》，倪梁康译，第 209 页。
② ［德］埃德蒙德·胡塞尔：《内时间意识现象学》，倪梁康译，第 235 页。

一起。

　　原生回忆并不就是持留的原初感知,因为感知具有现在特性,回忆行为也是现在存在的,整个回忆系列就都同时现在存在了。① 如果诉诸感知意识内在层次的连续变异,那么现在就展示在自身在此的立义中,过去和将来展示在自身不在此的立义中,而更遥远的过去则是一种图像性的非本真的表象。② 在1905年前后,胡塞尔甚至提出了与人们所熟识的滞留图式极为近似的立义图式:新的立义不断取代原先的立义,连续的立义活动之间存在一种持续的下坠,时间意识因而就展现为立义和立义内容的连续性。

　　从1907年开始,胡塞尔对立义模式进行了根本性的质疑:首先,胡塞尔确认,相即被给予性中展现了一种新的连续性,即声音的时态映射的连续性。这种连续性不仅表现为本质上改变着声音素材的印象特征的变异连续,表现为映射之间连续的自身映射,而且也表现为属于现在的映射连续统整体性自身映射。③ 这种感觉映射的连续统与它的意向同一性相符合,而这种意向统一就体现为"在这个映射连续性中把握到同一的统一的时间相位"④ 的立义统一,与把握延续的统一客体的感知立义不同,它是一种更原初的立义。

　　据此,与感知立义相关的、具有相即被给予性的统一以及任何超越的存在都不具有绝对被给予性,它们必须在绝对意识中构造自身,胡塞尔由此指出了"一个奇妙的事实":"如果这样一个统一不是某种自身构造的统一,即如果它不是回指向某种具有特别形式的和有关联的意识流,它的此在就是不可思议的。"⑤ 这是胡塞尔首次明确指出时间构造的奠基序列。因而,解码时间意识构造的真正机缘就在于揭示出绝对意识的河流如何构造出一个作为内在意向统一的时间机制。

　　这种构造何以可能,立义模式是一种有效的方法吗?或者用胡塞尔的话说:"内在的立义和被立义之物的同一在场的现在中是同时的,这属

---

① 参见[德]埃德蒙德·胡塞尔《内时间意识现象学》,倪梁康译,第250页。
② 参见[德]埃德蒙德·胡塞尔《内时间意识现象学》,倪梁康译,第259—260页。
③ 参见[德]埃德蒙德·胡塞尔《内时间意识现象学》,倪梁康译,第333页。
④ [德]埃德蒙德·胡塞尔:《内时间意识现象学》,倪梁康译,第335页。
⑤ [德]埃德蒙德·胡塞尔:《内时间意识现象学》,倪梁康译,第336页。

于绝对意识的本质吗?"① 问题显然在于立义的同时性与意识流的连续性之间是否具有矛盾。立义模式带来的问题再次显现了：清新回忆如何为一个此前的现在感知提供保证？这里的发问已经不再局限在被构造的相即感知的区域，而是直指意识的最终河流，它逼问的是时间意识的最终基础问题。

清新回忆的内容不是仍被感觉的内容，后者是实项的当下存在的，它本质上是一种对过去意识的图像化。因而揭示体验流必须着眼当下意识。在49号文字中，胡塞尔摆明了立义与连续性的关系："我们在现在点上同时地具有一个原生内容的连续统并且还同时地具有一个'立义'连续统吗？"② 答案是否定的，因为一个并存的原生内容的系列不可能同时使一个演替被直观到，演替如果存在，"内容"就必须经历一种特殊的变化，胡塞尔认为，这是"一个彻底的变化，并且是一个永远无法以描述那些重又导向感觉的感觉变化的方式来描述的变化"③。过去的"内容"在演替中应该仍然被意识到，但不能以现实的实项被感觉的方式。那么应该如何刻画这种特殊的被意识方式呢？

在回忆变异中同样可以看到类似的悖谬现象：就回忆变异而言，时间意识的连续性意味着，在对原印象所凸显的现在点进行感知立义的同时，原印象所产生的回忆的变异连续，以及所有回忆的变异连续统的各个时间相位都能够同时被立义把握。这显然不可能，因为立义的实项性不可能同时分配在回忆链的不同相位上。

第二节　滞留

感知必须在把握实显感觉相位的同时以某种方式一起把握以前的各个原初感觉意识的变异相位之连续性，胡塞尔一度在手稿中将对这种连续性的把握称为"二阶的绝对感知"④，它提供了立义统一的映射连续统

---

① ［德］埃德蒙德·胡塞尔：《内时间意识现象学》，倪梁康译，第340页。
② ［德］埃德蒙德·胡塞尔：《内时间意识现象学》，倪梁康译，第373页。
③ ［德］埃德蒙德·胡塞尔：《内时间意识现象学》，倪梁康译，第378页。
④ ［德］埃德蒙德·胡塞尔：《内时间意识现象学》，倪梁康译，第338页。

或一个内在—意向统一的时间统一,胡塞尔有时也称其为由"各个声音—点序列的原生回忆的再造映射"①。由此,在内感知中显现的客观时间点的同时性悖谬被初步克服了:在一个客观时间点上,与一个客体化行为真正同时存在的应该是行为的变异形式,这里首先将它确定为对此行为的原初感觉的变异之连续。

但内在时间客体是一种延展,确切地说,它是原初感觉之再现的映射连续统,但瞬间的统觉如何作用于其上?关键在于,映射连续统是一种次第的套接连续:一方面,我们可以直接对象化地把握这个特殊的套接连续,一段延续的内在时间客体向我们显现自身;另一方面,我们也可以现象学地遍视这样一种映射变异的统一。

因此,与反思感知意义上的感知不同,这种建立在绝对意识之上的二阶感知处在统一设定之前,它就是一种使客体化的行为,而不是被客体化的行为。可以这样来描述:我们通常所谓感知行为——这里被归入一阶感知——总是建基于一个实显的感觉相位之上,准确地说,建基于现在点上的原生内容之联合及其立义之联合的相合统一的临界点之上,而二阶感知中显现出的是作为内在时间客体的声音—延续。有趣的是,这里的事态差异几乎完整地复现了从《逻辑研究》第一版中的现在点上的内感知,到《现象学的观念》中所谓对实项内容以及交织于感知中的滞留的立义把握的转化。②

胡塞尔一开始将映射变异的连续统当作在感知的每个瞬间中存在的真正意义上的实项内在③,但这是悖谬的,因为这种做法意味着在现在点上存在相互并列的原生内容的立义连续统,这些实项内容必然在立义连续中得到把握。但正如胡塞尔指出的:"在现在中伸展的原生内容不能调换它们的时间功能",④ 否则,我们最终将面对"并列着的延续"这样的悖谬事态,并存的原生内容每次都能使一个演替被直观到。⑤ 胡塞尔最终拒绝了这种现象学事态,"任何坚守于现象本身的分析都没有表明:在对

---

① [德]埃德蒙德·胡塞尔:《内时间意识现象学》,倪梁康译,第433页。
② 本书的第三章的第一节将专门论述这一问题。
③ 参见[德]埃德蒙德·胡塞尔《内时间意识现象学》,倪梁康译,第327、333页。
④ [德]埃德蒙德·胡塞尔:《内时间意识现象学》,倪梁康译,第376页。
⑤ 参见[德]埃德蒙德·胡塞尔《内时间意识现象学》,倪梁康译,第377页。

象意识的连续性的现在点上存在着这样一种显现连同其原生内容和立义特征的连续性,这种连续性允许我们说:在这个现在中有一个显现的连续性是实项地被给予的……"①。

在现在相位上同时显现的并不是像现在感觉那样的实项内在,而是一种原初感觉的变异意识。感觉与感觉变异间具有本质性的区别,以适用于感觉的立义范式来把握感觉变异当然会导向悖谬,必然会将感觉变异认作现在点上的实项内容,并最终将其客体化为临界相位上显现的对象。

在对原生内容的连续立义中,显现出的只是并存意识,而不是现在与非现在的同时在场,这有悖于我们对内在延展的如下明察:在现实感觉的相位上,原初感觉的诸变异相位之连续统必须被同时把握,否则对一段内在延展的意识就不会被给予。但是,在现在点上不存在并列的原生内容的立义连续统这一事实并不说明在现在点上不存在任何立义,也就是说,对原生内容之连续立义的不可能性不能用来说明一种建基于绝对意识流之上的二阶绝对感知是否可能,因为前者关涉的是被实在化的内在内容,而后者实际上与原生内容的变异意识相关。②

尽管这里对二阶绝对感知的讨论直接解决的仅仅是内在时间客体的被构造问题,但它对我们在现象学还原的视域中要解决的问题,即如何超出实显存在的实项内容而成为绝对的被给予之物,显然具有积极的作用。从上述分析我们可以看到,二阶绝对感知,这种使客体化的行为中存在的实质内涵指的是原生内容的连续变异,而非实显现在的相位上存在的感觉内容。因而,即便我们还不能给出彻底的说明,但至少可以确定,现象学还原所达到的纯粹现象已经不能简单地归结为原生内容组成的感觉流。在现在相位上,实项的实显感觉显现自身,但在纯粹现象的基地上,它首先存在于二阶绝对感知对原先感觉的连续变异的原构造或原立义之中。

---

① [德] 埃德蒙德·胡塞尔:《内时间意识现象学》,倪梁康译,第 377 页。
② Cf. John Brough, "The Emergence of an Absolute Consciousness in Husserl's Early Writings on Time-Consciousness", in *Edmund Husserl: Critical Assessments of Leading Philosophers*, Volume III, p. 259, edited by R. Bernet, D. Welton and Gina Zavota, Routledge, 2005.

但这种二阶绝对感知,或者说相对于实显相位上的构造而言的原构造尚不清晰,比如映射连续统中的"原生内容的连续变异"之生成机制就未得到说明,因而,我们有必要对绝对意识基础之上的感知进行进一步研究,在这一过程中我们不仅可以看到二阶绝对感知自身的生成可能性,更重要的是,我们也将随之揭示出真正的时间意识。

抽象地说,映射变异的连续统,即各原初素材在某一感知意识或实显的感觉相位 E 上的连续变异 A_4、B_3、C_2、D_1、E(见图 2-1)① 可以被把握为内在的延续。如果我们同样截取现实相位 E,那么关于 A_3、B_2 等的意识是否可以在把握连续变异 A_4、B_3、C_2、D_1、E 的同时被意识到?这其实就是胡塞尔针对同时性的问题。

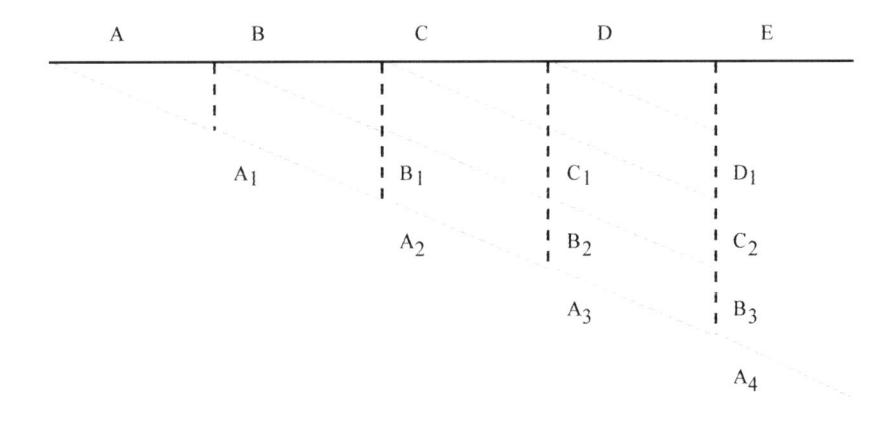

图 2-1 滞留的双重意向性

这里的"同时"和一种在现象学事态上与感知意识在把握实显感觉相位的同时把握其变异相位之连续统的"同时"不同,如果说后一个事态最终涉及感知意识中存在的作为原初感觉之诸变异相位的"同时"的话,那么前者关涉的就是诸相位的自身变异连续。我们面对的是这样的总体事态:在感知意识中,我们不仅同时含有诸变异相位的连续统,而且也同时把握着这些相位的自身变异系列,诸如某一相位的前回忆意识,

---

① 我们对胡塞尔早期内时间意识研究中的示意图略做了修改,对胡塞尔早期时间图式的专题讨论,Cf. Alexander Schnell, "Das Problem der Zeit bei Husserl. Eine Untersuchung über die husserlschen Zeitdiagramme", in *Husserl Studies*, 2002, pp. 89–122.

这可能吗？

这种一同被把握的映射内容根本不是原本意义上的内容，而是一种改变着声音素材之印象特征的映射变异；不是一种在实显感觉点上可被对象性把握的实项内容，而是一种"在现在中刚刚被回忆的声音"①，这是首先可以确定的。从现在点来看，我们似乎又获得了一种非实项的存在显现，即映射的自身连续的显现，胡塞尔也明确提出，所有对过去变异的前回忆意识的意识能够以非实项的方式在自身中持续意向地被隐含。② 这种看法贯彻了理解映射连续统的出发点，要把握内在延展，非现在相位必须在现在相位被意识的同时被意识到，我们甚至也可以明见到，映射连续统中的某一相位本身也处于映射的自身变异之流中。因而，问题就在于如何理解这里所谓非实项地被隐含。以连续的感知立义的方式，还是以我们在二阶感知中谈到一种涉及内在延展客体的特殊的感知立义方式？

这里追问的是内在时间客体的现存性，再造映射中的某个现存相位是它的过去相位的变异，而这种变异本身则可以持续地被意识到。换言之，我们之所以具有对绵延的意识，就是因为在实显当下的相位中，不仅映射变异的连续统能够被同时把握，所有对过去变异的前回忆意识的意识也能够以非实项的方式被隐含地同时持续地意识到。我们将这种非实项地同时被意识视为对同时性的第二次突破，对于映射变异的同时被意识而言，它是一种更原始的事态。

我们首先面对这样的一种可能性："同一个内容、同一个内容规定性这一次以现在的方式被立义，同时又以原生—过去之物的方式被立义。"③从上面的图式看，此问题可以具体化为：在不同的立义特征中，A_1A_2这段变异连续在一个现在特征的立义中所获得的统一性，如何能够包容AA_1在一个回忆特征的立义中以及A_2A_3在将来特征的立义中所获得的统一性？这当然不可能。感知是一种对象化行为，使某物矗立于前。如果对映射的自身变异的把握是一种感知立义的连续，即便是一种完全不同的诸如

---

① ［德］埃德蒙德·胡塞尔：《内时间意识现象学》，倪梁康译，第365页。
② 参见［德］埃德蒙德·胡塞尔《内时间意识现象学》，倪梁康译，第381页。
③ ［德］埃德蒙德·胡塞尔：《内时间意识现象学》，倪梁康译，第373页。

"回忆性"的感知,那么我们也要面对这样奇特的事态:映射的连续性中存在的是已变异的、对象性显现的感性素材,这是悖谬的。因为:其一,这里不可能存在连续性意识,任何相位都可成为瞬间感知或回忆感知的相位;其二,我们甚至无法在感知中区别原初感觉及其变异,这里遭到质疑的是映射变异本身的可能性。对此,胡塞尔明确指出:"一切都仅仅是立义的区别,它只是与其他被体验到的和在意识中存在的内容相衔接,并且给它'赋予灵魂'。但这样一种诠释有可能是完全站不住脚的……"① 因而,感性素材的映射变异显然无法持续地成为原初感觉素材的再现内容,而映射的自身变异中也就不存在贯穿的统一性。

这样的结果表明,映射的自身变异与映射的连续统一样都不能承载立义的连续统。但与映射的连续统不同的是,这里涉及的持续的、自身变异的映射本身并不是由内在时间客体的因素所组成,因而它也不可能被整体性地把握,或者说它不可能被建基于绝对意识流之上的二阶感知所把握。

进而言之,如果以感知立义之连续统的方式,无论是以相关映射连续统的二阶感知的方式,还是以立义连续的方式,只要对这种以隐含的方式被意识之物的意识是一种被对象化的意识,那么我们必将陷入无限回退,因为这种被对象化的意识本身必须先行对象化地显现。也就是说,在 A_2A_3 于某现实相位获得统一性之前,它的前回忆的意识相位 A_1A_2 必须先行对象性地获得统一性。就此,不仅作为原初感觉之自身变异的连续统是不可能的,映射系列的连续性自身也是不可能的,最终构造时间的意识的自身显现也不可能存在。随着这些悖谬的发现,原先在立义范式下实项地理解的映射必须被彻底拒绝。

之所以具有绵延的意识,原因在于,在实显当下的相位中,不仅映射变异的连续统能够被同时把握,而且所有对过去变异的前回忆意识的意识也能够以非实项的方式被隐含地同时意识到。但是,这种非实项的方式非但没有得到清晰的说明,相反在立义构造的范式中却陷入立义连续所带来的对象化困境。胡塞尔提示了可能存在的问题:"这是否有意义,即在现实的和本真的意义上,时间意识(内时间意识)的构造显现

---

① [德]埃德蒙德·胡塞尔:《内时间意识现象学》,倪梁康译,第372—373页。

本身落入（内在）时间。"① 我们总是以被明见把握的内在延展为前提来追问它实显的当下显现的可能性：它自身必须连续过渡，因而有其过去、现在和将来，而这种连续性却要求各个相位连续变异，如此等等。但这样一来，内时间意识的构造自身只能以可现象学反思的时间客体的形式存在了，这种描述陷入了坏的循环，在稍后的文字中，胡塞尔从意识流的被构造角度如此表述这一循环："意识流在意识中也作为统一而构造起自身？"②

现象学反思是对内在时间统一性的显示，由此我们可以明见地"反思"映射的连续统和映射的自身连续。同时，感知立义和二阶绝对感知作为"赋予灵魂"的对象化行为与作为非对象化的现象学反思有所不同，前者只适合于对现在相位上的现实感觉的把握，也就是说，感知立义并不适用于构建延展的映射（连续统和自身连续的）相位，二阶绝对感知则只能作用于具有统一性的连续统，而映射的自身变异由于不具有这种现存性而不能被二阶绝对感知把握。在这样的思路下，当我们试图以上述两种方法中的任一种来追问映射的自身变异流的显现方式之根据以及变异相位间的关联，而非映射的变异连续之统一性时，我们必将陷入悖论，因为现象学反思会将这种构造着时间的"现象"显示为在时间中被构造的现象。

由此，再造映射所拥有的这种连续统一性获得了更原初的延伸，也就是说，我们不仅可以直接明察构筑实显感知的映射连续统，而且可以洞见到这些映射的时间相位的自身变异序列，但难点在于，应该如何理解这种过去变异的持续被意识？首先不能以感知"立义"的方式，因为"如果每个以后的回忆自身都包含着对每个以前的回忆的回忆"，那么，各个回忆上所包含的一切"一个对先行之物的回忆就现实地显现为与这个声音'同时的'"③，或者说，都是在其时间点上同时的实显体验，这是不可能的，因为客体化是一种客观时间点上存在的片段化的截取行为，将其用于对过去变异的把握，意向的持续性便无从获得，二阶绝对感知

---

① ［德］埃德蒙德·胡塞尔：《内时间意识现象学》，倪梁康译，第421页。
② ［德］埃德蒙德·胡塞尔：《内时间意识现象学》，倪梁康译，第431页。
③ ［德］埃德蒙德·胡塞尔：《内时间意识现象学》，倪梁康译，第385页。

也无法满足这种持续意向,因为它仅仅适用于构成再造映射的现存的统一延展,而再造相位的变异流展示的则是一种持续的变异。

变异连续使它具有相位的统一性,因而现象学反思可运用于其上,但既然这种持续变异既不能被在内感知中显现的感知立义所把握,也不能被二阶绝对感知所把握,那么,这种可被现象学反思的存在究竟如何被意识到?针对这一困境,胡塞尔一针见血地指出:

> 难道荒谬就在于,时间流被看作是一种客观的运动?是的!另一方面,回忆却是某种本身具有它的现在的东西,而这同一个现在是一个类似声音的东西。不是。根本的错误就藏于此。意识样式的河流不是一个进程。现在—意识并非本身是现在的。与现在—意识"一同"滞留的存在者不是"现在",不是与现在同时的,否则将毫无意义:
>
> 如果将那种与以前的意识相位有关的滞留称作回忆,那么错误就已经犯下了。回忆始终只是与一个被构造了的时间客体有关的一个表达;但滞留则是一个可以用来标识意识相位与相位之意向关系(一个根本不同的关系)的表达,在这里不可以将意识相位和意识的连续性本身重又看作时间客体本身。①

因而与映射连续统相比,映射的自身变异最大的特殊性在于:滞留(映射)是一种意识相位间的意向关联,而绝非客观的时间关系。因此,胡塞尔把这些与滞留相类似的、非客观时间的概念:原感觉意识、再回忆等当作"也许是整个现象学的最重要的实事"②。

与代现论相关的"同时性"在这些事态基础上可以得到进一步厘清。胡塞尔曾提到"与对象的现在点相应的显现(……)会具有在同时性形式中的伸展"③ 的问题,但同时性在此主要指现实感知中被给予的诸滞留变异的相位间具有对象意义上的同时,这当然是悖谬的。但在我们至此

---

① [德] 埃德蒙德·胡塞尔:《内时间意识现象学》,倪梁康译,第386—387页。
② [德] 埃德蒙德·胡塞尔:《内时间意识现象学》,倪梁康译,第387页。
③ [德] 埃德蒙德·胡塞尔:《内时间意识现象学》,倪梁康译,第377页。

揭示的实事一般中，同时性显然可以获得更多的含义。

首先，在感知、回忆与图像意识中存在行为与对象间的同时性。譬如在感知中，感知行为与被感知的对象同时显现，在图像意识中，图像主体并不与显现行为同时给予。这里的同时性是指在内在感知基础之上的客体化行为与其对象的关系中显现出的一种性质。对此，胡塞尔提出了这样的疑问："这个同时性究竟是某种原初的东西呢？还是从精神事物和心灵的客体化中才生长出来的呢？究竟是这种客体化以那种同时性为前提，还是反之？"① 显现与显现者之间的同时性"'实际上'根本不存在，这是不言自明的"②。有趣的是，如果我确乎瞬间明见地反思到显现者的显现，我会坚信，显现与显现者是同时的。因为这种同时性的根源即在于它们首先已经在时间的现在相位中被内在感知实显化了，或者说，它们"在同一在场的现在中是同时的"③。这种所谓同时性实际上是一种伪称，它是内在感知（式的反思）贴在自己身上的标签。

在现象学反思中，滞留的变异连续统与现在的感觉相位在事态上具有绝对的区别：前者具有一种内在的同时性，它们作为原初并列的诸感觉之变异显现为诸相位的同时性延展——但从客观化的视角看，这一说法是悖谬的——而现在的感觉相位作为一种可内在感知的存在相位不同于本质上只能以"二阶感知"的方式被把握的滞留的变异连续统。胡塞尔为此特意否定了这样一种可能性："与对象的现在点相应的显现（……）会具有在同时性形式中的伸展"，也就是说，对象建基其上的现在点不可能融入滞留变异之连续统中诸相位的同时性。我们将这种不可融入性或与上述同时性的不同时称为现象学反思所揭示的间距，如果考虑到这种前内在感知的存在与内在感知的存在之间的本质区分，我们甚至可以直接将这种间距称为现象学的间距。

直到胡塞尔后期对时间意识的思考中，滞留意向对立义行为产生的变革仍然被胡塞尔所坚持："滞留作为绝对流的因素是非意向的。"④ 在全

---

① ［德］埃德蒙德·胡塞尔：《内时间意识现象学》，倪梁康译，第 340 页。
② ［德］埃德蒙德·胡塞尔：《内时间意识现象学》，倪梁康译，第 340 页。
③ ［德］埃德蒙德·胡塞尔：《内时间意识现象学》，倪梁康译，第 340 页。
④ Husserl, *Späte Texte über Zeitkonstitution (1929–1934), Die C-manuskripte*, hrsg. von Dieter Lohmar, Springer, 2006, S. 113.

集第 34 卷，胡塞尔更是将滞留的非立义特征明确扩展到了整个构造时间的绝对流："意识生命的河流及其河流时间性，河流的意向性以及在滞留和前摄意义上的'对……的意识'，对立于作为事物显相的意识，甚至对立于作为行为意识的意识，即在河流意识中被构造的统一体。"① 从胡塞尔对绝对流的意向特征的说明看，在现象学的事态层级中，确实存在一个作为客体化意向之基地的非立义意向的实事区域。

胡塞尔将内时间构造的阶段划分为"在客观时间中的经验事物"，"不同阶段上的构造的显现的多样性，在前经验时间中的内在统一"和"绝对的、构造时间的意识流"。② 或者说，被意指的时间客体、具有内在时间统一的意向行为与绝对流。时间构造的前两个阶段关涉的是以立义模式为基础的体验，或者说"作为行为意识的意识，即在河流意识中被构造的统一体"，而绝对流标明的则是一种为立义意向奠定深层基础的非立义的意向存在区域。

同样在全集第 34 卷中，胡塞尔对立义意向与绝对流的关系做了更清晰的描述："每一个在普遍的河流中突出的流动的部分都构造了一个统一体，质素的统一体或行为。每一个行为因而都对应于流动意识的一个片段，但是，这种'行为'的统一体自身就是关于……的意识。"③ 立义意向，在胡塞尔看来仅仅是绝对流中凸显出来的统一体或者片段，它完全不同于绝对流的意向结构，作为绝对流的构造物，它自身承载了"感觉内容"或"质素统一体"。

据此可以认定，立义意向建基于"在普遍的河流中突出的流动的部分"，或者说"流动意识的一个片段"之上，它绝没有深入绝对流内部。如果按照胡塞尔在晚期的时间手稿中更为形象的说法："总是存在着一条拥有所有这些独特的宛如波浪般流动的河流，"④ 那么，立义意向实质上仅仅涉及了绝对流表面的波浪，因而，《逻辑研究》对立义模式的分析只能是一种片段式的或者实显性的分析，它需要更深层的奠

---

① Husserl, *Zur phänomenologischen Reduktion*, *Texte aus dem Nachlass* (1926 – 1935), hrsg. von Sebastian Luft, Kluwer Academic Publishers, S. 179.
② [德] 埃德蒙德·胡塞尔：《内时间意识现象学》，倪梁康译，第 107 页。
③ Husserl, *Zur phänomenologischen Reduktion*, Texte aus dem Nachlass (1926 – 1935), S. 179.
④ Husserl, *Späte Texte über Zeitkonstitution* (1929 – 1934), *Die C-manuskripte*, S. 362 – 363.

基说明。①

由此，我们必须关注在滞留之自身变异的连续性中存在的第三种同时性，即在实显当下的相位中，过去变异的前回忆意识能够以非实项的方式隐含地同时被意识到。相比胡塞尔1907年对想象行为与被想象者之间的关联的说明而言，这一事态才首次真正涉及了一种"非实项的存在内容"的显现。想象行为与被想象者之间存在着间隙，它们不可能同时实显地显现，因为想象行为与被想象者之间的关系实际上就是在内感知中存在的直观与想象之间的关系在现象学反思中的一种更原始的形式。换言之，尽管当时已经找到了问题的正确方向，但1907年的胡塞尔并未获得对普遍直观行为中的行为质料的自身相合统一的真正洞见。因而，只有这种对过去相位的前回忆意识的意识才真正突破了实显的实项内容的显现，只有在这里，实项被体验到的行为才可能与自身的原初形态相合。②

同时性困境源于我们的研究所具有的客观视角。"前回忆"这一意向本身就是一种客观化的描述和定向，就是从客观性的"现在"来刻画时间流的结果。实质上，构成这种"过去变异"就是单纯表征意识相位与相位之意向关系的滞留，而非客观化的回忆。据此，我们可以将这种以非实项的方式在自身中持续被意向的变异连续称为滞留的自身滞留化，它本质上拒绝任何客体化立义的可能性。胡塞尔将这种滞留的自身变异称为构造着意

---

① 这里涉及了极为关键的胡塞尔是否放弃了立义模式的问题，研究界对此观念不一。大致上，Bernet、Brough、Boehm 以及 Toine Kortooms 等人认为胡塞尔通过内时间意识的研究最终放弃了立义模式，而 Dieter Lohmar 和 James Mensch 等人则对此持保留态度，新近的讨论可参见 Mensch, "Retention and The Schema", in *On Time-New Contributions to the Husserlian Phenomenology of Time*, Edited by Dieter Lohmar and Ichiro Yamaguchi, Springer, 2010, pp. 153–168. 笔者的态度完全可以从此的研究中看出来：立义模式是必须放弃的。当然，立义模式必须首先得到严格的界定，它特指一种在先天的种属观念下实施的实显性的把握行为，准确地说，它的实项的被体验内容是经受了最小的种差的作用的、在体验整体中被突出的内容。所谓放弃指的是通过内时间的考察，突入前一实显的区域，因而"放弃"本质上就是发现了一个全新的绝对存在领域。

② 从这一思路对范畴代现问题的解决胡塞尔直到后期才真正实施，"一个自同之物（Selbiges），即一个在这时能够纯粹从自己里面被看出来的东西才会是全等的。这就是说，这个自同之物本身是被动地预先被建构起来的，而对艾多斯的直观是建立在对这样预先建构起来的东西的主动的直观把握之上的——正如任何一种对知性对象性的建构，以及特殊的对普遍对象性的建构的情况那样"。[德]胡塞尔：《经验与判断——逻辑谱系学研究》，[德]兰德格雷贝编，邓晓芒等译，生活·读书·新知三联书店1999年版，第397—398页。

识流之自身统一的"滞留的纵意向性"（Längsintentionalität）。①

"各个声音—点序列的原生回忆的再造映射"也相应地获得了一个新的说明：这种原生回忆的滞留变换或者"已经现存的滞留"构造了"滞留的横意向性"（Querintentionalität）。②"再造映射"这种客观的说法同样为表征相位关联的滞留所代替。胡塞尔一度使用的"二阶绝对感知"这种对实项内容的客体化立义行为中同样也隐含了实事上的悖谬，因为构成横意向性的相位关联尽管具有现成性，但它毕竟不是原初内容的实项再现，而仅仅是一种相位关联的形式。可以看出，二阶绝对感知这种说法最为充分地体现了在胡塞尔内时间意识研究中一度占据决定性地位的客观化理路，而对它的放弃也恰恰最为清晰地标明了这种客观化的立义模式在现象学描述中的适用范围：它适用于内感知所揭示的实显性区域，准确地说，它支撑在滞留的横意向性之上，而显然无法进入在现象学反思中被揭示的滞留的横纵意向性内部。

在滞留的横和纵的意向性上，"感性内容范畴地被立义"这一所谓悖谬以及与之相关的同时性困境可以得到全新的理解。首先，同时性困境产生于现象学分析对内感知的遵从。正是从使被反思的体验片段化和对象化的内感知出发，胡塞尔才会将整体和部分行为的行为质料的相合统一当作范畴直观的代现者，同时性困境才会被制造出来。在体验流内部的横向和纵向的意向体验中，"与现在—意识'一同'滞留的存在者不是'现在'，不是与现在同时的"，它仅仅是意识相位间的意向关联，不能以客观时间意义上的同时来刻画。其次，"感性内容范畴地被立义"这一事态也相应地得到了新的说明：只有在内感知中，被范畴立义的内容才会呈现为实显的存在，当我们观向被代现者在横向和纵向的意向性上的生成时，这里存在的则是更原初的体验和内容。

第三节 双重意向性

在早期对滞留的具体流逝样式的考察中，胡塞尔认为，一个与内在

---

① ［德］埃德蒙德·胡塞尔：《内时间意识现象学》，倪梁康译，第115页。
② ［德］埃德蒙德·胡塞尔：《内时间意识现象学》，倪梁康译，第116页。

对象直接相关的当下意识总是承载于诸现存滞留相位的相合统一，即滞留的横意向性，而在纵意向性中连续变异的滞留链的自身相合统一，则使承载横意向性的诸现存滞留的相合块片流动着持续显现。从意向特征来看，横意向性中的诸现存滞留相位源于纵意向中的滞留相位的自身连续变异，这两种相互交织的滞留意向性具有一种奠基关联：滞留的横意向性奠基于滞留的纵意向性。

尽管胡塞尔对滞留以及滞留的双重意向性的揭示使他摆脱了最迟从《逻辑研究》（1900年）以来就一直困扰他的对意识的实显性分析，但他此时对双重意向性的讨论并不充分，他仅仅通过对一个已现实存在的当下意识的现象学反思揭示了滞留意向的具体化的基本形式，但前摄和原印象并未受到充分的重视，前者仅仅被规定为滞留的一种映射形式，一种有待充实的时间相位，而原当下则被原则性地规定为意识生产的绝对开端、原源泉或原制作。① 但问题是，与滞留变异一道构成当下意识的原印象与前摄在意识的实显当下中发挥着何种作用？

在已经被明察的滞留的纵意向性中，注意的目光可以通过时间相位的意向勾连主动地回溯指向流逝着的原片段的连续统，并最终观念地指向被抽象化的作为起始相位的原印象，但此描述无法深入前摄与原印象对新的原体现意识所产生的作用之中，因为它已经预设了一个当下意识的先行在场，滞留的双重意向性在此恰恰是反思前摄和原印象的原初运作的实事前提。在1917/1918年的"贝尔瑙手稿"中，与早期对当下意识的现象学反思不同，胡塞尔提出了一条新的问题线索：一个通过原涌现的体验而出场的原体现意识何以可能？

在意识的原进程中，质素素材一开始便具有了前摄视域和滞留视域以及原体现相位，随着恒新的相同属的质素的进入，空乏的前摄不断被充实，而源自原印象相位的滞留则持续地变异为更远的滞留。胡塞尔进一步指出："原体现就是被充实的期待。滞留本身据此必然拥有充实性期待的因素。"② 也就是说，在质素流中，只要素材不断地嵌入意识，原体

---

① 参见［德］埃德蒙德·胡塞尔《内时间意识现象学》，倪梁康译，第101、133—134页。
② ［德］埃德蒙德·胡塞尔：《关于时间意识的贝尔瑙手稿（1917—1918）》，肖德生译，商务印书馆2016年版，第41页，引文略有改动，不再一一指出。

现和滞留就会持续地获得变异了的前摄意向的内在因素。因而，滞留从不是纯粹的滞留，注意目光之所以能够在纵意向中回指原在场，就是因为在滞留意向中已经拥有了前摄意向的因素。同样，前摄意向中也包含了滞留意向，因为滞留序列在同一的风格中预期地指向持续的前摄序列。[①] 本源生成的质素素材在滞留的持续变异中形成一种意义相合或者说同一风格，前摄只有通过被编入滞留链的相合意义中才能被意识到，并且为滞留过程的差异所变异。因而，在原体现意识中，滞留与前摄总是本质地相互交织并动态地相互指涉：前摄持续牵引着滞留并不断自身充实，而滞留则持续变异地映射前摄并不断自身失实。但必须注意，它们两者之间的相互指涉并未取消前摄与滞留间的本质区别。

但是我们如何在前摄与滞留的动态交织中获得本原的当下意识？在原在场的流动事件的生成视域中，当恒新的核心素材持续地进入敞开的视域时，我们获得了一个奠基于滞留与前摄的交互作用的具体充实的流逝样式。胡塞尔给出了著名的完整的双重意向性的图式。

E_1E 轴以下的诸垂直线和斜线在早期的时间意识研究中被用来标明滞留的横意向和纵意向，在这个完整的图示中，前摄意向得到了清晰的展示。在时间意识的敞开视域中，前摄意向在已被充实下沉的滞留链的意义相合中被先行预期，当原素材 E_2 进入意识时，原素材 E_1 已流逝并充实自身为相位 $E_2 - E_1^2$，而 E_2 在已经拥有的滞留充实 $E_2 - E_1^2$ 和即将拥有的滞留充实的相位 $E_2 - E_2^3$ 的合意的预期中确定了时间相位 E_2 上被隐含的前摄 $E_2 - E'_3$，在原素材 E_3 进入的瞬间，滞留充实相位 $E_2 - E_2^3$ 成为实显的充实，先前被隐含指向的前摄意向 $E_2 - E'_3$ 也获得了现实的自身充实。更原始地说，新的原素材 E_2 之所以能够合意地流入 $E_2 - E_2^3$，正是由于它所隐含的前摄意向 $E_2 - E'_3$ 已经先行在 $E_1 - E_1^2$ 的同一的流逝风格中起作用，同样，E_2 的自身滞留也已经在前摄意向 $E_2 - E'_3$ 在原素材 E_3 进入时所发生的自身充实中预先被确定了。作为构造活动的结果，作为相关项的被现实体验的现象学时间便切身地展示在这条连接线（横轴 E_1E）上，而现在点就是连接线上的充实的最大值，"'现

[①] 参见 [德] 埃德蒙德·胡塞尔《关于时间意识的贝尔瑙手稿（1917—1918）》，肖德生译，第47—48页。

在'是一个最大值限充实的意识点之相关项的形式，即一个连接线点的形式"①，它就是直观性本身。

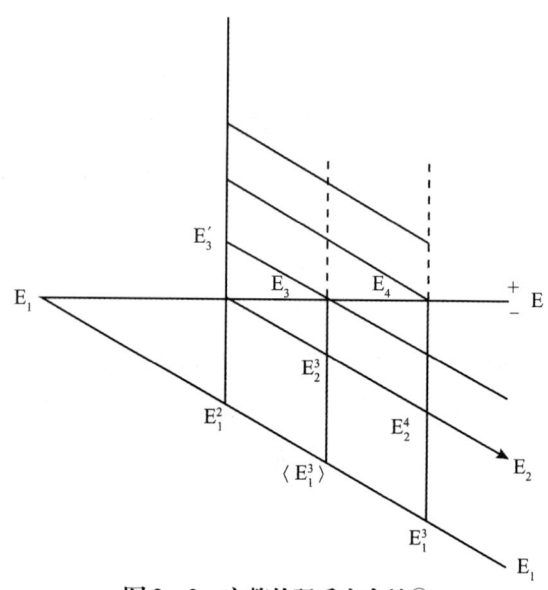

图 2-2　完整的双重意向性②

按照胡塞尔的说明："预期被作为流逝连续统的先行的滞留连续统动机引发，并且现在，这种流逝的连续统在现实化的流逝中必然是一个充实的连续统，各个相位持续地（动机引发并）充实后续的前摄，而此前摄在进程中重又充实自身。"③也就是说，充实性的滞留动机引发作为其镜像的前摄意向，后者在持续地充实自身。我们对此可以作如下补充：在滞留与前摄的连续交织中，滞留连续统的动机引发之所以能激起前摄，正是因为这种动机引发中已经沉淀了变异了的前摄意向，而前摄在滞留过程中形成的充实—失实的同一风格中能够预期并捕捉自身将到的充实片段。

---

① ［德］埃德蒙德·胡塞尔：《关于时间意识的贝尔瑙手稿（1917—1918）》，肖德生译，第72页。
② ［德］埃德蒙德·胡塞尔：《关于时间意识的贝尔瑙手稿（1917—1918）》，肖德生译，第58页。
③ ［德］埃德蒙德·胡塞尔：《关于时间意识的贝尔瑙手稿（1917—1918）》，肖德生译，第61页。

据此可以勾勒出一个动态交织的具体化的时间构造活动：随着恒新的质素素材的进入，在肯定意向和否定意向的持续交织中，滞留链中的滞留内涵动机引发并将过去样式以合意的方式投射入前摄，而前摄则总是合乎滞留链的内涵并持续地预示着自身将到的滞留变异的充实片段，由此在两个半平面的交织过渡中给出构成纵意向性的流动的相继时段，而这些相继时段的具体流逝样式则承载了指向对象的行为意向，最终，在纯粹原本性中被构造的本原的内在存在，即具有最大直观值的连接线意识便在这种奠基于横意向性的时间样式中被指向。[①]

据此，时间意识中存在着意向的具体化的双重交织和双重奠基。首先是双重交织：双重枝线（Doppelzweig）[②]，即滞留枝线（或滞留链）和前摄枝线（或前摄链）所构成的两维流形的相互交织（见图 2-2），以及意识的横意向（$E'_3 E_1^2$ 等纵轴）与纵意向（$E'_3 E_3^4$ 等斜轴）的交织。在意向双枝中，滞留枝线通过隐含的变异了的前摄意向在动机关联中引发前摄枝线；而在双重意向性中，在纵意向中流逝的各个实事块片的统一勾连并承载横意向。其次，双重奠基同样清晰可见：纵意向直接奠基生成于意向双枝，因为纵意向中的自身连续变异的具体相位就是源于意向双枝间的动机引发；而横意向性则奠基生成于纵意向性，那是胡塞尔在 1910 年前后就已通过滞留揭示出的意识成就，这里已无须赘言。

如果说早期的研究主要还是从客观时间的视角出发揭示内在时间客体的被构造的可能性时，"贝尔瑙"时期对完整的双重意向性的揭示已经没有这一负担了，胡塞尔完全是基于体验流的存在揭示其内在结构。这一研究的重大意义在于，它决定性地展示了一个与实显立义根本不同的新的存在区域，这一存在区域自成一体，在时间构造中拥有一种独特的先天法则，即动机引发的法则，这里可以预先说明，胡塞尔在时间构造中揭示的这一法则正是发生现象学的内在根据。

[①] 此构造在方法论对超越论现象学具有建基意义，它从形式上为动机引发的原则建立了基础，而动机引发原则是超越论构造的重要原则。在此意义上，尽管胡塞尔在《观念Ⅱ》中就已经具体探讨了动机引发原则下的人格生成，但发生现象学在方法上的确立，我们认为是"贝尔瑙手稿"。

[②] 参见 [德] 埃德蒙德·胡塞尔《关于时间意识的贝尔瑙手稿（1917—1918）》，肖德生译，第 64 页。

第四节　活的当下

原河流的被给予性的困境，即流动本身如何被流动的意识原本地把握，从古希腊哲人赫拉克利特那里就已经以隐喻的形式被提出。在早期研究中，胡塞尔试图通过将滞留的纵意向解释为意识流的自身显现来解决绝对流在构造上的无限回退，意识流本身不需要在第二条河流中作为现象被构造，它是一种拟时间的编排，因而能够在流动中自身显现。但在意向双枝和双重意向的交织和奠基的基础上，早期的这一解决方案失去了它的魅力。

在1917年的"贝尔瑙手稿"的两段文字中，胡塞尔在新基础上直接指明了原进程——在这一时期与原河流的等义说法——的构造秩序。

> 现象时间与带有过去和将来这些被给予性样式的时间内容只能在原进程中构造自身，由此，带有时间内容的第二"时间"也构造自身。现象的时间、一阶超越论的时间，只能通过一个二阶的最内在的超越论时间才得以可能，并且只能存在于一个最终的超越论事件以及一个无限的进程中，这个进程即是对进程的意识。一个进程在本质上只能在一个原进程中被意识到，一个瞬间意识只能作为一个进程的因素才可能。①

稍后，结合充实的双重意向性的生成，胡塞尔对一阶和二阶超越论时间在原河流中的生成作了进一步说明。

> 原河流是一条河流，一个连续统，这个连续统自身就是一个用作为其相位的各方面都不受限制的一维连续建造的。但是，这个总共双重的连续统（一个双重持续的点流形）在两个"半平面"中把自身建构成一条双重的河流，其中每一条河流都在一个通过一维流

---

① ［德］埃德蒙德·胡塞尔：《关于时间意识的贝尔瑙手稿（1917—1918）》，肖德生译，第65页。

形单方面被限制的二维连续统中建造自身。两个连续在这个一维流形中交接。①

胡塞尔在此区分了一阶的超越论时间与二阶的最内在的超越论时间以及最终的超越论事件：首先，在河流中持续充实的连接线上，或者说由双重意向性的持续的交织变异而凸显出的连接线上，内在当下中的现象时间（"带有内容的第二时间"）被构造出来；其次，作为一阶超越论时间的交织的双重意向（或交织的双重连续统）在意向双枝的两维流形（"二阶的最内在的、超越论时间"）中自身显现为一条双重河流并最终构造着连接线意识；最后，这种两维流形在最终的超越论事件或者一维流形的原进程中构造自身。

作为一维流形的原进程如何存在，它如何显现自身并构造意向双枝以及双重意向性？胡塞尔提出了一种回溯揭示的方案：只要揭示了双重意向性在意向双枝中的奠基生成，换言之，只要相位位序（Ordnung）中的各个点能够在持续的意识序列（Folge）中"包含"贯穿了位序的各个斜线的意识点的整个系列（Serie）②，那么，反思的目光就可以通过对这种奠基关系的明察来回溯揭示这种持续的意识序列的存在方式。同样，由于体验序列只有根据意识次序（Reihe）才能出现并保有其作为原被给予性的绝对的自身性③，那么，只要我们能够明察到意向双枝以及作为过渡点的当下在显现序列中的生成，构造时间的原进程——作为对持续序列的意识次序——也由此可被回溯揭示。

我们首先悬置现象时间以及被构造的超越论时间，即作为一阶超越论时间的、贯穿位序的各个斜线的意识点的整个系列，以及作为二阶超越论时间的、充实意识的相位位序，把注意的目光指向意向的原相位对意识点之连续统的构造上。可以明见到的是：任一瞬间意识（原进程的

---

① ［德］埃德蒙德·胡塞尔：《关于时间意识的贝尔瑙手稿（1917—1918）》，肖德生译，第72页。
② 参见［德］埃德蒙德·胡塞尔《关于时间意识的贝尔瑙手稿（1917—1918）》，肖德生译，第80页。
③ 参见［德］埃德蒙德·胡塞尔《关于时间意识的贝尔瑙手稿（1917—1918）》，肖德生译，第318页。

一个持续的意识序列）在直观性中都包含了双重视域结构：作为前指意识的前摄意向和作为回指意识的滞留意向。质言之，意向双枝内含并奠基于一个直观当下的瞬间意识（见图2-3）。直观的瞬间意识在整条枝线区域中的存在界限被胡塞尔称为"直观性的零点"，而原印象点 E_k 则被视作"直观性的持续充盈的顶点"①，就非直观性的枝线整体而言，前摄枝线和滞留枝线的交点 E_k 则被视作充实上的零点。

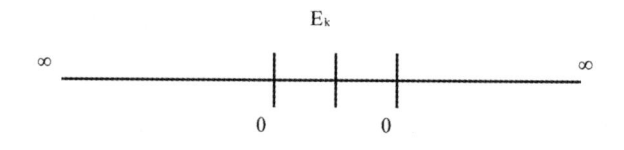

图2-3 具本当下 ②

在直观性的瞬间意识中，在先被预期的前摄意识现实化为当下意识，持续地失实为滞留意向直至变异入非直观性的当下区域，并在非直观性的区域中生成意向的滞留枝线，在意识的具体流动中，滞留枝线又持续地动机引发前摄枝线，意识的双重意向性就此持续地生成。但应该如何理解瞬间意识在流动意识中发生的这种持续的过渡意识？在"贝尔瑙手稿"中，这种过渡意识被规定为流动着的意识对自身的意识：在瞬间意识中，意向性持续地流动变化自身并指向各个新旧意向，"自身变化着对过去和将来之物的意识就是对这种意识的意识。如此被结构化的一种流动的意识就是对自身作为流动的意识的意识"③。

直观性的瞬间意识，作为包含两维延展的唯一意识，就是作为意向双枝——超越直观性区域的整体的非直观性区域——之实事根基的持续的意识序列，而胡塞尔对瞬间意识中的过渡意识的揭示，实际上

---

① ［德］埃德蒙德·胡塞尔：《关于时间意识的贝尔瑙手稿（1917—1918）》，肖德生译，第282页。
② ［德］埃德蒙德·胡塞尔：《关于时间意识的贝尔瑙手稿（1917—1918）》，肖德生译，第281页。
③ ［德］埃德蒙德·胡塞尔：《关于时间意识的贝尔瑙手稿（1917—1918）》，肖德生译，第85页。

向我们展示了作为意识序列之实事基础的原进程的意识次序。依据原被给予的体验序列在原进程的意识次序中获得了绝对的自身性这一现象学事态,可以从体验序列的构造中明见地"反身"考察意识次序的出场和流逝,或者像胡塞尔指出的那样,依据次生当下性在原当下性中的奠基生成这一事态,反身明察那种作为原进程之次序形式的涌现与涌流、演替与共在。① 据此,我们切实地拥有了一个揭示原进程的存在和显现方式的新的基础和出发点。

与在充实的意向双枝中将观念点 E_k 视作最大直观值的看法不同,胡塞尔从瞬间意识所处的意识序列出发将这一中性的点视为滞留与前摄的零点,它是前摄枝线向滞留枝线转变的临界点在意识序列中的体现,而在赋予意识序列以绝对自身性的原进程的次序中,意向双枝自身就是一个零点。对揭示构造时间的原进程而言,胡塞尔的下面这段描述尤其值得重视。

U_x 的下枝在与流至边界的次序 E,与竖立在视域中的过去的"E"的关联中,或者毋宁说,与流至那种标明了一个敞开的无限性的过去视域边缘的关联中被称为滞留。(……) 但是,它也是与这些滞留片段有关的滞留,在这些片段中,进程中的"E"—次序的流逝片段展示自身。②

意识次序在相位位序中的这种"展示"并非被唤醒的对时间事件自发性的后补立义,在作为双重枝线的过渡点的最大直观值的意识中,声音素材及其变异意识总是原生地被意识到,因而不存在能够支撑包含了次生意识的整个延续意识的本真的被代现者。瞬间意识的直观性中线更是如此,因为原当下在此根本就是一个零点意识。据此,内感知,无论是注意性感知、本源把握性感知,还是作为本源感知的注意变异的背景感知,由于其对象性的立义特征,都无法揭示延续意识及其序列和次序。

原进程次序持续流逝着,在一个建基于新涌现的次序点之上的意识

---

① 参见 [德] 埃德蒙德·胡塞尔《关于时间意识的贝尔瑙手稿(1917—1918)》,肖德生译,第 318 页。

② [德] 埃德蒙德·胡塞尔:《关于时间意识的贝尔瑙手稿(1917—1918)》,肖德生译,第 285 页。

序列中——这一意识序列本身也是原次序点的意识序列的变异——不仅存在着对之前的意识序列及其构造的多维统一性的意识,同时也存在着对原先次序点以及各个接续的次序之间的过渡意识,甚至还包含着对已流逝的原进程的次序到意识序列的生成变异意识的意识。

这里必须区分构造体验的河流和注意、把握事件的反思相交织的被构造的体验。受到意识体验序列的刺激,注意的目光可以穿越体验序列的连续变异以及在持续的体验序列中生成的过渡意识,最终指向承载着各个时间客体的体验系列。在二阶感知中,目光可以转向原进程之次序的持续变异流、意识序列在原进程体验次序中的生成次序以及最终源于原体验次序的过渡意识。① 对一个时间事件存在着两种超越论反思的可能:对各个在原进程中被构造的意向层次的事件的反思,以及对构造时间事件的最终原意识的反思,后者被胡塞尔称为"(高阶的)新的超越论反思"②。正是基于这种特殊的反思,胡塞尔总结说,现象学的原时间中蕴含了双重视角:"只要客观的事件次序被构造,这种构造本身便在同一的反思中自身必然重又展示为一个次序,并且展示为一个时间序列,尽管存在着本质的交织但它不能与次序相同一。"③

在胡塞尔看来,意识的原特征具有双重内涵:首先,作为一种原同时性中的连续次序的统一性,它本身就是意识的一种创制;其次,这种意识的创制包含了意识同一性,而这种同一性存在于连续的原序列和本源的相继中。④ 与从被构造的时间事件出发反思原进程不同,这里体现了胡塞尔对原进程的构造功能更为直接的指明。原进程的连续次序在由各个印象性序列所构成的原同时性中创制了同一性意识:在超越论的原生活中,体验次序的生产就是原印象以及对它的当下再造所处的原印象意识的生产,在此生产中,"所有共同生成的原印象融合为同一性,融合为

---

① 参见[德]埃德蒙德·胡塞尔《关于时间意识的贝尔瑙手稿(1917—1918)》,肖德生译,第321—322页。
② [德]埃德蒙德·胡塞尔:《关于时间意识的贝尔瑙手稿(1917—1918)》,肖德生译,第324页。
③ [德]埃德蒙德·胡塞尔:《关于时间意识的贝尔瑙手稿(1917—1918)》,肖德生译,第326页。
④ 参见[德]埃德蒙德·胡塞尔《关于时间意识的贝尔瑙手稿(1917—1918)》,肖德生译,第328页。

一个印象性或生活当下的原连续统"①。除了印象性序列在其原同时性中所融合生成的同一性之外,原进程创制的这种同一性还囊括了序列间的转渡意识中的同一性以及在意识序列中被构造的多维统一性间的转渡所具有的同一性。

接下来必须被追问的是,在这种特殊的"新的超越论反思"中揭示的最终的超越论事的基础上,一阶超越论时间和二阶最内在的超越论时间,或者说,意向双枝和双重意向性将获得怎样的构造形态?我们将看到,原先在意向双枝基础上对时间构造的层级划分将得到新的描述和界定。

在胡塞尔早期的研究中,活的当下尽管已被提出,但却并未获得专题研究。在术语上,除了"活的当下",胡塞尔还经常称为"活的现在视域"②、"活的现在"③,在"贝尔瑙手稿"时期(包括收录在第十卷中的补录部分),胡塞尔主要选取了"瞬间意识"④ 这一说法,在他后期的时间意识研究手稿,即"C手稿"中,胡塞尔赋予了活的当下以现象学上最终的奠基地位:"各种意义上的时间、对象和世界最终在活的当下的原流动中拥有它们的起源。"⑤ 他在"C手稿"的第二组手稿中对活的当下的基本结构及其生成秩序进行了如下总括性说明。

> 原现象的存在被原本地意识为活生生地流动着的当下……这种存在的根本本质在于,通过原模式的意向变更的一种匿名的连续性自身被构造为统一的河流的持立的现在:并非某种持恒的存在者,而是自身流动的东西。在这条河流中,一个持存的原—现在被构造为流淌的内涵的持恒形式和所有被构造的变更的原起源点。然而,在与原起源的持恒形式的统一中,原—现在,即持恒形式的双维连续性被构造;因而,这种形式的持恒的连续统在整体中被构造,而原起源的中点的原—现在在这种连续统中,对两维连续而言,就是

---

① [德] 埃德蒙德·胡塞尔:《关于时间意识的贝尔瑙手稿(1917—1918)》,肖德生译,第327页。
② [德] 埃德蒙德·胡塞尔:《内时间意识现象学》,倪梁康译,第76页。
③ [德] 埃德蒙德·胡塞尔:《内时间意识现象学》,倪梁康译,第89、358页。
④ [德] 埃德蒙德·胡塞尔:《内时间意识现象学》,倪梁康译,第157、235、273页。
⑤ Husserl, *Späte Texte über Zeitkonstitution (1929 – 1934)*, *Die C-manuskripte*, S. 4.

变化模式的枝线：刚刚—曾在的连续统和将来的连续统。①

胡塞尔在此对活的当下的界说深化了他本人在贝尔瑙时期的研究路向，即从原进程出发来说明活的当下，或者说直观性的瞬间意识的结构。按照 C 时间手稿中的说法，原河流，亦即"贝尔瑙手稿"中的原进程，是一种前—感知的匿名的流动存在，在各种原当下涌现于其原同时性中，这种演替的原进程创制了一个存在于同一性意识中的瞬间相位，胡塞尔称之为持存的原—现在和原起源点，这个"点"并非一个无宽度和无内在结构的点，相反，"新出现物的活的自身—扩展的进程在活的当下中已经拥有了宽度，并且在这个宽度中拥有了此宽度的源点的位置；就这种发源于涌流的被改变的宽度而言，这种位置本身就是源片段"②，因而，原—现在原初地就具有一种流动的持恒形式，即前摄和滞留的双维延展，在此基础上，双重枝线展示自身。

活的当下并非静态的存在，从原现象的河流来看，活的当下首先是一种流动着的—涌流的（strömend-verströmend）当下③，胡塞尔有时干脆称其为"原活的（urlebendige）当下"④。在原河流的流动中，作为绝对现在的原印象是一个起源相位，它与流动的滞留和前摄在一种流动着的原同时性中一道被意识到，在现象学反思中，我们可以据此揭示出印象性与原滞留之间发生的原融合、原联想或原意向性的整体构建，换言之，在流动着的—涌流的活的当下的原融合的基础上，作为时间样式的持恒当下构造自身。

胡塞尔 1910 年前后给出了一段令人困惑的对原感觉意识的描述：⑤在构造时间的统一的现象流中，同时共在的多个原感觉次序的河流在一

---

① Husserl, *Späte Texte über Zeitkonstitution (1929 – 1934)*, *Die C-manuskripte*, S. 7 – 8.
② Husserl, *Späte Texte über Zeitkonstitution (1929 – 1934)*, *Die C-manuskripte*, S. 51.
③ "活的当下"在 C 时间手稿中有各种说法，如"流动的活的当下"（strömend-lebendige Gegenwart），[Cf. Husserl, *Späte Texte über Zeitkonstitution (1929 – 1934)*, *Die C-manuskripte*, S. 17, S. 22, S. 24, S. 68] 而"流动着的—涌流的"这一说法胡塞尔一般用于强调活的当下内在的流动地构造特征。[Cf. Husserl, *Späte Texte über Zeitkonstitution (1929 – 1934)*, *Die C-manuskripte*, S. 44, S. 58]
④ Husserl, *Späte Texte über Zeitkonstitution (1929 – 1934)*, *Die C-manuskripte*, S. 12/S. 233/S. 297.
⑤ 参见［德］埃德蒙德·胡塞尔《内时间意识现象学》，倪梁康译，第 426 页。

个有束缚力的形式中自身合规律地变异流逝着可以得到恰当的说明:"多个同时共在的原感觉次序"这一说法显然与"贝尔瑙手稿"中已经指出的,在原河流中的原印象的原同时性相关。在"C手稿"的第三组手稿中,我们可以看到与之相关的进一步阐述:"在(原流动的)原现象的生活之原构建中,作为时间化的流动,这种生活就是流动的'原共在',即是说,就是一种连续的同时融合,而这种同时融合就是在原现在、滞留性过去和前摄性将到这些形式的连续映射中存在的东西。"①

在原相位的"同时性融合"的形式中,所有相位都是以原印象的方式融合共在的,在胡塞尔看来,在这种贯穿滞留变异并最终构筑了同一性的、作为第一性时间的意向融合中,所有其他时间形式都被构造为时间化的各个阶段,被构造为演替时间和同时时间。② 由此,胡塞尔在不同阶段揭示出的内时间构造的事态,即早期的"演替的感知以感知的演替为前提"③,贝尔瑙时期的"意识的演替何以能够成为对演替的意识"④,在此都得到了最终的说明:作为感知或延续意识之基础的演替时间在原现象的流动的原融合中就已经被构造了。

原现象的流动中存在着两种样式的变化:首先是原印象性样式在原河流中的变化,原印象不断地为新的原印象所代替;其次是原印象性向滞留性的持续变化,原印象持续地转变为滞留。⑤ 原印象性的变化产生于原相位的同时融合中,这种同时融合就是一种原共在的流动着的原始相合。印象性的流动过渡中显示出一个总体性的同时性区域,不仅新旧原印象之间具有同时性融合,原印象性向滞留性的持续变化也不断提供了与新诞生的原印象同时相合的刚刚过去。据此,我们拥有了各个因素的总体同时性,也就是说,原印象的流动存在的同时性,而原印象则总是持续地作为滞留性的同时连续统的边缘相位而存在。⑥ 通过这里展示的

---

① Husserl, *Späte Texte über Zeitkonstitution (1929–1934)*, *Die C-manuskripte*, S. 76.
② Cf. Husserl, *Späte Texte über Zeitkonstitution (1929–1934)*, *Die C-manuskripte*, S. 77.
③ [德] 埃德蒙德·胡塞尔:《内时间意识现象学》,倪梁康译,第235页。
④ [德] 埃德蒙德·胡塞尔:《关于时间意识的贝尔瑙手稿(1917—1918)》,肖德生译,第140页。
⑤ Cf. Husserl, *Späte Texte über Zeitkonstitution (1929–1934)*, *Die C-manuskripte*, S. 80–81.
⑥ Cf. Husserl, *Späte Texte über Zeitkonstitution (1929–1934)*, *Die C-manuskripte*, S. 81.

变化的两种形态，我们获得了建基于原河流的原共在上的第一性的时间形式，就是我们这里所说的流动着的—涌流的活的当下，在这种原活的当下中发生的是持续的原融合。

这种本源的时间化，在胡塞尔看来，只能作为内容的融合才得以可能，也就是说，持续过渡的各个新旧原印象之间以及原印象与直接的原滞留之间存在的只能是一种内容的融合："这种同时的同一化仅仅作为内容融合才得以可能；因而在印象与直接的原滞留间在同时性中发生着一种内容融合。"①不仅如此，整个流逝的原进程据此显示为一种持续的内容融合的进程，一种融合的同时性的进程，在此意义上，本源时间本质上就是一种同时性的融合关联。据此，在流动的原初的内在性中，原同一性被构造出来。

胡塞尔看似已经将这种由流动的原共在或原同时性所展示的原时间区域中发生的融合视为内时间构造中可探明的最基础的事实，但其实不然，紧贴着这种融合事态，他进一步揭示出了融合生成的基础何在：流动的生活中存在着一种原区分或原对立："在原流动的持立的当下和我的自我的绝对的生活中，我们拥有为同一性奠定基础的原融合，以及不是为同一性，而是为距离和差异奠定基础的原区分。"② 据此，胡塞尔早期对原感觉意识描述中的另一难点：同时涌现的原感觉意识自身分异为"不再"（前—实显的）连续统、"尚未"（后实显的）连续统和作为前两者之交切点的现在（实显的）原感觉③的可能性在此获得新的理解，简言之，这种分异就是原区分的生成结构。稍后，胡塞尔更加明确地指出："我们在距离和差异中拥有了一致性融合，突出了同一性，并且，尽管我们生成了一种二——性（Zwei-Einigkeit），但它们还是处在相合中的相互压抑之下。"④ 时间相位的原融合中包含着原区分，它自身建基生成于印象性所内含的距离和差异。据此，原融合的本性被胡塞尔精细地展示为了自身呈现为二——性的最小单位的直观构造：由原区分（二）向活的

---

① Husserl, *Späte Texte über Zeitkonstitution (1929 – 1934), Die C-manuskripte*, S. 82.
② Husserl, *Späte Texte über Zeitkonstitution (1929 – 1934), Die C-manuskripte*, S. 76.
③ 参见［德］埃德蒙德·胡塞尔《内时间意识现象学》，倪梁康译，第 425 页。
④ Husserl, *Späte Texte über Zeitkonstitution (1929 – 1934), Die C-manuskripte*, S. 255.

当下的融合生成（为一）。

在时间意识的生成上，在这种流动着的—涌流的活的当下中直接被构造的是具体当下。① 与原进程的总体内容融合相对，在时间构造中存在着一种特殊的内容融合，借用胡塞尔的话说，构造着具体的延续同一性，并且在其延续中有其开端、结束和持续等具体样式的内容融合。② 这种在总体的内容融合中被突出的同一性就是一个具体感知的奠基性的时间样式，而对被突出的同一性的构造就是一种在流动中固持的印象当下的构造。印象当下具有如下本质特征：这种当下概念就是与被构造的具体客体相关的当下概念，它在流动中构造出延续物、持续的感知行为以及印象性地被拥有物③，也就是说，作为持续性的感知行为以及印象性地被拥有物的直接时间基底，具体当下拥有一种与流动的持存物相关的固持的流逝样式，它因而不同于原河流中的同时性的内容融合。从现象学的实事特征上看，具体当下实际上就是胡塞尔在贝尔瑙时期所谓的直观性的瞬间意识，在时间构造的结构层次上介于由原印象性与直接原滞留的原融合所构建的活的当下与意向双枝之间。

根据这里对两种当下的描述，具体当下源自流动着的—涌流的活的当下的同时性融合，作为一种被构造的时间样式，它具体的延续的统一性首先必须建基于原现象的内容的原融合之上，因为固持的流动样式如果要在河流的流淌中保持为某一特定感知行为的时间基础，换言之，如果要获得我性的触发并且与其他具体的时间样式及其变异样式相区别，那么它不仅必须在原河流中被融合生成，而且也必须能够被异质性地凸显，胡塞尔说："作为在质素区域中固持的同一性与多样性的印象当下，具体当下的时间化就是当下时间样式的第一性的最本源的时间化。"④

---

① 克劳斯-黑尔德教授区分了当下的两种形式：一种能够"通过排除那种在自我的过去和将来中可通达的时间位置序列而赢获"，并被揭示为"我的生命性（Lebendigkeit）一般的前一时间的'在此'"；另一种则是在可重复的反思中被把握的时间客体，一种不能被绝然认识的时间固持物。（Cf. Klaus Held, *Lebendige Gegenwart, die Frage nach der Seinsweise des transzendentalen Ich bei Edmund Husserl, entwickelt am Leitfaden der Zeitproblematik*, Martinus Nijhoff, 1966, S. 73）前者相当于胡塞尔所谓原活的当下，后者则相当于持恒当下。

② Cf. Husserl, *Späte Texte über Zeitkonstitution（1929-1934）, Die C-manuskripte*, S. 83.

③ Cf. Husserl, *Späte Texte über Zeitkonstitution（1929-1934）, Die C-manuskripte*, S. 83.

④ Husserl, *Späte Texte über Zeitkonstitution（1929-1934）, Die C-manuskripte*, S. 84.

但必须强调，与具体当下所拥有的开端、结束和持续等具体样式不同，作为最终构造基础的涌流着的原活的当下自身是一种前—时间的、永恒的持立存在，具体当下是一种存在于质素流中的充实当下，它在意识流的流逝中不断地沉入过去，而涌流着的活的当下的原融合作为一种前—我性触发的最始源的存在，它绝非一种被构造的我性的充实的时间块片，相反，这种原相位的原融合恰恰使质素流显现为各种具体的流逝样式，相对具体的流逝而言，它总是持恒在场。据此，当下在胡塞尔的时间构造中具有两种内涵：首先，具体当下作为一种在意识流中流逝的具体的存在块片，它拥有其充实的相合统一性；其次，流动着—涌流的活的当下作为绝对现在和质素流动的生成根源，它以一种持立—流动（stehend-strömende）① 的方式存在并为意识流奠定最终的生成基础，这里的"持立"强调活的当下的在场性，而"流动"刻画的则是活的当下构造双重意向性以及整个绝对流时的活动性。

在几乎延续了他整个哲学生涯的内时间意识研究中，胡塞尔为我们提供了一个先天的时间性的构架，依奠基的生成秩序看，它们分别是：由横意向性与纵意向性所构建的绝对流的双重意向性、意向双枝、具体当下、流动的—持立的活的当下以及构造了这种自身建基于二——性结构的印象性的原共在的原融合。

为了便于理解，笔者尝试给出如下的平面示意图。

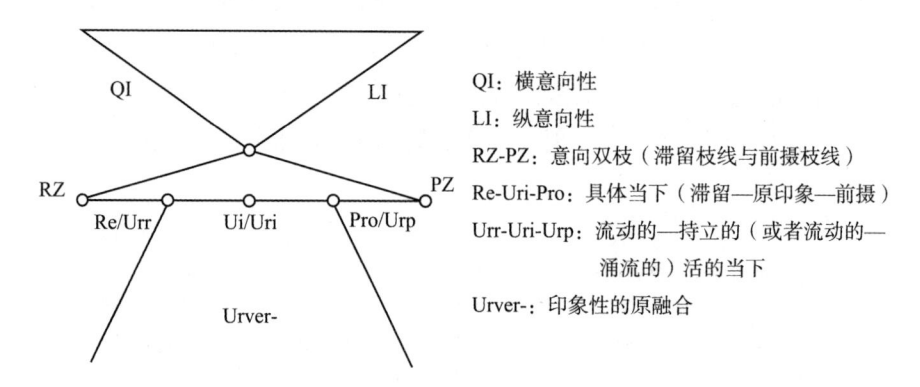

QI：横意向性
LI：纵意向性
RZ-PZ：意向双枝（滞留枝线与前摄枝线）
Re-Uri-Pro：具体当下（滞留—原印象—前摄）
Urr-Uri-Urp：流动的—持立的（或者流动的—涌流的）活的当下
Urver-：印象性的原融合

图 2-4 完整的时间图式：活的当下构造双重意向性（一维流形构造二维连续统）

---

① Husserl, *Späte Texte über Zeitkonstitution (1929–1934)*, *Die C-manuskripte*, S. 10, S. 124.

最后我们补充几点：首先，从原融合一直到横意向的建基生成，这是整个体验流的内在结构，这是一个连续的生成过程，中间不存在任何中断，从实显的眼光来看，这甚至就是一个实在的瞬间，一个实在的时间点；其次，我们这里的讨论主要针对的是胡塞尔揭示出了什么样的时间结构，并未涉及他在现象学的反思方法上何以能做出这些揭示，这一问题非常关键，后文将得到专题讨论；最后，在具体探讨超越论现象学的意向构架时，我们将根据实际需要对此结构略作简化，譬如我们将不再刻意区分意向双枝与双重意向性，因为它们实际上是同一个过程，都属于活的当下的最直接的流逝构造，而在探讨活的当下的生成时，我们有时会强调动态的原融合，有时会更细致地说明其在结构上的二——一性。

第五节　时间化

作为时间构造的规则，体验事件在原进程中具有如下动态过程：在最本源的意向性中，原素材和原印象产生于原涌流的印象，在原进程的持续流逝中，原涌流的印象持续地"逐渐消逝"为滞留意向，并形成可被突出的原素材的滞留样式。① 如果引入胡塞尔已经揭示的时间结构的各个意向阶段，即双重意向性、意向双枝、具体当下、流动着—涌流的活的当下、印象性的原融合，那么情形将如何呢？

在 C 时间手稿中，胡塞尔围绕时间构造的动态过程构筑了时间化和原时间化的问题域。在胡塞尔看来："活的当下的原河流就是原时间化，……各种意义上的时间、对象和世界最终在活的当下的原流动中拥有它们的起源。"② 与这种根基性的原河流中的原时间化不同，胡塞尔给予时间化以如下说明："流动的当下在特殊意义上被同一化，它本身即是从原印象中流出的时间样式的活的时间化，而时间，作为在其中流动着

---

① 参见［德］埃德蒙德·胡塞尔《关于时间意识的贝尔瑙手稿（1917—1918）》，肖德生译，第 300 页。

② Husserl, *Späte Texte über Zeitkonstitution (1929 – 1934)*, *Die C-manuskripte*, S. 4.

并在河流中存在的同一物的原印象的现在,便存在于这种活的时间化中。"① 作为承载于具体当下的基础之上的时间构造,时间化最终生成于原印象性的原融合,而它本身的构造成就就是同一物所占据的当下具体的时间。据此,时间、时间化和原时间化之间的奠基关系清晰可见:"所有时间源自时间化,所有时间化源自一种原时间化。"②

在"C 手稿"第七组手稿中,在谈到向作为原朴(urtümliches)流动的本我之原真存在的还原时,胡塞尔提到了在流动中实施的第一自身时间化,即滞留化,以及通过回忆实施的第二自身时间化,即回忆。③ 也就是说,在时间化内部仍可以再次划分出时间化的两种类型:滞留化和回忆。由此,在时间化问题上,我们可以获得一种更细致的区分:涌流的原活的当下作为原时间化为持恒的具体当下奠定了生成基础,而在时间化中,通过回忆实施的第二时间化奠基于作为第一时间化的滞留化。

但从时间构造的诸结构来看,从原时间化到时间化的生成关联何以可能?作为整个时间化之根基的原时间化自身何以可能,它以自身为依据,还是必须依赖一种更本源的前—原融合的构造?如果考虑到时间化的进程就是原素材的生成变异过程,那么这里必须追问世界时间化,一种建立在共同当下之上的交互主体的时间化何以可能?

一 时间化、原时间化与世界时间化

1. 第二时间化与第一时间化

在对回忆和再回忆的区分上,胡塞尔在"贝尔瑙手稿"中延续了他早期的基本认识:尽管在活的回忆与再回忆中,被体验对象同一地展示在"原初的"体验河流中,但在反思中我们还是可以明见地区分这两种回返行为:活的回忆与连续的同一性意识或构筑同一性的滞留化相衔接,是对延续过程或者某一意识块片的回返性的自身把握;而再回忆则与之

---

① Husserl, *Späte Texte über Zeitkonstitution (1929 – 1934)*, *Die C-manuskripte*, S. 11 – 12.
② C2 手稿的 7a—9b 页被收录在全集第 34 卷《现象学还原》的第 298—301 页,Cf. Husserl, *Zur Phänomenologischen Reduktion*, *Text aus dem Nachlass (1926 – 1935)*, S. 300.
③ Cf. Husserl, *Späte Texte über Zeitkonstitution (1929 – 1934)*, *Die C-manuskripte*, S. 115.

不同，它首先意味着一种对延续过程的同一性意识的中断，同时，在对流逝片段或原进程的自发回顾中，它只是拟一本原地重构各种原初存在。尽管它们在如下事态上具有最切近的相似性：在持续的滞留化中，具有本己滞留模式以及完整时间片段的流逝对象渐渐沉入模糊的时间视域，胡塞尔称这种特殊的流逝模式为"次生意向性或被意识性的样式"①，而再回忆由于是一种主动朝向的重复行为，因而具有一种次生感性的特征，但这不能取消两者在原初延续的同一性意识问题上明见的区分。

在这种区分的基础上，胡塞尔进而提出了如下思考：作为次生意向性模式的各种回忆，在一段被同一性意识所贯穿的回忆链中彼此关涉并渐渐消逝，但在对此回忆链的重复构造中，再回忆的注意目光所指向的回忆及其先前相位和变异样式以何种方式出场？作为同一性延续中存在的、当下被把握的回忆的"充实的生动化"，还是作为隶属于先前回忆的变异样式而借之被唤醒？② 更复杂的情况是，随着被课题化的回忆而被唤醒的不是它自己的变异或先前样式，而是对同一回忆对象的其他再回忆，一个属于其他时间视域的再回忆，反思的目光甚至可以借此贯穿这种再回忆及其体验变异所构成的同一性的意识链。

关键在于，每个回忆的被给予性中包括了外指意向的连续性，被回忆物沿着这种时间次序指向接续的被回忆物，并在实显现前中获得其最终的具体根据。具体地说，被再造的拟一流动过程中的任意相位总是以前摄的方式在具体河流中确定地指向并动机引发相邻相位，而它同时也合滞留风格地预期将来的相位，因而对被回忆物的内在体验中包含了一个可观念性澄清的敞开视域，再回忆的注意目光总是在这种过去次序的原形式中被触发唤醒。如果我们获得一个具体的当下感知，那么，一个建基在前摄与滞留的彼此交织中的回忆次序必然承载了一个实显当下的再回忆意识，也就是说，再回忆的先天可能性依赖于回忆的次生意向性之间的动机引发。

---

① ［德］埃德蒙德·胡塞尔：《关于时间意识的贝尔瑙手稿（1917—1918）》，肖德生译，第 435 页。

② 参见 ［德］埃德蒙德·胡塞尔《关于时间意识的贝尔瑙手稿（1917—1918）》，肖德生译，第 439—440 页。

在习性的滞留链中，回忆的流逝样式具有本己独立的滞留模式，尽管胡塞尔并未明确指明，但我们不难明察到，这里所谓可被突出的——被回忆或被再回忆——作为次生意向性的流逝模式直接存在于意识流的纵意向性：同一性意识具体表现为纵意向性中变异相位的自身相合，而在其中生成的具体流动的块片便在同一性意识中彼此关涉；而胡塞尔在此强调的在纵意向上流逝的回忆序列间的动机引发实际上发源于意向双枝，即前摄枝线对滞留枝线的动机引发与具体的滞留意向对前摄枝线的合意义的预期，因为任何一个回忆块片以及诸块片间的动机关联都直接生成于意向双枝间的动机引发。胡塞尔通过回忆所标明的第二自身时间化的实事基础就在于意向双枝对纵意向的奠基生成。

胡塞尔将第一自身时间化界定为滞留化。对滞留可以有三种相互关联的界说：滞留枝线中与前摄枝线连续的动机引发的具体的滞留链，持恒的具体当下中的滞留相位，以及原活的当下中的直接的原滞留。第一时间化所关涉的滞留化指的是具体的流逝块片如何在具体当下的基础上经由意向双枝而被构造为一种承载时间超越物的原初的存在基础。如果延续第二时间化的思考路向，那么滞留化问题可以被表达为：在纵意向的相合统一中，使第二时间化得以可能的回忆块片间的动机关联何以能够在具体当下对意向双枝的构造中获得合法的基础。

在质素流中，每个原在场的原素素材在其滞留性变异中必然拥有一个前指的前摄意向或者充实的期待要素，随着相同属的原素持续地进入原在场，原在场不断地成为被充实的期待，滞留相位也不断离散下沉并在其变异链条中指向更远的将来，因而滞留链总是已被充实的前摄链；相应地，因为滞留链总是先天地在同一风格中预期地指向前摄的持续序列，在原素进程中，空乏的前摄也总是合滞留风格地被充实为原在场，而在滞留链中被预先指向的前摄链也合此风格地被充实，在此意义上，前摄链总是有待合风格地被充实为滞留链的前摄链。

各个回忆块片在统一性意识中所具有的直接的动机关联在具体化的意向双枝中，准确地说，在具有同一流逝风格的滞留链与具有持续前指意向的前摄链的意向交织中已本源地存在。更原始的是，回忆块片以及动机关联最终奠基生成于具体的当下中。在胡塞尔看来，回忆块片作为一种"原真物"在它的第一时间化中，或者说这种"原真物"在其构造于持立当下中的存在方式中本源地被构造。① 也就是说，这种可被客体化行为指向的具体的流逝样式正是在持恒的当下中获得了本原的具体当下性，因为在前摄与滞留交织而成的原初时间视域中，原素材的意向变异在充实滞留相位的同时，原在场作为被充实的前摄也被新的素材所充实，本原的当下意识由此产生。这种由前摄与滞留交织而成的、持恒的时间相位之关联实质上就是意向双枝中的动机引发的最切近的实事基础。

在质素流的流逝构建中，恒新的素材在原初交织的时间视域中逐渐滞留化为次生意向，而在质素流的持续的生成与滞留进程中，在具体当下中被奠基生成的流逝块片持续在各个内含了前指意向的滞留相位的关联链中被连续指向。因而可以确定，滞留化的时间法则与第二时间化不同，第一时间化的实事根基就是意向双枝在具体当下中的奠基构造。

2. 原时间化

早在贝尔瑙时期，在比较活的原时间化中的延展与僵死的延展的语境中，胡塞尔就已经对原时间化做出了间接说明："恒新的各个原印象出现在活的原时间化中，并且本源地重新'构建'相合与同一化，它们导致了包含于自身中的个体性的被构造。"②

与这种笼统地从被构造的时间视角对原时间化的简单指示以及上文对时间化整体的奠基序列的单纯指明不同，在"C 手稿"中，原时间化与时间化间的区别在具体的实事基础上被直接摆明了：滞留化意味着带有自我极和触发中心的清醒自我的时间化，在这种自我的时间化中，各种行为可以进行有效性设定；"在具体自我中存在着一个'睡眠'的基本层"③，习性之物在其中仍然被有效地持握着并可被现实地触发唤醒，当然，这两个区域间并不连续，而是存在着一个模糊的视域场，或者说回忆源于对产生于滞留化的、渐渐消逝的边缘相位的中断，它是第二性的行为；而与时间化的这两种形式相对，自我中还存在着一种不能被触发唤醒的、被动性的地基，"在当下样式中，它的存在就是一种流动着的——

---

① Cf. Husserl, *Späte Texte über Zeitkonstitution (1929 – 1934)*, *Die C-manuskripte*, S. 131.
② [德] 埃德蒙德·胡塞尔：《关于时间意识的贝尔瑙手稿（1917—1918）》，肖德生译，第 108 页。
③ Husserl, *Späte Texte über Zeitkonstitution (1929 – 1934)*, *Die C-manuskripte*, S. 43.

涌流的存在，它并不首先持续变化地进入清醒样式中，而是进入原时间化样式及其直观性"①。

在时间的发生序列上，第一时间化体现为意向双枝在具体当下中的奠基构造。在持续的原进程中，具体当下被构造为一种本原的充实样式，在意向双枝持续地意向交织中，各个滞留相位不断被充实。就这种滞留化具有的充实特征而言，我们不难理解胡塞尔对滞留化中的自我的活跃性、触发性以及设定权能的强调。在第二时间化的进程中，滞留持续地变异为自身相合的流逝样式并成为可被回忆的意识块片，这种持续的下沉样式只有在边缘相位的中断（"睡眠"）处才能触发唤醒，而这种动机引发则直接根源于意向双枝中前摄枝线与滞留枝线的意向交织，并在具体的动机引发中仍被有效地关涉。作为时间化之根基的原时间化则与它们不同，这种流动着的—涌流的存在进程本身不具有具体化的持续充实的样式，因而是一种不能被触发唤醒的被动基底，也就是说，它并不具备奠基于当下性中的相位关联和动机引发。

第一时间化作为一种时间统一的具体当下如何在流动着的—涌流的存在，即原活的当下内部的原印象与直接滞留的原融合中本源地生成？在质素流的原变化样式中，作为具体当下之生成基础的原初滞留化首先表现为原印象性向滞留性的过渡。胡塞尔指出，在这种透显性的原融合中存在着一种滞留相位间的相合，它"在其间接性中就是透显的间接性，并拥有渐进的'相合'程度"②。被滞留化之物在一种由透显的间接性所组成的同时融合的连续统中被交叠地意识到："在持续的流动中实施着以滞留的方式相合着交互过渡的同时区域的融合。"③ 而这种滞留化显然产生于原变化的第一种形态，即原印象性在原河流中的原变化：原印象间持续的过渡融合构建了印象与原滞留以及与诸滞留变异间的同时的同一化。

滞留化的相合原始地存在于原融合进程的透显中，针对这种原始的时间区域，胡塞尔提出了如下问题："如何从同一化的联想中限定一个具体当下，它的印象的原当下何以就是同一化以及触发的

---

① Husserl, *Späte Texte über Zeitkonstitution (1929–1934)*, *Die C-manuskripte*, S. 44–45.
② Husserl, *Späte Texte über Zeitkonstitution (1929–1934)*, *Die C-manuskripte*, S. 81.
③ Husserl, *Späte Texte über Zeitkonstitution (1929–1934)*, *Die C-manuskripte*, S. 82.

力量之源?"① 在对质素区域的原联想与原时间化的讨论中,此问题得到了具体化:"异质物、不同的感性领域及其素材如何能够统一化?拥有统一化方式或形式之物的东西如何能够在时间关联中时间地共在?这种素材如何能够'联想'并构造整体?"② 胡塞尔的追问显然旨在揭示具体当下与原活的当下间的奠基关联:原活的当下中的原融合何以就是一种从同时融合中生成并持续地向滞留枝线变异的这种滞留化的根源?

在滞留化中,原融合创生出涌现的滞留连续统,这种连续统延伸至持续生成的边缘相位中,这种创生的关键事态在于,持续恒新的边缘相位涌现于在流动的原相位中存在的相似性内容的瞬间融合,因而,基于融合内容的相似性,即便是那种作为相合的间接滞留在这种由滞留化所生成的同时性领域中同样能够达到一种特殊的融合,即基于相似性内容的质素融合意义上的结对和构形。据此,在滞留化的同一性联想中,具体当下既可以在直接相位的同时融合中产生,也可以在那种间接相位的结对构形中生成。

所有结对联想都建基在原朴的流动当下的原联想中,前者始终与异质对立的感性区域的同时构形相关,而后者作为流动的构造性的原时间,持续地构造着感性区域的同时构形。在流动的瞬间同时性,或者说在一种最内在的原共在的当下中,存在着各种印象性的相似性组群所构造的松散的统一性,作为结对联想之实事基础的质素素材的对比突出以及间断性最终都与这种松散的统一性相关。在胡塞尔看来,在这种最隐微的时间化中,我们仍可以区分两个构造序列:活的流动的当下的原时间与隶属于活的当下的拥有其本己的具体存在的原时间,或者说,在原现象的流动存在中自身构造的生活流与作为在其中被构造的内在普遍物的生活流。其中,原初构造性的基底被他称作生活流的原意向作用(urnoetische)的构造,被构造的原时间或生活流则被称作意向作用方面的存在。③ 因而,在原现象的流动的当下中,异质性的联想构形重又是一种被

---

① Husserl, *Späte Texte über Zeitkonstitution (1929–1934), Die C-manuskripte*, S. 87.
② Husserl, *Späte Texte über Zeitkonstitution (1929–1934), Die C-manuskripte*, S. 296.
③ Cf. Husserl, *Späte Texte über Zeitkonstitution (1929–1934), Die C-manuskripte*, S. 296–297.

构造物，它作为片段的统一化，生成于原联想的相似性融合，或者说生成于作为超越论的原时间化的当下，进而，在同一化的联想中，异质的感性领域的统一化及其在时间关联中的共在，最终都奠基于原融合之上。

从时间意识的发生构造来看，原时间化与第一、第二时间化都不相同，它的实事基础即具体当下在流动着的—涌流的活的当下中的奠基生成，而作为第一和第二时间化之实事根基的意向双枝在具体当下中的奠基构造以及意向双枝对纵意向的奠基生成，在时间化的范围内，最终都奠基于原时间化中的原印象与直接滞留间的原融合。

3. 世界时间化

在原时间化的基础上，胡塞尔作了一个重要的论题转换："我们回到在（滞留和前摄的）样式中已经变化并且仍变化着的原现在，我们偏好作为同一内容的持续流动的世界感知"，"作为在原现在中自身以滞留和前摄的方式变化的各种因素，它们参与这种变化并在流动中与世界感知的变化持续共在，如同在原现在中与其同时当下存在一样"。① 世界感知与原时间化相关，它持续地在原初滞留化，或者说在原融合中流动着与各种融合因素共在并同时显现。据此，如果我们追问这种世界感知的时间生成的话，那么我们必须循着原时间化、第一以及第二时间化的时间发生的序列开始。

在"C手稿"中，胡塞尔在世界时间问题上给出了如下关键性的论断：

> 在我的活的自己—对自身的—当下拥有中，他人的共在与我不可分割，他人的这种共同当下为世界当下奠定基础，后者即是所有带有世界共在（空间）和世界序列的世界时间性意义的前提。②
>
> 我们可以回溯导向超越论主体性的原时间化，并在其中导向我的在本我论意义上被还原的时间化以及唯有通过这种时间化才能达及的交互主体的时间化。③

---

① Husserl, *Späte Texte über Zeitkonstitution (1929–1934), Die C-manuskripte*, S. 131.
② Husserl, *Späte Texte über Zeitkonstitution (1929–1934), Die C-manuskripte*, S. 57.
③ Husserl, *Späte Texte über Zeitkonstitution (1929–1934), Die C-manuskripte*, S. 85.

他人的共同当下必然在本源流动的当下中被原本地共同把握，而建基于这种共同当下的世界当下最终也必然奠基在这种流动中，并从中获得当下世界的流动的被给予方式。同时，胡塞尔实际上也提出了如下见解：就具体的世界时间的生成而言，世界时间化在本源流动中必然经历超越论的原时间化和自身时间化的发生阶段。

原融合作为原时间化的实事基础，自身奠基于一种作为非时间样式的印象性的原区分和原共在之上，在此基础上，在各种时间化的进程中存在着一系列超越论的同时性样式：首先是原印象性与直接的原滞留间的融合的同时性，在这种超越论的同时性中，原活的当下构筑自身；其次是滞留化意义上的结对联想所体现的超越论同时性。在原融合的基底上，质素素材的对比突出和间断性为联想构形奠定实事基础。

在原融合的同时性中，"一种非我的质素的拟—世界在原时间化中拥有其前—存在"①，这种拟—世界的前—存在关涉的是世界感知在原活的当下（原现在）中的自身流变形式，一种前具体世界的融合形式。在原时间化中，我的原活的当下在与其变异样式间的同时融合中"指向"某一素材组群，我的流动的当下由此必然内含我的过去当下，在这种原样式的当下存在的同时融合的基础上，一种在意向上被变更的共同当下被构造。据此，世界时间化获得了第一个直接的时间性的基础：作为世界时间样式的世界当下，换言之，世界当下原初地奠基于我的原活的当下。

在自我的触发和行动中，本真的世界才在各个阶段被构造。在第一时间化中，清醒自我在具体当下对意向双枝的流动构造中有效地持握并设定共同当下，而在第二时间化中，共同当下则在意向双枝对在纵意向中处于"睡眠"状态的流逝块片的动机引发中仍然被有效地涉及。在具体化的意识构造中，具体的世界当下变异自身，这种具体的时间样式的变异不同于原融合中所生成的原初的滞留变异，它展示于"持存"中的同时性的自身展现中②，进而持续地处于前摄和滞留链的动机引发中。因而，如果说原初的世界当下奠基于同质内容的原融合向具体当下的生成过渡的话，那么它的各种变异形式及其被意识状态便奠基于意向双枝的

---

① Husserl, *Späte Texte über Zeitkonstitution（1929 – 1934）*, *Die C-manuskripte*, S. 350.
② Cf. Husserl, *Späte Texte über Zeitkonstitution（1929 – 1934）*, *Die C-manuskripte*, S. 290.

被构造以及向纵意向的生成变异。

在纵意向上，我们可以进一步区分与世界回忆相关的世界过去、世界将来等客观化的具体的时间样式。世界当下仍然存在于连续的同一性意识或具体的滞留化的进程中，尽管它拥有一种"世界过去和将来的意识视域"①，但它并不意味着一种再回忆，而是自身回忆或共同回忆。与一般再回忆的特征相似，世界过去等具体时间样式意味着同一性过程的中断，它只能存在于一种回返性的再造行为中。

至此，作为世界构造的时间化形式，世界时间化贯穿了从原时间化到第一、二时间化的整个时间化进程，换言之，它贯穿了从同质内容的原融合一直到双重意向的整个时间性的发生过程。在具体展示现象学的超越论构造之前，我们在胡塞尔对时间化的探讨中就已经可以清楚地看到他人、世界等问题与时间构造之间的紧密关联。

4. 时间化的最终构造与"辩证发生"

（1）原前摄与原构造

在"贝尔瑙手稿"中，胡塞尔突出了在其早期研究中未加重视的前摄在瞬间意识（具体当下）中对滞留的动机引发作用，但与这种倾向不同，胡塞尔在"C手稿"中似乎再次放弃了对更原始的前摄意向的讨论，也就是说，在揭示原印象性与直接的原滞留间的原融合这一根本事态时，他并未相应地探讨直接的原前摄在这种原融合中的作用。请注意，这里讨论的是两种前摄："贝尔瑙手稿"中讨论的前摄已然与滞留交织、相互构造，可以称其为滞留性的前摄，而所谓的原前摄则处于活的当下之中，这里将其置入原印象性中讨论。

同样，在揭示了原时间化和世界时间化在事态上最终都奠基于印象性的原融合后，胡塞尔也没有在现象学上进一步追问这种同质性内容的原融合自身的意向起源。② 从印象素材来看，内容性的原融合在原印象的区域中拥有构筑这一区域的素材的定位性（Lokalität），而被定位之物的

---

① Husserl, *Späte Texte über Zeitkonstitution (1929–1934), Die C-manuskripte*, S. 116.
② 笔者曾尝试通过对胡塞尔早期时间意识中对原感觉意识的考察来部分地展示并解决这一问题，出于这一目的，笔者有意识地将 Zugleich 译为趋同。

融合产生了被突出的原始统一性。① 据此，印象性的原共在或原同时性便被理解为原印象中的各个定位材料完全同时存在并持续地融合生成。同时，与质素的拟—世界在原时间化中拥有的前—存在相应，触发也关涉一种抽象的前—主动的前—存在者的（vor-ontische）构造。② 严格地讲，触发是一种自我性行为，而作为触发的基础，突出必然能够创生一种清醒力。因而，在胡塞尔看来，"这种微弱的、不完全的突出能够被注意到，能够在先触发，但它首先必须获得力量"③。据此，对定位性和突出的追问可以得到进一步的延伸：那种使最初的前—存在触发，进而使原印象区域的"素材"的定位性和原融合成为可能的力量给予源于何处？

早在对超越论现象学的最初展示中，胡塞尔就认为，通过对自然态度的总设定的悬搁，现象学可以获得坚实有效的基地。悬搁并非彻底地根除总设定，而是通过拒斥任何新的判断动机而使其失去作用，但它始终是其所是。④ 也就是说，在行为意向中对总设定的价值变化绝不意味着这种设定信念不以任何形式对现象学分析产生作用，恰恰相反，在我们看来，现象学悬搁尽管"使我完全隔绝于任何关于时空事实性存在的判断"⑤，但正如关于世界的现实真理的判断被悬搁后我们才能"在排除判断的变样意识中"⑥ 接受关于此判断的命题一样，自然态度的总设定及其相关信念同样在这种变样意识中以某种方式被保留并发挥作用。

因而，原前摄的缺失在此实际上体现了胡塞尔对时间流逝的原规则，进而对自然态度的总设定以及相关基础信念的尊重，换言之，被安置在括号中的总设定在胡塞尔根基性的时间的发生分析中占据着极为重要的地位：在印象性的原共在中，原印象性总是持续地变异入滞留性中，这种变异秩序与自然观念中的时间流逝的秩序在形式序列上完全相似。同样，胡塞尔通过对最终意识和"无意识的"意识⑦的不完备论述，以及对

---

① Cf. Husserl, *Späte Texte über Zeitkonstitution*（1929-1934）, *Die C-manuskripte*, S. 144.
② Cf. Husserl, *Späte Texte über Zeitkonstitution*（1929-1934）, *Die C-manuskripte*, S. 188.
③ Husserl, *Späte Texte über Zeitkonstitution*（1929-1934）, *Die C-manuskripte*, S. 188.
④ ［德］胡塞尔：《纯粹现象学通论》，李幼蒸译，第31—32页。
⑤ ［德］胡塞尔：《纯粹现象学通论》，李幼蒸译，第43页。
⑥ ［德］胡塞尔：《纯粹现象学通论》，李幼蒸译，第43页。
⑦ ［德］埃德蒙德·胡塞尔：《内时间意识现象学》，倪梁康译，第431页；［德］埃德蒙德·胡塞尔：《关于时间意识的贝尔瑙手稿（1917—1918）》，肖德生译，第75、252—253页。

"作为开端的无世界的前区域和前—自我"① 的简略提及而向我们展示的他对探寻原融合的自身根基的持续兴趣，实际上也表明了他对原始设定和原始信念的尊重：世界与自然在其原始样式中始终是其所是。

我们总有向着未来的欲望，并且甚至就直接生活于其中，但支撑它的时间相位，即原前摄却缺席了，这对胡塞尔现象意味着什么？现实的未来，亦即我们所谓的滞留性总已经在场，本真的未来总是以缺席的方式提供着生活的冲动，但问题是，作为生世生存者，我们何以能拥有这种本真的未来？本真的未来的缺席是否意味着现象学需要新的建基？

在时间化的实事边界上，将原构造中的相关自然（本性）的原信念视为最终的存在信念是否单纯意味着对人之存在的超越论化变样？进而，这种根基性的原构造在现象学实事上最终将通向何处：梅洛-庞蒂意义上的"肉"，还是现象学神学式的对道成肉身的言谈？这些问题已经成为通往后胡塞尔现象学的重要通道。

（2）时间化中的"辩证发生"

再看内时间的发生与哲学史上另一种重要的发生，即辩证法之间的关系。尽管胡塞尔明确将辩证法贬抑为一种与真理的明见性相悖的游戏②，一种与他的工作哲学相反的对科学理性批判的削弱和篡改③，但从更具建设性的角度来看，笔者赞同兰德格雷贝对两者关系的探索性的看法："发生的、现象学的、描述性—分析的对超越论生活之原初起作用的功能的回溯追问，也就是回归到辩证法的根基中去，从而把辩证法从超越论幻相中解救出来。"④ 而在作为原始体验的形式化与意向化之发生进程的时间化中，通过对超越论生活的最原始的发生形式的展示，可以看到，"辩证发生"的因素实际上已经隐含在意向结构的各个发生序列中。

---

① Husserl, *Späte Texte über Zeitkonstitution (1929–1934)*, *Die C-manuskripte*, S. 352.
② Cf. Husserl, *Formale und transzendentale Logik*, hrsg. von Paul Janssen, Martinus Nijhoff, 1974, S. 208.
③ 参见［德］胡塞尔《哲学作为严格的科学》，倪梁康译，商务印书馆 2002 年版，第 5 页。
④ Ludwig Landgrebe, "Phänomenologische Analyse und Dialektik", in *Dialektik und Genesis in der Phänomenologie*, München: Alber 1980, S. 87.

原活的当下、具体当下、意向双枝以及双重意向性都内在地拥有一种双重特性或者"矛盾事态",可以说,正是这些双重性使时间化显现为一种动态生成。首先是原活的当下,作为印象性的原共在的生成物,它在其持续的原融合中创制了具体当下;而具体当下在意向形式上接续了活的当下的原初关联形式的同时,作为一种具体的流逝样式,它的原初的动机关联就是意向双枝所拥有的动机引发的生成根源;作为具体当下的生成物,意向双枝在将具体当下所拥有的原初的充实的关涉形式具体化为持续的动机引发的同时,也赋予了在纵意向性中流淌的各个流逝块片以动机引发的关联;最后,在由意向双枝所支撑的纵意向性的动机引发中存在的实项块片则承载着奠基于横意向性之上的行为意向。

　　因而,时间化实质上意味着意向的先天结构内部以及各个意向结构中存在的"矛盾事态"间的永恒流转。但是,尽管时间化事态中的这种"矛盾事态"与辩证法间具有特征上的相似性,我们绝不能模糊这两种方法间的界限:首先,辩证法侧重于展示概念在矛盾中自为的扬弃运动,但正如上文所揭示的,现象学的超越论发生强调的是,概念及其"辩证发生"必须奠基并展示于原始经验中;其次,作为一种本质性的考察,现象学坚信,意向结构间的实事关联,作为一种纠缠着的"矛盾事态",可以在现象学反思中被清晰地揭示。

　　以胡塞尔明确指出的具体当下与意向双枝为例。在"贝尔瑙手稿"中,胡塞尔曾经将直观性的瞬间意识中的原印象点视作直观性的持续充盈的顶点[1],而将非直观性的意向枝线,即前摄枝线和滞留枝线的交点视作充实上的零点[2]。从时间化的事态上看,具体当下在原融合的基础上持续地被充实,具体地说,质素的前—存在经由原融合中生成的松散的统一形式而被突出,并由此获得了清醒的触发力,在原时间化中成为直观性中的充盈顶点,而在充实的持续进程中,前摄枝线和滞留枝线这两维流形间在时间视域的动机引发和合乎合义的预期中持续地显示自身并构

---

[1] 参见［德］埃德蒙德·胡塞尔《关于时间意识的贝尔瑙手稿(1917—1918)》,肖德生译,第282页。

[2] 参见［德］埃德蒙德·胡塞尔《关于时间意识的贝尔瑙手稿(1917—1918)》,肖德生译,第284—285页。

造在同一性意识中流逝的具体化块片，因而在第一时间化中，作为具体化之起源点的具体当下中的原印象点不再是清醒的顶点，相反，在具体性的块片的映衬下，它恰恰沦失为零点。单纯就此发生过程而言，胡塞尔似乎支持了如下辩证结论：在时间化的进程中，原初的相位充实以及最终的时间化都建基于明与暗、充实与失实以及在场与不在场的交叠中。实际上绝非如此，胡塞尔在此对同一时间相位的不同判断，进而对总体意向结构在超越论发生中的"矛盾事态"和"辩证发生"的揭示是建立在对不同层次的原始意向经验的明见反思之上的：正如上文指出的，在时间化的进程中，具体当下在原融合中的生成以及意向双枝在具体当下中的生成显然具有可被反思揭示的明见区别。

据此，在印象性的原共在那里标出时间化的实事边界后，同样基于对现象学事态的描述，时间化中的"辩证因素"以及时间化与辩证法在原始经验和现象学反思中的理论边界同样得到了初步标明。但必须强调，这里以辩证因素刻画时间意识的最终生成，并非胡塞尔本人的理论倾向，而是我们对"无人地带"的一种基于主体权能的探索。我们知道，胡塞尔本人诉诸二——一性结构，这体现了由原意识的"多"向"一"，即三维时间域的融合生成。如何具体地揭示此构造无疑成了我们的难题，而在胡塞尔揭示活的当下的原始形态时，原前摄也是缺位的，它的生成是否也意味着一条通过新存在的道路呢？归根到底，胡塞尔在现象学边界上的这些指示，对我们未来的独立研究意味着什么呢？

第六节　争论与回应

在胡塞尔那里，时间意识结构刻画的就是绝对流的内结构。在绝对流的构造这一标题下，我们要表达如下含义：第一，绝对流何以能够通过其自身的构造而成为时间构造的根基；第二，内在时间客体如何在绝对流中被构造；第三，如果这两种"构造"确实存在的话，它们之间可能具有何种内在的关联。围绕绝对流的构造，扎哈维与《胡塞尔全集》第十卷的英文译者布洛赫之间曾发生过多场争论，他们的争论不仅涉及了绝对流的内结构，而且也触及了揭示绝对流之内结构的现象学方法问题，因而尤其值得重视。

一　扎哈维/布洛赫之争

扎哈维与布洛赫之间的这场争论大致可分为两个阶段：① 第一个阶段始于扎哈维在《自身觉知与他异性》（1999 年）中对布洛赫发表于 1972 年的长文《胡塞尔早期时间意识著作中的绝对意识的诞生》（简称《诞生》）的批评；第二阶段大致从 2001 年开始，止于 2011 年他们在《胡塞尔研究》上各自撰文表明对绝对流构造问题的最新立场。

我们首先来看第一个阶段。胡塞尔在《内时间意识现象学》中提出，内在时间构造可分为三个阶段："在客观时间中的经验事物"，"不同阶段上的构造的显现的多样性，在前经验时间中的内在统一" 和 "绝对的、构造时间的意识流"。② 其中，客观时间中的超越对象在对象化的立义行为中被构造，对此并无异议。难点在于作为内在时间对象的内在统一性和绝对流的构造及其显现问题。

布洛赫在《诞生》一文中认为胡塞尔先后提到过两种对 "内在统一性" 的把握方式：在区分绝对意识的 "内在性" 与内在时间对象的 "内在性" 的基础上，胡塞尔确实认定它们之间存在一种构造关系："在这个作为时间统一的统一之本质中包含着：它在绝对意识中'构造'自身。"③ 但布洛赫随即指出："这里诞生的构造时间的绝对意识概念或许不能完全与后文讨论的最终维度的绝对意识概念相统一。" 前者属于反思性的内感知模式，而作为最终维度的绝对意识对内在统一性的把握则是一种体验，"一种边缘的、非客体化的意识模式"④。

---

① 这场争论始于扎哈维对布洛赫和索科洛夫斯基在胡塞尔的内时间意识研究中所持的构造说的批评。按照扎哈维的介绍，他与布洛赫曾分别于 2001 年和 2004 年对这一问题进行过当面讨论。Cf. Zahavi, "Objects and Levels: Reflections on the Relation Between Time-Consciousness and Self-Consciousness", in *Husserl Studies*, 2011, p. 14.

② ［德］埃德蒙德·胡塞尔：《内时间意识现象学》，倪梁康译，第 107 页。

③ Brough, "The Emergence of an absolute Consciousness in Husserl's early Writings on Time-consciousness", in *Edmund Husserl: Critical Assessments of Leading Philosophers*, edited by R. Bernet, D. Welton and Gina Zavota, *Volume III*, Routledge, 2005. p. 257. 或参见［德］埃德蒙德·胡塞尔《内时间意识现象学》，倪梁康译，第 336 页。

④ Brough, "The Emergence of an absolute Consciousness in Husserl's early Writings on Time-consciousness", p. 257.

"体验（experiencing）与构造时间的绝对流是同一的。"① 这种体验拥有一个由滞留、原当下和前摄所构建的意识的边缘域，因而它不是一种实显性的表象体验。几乎在无视体验与构造间存在的这一裂隙的同时，胡塞尔在边缘意识的基础上提出了一种"新的构造概念"，即绝对流的双重意向性："正是双重意向性，在解释了河流如何能够在自身中构造其自身的显现的同时，也说明了对内在对象的边缘觉知的构造。"②

扎哈维在《自身觉知与他异性》中批评了一种自身觉知的反思理论。他认为布洛赫以立义模式来理解内在行为与绝对流的关系，将内在行为当作绝对流的构造物，因而典型地代表了这种错误理解。③ 构造模式本质上就是一种自身觉知的反思模式，它必然使我们丧失对行为与绝对流之间的自身觉知维度的洞察，即便像布洛赫那样把前反思的自身觉知视为一种"意识的边缘形式"，也不能解决这一问题。④ 随即，扎哈维提出了自己对这一问题的解决方案：内时间意识实际上就是意向行为的前反思的自身觉知，而这种自身觉知的内在结构就是胡塞尔所谓滞留的双重意向性："河流对其客体的延展的构造被称作它的横意向性，而河流对其自身的流动的统一性的觉知被称作它的纵意向性。"⑤ 后者与前反思的自身觉知相关。

据此，扎哈维批评布洛赫的焦点在于，布洛赫在论述内在时间统一、绝对流以及它们之间的关系时仍然着眼于一种对象化的反思模式，并错误地坚持了一种构造意义上的三阶段说。相反，扎哈维从行为的视角认定，行为的前反思的自身觉知的时间性本身实质上就是绝对流的时间性，因而他实际上倾向于认为内在时间统一性和绝对流在显现上是合一的。

接下来看第二阶段。在《贝尔瑙手稿中的时间与意识》（2004年）一文中，扎哈维首先承认"贝尔瑙手稿"中的相关文本的确支持了"内

---

① Brough, "The Emergence of an absolute Consciousness in Husserl's early Writings on Time-consciousness", p. 260.

② Brough, "The Emergence of an absolute Consciousness in Husserl's early Writings on Time-consciousness", p. 264.

③ Cf. Zahavi, *Self-Awareness and Alterity: A phenomenological Investigation*, Northwestern University Press, 1999, p. 69.

④ Cf. Zahavi, *Self-Awareness and Alterity: A phenomenological Investigation*, p. 71.

⑤ Zahavi, *Self-Awareness and Alterity: A phenomenological Investigation*, p. 73.

在对象说"和时间构造的三阶段理论,但他认为这并不意味这一理论是正确的,同时也并不表明胡塞尔同时也不支持其他理论。① "关键问题在于,我们的体验是否也作为对象在内时间意识中先于反思而被给予?"② 扎哈维拒绝了这种可能性,并且坚持认为对内在统一性的体验只能在前反思的自身觉知中才可能,并且在反思中才成为对象。

随后在《内(一时间)意识》一文(2010年)中,扎哈维通过对主观时间与绝对流间的关系的讨论明确论及了胡塞尔对时间构造的三阶段说,并使用了类似布洛赫的动词性体验概念,这似乎印证了他本人在1999年的说法:他与布洛赫的差别可能仅仅源自对事态的不同强调和术语的不同使用。③ 但在具体的分析中,在延续了对内在对象说的批评的同时④,他仍然坚持意向行为的前反思的自身觉知,并再次明确将意向行为与自身觉知的区分置于《逻辑研究》中的感知与体验的区分之上。在此基础上,扎哈维依然将内时间意识的研究等同于"对我们的体验的前反思的自身显示的研究"⑤。

在2010年发表的长文《构造时间的绝对意识流注释》中,布洛赫指出,时间构造的三阶段说几乎贯穿了胡塞尔的整个一生的现象学思考,比如在晚期的"C手稿"中,胡塞尔认为"'体验流'……代表了相比其他层次而言的'一个更深的构造'和'一个流动的根本性的基础'"⑥。与扎哈维以实显行为的前反思的自身觉知为基点的理解模式不同,布洛赫直接指认绝对流的体验"就是一种原初内在的非客体化的自身觉知形式,而不是一种拥有课题化的意向对象的行为。反思作为自身觉知的高

---

① Cf. Zahavi, "Time and Consciousness in the Bernau Manuscripts", in *Husserl Studies*, 2004, p. 102.

② Zahavi, "Time and Consciousness in the Bernau Manuscripts", p. 103.

③ Cf. Zahavi, "Inner (Time-) Consciousness", in *On Time- New Contributions to the Husserlian Phenomenology of Time*, Springer, 2010, p. 324. Zahavi, *Self-Awareness and Alterity: A phenomenological Investigation*, p. 234.

④ Cf. Zahavi, "Inner (Time-) Consciousness", pp. 327 – 328.

⑤ Zahavi, "Inner (Time-) Consciousness", pp. 334 – 335.

⑥ Cf. Brough, "Notes on the absolute Time-Constituting Flow of Consciousness", in *On Time-New Contributions to the Husserlian Phenomenology of Time*, Springer, 2010, pp. 22 – 25.

等级的形式以这种体验为前提"①。在此基础上，他将时间构造之流揭示为绝对流的双重意向性与后期胡塞尔揭示出的涌流—持立的活的当下。

以此为基础，布洛赫 2011 年发表了《所有现象学问题中的最困难者》一文直接回应扎哈维对他的批评。首先，既然绝对流的体验是一种前反思的自身觉知，那么"它便没有成为被扎哈维描述为自身觉知的'反思理论'的牺牲品"②，没有陷入主客模式下的对象意向。其次，布洛赫直指扎哈维时间构造中的核心观点：绝对流的前反思的自身觉知就是行为的自身显现或者说前反思的自身觉知。③ 在他看来，扎哈维的这一理解实际上取消了内在时间统一性与绝对流之间的层次划分，并且"由于它唯一地聚焦于行为流，将意识还原为以某种方式形成为自身觉知的一条单一河流的心理事件的演替，因而冒下了变成一种行为现象主义的风险"④。

在同时发表的论文《多种对象与多重层次：反思时间意识与自身意识间的关系》中，扎哈维回顾了与布洛赫争论的始末，并提出了和解的理论设想。在他看来，随着争论的延续，他与布洛赫都修正了最初的立场，他们之间的差异几乎可以忽略不计。⑤ 但他仍坚持认为，将行为的前反思的自身觉知模式归于他是对他的最大误解：他"从未拒绝在各种不同的意向行为方面与在内时间意识结构方面的分析意识之间存在的关键区分"⑥。有趣的是，他同时依然拒绝承认"除了各种体验的前反思的自身显现之外，还存在一种附加性的不同的绝对流的自身显示"⑦。据此，将行为的前反思的自身觉知的时间性等同于绝对流的时间性这一基本立

---

① Brough, "Notes on the absolute Time-Constituting Flow of Consciousness", p. 27.
② Brough, "The Most Difficult of all Phenomenological Problems", in *Husserl Studies*, 2011, p. 29.
③ Cf. Brough, "The Most Difficult of all Phenomenological Problems", p. 32.
④ Brough, "The Most Difficult of all Phenomenological Problems", p. 35.
⑤ Cf. Zahavi, "Objects and Levels: Reflections on the Relation Between Time-Consciousness and Self-Consciousness", p. 15.
⑥ Zahavi, "Objects and Levels: Reflections on the Relation Between Time-Consciousness and Self-Consciousness", p. 21.
⑦ Zahavi, "Objects and Levels: Reflections on the Relation Between Time-Consciousness and Self-Consciousness", p. 22.

场并未被他放弃。

二 批评性的评述

笔者认为，布洛赫在《诞生》一文中基本上如实重构了胡塞尔早期发现绝对流的艰苦过程及其在构造问题上的犹疑：内在时间统一性的被构造究竟源自某种感知，还是某种特殊的体验。扎哈维在对"贝尔瑙手稿"的解读中，也基本向我们复现了胡塞尔在此问题上向早期对象化模式的复归。而在绝对流的被构造问题上，两人的立场似乎更接近，他们都认为绝对流的自身构造体现为绝对流的双重意向性，但扎哈维的特别之处在于指出绝对流的时间性就是行为的前反思的自身觉知的时间性。

据此，我们将涉及两大问题：首先，内在时间统一性与绝对流的关系能否被标明为一种构造关系，它是否如同扎哈维指责的那样会陷入一种无限回退；其次，绝对流所表征的三阶段说是否合理，绝对流自身以何种方式存在和显现，扎哈维以行为的前反思的自身觉知来探求绝对流的时间性是不是一种恰当的理论选择。

1. 构造问题

笔者认为，在内在时间统一性的构造上存在两种模式：内在的声音在感知立义中被立义为超越的经验性的对象，这种实显性的立义模式作为对象化行为的典型在内感知性的反思中被揭示；而现象学反思所揭示的绝对流直接构造的是使实显性成为可能的内在统一性本身。与对象化立义的瞬时的实显性特征不同，绝对流的构造实质上就是绝对流自身的被动的相合统一，而作为被构造物的内在统一性就是在绝对流的横意向性上产生的现存滞留与被其映射的"现存"前摄所构成的现存意识片段的内在相合统一性。

这里存在着一种奇特的中间事态：内在时间统一性作为现存意识片段，它与支撑感知立义的体验复合相关；另一方面，它自身生成于绝对流的自身构造，并直接存在于意识流的横意向性上。从被意识性来看，作为一种现存的相合统一性，它具有可被感知性，但它在绝对流中的被动构造只能被绝对流意义上的前反思的自身觉知所意识到。因而当人们试图以内感知的方式去探明内在统一性在绝对流中的被构造时必然陷入无限回退，因为它的揭示只能依赖于现象学反思。问题的症结正在于此。

胡塞尔本人的思考便时常处于这两种事态构造的转换之中，他甚至总是习惯性地以内感知为基点。布洛赫和扎哈维都看到了一些有趣的现象：胡塞尔曾经以内感知的方式考察绝对流，最后不得不承认自己荒谬地将时间流当作了客观运动，将标识意识相位与相位之意向关系的滞留当作了时间客体的概念。① 在"贝尔瑙手稿"中他再次陷入了内感知：他从内感知的视角出发，认为感知行为作为延续的客体与被感知的延续客体都是在内时间意识中被构造的，在此基础上甚至进一步认定原进程也以声音被构造的相似方式在原体现中被构造②；但他随即又在现象学反思的基础上对此做出修正：在被感知物的时间序列中的外感知与内在被感知到的质素材料的时间序列中的内在感知是不同的③，如此等等。

据此，布洛赫 2010 年以来对前反思的自身觉知的强调显然是合理的。④ 实际上早在 1906—1907 年，胡塞尔就提出过一种与之相关的非表象体验的单纯注意。而作为构造结果的相合统一性一旦产生，便具有了一种可（相即）感知性，胡塞尔在其早期研究中也曾设想过一种旨在把握这种内在的时间统一性的"二阶绝对感知"⑤。而扎哈维则始终基于感知立义和内感知性反思，将对象化狭窄地理解为超越的立义行为⑥，但这种对象化的立义构造模式显然不能用来理解作为内在时间对象的相合统一性在绝对流中的生成。

2. 绝对流的存在和显现问题

正如布洛赫一直坚持的（扎哈维在 2010 年之后也明确承认）那样，

---

① 参见［德］埃德蒙德·胡塞尔《内时间意识现象学》，倪梁康译，第 387 页。
② 参见［德］埃德蒙德·胡塞尔《关于时间意识的贝尔瑙手稿（1917—1918）》，肖德生译，第 161—162、173—174、384 页。
③ 参见［德］埃德蒙德·胡塞尔《关于时间意识的贝尔瑙手稿（1917—1918）》，肖德生译，第 163 页。
④ 尽管布洛赫本人没有明确提及，但笔者相信，他对"前反思"和"非对象化"的强调应该与扎哈维的持续批评有关。
⑤ ［德］埃德蒙德·胡塞尔：《内时间意识现象学》，倪梁康译，第 338 页。
⑥ Cf. Zahavi, "Time and Consciousness in the Bernau Manuscripts", p. 101, p. 104. Cf. Zahavi, "Inner (Time-) Consciousness", p. 329, p. 332. Cf. Zahavi, "Object and Levels: Reflections on the Relation Between Time-Consciousness and Self-Consciousness", p. 17.

时间构造的三阶段说是胡塞尔历时 30 余年的时间意识研究的基本立场，比如在中期的"贝尔瑙手稿"中，胡塞尔延续早期的看法，在"'外部'对象"、"内在对象"和"原构造的过程"之间进行了构造阶段的划分。①在晚期手稿中，胡塞尔再次区分了"体验流、前时间化之流"、"内在'体验'之流"和"世界—时间"。②

但就绝对流对内在时间统一性的构造及其绝对流的自身显现而言，布洛赫建议的边缘意识并不完全适合。但原因并不像扎哈维提到的，它可能导致一种对时间构造的外感知的视域性的理解③，而在于布洛赫对时间构造的这种内视域性的理解简化了绝对流的构造，这一点我们将逐步阐明。

同时，笔者也不赞成扎哈维提出的行为的前反思的自身觉知模式。这里的现象学事态并不复杂，但扎哈维恰恰始终做出了一个奇特的判断，用他的话说："内时间意识之流是一种非客体化的自身显现的根本维度，而这种自身显现准确地说正是我们在各种行为的前反思的自身给予中遭遇到的。"④ 关键在于他所说的行为是一种主客关联模式下的实显行为。早在《自身觉知与他异性》一书中他就已经指出了他所谓行为的这一特征："胡塞尔对内时间意识结构的描述，对与滞留、前摄一道的原初显示的分析就是对我们的行为和体验的前反思的自身显示的分析……正因为它允许异质显示，这种行为才是意向的。"⑤ 在 2010 年的文章中，他又明确从实显性层面理解前反思的自身觉知与意向行为的关系。但是，能否设想我们在一个实显的意向体验进行的同时前反思地体验到根基性的绝对流，甚至揭示河流的内结构？这是不可能的。关键在于，这种前反思的自身觉知只能伴随着并且据此依赖于某个特定的实显的表象体验，即便有无数个这样的前反思的自身觉知也于事无补，因为它们同样只能建基于意识的不可能相互融合的实显块片，这种方式不可能深入作为这些

---

① ［德］埃德蒙德·胡塞尔：《关于时间意识的贝尔瑙手稿（1917—1918）》，肖德生译，第 243 页。

② Husserl, *Zur phänomenologischen Reduktion*, *Texte aus dem Nachlass（1926 – 1935）*, hrsg. von Sebastian Luft, Kluwer Academic Publishers, 2002, S. 180, note1.

③ Cf. Zahavi, "Inner (Time-) Consciousness", p. 331.

④ Zahavi, "Time and Consciousness in the Bernau Manuscripts", p. 106.

⑤ Zahavi, *Self-Awareness and Alterity: A phenomenological Investigation*, Northwestern University Press, p. 71.

表象体验之统一性基础的绝对流的根基维度。布洛赫持相同看法：如果绝对流就是行为的自身显现，如果将时间构造的原初三维时间域归属于个别行为，那么时间构造就意味着个别实显行为保留并前摄其他个别行为，这显然是不可能的。① 由此，伴随实显性的意向体验的前反思的自身觉知与绝对流的非对象性的自身觉知根本不是同一层次的问题，两者不能混淆。因而，扎哈维所谓"前反思"和"自身觉知"由于建基于实显性，与绝对流的被给予性仅仅具有形式上的相似性。

这种混淆其实与胡塞尔也有关系，在早期谈论河流的纵意向性时，他一度认定纵向体验的一个重要的功能是解决了河流在显示上的无限回退，扎哈维及其追随者的确很容易据此将纵向体验理解为前—反思的自身觉知的根据，但只要我们跟随胡塞尔的脚步，看到"贝尔瑙手稿"更深入地揭示了纵向体验的构造性，那么显然，这种自身觉知只能是第二性的，它只能是对绝对流的自身构造的觉知，但问题是，觉知到构造又如何？构造的过程、根据及其内含的问题才是根本的。

胡塞尔提出的时间构造的三阶段说具有事态上的必然性。绝对流标明了一个最终根基性的构造阶段，它具有一种独特的自身存在和显现的机制，任何试图以实显性为基地对它的窥视都是徒劳的。而扎哈维尽管明确承认了构造的三阶段说，但只要他仍然坚持将实显行为的前反思的自身觉知视为探索的起点，那么他的这种承认便仍将流于表面。

笔者较为赞同布洛赫的主张，在时间构造中，存在着绝对流对内在体验的前反思的直接体验，而这种直接体验作为时间体验的最终基础独立于作为时间构造之第二阶段的内在时间统一性。与内在时间统一在绝对流中的被动构造一样，绝对流的这种前反思的直接体验也不是感知立义意义上的对象化行为。简单地说，在绝对流的绝对存在领域中，由于不存在任何实显的实项体验内容，胡塞尔不可能再谈一种感知立义的构造。

三 绝对流的构造

绝对流作为时间构造的根基，它并不在内时间之中，它是非时间的，否则就需要一条新的时间构造的维度。相对被它所构造的主观的内在体

---

① Cf. Brough, "The Most Difficult of all Phenomenological Problems", p. 34.

验时间而言，胡塞尔将其视为一种"作为构造时间的意识之形式而意向地构造起的""前现象的、前内在的时间性"①或"时间的前阶段"②，换言之，它自身并不被植入时间流，它构造时间性。

胡塞尔对绝对流的内在结构的探索并非一蹴而就。在早期的研究中，胡塞尔专注于滞留及其具体流逝样式以及构造具体当下的原感觉意识的发掘；在"贝尔瑙手稿"中，胡塞尔丰富了双重意向性，在克服了无限回退的侵扰的基础上，揭示出了作为时间构造之最终基础的"一维流形"的存在；在晚年的 C 时间手稿中，这种一维流形被具体化为涌流—持立的活的当下。

具体地说，绝对流的自身构造具有如下几个构造阶段。

1. 绝对流的双重意向性

胡塞尔研究绝对流的自身构造的最初成就就是揭示了滞留的双重意向性：横意向性由现存滞留所构成，它奠基于由滞留的自身滞留化所组建的纵意向性，"关于一个滞留的滞留的意向性不仅与直接滞留者相关，而且也关系到二阶的在滞留中的滞留者，并且最终还关系到那个在这里始终被客体化了的原素材"③。其中，横意向性由于其现存性这一特性而与对象意向相关，而纵意向性则体现了绝对流的自身滞留性的显现，这种自身显现在胡塞尔看来有效地避免了绝对流自身构造上的无限回退的危险。④ 同时，研究者很少注意到，胡塞尔早期就对具体当下（滞留—原当下—前摄的时间视域）的生成作了有益的探讨：具体当下最初生成于"原印象意识、绝对本原意识"或"原感觉意识"的本源趋同。⑤

横意向性上显现的是现存滞留的相合统一，布洛赫在 2011 年的文章中将这种相合统一理解为"接合"⑥。而胡塞尔将由这种现存的接合所体现的"内在行为"比喻为河流中的波浪："总是存在着一条拥有所有这些

---

① ［德］埃德蒙德·胡塞尔：《内时间意识现象学》，倪梁康译，第 434 页。
② Husserl, *Späte Texte über Zeitkonstitution (1929 – 1934), Die C-manuskripte*, S. 117.
③ ［德］埃德蒙德·胡塞尔：《内时间意识现象学》，倪梁康译，第 116 页。
④ 参见［德］埃德蒙德·胡塞尔《内时间意识现象学》，倪梁康译，第 117 页。
⑤ ［德］埃德蒙德·胡塞尔：《内时间意识现象学》，倪梁康译，第 379 页及 425 页。对此趋同问题的初步讨论可参见马迎辉《趋同与原意向》，《现代哲学》2010 年第 5 期。
⑥ Brough, "The Most Difficult of all Phenomenological Problems", p. 33.

独特的宛如波浪般流动的河流。"① 扎哈维提供了胡塞尔的另一个类似的说法:"行为并不独立;它就是存在于意识流中的波浪。"② 波浪与河流融为一体,其自身又拥有完整性和统一性,并据此延续着彼此分别。不难理解,外感知中的背景性对象之所以能够同时被意识到,内感知性反思对意识行为的对象化之所以可能,最终都与在绝对流的横意向性中存在的这些彼此区别的现存意识片段有关。

在绝对流的自身构造中,这种相合统一性被前反思的自身觉知到,但正如上文提到的,一旦它们具有了统一性,彼此能够分别,这就意味着它们本质上具有了可被感知性。布洛赫指出的扎哈维在这一问题上的矛盾:他时而承认、时而又拒绝行为在前反思的自身觉知中能够作为彼此分别的延续体而存在③,在笔者看来正与这种特殊事态相关。

同时,我们也找到了扎哈维所批评的"内在对象说"可能的实事基地。这种相合统一在前内感知性反思的自身觉知中被给予,在内感知性的反思中成为对象。但问题在于,对相合统一性的自身觉知难道不能以某种特殊的对象性的方式发生?与扎哈维的看法不同,布洛赫认为,只要将这种对象化理解为一种非立义性的行为,这一建议便是可行的。④ 笔者基本认同布洛赫的看法,因为横意向性上的这种相合统一性的存在方式毕竟不同于超越性的立义对象的存在方式,前者可以在一种单纯注意中被把握。

2. 双重意向性/具体当下

胡塞尔对时间意识的早期讨论至少有两个缺陷:首先,双重意向性仅仅被安置在滞留的意义上,因而它只能是对过去意识的研究,而不涉及对某种现存的将来的讨论;其次,并未涉及双重意向性自身的被构造问题。这些缺陷在"贝尔瑙手稿"中得到了弥补。

上文对此已有详细讨论,我们这里仅勾勒其结构。相对现存滞留的相合统一,在绝对流的时间性构造中存在一种由现存前摄构成的被规定

---

① Husserl, *Späte Texte über Zeitkonstitution (1929 – 1934)*, *Die C-manuskripte*, S. 362 – 363.
② Zahavi, *Self-Awareness and Alterity: A phenomenological Investigation*, p. 77.
③ Cf. Brough, "The Most Difficult of all Phenomenological Problems", p. 33.
④ Cf. Brough, "The Most Difficult of all Phenomenological Problems", pp. 32 – 33.

的将来。按照胡塞尔的说法："原体现是被充实的期待。滞留自身照此也一定承载充实的期待的要素。"① 只要素材不断地嵌入意识，原体现和滞留就会持续地获得变异了的前摄意向。滞留从不是纯粹的滞留，在滞留意向中已经拥有了前摄意向的因素。同样，前摄意向中也包含了滞留意向，因为滞留序列在同一风格中预期地指向序列的持续的前摄。② 质素素材在滞留的持续变异中形成一种意义相合或者说相同风格，前摄只有通过被编入滞留链的相合意义中才能被意识到。因而，在原体现意识中，滞留与前摄总是本质地相互交织并动态地相互指涉。不仅如此，更原初地看，滞留连续统的动机引发之所以能激起前摄，正因为这种动机引发中已经沉淀了变异了的前摄意向，而前摄在滞留过程中形成的充实、失实的同一风格中能够预期并捕捉自身将到的充实片段。

在此基础上，胡塞尔揭示出绝对流的双重意向性奠基于意向的双重枝线/具体当下的构造。简单地说，在直观性的瞬间意识（或者说持恒的具体当下）中，前摄意识现实化为当下意识，并持续地失实为滞留意向直至变异入非直观性的当下区域，在非直观性的区域中生成意向的滞留枝线，而在意识的这种具体流动中，滞留枝线又持续地通过隐含的变异了的前摄意向动机引发前摄枝线的持续流动。在意向双枝的这种交织过渡中给出了构成纵意向性的流动的相继时段，而这些相继时段的具体的流逝样式则承载了指向对象的行为意向。换言之，在意向的双重枝线的这种持续引发生成中，绝对流的双重意向性被同时构造生成。

在布洛赫与扎哈维的争论中，我们可以看到，尽管他们各自先后都如实揭示了滞留的双重意向性在胡塞尔时间构造中的重要意义，但他们几乎都略过了对双重意向性在意向双枝/具体当下中的奠基构造这一更深层的构造事态的考察。

3. 具体当下/涌流—持立的活的当下

扎哈维与布洛赫之争的焦点之一在于"行为的前反思的自身觉知的

---

① ［德］埃德蒙德·胡塞尔：《关于时间意识的贝尔瑙手稿（1917—1918）》，肖德生译，第 41 页。
② 参见［德］埃德蒙德·胡塞尔《关于时间意识的贝尔瑙手稿（1917—1918）》，肖德生译，第 47 页。

时间性"是否就是"绝对流的时间性"。它可以简化为如下事态：行为自身的具体的当下性是否等同于行为在活的当下中的被意识。前者表明的是实显的意向体验内在地展现为视域性的具体当下，或者按照上文的说法，展现为现存滞留与前摄的相合统一或"波浪"。这种实显性的体验当下在绝对流中可以持续地流逝为过去，成为被回忆之物。而行为在当下中被意识到指的是行为在绝对流的最终奠基性的活的当下中被觉知到，只有在这种本源的自身觉知的基础上，行为的具体当下性才可能存在，因而它们之间存在奠基关联。绝对流的时间性最终便体现为这种活的当下的本源体验的前反思的自身觉知的时间性。扎哈维的很多描述介于这两种当下之间，例如他一方面坚持实显的意向体验的起点，而另一方面则诉诸胡塞尔对流动的活的在场性的讨论。①

活的当下拥有涌流和持立这两种看似矛盾的特性："涌流"体现了绝对流的本性，而"持立"则意味着当下时间视域的永恒在场。在"C 手稿"中，胡塞尔甚至指出了涌流的具体样式："在（原流动的）原现象的生活之原构建中，作为时间化的流动，这种生活就是流动的'原共在'，也就是说，就是一种连续的同时融合，而这种同时融合就是在原现在、滞留性过去和前摄性将到这些形式的连续映射中存在的东西。"② 正是在这种活的当下的融合性的涌流的基础上，原素素材的时间化的流动才得以可能。但相对于拥有其开端、结束和持续的内容融合的具体当下而言③，活的当下自身又显示出一种持存的在场特性，它自身就是一种持续内在涌流的持立当下。

相比我们的讨论，扎哈维、布洛赫无疑都缺失了对一维流形的最终构造的考察，它意味着原感觉意识如何在二——一性结构中构造活的在场，当然，对此问题维度的揭示不可能一蹴而就，它显然依赖从立义模式经二维连续统，一直到一维流形的逐层深入，这无疑需要方法论上不断变革，我们也愿意将此变革描述为移步换景，现象学家作为观察者，必须依循意向的目光逐步深入意识的多维构造。

---

① Cf. Zahavi, "Inner (Time-) Consciousness", pp. 335 – 336.
② Husserl, *Späte Texte über Zeitkonstitution (1929 – 1934)*, *Die C-manuskripte*, S. 76.
③ Cf. Husserl, *Späte Texte über Zeitkonstitution (1929 – 1934)*, *Die C-manuskripte*, S. 83.

四　批评与反思

扎哈维与布洛赫关于绝对流的构造问题的争论意义重大，它不仅关涉了时间构造的最终实事，实际上也涉及了胡塞尔整个现象学体系的最终奠基问题。通过上文的讨论，笔者认为以下三点基本可以确定。

首先，正如争论双方都已经看到的，内在时间统一和绝对流，这两个构造阶段并不像外在客体超越并独立于意识流那样彼此分离，相反它们相互依赖。但我们并不能因为它们之间具有构造上的不可分离性而误以为绝对流的前反思的自身觉知（及其时间性）就是行为的前反思的自身觉知（及其时间性），进而实质性地取消两者的阶段划分。胡塞尔的"三阶段说"应该得到坚持。其次，在绝对流的构造中，我们应该严格区分内在时间对象的"被构造"与"被意识"：它的"被构造"指的是一种区别于实显性立义的被动综合，这一构造过程在绝对流的一种前反思的自身觉知中"被意识到"，而它的构造物，现存的意识片段，作为某种特殊的现象学事态具有可被（相即）感知。最后，我们不能将绝对流的内在结构简单地理解为胡塞尔在其早期研究揭示出的绝对流的双重意向性，或者在双重意向性的基础上添加上他在晚期揭示的活的当下，而应该切实地依据胡塞尔对时间意识的整体研究，将它的内在结构理解为"双重意向性/（双重枝线）具体当下/涌流—持立的活的当下"这一先天的发生结构，此结构也被胡塞尔更简洁地表达为一维流形构造二维连续统。

我们已经拒绝以前—反思的自身觉知模式刻画绝对流，尽管胡塞尔也曾提出类似的内意识的观念，但这种意识到本身显然不具有构造性，也就是说，除了意识到以外，这种自身觉知并不能为我们探讨绝对流增加任何东西，更遑论它一开始就遮蔽了绝对流的诸意向层次之间的差异，因为相比意向行为的实施，它们无疑都是在前—反思的自身觉知中被意识到的。

至此，虽然我们跟随胡塞尔做了艰苦的探索，但问题显然远未结束，相反，它们甚至才初露端倪。在向超越论现象学突破的过程中，胡塞尔曾多次提到内时间结构，他的指向性非常清楚，内时间结构应该成为超越论现象学重要的路标和基础。

哲学的进步依靠新的意识形式和存在领域的出现和敞开，在揭示内时间的多维结构时，尽管胡塞尔也曾多次纠结于立义模式的效用，但总体上看，内时间结构已经超出了以整体与部分关系为基础的实显的立义，不仅如此，在揭示内时间的多维的意向关联时，胡塞尔甚至不得不反复讨论反思、还原的功能和作用范围，这表明不同的意向关联甚至需要不同的现象学方法，因为它们的构造和显现方式往往是不同的，在此意义上，我们几乎可以断定，相对《逻辑研究》中的描述心理学范式，现象学已经获得了全新的基础。

第七节　新构架

我们将范畴代现中隐含的同时性困境视作进入内时间结构的引导性问题，其实胡塞尔本人并未明确此引导线索，尽管他分别在探讨范畴代现的困难以及延续的本性时，或暗或明地指出了同时性问题的存在。范畴直观和代现在逻辑上本无困难，但在事关现象学的"显现"上，因为内感知由于整体/部分原则而必然导致实显性困境，同时性困境才就此产生。而我们探讨内时间的逻辑进路，当然也是胡塞尔本人展示出的，就是以立义为基础的行为现象分析：在反思以及在行为现象模式上表现为客体化的行为，譬如内感知和回忆，无法描述延续，胡塞尔正是在此意义上指明内时间构造中的同时性困境，随即，滞留取代回忆成为刻画延续的引导性的相位概念。

随后，胡塞尔尝试以滞留的流逝样式刻画体验流的内结构。在延续30余年的研究中，胡塞尔将内时间结构刻画为一维流形构造二维连续统，这是"贝尔瑙手稿"中偏向数学形式的表达，用内时间的术语讲，就是活的当下构造双重意向性。当然，最完整的形态是原感觉意识的二——性直观构造活的当下，活的当下构造具体当下，具体当下再构造双重意向性，意向双枝其实只是滞留和前摄连续统的另一种表达。我们认为，胡塞尔据此给出了一个新的意向构架，由于此构架是立义模式消融的结果，我们基本可以确定，它对描述心理学定然有着革命性的意义，或许它能支撑起一种新形态的现象学。

内时间结构表征的新构架何以有如此大的意义？秘密就在于《现象

学的观念》。在聚焦新的本质构造时,《现象学的观念》的"第五讲"突然转向了内时间,具体地说,转向了回忆与滞留的差异,胡塞尔的指向是清晰的,新的本质构造与他的内时间意识研究有关,如果着眼《现象学的观念》中的绝对被给予性对《逻辑研究》中作为感知、直观之本质的自身被给予性的变更和建基,那么胡塞尔的意图显然就更加明显了:只有借助内时间结构才能真正揭示现象学走向超越论的可能性,我们可以在此大胆地说,只有借助此结构,超越论现象学的体系、基本问题甚至其界限才可能获得展示自身的可能。下文将围绕此线索具体展开。

  对内时间结构的研究有两个相互辅助的方向。一是由上而下的揭示过程,下文谈论反思、还原时,读者们会发现,此揭示过程由于数次改变了现象学的目光,它本身就是对现象学方法的不断展示。现象学的方法是由实事本身的结构所决定的,而这项结构分析也为结构现象学建立基础。人们很容易混淆静态、动态、结构和发生,简单地说,与静态相对是动态,譬如在描述心理学的立义模式中,刻画立义行为的本质结构可以是静态的,谈论材料的充实就已经是动态了,而结构又有另一种含义,除了行为现象分析外,内时间结构彰显的则是绝对流的内结构,而发生则特指此结构的变动以及在其上的诸如习性、人格、精神的构造。在此意义上,内时间结构的特殊含义也就显示了,它作为最本质和最基础的结构支撑起了超越论现象学。另一个方向则是由下而上的构造,这是超越论构造的真正基础。我们在时间化上区分了原时间化、第一和第二时间化等层次,就是为了表明超越论构造的多层性,这也充分体现了活的当下在涌流中对整个延续的构造。在此基础上,发生现象学获得了它真正的基地,因为发生本身即意味着结构的变动,世界和存在的意义也正是在其中展示出了它的原初的意义。于是,我们获得了一个前所未有的、独立的存在和构造空间,现象学终于可以在前—对象的多维的意向结构中谈论立义模式的基础何在了:相对《逻辑研究》,胡塞尔对现象学做出了巨大的拓展,纯粹意识的自由变更成了明见之事,超越论现象学在其中能够获得何种表达也据此第一次成了重要的论题。

  在完整的内时间结构的基础上,我们需要对扎哈维与布洛赫之间的争论做出判断。就进入内时间的可能通道而言,我们支持布洛赫,扎哈维式的前—反思的自身觉知由于最终仍然以行为现象为基础,显然有着天然的局限性，甚至可以说，萨特的"界限"就是他的界限，简单的修补是无用的，这也是在扎哈维最后宣称他与布洛赫没有根本差异时，我们无法接受的原因。评判两人的分歧依赖如下关键问题：纵意向性在1910年和1917/1918年间发生的重大的变化，1910年的工作仅限于揭示体验流显示自身的方式，无限回退在此意义上似乎得到了根本的解决，而完整的双重意向性的揭示才体现出纯粹意识的构造性，相比而言，前者为自身意识模式建立了基础，而后者才真正体现了超越论现象学的构造性，以哪一种理解为基础，自然决定了以哪一种模式理解超越论现象学。当然，我们也不认为布洛赫最终完整地刻画出了胡塞尔的内时间结构，这实际上也是我们目前和国外现象学研究的最大差异：我们认为胡塞尔以双重意向性为起点，再次进入了活的当下的构造，国外的胡塞尔专家尽管早已跟随《观念Ⅰ》和"C时间手稿"指明了活的当下的构造地位，但对于如何从双重意向性过渡到活的当下，他们显然并不清楚，而胡塞尔晚年在活的当下的基础上隐秘地以二——一性直观彰显出的超越论现象学的最终的构造在国外研究界更是难觅踪影。

　　胡塞尔完整的内时间结构展现为自身建基于二——一性直观的一维流形对二维连续统的构造，相比立义模式，它是构造性的，也就是说，它构造出了对世界的对象化的把握，不仅如此，内时间的多维结构同时也意味着一种新的自身构造，对现象学家而言，这种新的独立的自身构造甚至表明现象学至此获得了一种新的可能，这是对绝对被给予性的真正表达，我们完全可以预想，超越论现象学的所有基本问题都可以在此新的构造中获得说明，譬如何谓纯粹意识，何谓绝对存在，如何理解超越论构造，也就是说，内时间的多维结构甚至就是超越论现象学的基础，从三卷本内时间的写作时间也能看到这一点：胡塞尔早期内时间研究的最大突破，即区分回忆和滞留与《现象学的观念》几乎是同时的，"贝尔瑙手稿"写作于被动发生时期，而"C时间手稿"则开始于胡塞尔向本性现象学的突破，这些显然都是超越论现象学的重要的突破期。

　　但我们至此的讨论还是存在着很大的不足，细心的读者早已发现，在我们探讨延续30余年的内时间结构时，与之相应的超越论现象学并未进入我们的视野，也就是说，我们相当突兀地将超越论现象学的隐性的基础摆到了明面，谜底一下子被揭开了。但这只是论述的顺序。在接下来研讨思的哲学和超越论现象学的基本问题时，我们会小心细致地指明每个阶段的突破在内时间结构上的基础是什么，某个基本问题的讨论在特定阶段何以只能以这样的形式进行，我们甚至可能指出，根据某个阶段的内时间研究，胡塞尔忽视甚至延误了什么，这些讨论将和内时间研究相互映衬。

第 三 章

思的哲学

无论着眼于前—实显的体验领域的揭示，还是从譬如自身综合、动机引发、突出与融合的现象学构造上看，内时间结构的揭示对胡塞尔现象学的发展都有着建基性的意义，我们甚至可以毫不夸张地说，内时间意识研究为胡塞尔乃至为整个现象学运动敞开一个全新的领域，但其意义仍待进一步澄清。

现象学聚焦意向性结构，它不仅是对意向性本身的研究，而且是一种在意向性之下对现象的本质性研究。在揭示了内时间的完整结构之后，我们有必要追问，胡塞尔获得的这些成就对意向性以及现象学的一系列基本问题意味着什么，它如何改变描述心理学的基本分析模式，这种改变是否创造出一门新形态的哲学，否则超越论现象学从何谈起？

在本章第一节，我们将根据《现象学的观念》概览一下胡塞尔在1906/1907年对超越论现象学的基本看法。在这一特殊的时间点上，他首次集中表达了对描述心理学的批评以及对新出路的构想，我们将不难看到胡塞尔在初涉新领域时的不适应，一如他在同时期的内时间研究中曾经表现出的那样。在第二节，我们将探讨现象学还原和反思问题。在描述心理学中，反思呈现为内感知或者说相即感知，作为一种对象性的回返行为，它建立在种属先天之上，只能揭示现成的实项内存在。既然时间意识研究意味着对实显性限制的破除，那么它是如何在操作上突破内感知的？还原问题同样如此，从向实项内存在的还原到现象学还原的转变何以可能？

既然对纯粹意识的开启意味着突破种属先天对体验的实显性的限制，那么绝对意识是否意味着一种新的先天性的存在，是否意味着对描述心理学中的"不可知"领域的揭示？第三节将着眼《观念Ⅰ》探讨这些问题，我们将指出，胡塞尔尝试确立的存在论、艾多斯学等与内时间研究中给出的绝对性具有内在的关联，立义、内感知以及种属先天最终被绝对意识、现象学反思与艾多斯学所取代，现象学开始进入新的阶段。

第四节，通过简要回溯胡塞尔现象学从《逻辑研究》经《现象学的观念》《内时间意识现象学》，直到《观念》的发展，我们将证明，立义模式由于建立在整体与部分关系之上，已经无法满足现象学向超越论拓展的内在需要，意向性概念必须得到根本性的扩展，我们将新的意向结构称为意向流形，它具有一种建立在一维流形构造二维连续统之上的多维的构造过程，超越论现象学由此获得了坚实的基础。

在此基础上，第五节将重新解读能思/所思的先天平行关系，我们将证明，与描述心理学的立义模式不同，能思/所思的先天平行关系展示的是一种双重交织、多维建基的意向流形结构，在它内部不存在实显的意向体验，相反，实显的立义模式建立在能思/所思的先天平行关系之上。最后，我们将依据意向流形以及能思/所思的多维结构，澄清胡塞尔提出的本质类型学的内涵，并在此基础上简要地评述其对现代存在批判以及其他哲学思潮可能具有的重要意义。

第一节　首次突破

一　新的认识论问题

在《逻辑研究》第一版，胡塞尔在没有彻底澄清充实综合的各因素及其被给予方式的情况下，便把认识规定为意向上的充实。正如我们在"代现论"的讨论中已经指出的，这种认识论研究并不完全成功，因为它将认识直接归于实显的综合，而忽略了这种实显性本身的起源。换句话说，正如前文已经指出的，胡塞尔将感知和直观的本质确定为自身被给予性，但相对自身被给予性，感性直观和范畴直观实际上都已经是实显的了，胡塞尔特别关注直观如何由感性扩展到范畴，却忽视了一个更原初的问题：自身被给予性具有什么样的内在结构，使其能自身实显为感性的或者范畴的？这显然需要对被给予性本身及其显现或构造自身的可能性进行前提性的研究。

在《现象学的观念》中，胡塞尔正是在此意义上开始对认识何以可能进行彻底的批判，他提出了如下问题："纯粹的认识现象如何能够切中一些对于它并非内在的东西，认识的绝对自身被给予性如何能够切中非自身被给予性，并且如何理解这种切中？"① 此发问一开始就超出了描述心理学时期对认识论的理解。在代现关系产生之前，意向行为与对象之间的"切中"必须首先成为可能，在此基础上，我们才能谈论作为"切中"之具体样式的"代现"。随即，胡塞尔指明了现象学研究的新起点："我们彻底地离开心理学的基地，甚至离开描述心理学的基地。"② 彻底离开描述心理学的基地，这意味着必须拒绝从实显性将意识内容非批判地区分为被体验到的实项内容与被意指的意向内容，也就是说，必须拒绝描述心理学的立义模式。这对现象学意义重大，因为在《逻辑研究》中，胡塞尔并没有对实项内容如何在意向行为中成为意向对象的显现载体，以及这种承载作用是否充分等问题进行前提性的追问。

与《逻辑研究》中的"忽略"相关，胡塞尔在《现象学的观念》中特别提到了一种先入之见："如果人们抛弃了最初明显的先入之见，即认为在个别的思维中和在实项内在的领域中包含着唯一绝对的被给予之物，那么现在也必须抛弃后来的，并且同样是明显的先入之见，即认为只有在那些从实项内在的领域中产生的总体直观中才能生长出新的自身被给予的对象。"③ 把实项内在的领域当作唯一的绝对之物并且以之为出发点，认为能够去直观在思维及其实项因素中个别化的普遍物，这正是描述心理学的代现论的精义所在，也是它区别于经验论之处。

从胡塞尔对他自己先前的工作的反思看，我们大致可以指出，描述心理学不仅忽视了对实项概念的前提性的批判，而且在对从实项内在的领域中产生出的新的对象性进行专门分析时，也不恰当地固执于实显性的区域，从而丧失了一般实事的绝对被给予性，也就是说，一种在最严格意义上的真实的直观以及在真实的自身被给予性中首先直接拥有的绝对被给予性。据此必须追问，我们如何获得一种区别于实显的"实项存

---

① ［德］胡塞尔：《现象学的观念》，倪梁康译，第8页。
② ［德］胡塞尔：《现象学的观念》，倪梁康译，第8页。
③ ［德］胡塞尔：《现象学的观念》，倪梁康译，第53页。

在"及其意向构造的全新意义上的绝对被给予性,在此被给予性的基础上,现象学能够获得何种新的成就?这一切仍然是模糊的。

二 绝对被给予性与还原

在描述心理学中,尽管自然实在物在笛卡尔式的怀疑中被判为无效,但我们不能就此将实项—内在的自身被给予性视为真正的明见性基础,胡塞尔专门指出,尽管这种"意指、信仰本身的被给予"也是一种绝对的被给予性,但"对我们毫无帮助"。① 这可以视作对他自己的描述心理学的最根本的反思和批评。

胡塞尔批评的这种理解混淆了描述心理学还原和现象学还原所揭示的被给予性,即实项—内在的被给予性和纯粹现象的绝对被给予性。一旦现象学分析被限制在实项—内在的被给予性上,那么一种建立在意指和信仰的被给予性之上的未经批判的假设,即意识内容必须区分为实项和意向的内容必将堵塞绝对自身被给予性的显现,这就是实显性分析必然产生的原因,因而,在现象学考察的更高阶段,笛卡尔式的"我思"必须经历现象学还原。

胡塞尔指出的如下事态具有特殊的重要性:"在进行任何智性的体验和任何一般体验的同时,它们可以被当作一种纯粹的直观和把握的对象,并且在这种直观之中,它是绝对的被给予性。"② 现象学的这种绝对被给予性并不局限于实显的实项体验之上,它指的是对一种智性体验的纯粹直观。③ 在对一个感知的内感知性的反思中,我们可以发现现存的体验性内容以及感知行为,但以这种方式被描述的意向因素却只能通过对实显的实项内容的刻画才能在具体内容上得到揭示,这些实项的内在被给予之物与胡塞尔这里所谓智性的纯粹直观根本不同,现象学的绝对的自身被给予性根本不能归入实显性的意指与反思,它在更原始的智性直观中

---

① [德] 胡塞尔:《现象学的观念》,倪梁康译,第43页。
② [德] 胡塞尔:《现象学的观念》,倪梁康译,第27页。
③ 美国现象学家德拉蒙德恰恰在这一问题上陷入了混乱,他将实项意义上的内在行为的相即被给予等同于纯粹直观中的内在被观视。Cf. Drummond, "Husserl on the ways to the performance of the reduction", in *Phenomenology: Critical concepts in philosophy*, edited by Dermot Moran and Lester E. Embree, Routledge, 2004, pp. 232–233.

有其根源。

如何理解这种区别和转变，胡塞尔指出了关键点："实项的内在这一概念也要还原，它不再意味着实在的内在，不再意味着人的意识中的和实在心理现象中的内在。"① 在描述心理学中被视为实显的意识行为之载体的实项内容受到了前所未有的质疑，这与我们理解立义模式的命运至关重要。在此时的胡塞尔看来，现象学描述的实事基础，既不是实项的内在存在，也不是实项之物的领域中生产出来的对象性领域，而是纯粹自身被给予性或纯粹明见性的领域："现象学还原的意义并不是指将研究限制于实项的内在领域内，限制于在绝对思维的这个（Dies）之中实项地被包含之物的领域内，它的含义根本不是指限制在思维领域内，而是指限制在纯粹自身被给予性的领域内，限制在那些不仅被讨论、不仅被意指之物的领域内……一言以蔽之，限制在纯粹明见性的领域内。"②

这是胡塞尔较早的关于现象学还原的文字。还原在这里直接针对的就是实项的内在领域，他本人在《逻辑研究》中提出的意向分析和代现分析模式前所未有地遭到了质疑。描述心理学运用的向实项—内在领域的还原，在现象学哲学的认识论批判中绝不能再被当作出发点了。现象学还原的含义不在于"排除实项的超越之物（完全在心理学—经验论意义上），而是排除作为一种仅仅是附加实存的一般超越之物"，也就是说，只有排除了所有那些非纯粹直观的绝对被给予性之物，我们才能把研究领域限定在"绝对自身被给予性之中的先天"③ 之中。至此，胡塞尔至少在问题方向上成功地将《逻辑研究》中作为感知、直观之基础的自身被给予性，扩展为了绝对的或者说纯粹的自身被给予性，现象学就此踏出了走向超越论现象学以及现象学哲学的决定性的一步，当然这只是起点，关键显然仍在于如何刻画这种绝对的自身被给予性的内在结构。

现象学还原让我们获得了纯粹现象这样一种绝对明见的基地，在此基础上，现象学的事态一般能够直接给予我们，从现象学的分析模式上看，此事态显然既不同于实显的实项内在之物，也不同于在实项内在的

---

① ［德］胡塞尔：《现象学的观念》，倪梁康译，第9页。
② ［德］胡塞尔：《现象学的观念》，倪梁康译，第52页。
③ ［德］胡塞尔：《现象学的观念》，倪梁康译，第10页。

基础上被直观之物,毋宁说,这就是双重意义上的认识现象:我们意识到的意识行为,以及作为如此展示出来的对象本身,或者用胡塞尔的话说:显现与显现者。由此,在描述心理学中被理解为实项—内在被给予之物的被意指者,在纯粹现象学中成为现象学研究的本质部分,用德拉蒙德的话说:"正是'现象'作为显现者的这一'确切'意义显示了使被意指的客体具体化为现象学反思的动机。"①

我们至此大致可以理解,随着现象学研究的深入,现象学分析的范围也随之得到了扩展,但新的问题随即就产生了:当我们在拒绝描述心理学的基础上,否定了原初行为中的实显性因素作为现象学实事一般之显现的根基之后,应该如何理解纯粹现象这种绝对被给予性的存在方式,在此基础上,更困难的问题是:如何理解纯粹被直观的、绝对被给予的"这里的这个"②。

三 构造与超越

1. 构造与超越的层次区分

现象学还原作为一种向更原始的纯粹现象的绝对被给予性的还原,相对实项—内在领域中实显性的立义行为,它所揭示的构造显然是一种更原始的构造活动。在时间上相近的一段文字中,胡塞尔对此进行了更为清晰的说明:作为感知立义和感知素材的统一体的感知,自身就在原生的时间意识中,或者在纵向的意识流中被构造。③ 换句话说:"在感知中,一组本身是在原初时间流中构造起来的统一的感觉内容经历了立义的统一。"④ 在此,胡塞尔开始将"立义"分为两类:被构造的立义和原立义,承载感知立义的统一的感觉内容已经在原初时间流中经历了原初的立义。在探讨内时间结构时我们已经指明,在意识流的纵向构造中,

---

① Drummond, "The Transcendental and the Psychological", in *Husserl Studies* 15, 2008, p. 199.
② [德] 胡塞尔:《现象学的观念》,倪梁康译,第 27、28、38、40 页。
③ 参见 [德] 埃德蒙德·胡塞尔《内时间意识现象学》,倪梁康译,第 124—126 页。尽管我们在本书的补录:"问题发展的展示"中无法明确找到这些文字的原始文本,但是,本节的相关论题还是指向了 1907 年夏季的"事物讲座"(参见 [德] 埃德蒙德·胡塞尔《内时间意识现象学》,倪梁康译,第 159 页注 2),而《现象学的观念》正是这一讲座的长篇导言。
④ [德] 埃德蒙德·胡塞尔:《内时间意识现象学》,倪梁康译,第 125 页。

原立义与作为其载体的内容一起构造了内在内容的时间统一，而被构造的感知立义中的感知素材就是这种时间统一的体验块片。

随后，胡塞尔给出了这种立义构造的具体路向。就他在这个问题上以"原立义"为核心术语而言，他似乎赋予了"构造"以更深维度的"使……显现"的含义，在此意义上，我们如果称其为原构造似乎并无不妥。进而，胡塞尔甚至认为立义与原立义这两种意识方式之间具有"一种本质的共同性"[①] 和显现的同时性，它们都是一种当下拥有的方式，区别在于原立义是绝对内在的，而感知立义则具有对象意向性上的超越性。实项的内在统一作为前经验时间的内在统一实际上与客观时间中的经验事物的构造之间存在一种奠基关系，相应地，这里所谓原立义也就为感知立义奠定了基础。

在对构造问题进行了简单的梳理后，我们再来看超越的可能性。在描述心理学中，人们一般在两种意义上讨论超越，即内在超越和外在超越。前者是指通过意向行为对感觉材料的立义，这个意义上的超越意味着意向对象对实项—内在的体现之物的超出；后一种超越指的是将意向对象设定为外在存在，这种超越是在前一种超越基础上的进一步超出，或者说，设定性的"外在"对被意指的超出。这两种超越都建立在实项—内在的被给予性领域之上，胡塞尔将这两种超越一并称为体验的实项的超越。

我们不能认为这两种超越已经是最原始的超越了。正如在现象学还原所揭示的纯粹现象的基础上，我们可以谈论原立义和原构造一样，我们也可以谈论一种原始的超越。与这种原始超越相对立的就是"绝对的、明晰的被给予性，绝对意义上的自身被给予性"[②]。在这种被给予性中，被意指的事态明见地被直观把握，而这里所谓超越就是指对这种自身被给予性的超越，用胡塞尔的话说："明见的被给予性领域的超越。"[③] 它要解决的问题是：如何把握某种在它之中不能直接被给予的东西并将它设定为存在的。

---

① ［德］埃德蒙德·胡塞尔：《内时间意识现象学》，倪梁康译，第 125 页。
② ［德］胡塞尔：《现象学的观念》，倪梁康译，第 31 页。
③ ［德］胡塞尔：《现象学的观念》，倪梁康译，第 32 页。

通过现象学还原，胡塞尔明示我们，除了感知立义和"实项的超越"维度之外，现象学还可以追问一种"原立义"和"明见的被给予性领域的超越"，就此，现象学开始获得一种原始的超越和构造的问题维度，描述心理学中被讨论的实项的构造相应地也在现象学还原所揭示的实事构造中为自身赢得了一个更深的基础，这是对描述心理学的推进。

2. 关于构造的争论

在现象学还原的基础上，胡塞尔提出，现象学分析本身就是一种在绝对被给予性范围内进行的本质分析与本质构造，这种分析和构造所针对的实事"并不是像在一个套子里或像在一个容器里，而是在这些体验中构造起自身，根本不能在这些体验中实项地发现它们"①。我们可以回忆起《逻辑研究》中的类似说法："由于受到对对象和心理内容之混淆的迷惑，人们没有看到，我们所'意识到的'对象在意识中并不是像在一个盒子里一样简单地在此存在，以至于人们可以单纯地在其中发现它并且可以去抓住它；相反，它首先是以对象意向的各种形式将自己构造为一种东西，即我们将它看作是它所是的那种东西。"②

《逻辑研究》曾经通过这种"箱子"比喻对心理主义进行过激烈的批判。心理主义认为，实在的观念是一种内在的实在存在，我们对对象的认识就是对诸观念的综合和抽象。在胡塞尔看来，这种观点陷入了概念混乱，它"将一个内容的单纯被体验状态定义为它的被表象的状态，并且进而转向进一步将所有被体验的内容称为表象"③。也就是说，胡塞尔所批评的心理主义错误地将被体验之物混同于被表象之物，将表象行为混同于表象对象，而描述心理学的代现论则表明，意识中实项的现象学组成只能是被体验到的感觉材料和意识行为，而意向对象则唯有通过行

---

① ［德］胡塞尔：《现象学的观念》，倪梁康译，第13页。该书的第五讲中，胡塞尔再次给出了类似的说法："而构造活动说明，内在的被给予性并不像它最初所显示的那样简单地在意识之中，就像在一个盒子中一样，相反，它们在'现象'中显示自己，这些现象本身不是对象，并且不实项地包含对象。"（［德］胡塞尔：《现象学的观念》，倪梁康译，第75—76页）"这里也'发生了'当时对象在如此形成的思维行为中的自身'构造'；而被给予性，或者说，对事物的纯直观在其中进行的意识更不是一种单纯盒子式的东西（在这盒子中被给予性是简单的），而是直观的意识……"（［德］胡塞尔：《现象学的观念》，倪梁康译，第76页）

② ［德］埃德蒙德·胡塞尔：《逻辑研究》第二卷第一部分，倪梁康译，A164/B₁165。

③ ［德］埃德蒙德·胡塞尔：《逻辑研究》第二卷第一部分，倪梁康译，A164/B₁165。

为对实项材料的立义综合才能显现。

我们有必要将胡塞尔在超越论的立场上提出的"根本不能在这些体验中实项地发现"这一事态理解为他本人对描述心理学的彻底拒绝。但我们会立即遭到反对，人们会指出胡塞尔在1907年提出的这一观点完全可以解释为描述心理学对心理主义的批评。但关键在于，这里的言说语境发生了根本的变化。随着现象学还原对纯粹现象领域的揭示，胡塞尔的立足点已经离开了向实项内在领域的还原所揭示的实显的被给予性，进入更原始的绝对被给予的纯粹现象之中。由此，在新的基础中对"实项地发现"这一事态的拒绝，不可能再直接等同于描述心理学所强调的对象的被意指与内容的实项地被体验之间的描述性的区别。在纯粹现象的基础上，首先应该被追问的倒是：被构造的对象如何能够超出这种绝对被给予性的基底，描述心理学意义上的实项和意向的划分以及对实项—内在的明见性的强调，在纯粹现象学的基地上显然已经不可能再等同于绝对被给予性意义上的原构造了，相应地，"不能实项地发现"指的也不可能是对象成为一种被内在意指的存在物，而是说，它在纯粹现象的基地上应该直接被给予。

胡塞尔认为心理主义没有明确区分实项内容和意向内容，但描述心理学又何尝真正澄清了对象在纯粹现象中的显现？除了上文不断强调的胡塞尔此时没有澄清自身被给予性的来源外，描述心理学实际上仍然拥有一种与心理主义相近的自然出发点：它们都预设了代现关系，对心理主义来说，内在的实在观念是外在之物的代表，而在描述心理学中，内在的实项内容就是"外在的"意向对象的代表。但问题在于：在开端处，这种内、外以及代现的观念经历过哪怕一次彻底的认识论批判吗？胡塞尔说："'实事的被给予'，这就是这些现象中这样或那样地展示自己（被表象出来）。同时，实事绝对不会再一次自为地存在于此，并'派它的代表到意识之中去'。"① 在我们看来，这应该看作胡塞尔对包括他自己的范畴代现在内的整个代现论的批评，在此意义上，现象学还原真正面对的直接对象显然就是这种仍然基于实显性的代现论模式。

因而，不能将在纯粹现象的基地上对被给予性领域中的超越之物的

---

① ［德］胡塞尔：《现象学的观念》，倪梁康译，第13页。

原始构造与描述心理学中赋义行为对意识材料的构造相混同，那种将原构造惯性地理解为更深的"使……显现"的看法似乎也过于简单了。我们应该追问的是，应该如何理解在绝对自身被给予基础上的原构造？"认识现象和认识客体之间奇特的相互关系"① 如何表现出来？事态一般如何在纯粹现象的绝对被给予性的基地上被构造？

3. 构造的核心事态

现象学还原之后，我们立足纯粹的认识现象，可以进行本质性的直观和观念化了，胡塞尔认为这种方法"是一种特殊的哲学方法"②。经过本质和观念化，显现与显现者在绝对被给予性中以相互对置的方式向我们呈现。

既然以实显的实项内容作为出发点已然在新的基础上遭到了否定，那么这种纯直观是否就是一种不含有任何意义上的内容的纯粹形式？胡塞尔没有走得如此之远。请注意，这里讨论的纯粹现象基地上的绝对被给予性并不简单地意味着对实项内容的拒绝，这里反对的是实项内容所负载的实显性思维，或者说被先行预设的代现论。这种绝对被给予性要解决的问题是，在没有任何实显性作为自然出发点的情况下，实事如何能够成为绝对的被给予之物。

纯粹现象学的构造可以被表达为如下核心事态：在纯粹现象的绝对被给予的基地上，实事的被给予性如何超出实显的体现性内容的被给予性而与自身相合。在对声音的感知意识的分析中，胡塞尔如此例示这一事态，"声音持续的已过去的阶段现在还是对象性的，但不是实项地被包括在显现的现在点中"③。从显现来看，被给予的事态超出了实项的现在显现的内涵，现在点上直接的被体验之物不能单独承载实事一般的显现。

胡塞尔在具体讨论本质构造的可能性时，突然转向了内时间意识，对现象学的整体发展而言，这是一个标志性事件，这意味着现象学的新的本质构造必须依赖内时间结构，而根据胡塞尔的这一新的进路，如果回溯《逻辑研究》到《现象学的观念》的发展，那么我们显然不难得出，

---

① ［德］胡塞尔：《现象学的观念》，倪梁康译，第13页。
② ［德］胡塞尔：《现象学的观念》，倪梁康译，第49页。
③ ［德］胡塞尔：《现象学的观念》，倪梁康译，第12页。

内时间结构承担了澄清绝对自身被给予性的重任，正如上文专题探讨内时间意识时已经指出的，胡塞尔在解决内时间构造之谜时面对的同时性困境，实际上正是范畴代现的实显性困境在内时间中的显现，而解决此困境依赖的也正是在新的、自身构造着的绝对自身被给予性中，揭示实显的立义模式及其所依赖的自身被给予的被构造的可能性。

从胡塞尔与《现象学的观念》同时期的内时间研究看，他也仅仅是从回忆意识中区分出了滞留相位，换言之，他此时远未获得完整的内时间结构，这实际上也就决定了他对本质构造的探讨只能是初步的。

在此时的胡塞尔看来，如果我们反思一段声音的体验，那么同一的声音对象便会超出各种现象：当下的、过去的、延续的和变化的等而直观地向我们显现。内在时间客体总是在前经验的时间统一之流中被构造为超出纯粹现在点的对象。感知与交织于感知中的滞留所提供的对象的显现方式不同于变化的现象流所提供的对象——时间性的存在——的被给予方式，前者相关现象的实项的显现，而后者相关的事态极为复杂，这种对象"不是现象的一个实项部分，在其时间性中，它具有某些在现象中根本找不到并且根本无法解释的东西，但它在现象中构造起自身。它在其中展现出来，并且在其中作为'存在着的'而明见地被给予"①。这是一个奇特甚至是矛盾的事态：绝对被给予的对象超出了现象的实项当下，并且这种"超出"是如此的特殊，一方面，它并非纯粹形式的有效，而是拥有某种支撑性的内容；另一方面，这种支撑性的内容又绝不是实显的实项被体验内容。

现象学还原揭示了纯粹现象的绝对被给予性，在此基础上，一种原初超越之物原始地构造起自身，这里所谓"原初"和"原始"都是相对于在实项—内在之被给予性基础上的构造和超越而言的。作为载体的"内容"并不完全是实项存在的，绝对被给予性之上的原始被构造物不仅根据感知和交织在感知中的滞留，而且根据某种不同于实项内容的特殊内容，在某种奇特的关联中构造自身。

在《现象学的观念》中，这一想法具体地体现在感知与想象的关联中。胡塞尔试图以如下实事指出这种特殊内容的显现：对象之物（包括

---

① ［德］胡塞尔：《现象学的观念》，倪梁康译，第56页。

本质）"还可以将想象和回忆作为基础，它自己给予可纯粹把握的可能性"①。感知与想象不同。狭义的感知给出的是"一种实项的现在的当下之物"②，在这个意义上，感知是一种实存体验。想象与之相对，它是一种当下化，在其中，我们只能以想象体验的方式当下化某物。想象是一种第二性的行为，因而想象的显相属于一个确定的、最终奠基于感知中的显现系统。在这个意义上，必然存在一个可能经验的统一性③，也就是说，想象的表象系统实际上预设了一个显相的连续性。

在本质之物的被给予性中，作为基础范例的行为既可以是感知行为，也可以是想象行为，因为我们并不关注感知行为中的实存因素，用胡塞尔的话说，"即使基础范例是在感知中被给予的，这里也不会考虑显示出感知被给予性的那种东西，即：实存"④，而只是关注被给予性本身。在对红一般的直观中，我们并不特别关注实项被体验到的红的感觉材料，而是关注红的自身被给予性。因此，即便在对红的单纯想象中，红一般也能在被当下化了的红的颜色之中被直观地把握。

但问题在于："想象的颜色与对这颜色的想象体验"⑤ 并不相同。对颜色的想象本身是实项当下存在的，但在这种现在存在的思维中，颜色本身并不现实地显现自身。换言之，作为被当下化的颜色，尽管它显现并且自身显现，但被想象的颜色并非实项当下地被感觉到。这一事态的奇特性在于，在现在存在的行为中，某种以非实项的方式被体验的内容也能够作为实事一般的支撑性内容。

被当下化的内容并非实项内容，这就是这一事态的实质。它导致的现象学在实事上的困难是，现在存在的思维如何与非实项的内容直接相关，或者说，非实项被体验的内容如何与实项现在的内容同时显现。在《现象学观念》中，胡塞尔试图以判断形式的联系功能解决这一困难。纯

---

① ［德］胡塞尔：《现象学的观念》，倪梁康译，第56页。
② ［德］胡塞尔：《现象学的观念》，倪梁康译，第56页。
③ Cf. Husserl, *Ding und Raum*, *Vorlesungen 1907*, hrsg. Ulrich Claesges, Martinus Nijhoff, 1973, S. 152–153.
④ ［德］胡塞尔：《现象学的观念》，倪梁康译，第57页。
⑤ ［德］胡塞尔：《现象学的观念》，倪梁康译，第58页。

粹的想象判断只涉及被当下化的内容和显现之物的本质①，但不直接涉及它在现在点上的真实存在的内容，用其稍后的说法："事物不仅是'表象统一，而且也是判断'统一。"②

由此，胡塞尔认为，直观的概念应该首先得到扩展：它不仅指那种以现在点的实项内容为载体的对某物的把握，也包括对与非现在点的想象内容相关的直接把握；现象学的实事内涵也相应地得到了扩大，它不再局限于实在的实存，也不再局限于基于现在点的实项内容之上对事态的判断。胡塞尔将对非现在点的纯粹想象内容的直接把握称为对个体实质的把握，本质判断显然就是一种实质性的指认。可见，描述心理学中的普遍直观之代现的困境就在于它只是建基在实显实存内容之上，而忽视了非实显的体现性内容所可能起到的作用。

但是，胡塞尔试图通过感知与想象的区别，特别是本质之物在想象和回忆基础之上的显现，说明上文提到的关键事态的做法并不完全恰当：一方面，他通过对想象中存在的特殊事态的强调，的确成功地脱离了单个感知所给予的"一种实项的现在的当下之物"③；但另一方面，在想象行为中，现在存在的想象行为和非实项当下的被想象物之间仍存在间隙，因而事态一般如何在绝对被给予性的基础之上显现，这一超越论现象学的总体实事中存在的困难依然在想象行为之中以变形的样式继续存在。由此，尽管胡塞尔在1907年已经看到了事态在绝对被给予性中的被给予这一关键问题，但却可惜并未真正找到这种特殊的"非实项内容"，而是将它标明为被想象之物，这是对问题的推延。

对照胡塞尔同时期的内时间结构的研究，我们可以发现一个关键而又有趣的现象：《现象学的观念》所揭示的"构造"的核心事态就建立在胡塞尔在时间意识研究领域中获得的一个重大突破之上，也就是说，胡塞尔从回忆这样的客体化的意识行为中区分出了作为回忆的基础的滞留概念，这标志着胡塞尔开始有能力循着这一特殊类型的意向结构进入体验流了。相反，因为胡塞尔在1907年还未进一步揭示出滞留的具体流逝

---

① 参见［德］胡塞尔《现象学的观念》，倪梁康译，第58页。
② Husserl, *Ding und Raum*, *Vorlesungen 1907*, S. 153.
③ ［德］胡塞尔：《现象学的观念》，倪梁康译，第58页。

样式，即滞留的双重意向性，所以他还无力直接指明在"交织在感知中的滞留"之外还存在着某种特殊的内容以及在某种奇特的关联中还存在的非实显性的被给予性，而只能将想象和判断视作通达非实显性区域的可能途径，也就是说，胡塞尔此时尽管已经非常明确地指出内时间结构就是本质构造的基础，甚至在新的基础上宣告了未来现象学的可能性，但他此时还是无力勾勒出整个本质构造的可能机制。

最后，尽管胡塞尔还没有为原构造和纯粹现象的绝对被给予性等问题的解决找到一个正确的方案，但他还是通过现象学还原揭示出了一种非实项—内在的绝对被给予性，从而让我们获得了从根本上告别了描述心理学的可能基础，而这一新的现象学基地也为解决实事如何能够超出实显存在的实项内容，从而成为绝对的被给予性这一"奇迹"提供了一个令人鼓舞的方向，描述心理学中的实项内容的内涵必须扩大并深入非实显性内容的绝对被给予性上去。

第二节　还原与反思

还原、反思是现象学最重要的方法，是现象学所谓的实事本身能够彰显自身的最重要的保证。在揭示内时间的多维结构时，我们事实上已经非主题地展示了还原和反思的操作。其实，现象学家从不主动甚至刻意去揭示什么，相反是实事本身，譬如在时间结构分析时的延续在向我们展示了自身，也就是说，是显现的结构要求我们以某种方式进入并刻画显现本身，这里所谓"某种方式"就发端于还原和反思，在此意义上，我们自然也很容易理解，显现本身的多维性决定了还原和反思必然也具有多维性。我们跟随胡塞尔看还原、反思的多维性和内在的建基性。

一　现象学还原

《逻辑研究》对意向行为的本质研究，无论是静态的结构性区分，还是对充实过程的考察，抑或是作为动态考察之基础的质料的综合先天，其基础都在于实显的实项内存在，也就是说，描述心理学一开始就悬搁了自然实在论，将那种在内感知中获得的第一性的、实项的内在体验视为现象学分析的基础。显然，将这种"聚焦"视为向实项内存在的还原无疑有其合理性。上文也已经指出，在《现象学的观念》中，胡塞尔的主要工作就是要突破这种实显和实项的限制，他甚至明确提出要彻底离开描述心理学的基地，不再将实项的内存在作为现象学分析的基础。

在1905年内时间研究中的"泽菲尔德"讲稿中，人们可以找到胡塞尔对现象学还原的首次使用："我进行现象学还原，亦即如此地接受纯然的感觉素材，就像它现象学地被给予的那样。"① 学界对此的看法基本一致：这并不是在现象学意义上的恰当使用，譬如《现象学的观念》的编者比梅尔就将此视为对现象学还原的"第一次胆怯的触摸"②，梅勒则是更明确认定：胡塞尔此时是将现象学还原当作向实项内在的被给予性的还原的同义词来使用。③ 在我们看来，尽管胡塞尔此时在现象学还原与纯粹现象的绝对被给予性之间尚未建立起本质性的关联，但他无疑已经开始突入绝对存在内部，我们不能把胡塞尔此时所谓"纯然的感觉素材"等同于描述心理学中在整体与部分关系作用下凸显的实显的体验块片，因为前者在理论意图上显然更加深入，甚至已经开始尝试深入体验流的内在结构了，胡塞尔在向新的存在领域实施了一次非常关键的过渡。

在《观念Ⅰ》中，胡塞尔将现象学还原所揭示的绝对被给予之物规定为纯粹意识。按照他的说明，现象学还原针对的是自然态度，但悬搁自然态度在描述心理学那里就已经实现了，我们是否可以说，现象学还原与作为描述心理学之基石的实项的内存在没有任何直接的关联？当然，事情并非如此。在对"非实显性变样"这一关键事态的考察中，胡塞尔指明了作为超越论现象学之事态基础的纯粹体验流与实显性、非实显性体验之间的关联："非实显的体验的'晕圈'围绕着那些实显的体验；体验流绝不可能由单纯的实显性事物组成。"④ 不能将体验流限制在实显性的体验之上，我们在直观上就可以看出，实显的意向行为总是在视域或边缘域中呈现的，而视域本身则显现为勾连实显性体验的意向关联，据此，非实显的体验似乎也就呈现为了一种环绕着实显体验的关联域。我

---

① ［德］埃德蒙德·胡塞尔：《内时间意识现象学》，倪梁康译，第304页。
② ［德］胡塞尔：《现象学的观念》，倪梁康译，编者引论第3页。
③ 参见［德］埃德蒙德·胡塞尔《逻辑学与认识论导论（1906—1907年讲座）》，倪梁康译，编者引论第9—10页。
④ ［德］胡塞尔：《纯粹现象学通论》，倪梁康译，第50页。

们至少可以确定，尽管这种非实显的关联域总体上仍然"意向地"关联于对象，但这种"一般体验"已经不可能局限在《逻辑研究》借助相即感知所确定的实项被给予的体验上了。

但从边缘域上确定非实显体验的结构仍然非常含混，其中最关键的一点是，这种理解下的视域必须依实显性的体验而存在，因为它是边缘性的。分析得更细致点：实显性的体验既包括实显的客体化体验，也包括更远的外视域中潜在的客体化的体验，它都是超越性的，而体验流则是绝对内在的，也就是说，视域就是围绕实显性体验的边缘性的结构，它在更远的外视域中同样存在，于是，目光的转变似乎只能在实显性与非实显性之间转换了。但胡塞尔在《现象学的观念》中就已经指明，在实显性上，超越论现象学的纯粹意识区域与描述心理学的实显性体验之间存在根本的差异：纯粹意识的内在存在无须任何意义上的实显性作为基础，它本质上是一种绝对的内在存在，而超越的存在则只能建基在实显的意识之上。[①] 因而，鉴于非实显的关联域中可能存在的潜在的客体化体验，将与关联域相关的体验流标明为前—实显的应该更为准确，因为它在构造上意味着一个全新的、有待现象学揭示的存在领域。

在胡塞尔那里，前—实显的体验领域就是以体验流的内时间结构的形式展现出的，实际上，在现象学还原与内时间结构研究之间本来就存在严格的对应：《观念Ⅰ》中以悬搁自然态度的总设定开始，经历对我思的行为现象分析，尝试揭示前—实显的体验领域，再到最后揭示纯粹意识领域，这些层次在内时间结构中对应的正是外在时间客体、作为内在时间客体的意向行为、绝对流，换言之，向内时间结构的探索预演了从向实项内存在的还原向现象学还原的突进，在此意义上，我们自然可以明白，胡塞尔对现象学还原的第一次使用发生在内时间研究中显然不是偶然的。

综合胡塞尔的这些探讨，我们可以看出，现象学还原当然与自然态度有关，但它的直接对象却是描述心理学中的实项的被给予性。表面上看，自然主义的总设定在实项被给予性的范围内似乎已经失效了，如果将现象学还原理解为对自然设定的拒斥，《逻辑研究》的支持者们似乎也

---

① 参见［德］胡塞尔《纯粹现象学通论》，倪梁康译，第74页。

可以接受这种拒斥，因为他们确实也不在自然实在的意义上谈论意向与充实。但从胡塞尔对实显性的讨论看，他要说的恰恰是自然态度在本质上表现为一种实显性的意向指向，超越论现象学必须悬搁实显性的体验整体，才能进入作为绝对的自身被给予性之根基的绝对流之中。① 就此，我们愿意再强调一下，超越论现象学的实事基础既不是实显的实项内存在，更不是建立在这种内存在之上的对象性领域，而是承载着这些实显的实项因素的绝对被给予的存在领域。

二　现象学反思

在反思问题上，胡塞尔也同样展示出他向绝对自身被给予性领域的突破。《逻辑研究》中的内感知就是一种反思，上文已经多次指出，它同样受限于整体与部分关系，它对象性地指向的只能是实显的内存在。在《逻辑研究》第二版中，胡塞尔通过对内感知的相即性的强调，强化了它的对象化意涵②，就此，在描述心理学中，内感知式的反思与被体验物之间在实显性上形成了一个闭环。

在分析《现象学的观念》的"第五讲"对本质构造的探讨时，我们已经指出，胡塞尔已经在扩展绝对的自身被给予性了。在反思上，我们其实也可以看到这一扩展，因为体验流的绝对存在远远超出了原先在整体与部分关系中被限定的实显的范围，也就是说，以直接滞留（或前摄）的方式，与在相即感知中被当下实显地呈现的体验共在的"过去"（或"将来"）体验同样也具有绝对的合法性，这不啻说，当某个内在时间统一被相即感知实显地当下把握时，在时间的流动中以滞留和前摄的方式与其共在的统一性同样也具有绝对的被意识性。如果坚持《逻辑研究》对相即感知的限定，那么这里的多出事态显然是非常奇特的，换个角度说，胡塞尔此时已经突破了多个体验不可能同时以客体化的方式被把握

---

① 有必要提及一种对现象学还原的误解，很多人会认为现象学还原必然导致唯我论，因为它揭示的是纯粹的意识行为。这种理解显然将向实项内存在的描述心理学的还原误认为了现象学还原，最简单地说，前者仍然局限在实显性的行为模式中，而现象学则是向前一实显的体验流的突入。

② 这是胡塞尔对试图将内感知改写为前反思的自身觉知的学者最大的否定，这里不再赘言。

的限定，一种新的反思已经在起作用了。

据此，胡塞尔的如下说法具有重要的指示意义："纯粹意识以及随同它而被它所意指之物本身对于纯粹反思来说应当以特殊的方式是'内在的'，纯粹意识应当在纯粹反思中'绝对地被给予'。"① 纯粹反思与一种特殊的内在性和绝对被给予性有关，而它们的被揭示则意味着一种特殊的现象学还原已经在起作用。

很遗憾，根据笔者有限的阅读，胡塞尔在《观念》以及其他重要的文本中并未明确界定这种特殊的把握活动，但我们至少可以看到一些突破相即感知的重要说法，譬如："每一体验本身是一生成流，是在一种不可能变化的本质型的原初生成中所是的东西。"② 相即感知"尽管具有充分的形式精确性，却欠缺与有效性源泉、与直观源泉的任何相符性"③。因而必须揭示一种"反思的本质直观"④，它能够"使整个体验处于流动中并使其变样"⑤。这些都指向一个问题，能够深入原初体验中的新的反思究竟是什么？

这种新的反思相对相即感知的突破之处首先在于它指向整个绝对流的时间性的被给予性方式，因此，它必然与现象学的内时间结构有关，胡塞尔告诉我们："例如我首先在纯粹目光中拥有快乐，它开始、终止并在期间延续着，我随着它的时间相位行进。"⑥ 我们可以发现，即时性的实显现在作为"不断更新的质料的持恒形式"与同样形式化的"过去"等意识的连续性相联结，而与之不同的是，"一种作为印象的时间相位相当于诸滞留的连续性的界限相位，但是诸滞留相位不在同一层次上，而是以连续—意向的方式彼此相关联——滞留与滞留间的一种连续的综合体"⑦。滞留相位间的连续内在的意向关联深入绝对流的时间性的构造，实显的现在体验只有在这种连续的体验关联中才能被给出。至此，即便

---

① ［德］埃德蒙德·胡塞尔：《文章与讲演（1911—1921 年）》，［美］奈农、［德］塞普编，倪梁康译，人民出版社 2009 年版，第 223 页，同样可参阅第 238 页对一个在现象学还原基础上展示出来的新反思维度的说明。
② ［德］胡塞尔：《纯粹现象学通论》，李幼蒸译，第 124 页。
③ ［德］胡塞尔：《纯粹现象学通论》，李幼蒸译，第 125 页。
④ ［德］胡塞尔：《纯粹现象学通论》，李幼蒸译，第 128 页。
⑤ ［德］胡塞尔：《纯粹现象学通论》，李幼蒸译，第 128 页。
⑥ ［德］胡塞尔：《纯粹现象学通论》，李幼蒸译，第 136 页。
⑦ ［德］胡塞尔：《纯粹现象学通论》，李幼蒸译，第 136 页。

仅从构造时间之绝对流的形式特质上,我们大致也可以认定,现象学的反思就是一种在现象学时间性这样一个纯粹的被给予性领域中,依据其时间相位而发生的形式化的直观洞见,而内感知(或内在感知)在时间流中把握到的仅仅是这种新的反思所揭示的绝对流所构造的内在统一性这种"持恒形式"而已,它们在构造层次上具有根本差异。

在上述描述中,我们不难看到,现象学还原与反思之间具有严格的同构性,在现象学还原的基础上通过现象学反思揭示的是统一的意识流,它的统一性源于一种拟—时间秩序的河流的自身构造,现象学还原揭示的多维性也正是现象学反思所能及的维度。

但在《观念Ⅰ》中,胡塞尔对现象学还原和反思所揭示的区域进行了如下限定:我们在此的研究"不下降到组成一切体验时间性的最终意识的晦暗深处,而是把体验看作内在反思中呈现的统一的时间过程"①,"我们通过还原产生的超越论'绝对'实际上并非是最终物;它是在某种深刻的和完全独特的意义上被构成的东西,而且它在一种最终的和真正的绝对中有其根源"②。这些限定同样与胡塞尔的内时间意识研究相关。在前《观念》时期,胡塞尔并未揭示体验流的最终的构造基础,亦即他晚年才专题探讨的活的当下的构造,而是仅仅探讨了滞留的双重意向性。实际上,即便是这种新的意向关联也直到"贝尔瑙手稿"中才获得其完整的表达。值得重视的是,正是在"贝尔瑙手稿"中,现象学反思与内时间的关联才得到最直接的说明,胡塞尔明确提到对河流的原进程的指向就建立在对被构造事件的序列的超越论反思之上③,这显然不可能在任何意义上混同于一种作为对实显体验之反思的内感知或相即感知。

从文献上看,胡塞尔至少指出了现象学反思与体验流之间的内在关联,我们也已经就此提出,现象学反思与现象学还原一样,各自突破了内感知或相即感知与向实显内存在的还原,不仅深入体验流之中,而且循着体验流的构造逐层深入,但问题是,它们究竟深入哪一层体验维度?

---

① [德]胡塞尔:《纯粹现象学的观念》,李幼蒸译,第143页。
② [德]埃德蒙德·胡塞尔:《内时间意识现象学》,倪梁康译,第135页。
③ 参见[德]埃德蒙德·胡塞尔《关于时间意识的贝尔瑙手稿(1917—1918)》,肖德生译,第322—324页。

根据体验流从一维流形到二维连续统的构造，我们大致上可以确定，与现象学还原一样，现象学的反思的直接作用领域是双重意向性，或者说二维连续统，因为此结构是"统一的时间过程"，那么胡塞尔在限定现象学反思时指出的"最终意识的晦暗深处"以及"超越论'绝对'"如何被揭示呢？这无疑是我们在还原和反思问题上面对的最大的难题。

三　拆解

在《观念》中，现象学反思将还原所揭示的绝对被给予的存在首先展现为体验流的双重意向性，因为它具有内在的统一性。但无论横意向性，还是纵意向性，它们都已经是内在时间样式中的"现成"的综合形式了，根据胡塞尔对现象学还原和反思的限定，它们显然没有揭示构造双重意向性的活的当下以及构造活的当下的"活的滞留"①等本源的构造意识。

上文在专题探讨时间意识结构时，我们已经尝试性地将胡塞尔说的"最终意识"和"超越论'绝对'"揭示为构造活的当下的一种原融合的构造过程，它呈现为构造二——一性的最小直观：由原区分（二）向活的当下的融合生成为一。但问题是，这种生成了内在时间统一性的本源构造如何被揭示？悖谬的是，我们已经揭示了它。依赖现象学还原和反思吗？显然不行，因为现象学反思和还原建立在内在时间统一之上，我们认为，在现象学还原和反思之外，胡塞尔已经在使用新的方法。

20世纪20年代初，也就是在"贝尔瑙手稿"之后不久，胡塞尔向我们暗示了一种新的现象学还原的存在。在"伦理学导论"（1920—1924年）中，他提到了一种可以被称为拆解（Abbau）的现象学方法："我们重又超握（herausgreifen）了一种自我的生活因素，由此自然拥有了已被意义给予所影响的所有等级的意识功能。但我们可能对此还一无所知，为了通过拆解的方法向下获得纯粹的结构，我们可以再次向上追踪并同时在其中理解已经被给予的灵魂的成就。"②

---

① ［德］埃德蒙德·胡塞尔：《关于时间意识的贝尔瑙手稿（1917—1918）》，肖德生译，第184页。

② Husserl, *Einleitung in die Ethik*, *Vorlesungen Sommersemester 1920/1924*, hrsg. von Henning Peucker, Kluwer Academic Publishers, 2004, S. 291.

为了明察某种不能直接被把握的纯粹结构，我们可以先分析它的构造物，并基于这种构造物的特性来回溯其生成基础。在上文探讨"贝尔瑙手稿"如何从双重意向性揭示活的当下时，我们其实已经遭遇了这样的回溯追问，此方向的探讨实质上就是基于被构造的统一性揭示构造的可能基础。我们看胡塞尔的具体操作：在发现滞留以及现成存在的滞留链时，胡塞尔最初依据于内在感知，将滞留理解为了回忆意识以及作为其变异的前回忆意识。用胡塞尔的话说，这种理解无疑具有形式上的精确性，但在客观视角中，时间体验遭遇到了内在的悖谬：这种客观的前回忆意识根本无法在客体化的内在感知中与当前相位一同被意识到。在这种由于将滞留客观化为回忆所造成的悖谬面前，胡塞尔甚至一度坚持回忆变异在形式上的局部合理性："它自发地满足了后继意识的可能性条件。"① 而这种"合理性"正是源于回忆变异在形式上与滞留之自身滞留化之间的相似性。上文已经提到，胡塞尔在洞悉了这一悖谬事态后，随即提出了滞留概念，换言之，他从滞留变异在内在感知中所显示出的客观形式出发，几乎是"一下子"就提出了作为这种客观化形式之生成基础的非被客观构造的相位关联。这一"发现"何以可能？我们似乎可以将之归入现象学还原，但问题是它无法很好地区别于胡塞尔赋予现象学还原的那种揭示绝对被给予性的含义。

在胡塞尔那里，相位关联之所以能够从客观化的视角被揭示出，首先是因为它向内在感知提供了某种"讯息"，也就是说，胡塞尔发现了悖谬事态以及"滞留"在客观化层面的构成物：作为其客观化形式的前—回忆意识，而这种被构造物与作为其基础的原初形态之间并无内在的统一性，它们是异质的。同样的情况在双重意向性与作为其构造基础的活的当下（包括构造活的当下的诸元素）之间再次出现了，最初构造时间的意识相位与具体的流逝综合同样不是同质的，流逝综合具有被构造的内在统一性。就此而言，在内时间结构的研究中，胡塞尔实际上进行了两次拆解：第一次是通过对内在感知中呈现的内在时间客体的拆解，它揭示了滞留这一特殊的意向种类以及作为流逝之完整的双重意向性；第二次是向构造活的当下的诸时间相位的拆解，它揭示的是原感觉意识对

---

① ［德］埃德蒙德·胡塞尔：《内时间意识现象学》，倪梁康译，第386页。

统一性的由区分到融合的构造。

尽管胡塞尔在1907年到1911年并未承认他实施了向滞留相位的拆解，但此方法对他的内时间意识研究显然具有极重要的价值。从1929年前后开始，随着活的当下如何构造绝对流成为研究的焦点，胡塞尔明确提出向原初的时间结构的拆解问题："回到活的当下并对这种当下进行拆解"①，"对原现象的当下的方法性的拆解"②，"我通过一种'拆解'系统地还原具体流动的当下。我还原到原印象的内在的实事当下，还原到'非我'，即内在的质素"③，"在这种'拆解'中，我们回到原印象的当下流"④，等等。在同一时期，这种方法也被胡塞尔称为根本性的还原。⑤而在《危机》中，胡塞尔更是根据此方法揭示了一种作为构造之最终功能中心的绝对自我，它在其存在确信中直接指向作为"沉默的具体物"⑥的世界。不难看到，胡塞尔1929年之后的工作就建立在这种方法上。

据此，现象学还原与拆解的内在关联也得到了澄清：首先，它们本质上都是还原，都是对意义构造基础的揭示，在此问题上，我们也愿意指出，它们其实也都是拆解，也就是说，拆解出相对实显的立义而言不可见的绝对流；其次，这两种还原之间具有层次上的递进关系，严格意义上的拆解是对活的当下及其构造机制的揭示，而现象学还原则是对双重意向性的揭示，因此，现象学还原是拆解的前提和基础，拆解因而就是对绝对流之根基的深入探讨，对现象学构造之基础的最终澄清，需要拆解出活的当下，最终揭示活的当下在二——性结构中的被构造的可能过程。

四 自身思义

通过对现象学还原和反思所揭示的时间统一性的拆解，我们获得了最终的活的原意识的本源构造，正是在此本源构造的基础上，我们也获

---

① Husserl, *Späte Texte über Zeitkonstitution (1929–1934)*, *Die C-manuskripte*, S. 90.
② Husserl, *Späte Texte über Zeitkonstitution (1929–1934)*, *Die C-manuskripte*, S. 107.
③ Husserl, *Späte Texte über Zeitkonstitution (1929–1934)*, *Die C-manuskripte*, S. 109.
④ Husserl, *Späte Texte über Zeitkonstitution (1929–1934)*, *Die C-manuskripte*, S. 110.
⑤ Cf. Husserl, *Zur phänomenologischen Reduktion*, S. 185.
⑥ ［德］胡塞尔：《欧洲科学的危机与超越论的现象学》，王炳文译，商务印书馆2001年版，第226—227、306—307页。

得了谈论一种新的反思，即自身思义（Selbstbesinnung）[①] 的可能。这种纯粹的自身思义在 1929 年的《沉思》中被胡塞尔誉为除了现象学还原之外在现象学上最重要的方法洞见[②]，一门普遍哲学观念的最底层的基础公理。[③] 这是否言过其实了？

我们至此揭示了如下实事层次：首先，在现象学还原和反思中显现的横意向性和纵意向性；其次，通过对时间统一性的拆解而显现的原感觉意识的二——性构造，以及作为构造结果的活的当下，自身思义作用于何处？我们的看法是，这种最具建基性的反思针对的就是活的当下的自身构造，而与之相对的超越论现象学就是由胡塞尔在《沉思》中强调的本质（或艾多斯）还原以及由最终本我构造的艾多斯化的存在领域，撇开这些术语，更简单地说，就是由活的当下的自身构造，以及由前—自我和原—自我所构成的本性现象学。

滞留是原印象的变异意识，它承载着原印象的持续变异的遗产，同时也是下一个相位的滞留意识之基底，也就是说，每个滞留意识中都包含了已流逝的滞留的整个系列。因而无论在原意向还是在纵意向性中，原印象的连续统直至意识流本身都在滞留的样式中自身客体化，并以此被"反思"地把握，滞留因而既是意识自身客体化的根源，也是反思产生的根源。鉴于滞留等意识相位的内在性，对原意向中的意识相位之关联的考察，显然不能再依赖于那种自身建基于时间统一性的现象学反思，只要考察的视角进入滞留的流逝，那么我们便处于意识相位间的自身映射之中。正如胡塞尔所说，原意向中的各相位作为构造性的相位，唯有在滞留相位上，才能通过对在其滞留相位中被再造生成的构造体验的反思而被把握，我们将这种在意向相位间的自身映射性的反思视为自身思义的具体形态。

[①] "Selbstbesinnung" 国内有两种译法：一种是倪梁康先生的"自身思义"，取其词根"sinn"，殊为贴切；另一种是王炳文在"危机"中的"自身反思"，尽管"besinnen"在德语的日常使用中确有思考、意识到等义，但在中文表达上显然无法与"Selbstreflektion"（自身反思）相区分，尽管它们在现象学上表征着相同的事态。

[②] 参见［德］埃德蒙德·胡塞尔《笛卡尔沉思与巴黎讲演》，张宪译，人民出版社 2008 年版，第 26 页。

[③] ［德］埃德蒙德·胡塞尔：《笛卡尔沉思与巴黎讲演》，张宪译，第 37 页。

从内时间结构上看，《沉思》对习性意向的探讨就建立在纵向体验的相位流逝之上：本我的超越论经验体现为一种持续和谐地、连续不断地自身相合的感觉场，或者无限开放的超越论的经验域，而他我，作为一种超出我的自身本己性的单子本我，就是我的本己本我的镜射之物①，换句话说，也就是本我的超越论经验的自身客体化，胡塞尔曾经就此强调，这种镜射关系或者自身客体化就在作为超越论本我的沉思者的自身思义中敞开了②。在《危机》中，胡塞尔进一步提出了一个根本性的发生构造问题：人类对于世界为何既是主观的又是客观的，主体如何在与世界的关联中构造客观的世界？从时间结构上看，此问题可以更简洁地被表述为：自身时间化何以可能，即脱—当下化（Ent-gegenwärtigung）何以就是原现前（Urpräsenz）？③ 胡塞尔认为，只有进入自身思义，才能解决这种主体性的悖谬。④ 也就是说，我们必须实行一种对逻辑以及所有超越物的彻底悬搁，进而才能通过一种超越论的彻底主义在自身思义中把握这种自身创制的基础。在超越论的悬搁中，原—自我获得了一种直接的自明性，以此为出发点，超越论自我在现象学的最根本和最深刻的自身思义中实现了一种自身解释或自身客体化，并在自身中最终构筑交互主体的共同世界。据此，一门真正的超越论的观念论便奠基于在自身思义中被揭示的原—自我、前—自我这些本源存在者的自身构造之中。

在将现象学反思限定为一种内感知式的反思，并试图以此否定对原初体验的反思可能性的基础上，海德格尔提出了一种独特的解释学直观的方法。笔者相信，粗略勾勒一下海德格尔早期的思考进路对理解解释学直观与自身思义之间的实事关联有着重要的价值。

首先，1919 年，海德格尔追问批判的实在论和批判的—超越论的观念论的核心问题：感觉材料的被给予性本身意味着什么？⑤ 上文已指出，在 1906/1907 年的知识论讲座中，胡塞尔即已提出了对感知内容的感觉内

---

① 参见 ［德］埃德蒙德·胡塞尔《笛卡尔沉思与巴黎讲演》，张宪译，第 131 页。
② 参见 ［德］埃德蒙德·胡塞尔《笛卡尔沉思与巴黎讲演》，张宪译，第 12 页。
③ 参见 ［德］胡塞尔《欧洲科学的危机与超越论的现象学》，王炳文译，第 225 页。此问题下文将专题探讨。
④ 参见 ［德］胡塞尔《欧洲科学的危机与超越论的现象学》，王炳文译，第 221 页。
⑤ Cf. Heidegger, *Zur Bestimmung der Philosophie*, Frankfurt am Main 1987, S. 85.

涵的相似追问。这可视为海德格尔、胡塞尔对传统哲学的共同的突破点。

其次，海德格尔对体验概念作了重要的区分：传统的作为对实存的实事块片之把握的体验（Erlebnis）概念，以及现象学的体验活动（Erleben）："不是一个像某个过程那样生硬的实存、开始和终止的实事"①，而是对"体验以及任何体验一般的非实事性"② 的把握。在 1906/1907 年的知识论讲座中，胡塞尔同样已经区分了对实项块片的相即感知的体验，以及对不能被相即感知立义的各种原初现象的体验，在 1907 年，体验活动（Erleben）与体验（Erlebnis）的区分得到了再次强调。③ 体验概念在他们那里也显示出了相似的现象学描述的趋向：向更原初的、前—实显区域的突破。

最后，同样在 1919 年，海德格尔将这种对原初生活的体验同感称作原意向④，1920/1921 年，海德格尔进而提出了被视为其原创哲学方法的形式显示⑤。而作为内时间结构研究的最早突破点，胡塞尔在 1907 年就已经发现了一种区别于对象意向的特殊种类的意向概念：表征着意识相位之纯粹自身关涉的滞留。

海德格尔将这种对原初体验活动的直接把握称为解释学直观。简言之，这种作为"对体验活动的自身共纳式（mitnehmende）体验"的解释学直观就是"原本的现象学的回握以及前握—构造"⑥，在其中，这种世界性的含义功能能够"表达事件特征，也就是说，与体验活动携手同行（体验着并体验被体验之物），并自身生活于生活之中，同时与传统携手且自身承载着其来源。它前握同时也后握着，即在其被激发的趋向或在

---

① ［德］马丁·海德格尔：《形式显示的现象学：海德格尔早期弗莱堡文选》，孙周兴编译，同济大学出版社 2004 年版，第 8 页。
② ［德］马丁·海德格尔：《形式显示的现象学：海德格尔早期弗莱堡文选》，孙周兴编译，第 8 页。
③ 参见［德］埃德蒙德·胡塞尔《内时间意识现象学》，倪梁康译，第 345 页。
④ 参见［德］马丁·海德格尔《形式显示的现象学：海德格尔早期弗莱堡文选》，孙周兴编译，第 16 页。
⑤ ［德］马丁·海德格尔：《形式显示的现象学：海德格尔早期弗莱堡文选》，孙周兴编译，第 71—75 页。
⑥ Heidegger, *Zur Bestimmung der Philosophie*, S. 117.

被趋向化的动机中表达生活"①。换句话说，解释学直观就是一种经验自身的生活，它不会使自身在生活中被把握为客体，而是"亲自把它据为己有，而且它按其本质而发生（sich er-eignen）"②。

综合海德格尔对胡塞尔的历次"借鉴"，我们基本上可以断定，解释学直观与胡塞尔的自身思义在结构上具有亲缘性，③ 它们标识的都是在关联性的相位中的自身理解，具而言之，解释学直观是一种在体验活动之时间境遇中的绽出式的自身发生，而自身思义就建立在一种由活的相位关联所构成的原意向之中的自身当下化的构造之上。

据此，我们在还原和反思上获得了如下三种相对应的形态：首先是内感知与向实项内存在的还原，它们是描述心理学的特殊方法，旨在揭示意向行为的本质因素；其次是现象学还原与反思，它们在方法论上支撑起了超越论现象学；最后是拆解或根本性的还原与自身思义，它们标志着超越论现象学进入最终阶段，从现象学的内时间结构上看，现象学还原、反思以及拆解、自身思义分别建立在体验流的双重意向性与活的当下之上，而内感知、向实项内存在的还原则与建立在横意向性之上的立义行为有关。我们在此又一次看到了现象学在方法上具有的异乎寻常的严格性。

第三节　纯粹意识

纯粹意识是胡塞尔在超越论现象学阶段提出的意识形式，但它从一开始几乎就是谜一般的存在，我们至少可以提出如下问题。首先，"第五逻辑研究"已经区分了三种形式的意识，胡塞尔为什么又要提出一种新的意识形式？因为《逻辑研究》对意识的界定和区分中存在某种不可克

---

① Heidegger, *Zur Bestimmung der Philosophie*, S. 117.
② ［德］马丁·海德格尔：《形式显示的现象学：海德格尔早期弗莱堡文选》，孙周兴编译，第 13 页。
③ 克伦威尔、扎哈维同样将解释学直观理解为一种特殊意义上的反思，但是，当克伦威尔将其称为自身回忆时，我们认为这并不是非常严谨，笔者宁可接受胡塞尔对这种特殊反思和滞留之间事态关联的暗示，把它称为滞留性的反思。(Cf. Crowell, *Husserl, Heidegger, and the Space of Meaning-Paths toward Transcendental Phenomenology*, Evanston, Ⅲ., 2001. p. 125, p. 137. ［丹］扎哈维：《主体性和自身性：对第一人称视角的探究》，蔡文菁译，第 122—124 页）

服的内在困境，以致胡塞尔不得不另辟新说？其次，纯粹意识纯粹吗？存在纯而又纯的意识吗？进而，超越论现象学就是一种对纯粹性有着近乎偏执的追问的哲学吗？如果不是，那么纯粹意识又为超越论哲学带来了什么呢？

一　纯粹意识与实显的意向行为

我们从《逻辑研究》的意识模式开始。立义模式以及实显的内感知构成了描述心理学的封闭领域，内时间构造为突破这一限制提供了最可行的通道。从胡塞尔对滞留以及绝对流的流逝综合的揭示看，他已经成功地突入了这一封闭的区域并刻画了它的内在结构，被限制在封闭区域内的描述心理学的意识模式自然也就获得了深层奠基的可能，正是在此背景下，《观念Ⅰ》明确提出了纯粹意识问题。

纯粹意识是什么？如果将现象学还原单纯地理解为对描述心理学还原的补充，那么人们很可能会认为，纯粹意识无非就是一种被再度纯化的意识，情况似乎是这样，仿佛只要进一步消除立义行为中实项的被体验内容，那么留下的纯而又纯的意识行为就是纯粹意识了。但这种想法是错误的。立义行为只能拥有已经受到最小种差作用从而在体验流中被突出的内容，因而只能建立在体验的实显的现在点上，它的整个结构都是实显的存在。而现象学还原就是对此实显的意识结构的整体还原：在《现象学的观念》中，胡塞尔就曾要求还原实项内容，在内时间结构研究中，他也将意向行为当作内在时间客体，在《观念Ⅰ》的现象学基本考察中，他再度要求还原笛卡尔式的我思行为，这些都是胡塞尔悬搁实显的立义模式的体现。

根据《观念》，实显我思处于意向关联的综合体中，它总是被感知的连续协调的动机序列，即一系列可与实显意识相互变更的非实显意识所环绕，胡塞尔提醒我们注意如下重要的区别："人们不可混淆对对象性背景的意识和被体验存在意义上的意识。"① 但问题是，非实显意识的可被内在感知性与其在原初体验中的被体验性之间的何种实事关联能够使非

---

① ［德］埃德蒙德·胡塞尔：《逻辑学与认识论导论（1906—1907年讲座）》，郑辟瑞译，第292页。

实显意识成为内在感知的现实指向物？此问题甚至可以扩展到实显意识：实显意识具有何种内在特性能使其承载一种客体化的内在感知。解决这些问题的关键在于原初体验的存在性质："未被反思的体验必须满足有待性（Bereitschaft）的某些条件。"① 内在感知与被反思把握的原初体验之间呈现出了一种内在张力：相对内在感知的揭示物，原初体验总有其无限的多出部分，原初体验的本己特性与可承载内在感知的特殊存在性质之间具有事态间距。在此，我们再度遭遇到了反思的困境：内在感知无法对其自身具有的客体化的权限进行限定，不能对其客体化功能与实显性意识的"有待性"之间的实事关联进行深入说明。

根据胡塞尔在前《观念》时期已经做出的意识的实显块片和绝对流的内在统一性的区分，对超越物的经验就建基于实显体验和意识块片之上，他在《观念》中也明确指出：在体验流意义上具有绝对存在的纯粹意识，拥有其"绝对存在的关联"和"自身绝对独特的存在"②，这似乎是两种不同的存在，纯粹意识不同于实显立义，其本己结构似乎与体验流的内在结构有关。问题是，我们可以局限在实显行为与围绕它的视域意向，亦即这里所谓的"对象性背景的意识"之间谈论实显与非实显的差异，从而获得构造"有待性"的新的存在领域吗？前文已经辨析过此问题，答案是否定的，我们也曾指责胡塞尔将前—实显含混地隐含在非实显之中。这里同样如此，对"有待性"的构造显然不能依赖非实显的视域意向，因为其中隐含的是可被实显化的对象性意识，这里的"有待"仅仅是指有待在客体化的目光中被指向而已，我们显然有必要再次进入前—实显的存在域，也就是回到胡塞尔在内时间意识研究中已经揭示出的从活的当下到双重意向性的生成上。

我们可以对胡塞尔揭示的对"有待性"的构造作如下补白：首先，实显性意识的"有待性"建基在横意向性与纵意向性之间的事态关联之上。非实显意识与实显意识一样，它的客体性特征建基于横意向性上。实显性意识构造于自身已经拥有意向性的实项整体，它与客体化的内在感知具有相同的内在特征。胡塞尔在非实显意识上所说的"有待性"与

---

① ［德］胡塞尔：《纯粹现象学通论》，李幼蒸译，第67页。
② ［德］胡塞尔：《纯粹现象学通论》，李幼蒸译，第74—75页。

"被意识者的本质"可以被理解为实项块片在原初意识相位之滞留变异的持续滞留化中被意识到,并在注意目光的交替转换中被指向;我们在此进一步补充的实显意识的"有待性"则意味着某一实项块片在纵意向性中的相合生成,胡塞尔在《观念》中模糊地将之表达为活的当下与其他相位的关联。①

其次,这种"有待性"还需更深层次的说明:如果说,纵意向性关涉的是体验的"外视域"及其反思可能性的实事根基,那么在时间体验域中,一种在内视域中对反思的思考便成为必须面对的问题。在1910年之前的时间研究中,胡塞尔就已经确定了滞留与反思的关联:开端相位只有在它流逝之后才能通过滞留与反思成为客体。在《观念》中,胡塞尔进一步提出:"从已经具有这种变更特征的任何体验出发……我们回溯到某种原体验,回溯到'印象',这些印象在现象学意义上展现为绝对的原初体验。"②

根据双重意向性,实显意识与非实显意识建基在不同的实项块片之上,在纵意向中,这些实项块片间具有一种源自滞留变异的动机序列,内在感知在实显和非实显意识间的"自由转换"被这种原始的动机序列所束缚,或者说,后者为内在感知目光的转向提供了先天可能性;更本源的是,反思最终源自一种原初印象的滞留变异,而滞留的双重意向性实质上就是这种滞留变异的持续流逝的具体生成,据此,在反思和原初意识的同一性意识中,反思的目光当然可以从被变异生成的体验出发,经由双重意向性,最终回溯到绝对的原初体验。

回到关键的问题,何谓纯粹意识?我们可以确定以下两点。首先,纯粹意识是相对实显的行为现象而言的,它甚至不能根据实显行为而被标明为非实显的,它敞开的是一个独立的存在域,如果一定要参照实显行为,那么我们还是愿意说它是前——实显的。其次,既然纯粹意识不能行为,那么它是什么?根据胡塞尔的整体构想,我们基本可以确定,作为一种新的绝对存在,纯粹意识自身展现为以内时间结构为构架的形式性的意向关联,我们在此以双重意向性为基础,补足了胡塞尔从实显行

---

① 参见[德]胡塞尔《纯粹现象学通论》,李幼蒸译,第136页。
② [德]胡塞尔:《纯粹现象学通论》,李幼蒸译,第124页。

为出发对"有待性"的构造。

至此,我们不难看出,胡塞尔那里至少存在两种意识分析:一种可以被称为行为现象分析,它与内感知式的反思、向实项的内存在的还原①以及整体与部分关系有关;另一种则是纯粹意识分析,它与建立在时间结构之中的现象学还原、现象学反思和形式关联有关,从胡塞尔对实显、非实显与"有待性"的构造关系的强调可以看出,这两种意识之间显然存在一种复杂难解的构造关系,《观念》中,胡塞尔一开始甚至都没有如其所是地揭示它。

二 纯粹意识与实显的意向内容

在描述心理学中,实项被体验的感性内容有如下几种含义:首先是在感性直观中存在的、与被直观的对象拥有同一种属特征的"外感性内容",它是一种与"外感知"的对象因素相混同的实项的组成部分②;其次是在内感知中存在的另一种以感性的方式直接被给予的内容,它同样与"内感性"的内容相混同,例如一段快乐与直接体验到的快乐感之间的关系③;最后是在内感知中被给予的内容的基础上的综合性内容,即能够充当范畴代现内容的行为质料的相合统一④。胡塞尔将感性的第三种含义视为承载范畴代现的"反思内容",而将包括前两者在内的最终的奠基性内容称为"'第一性'内容"⑤。

"反思内容"作为行为质料的相合在实显性的认同中已经是一种意向的构成物了,或者说已经内在地拥有实显的意向性特征,同时,尽管不具有"反思内容"的范畴化特征,但"第一性内容"中的实显的因素建基在实项意识块片之上,无论在外感知还是在内感知中,它们的充实内容都是实显我思中的实项存在,都已经获得了实显我思的注意目光,因

---

① 洛玛将此还原称为"向实项的体验内在的还原",Cf. Lohmar, "Zur Vorgeschichte der transzendentalen Reduktion in den Logischen Untersuchungen. Die unbakannte 'Reduktion auf den reellen Bestand'", in *Husserl Studies*, 28, 2012, S. 1–24.
② 参见〔德〕埃德蒙德·胡塞尔《逻辑研究》第二卷第一部分,倪梁康译,A327/$B_1$349。
③ 参见〔德〕胡塞尔《纯粹现象学通论》,李幼蒸译,第173页。
④ 参见〔德〕埃德蒙德·胡塞尔《逻辑研究》第二卷第一部分,倪梁康译,A651/$B_2$179。
⑤ 〔德〕埃德蒙德·胡塞尔:《逻辑研究》第二卷第一部分,倪梁康译,A652/$B_2$180。

而同样是一种意向的构成物。① 在对实显性问题的进一步思考中还可以确定，"第一性内容"中同样包含了非实显因素，而后者同样具有意向性，因为作为被意向体验的关于某物的意识：它"已经被'激起'，并在'背景'中浮出"②。正如拉瓦纳克所说：《逻辑研究》中的"第一性内容"在某种构造层次依然拥有形式，它并非绝对无形式的材料。③

对感性内容的实显性考察向我们提出了如下问题："反思内容"与"第一性内容"在具有实显性之前能够拥有何种特性和存在样式，这种实显化何以可能？与"实显性与反思"中的考察相似，这里涉及的依然是有待性问题。对这一问题的深层勘测意味着必须对广义的感性领域进行两次剥离：首先必须剥离"反思内容"中的自身综合因素或范畴化特征，胡塞尔在《逻辑研究》中乐观地将这种剥离的结果称为"最终奠基性的、在现象学上被体验到的内容"④；在《观念》中，他甚至明确地将"第一性内容"与拥有意向性特征的体验相对立⑤。但此观点并不确切，必须对"第一性内容"再进行一次剥离，也就是说，彻底剥离第一性内容自身拥有的意向性因素。胡塞尔对此并非毫无觉察，在《观念》中他也明确提到：我们将不再把"感性的"体验混同于"物"的显现因素⑥，但可惜胡塞尔并未对此分离进行说明。

在双重意向性的基地上，这两种还原将得到明确定位。范畴代现的代现性内容奠基在内感知之上，对这种代现性内容，即"反思内容"中自身综合因素的剥离即意味着回到直接被体验的实项的意识块片，准确地说，回到承载横意向性的实项的体验块片。但这种实显性的"第一性内容"已经拥有了与超越对象相同属性的体验属，已经是纵意向性的现成的意向构成物了，因而对这种所谓最终被体验物的还原便意味着深入实项块片在纵意向性中的生成，而后者就是第二次剥离的实质。

超越物的世界依赖于实显性意识，但与超越性相对的绝对内在性则

---

① 参见［德］胡塞尔《纯粹现象学通论》，李幼蒸译，第50—51页。
② ［德］胡塞尔：《纯粹现象学通论》，李幼蒸译，第141页。
③ Cf. Rabanaque, "Hyle, Genesis and Noema", in *Husserl Studies* 19, 2003, pp. 206 - 207.
④ ［德］埃德蒙德·胡塞尔：《逻辑研究》第二卷第二部分，倪梁康译，$A652/B_2 180$。
⑤ 参见［德］胡塞尔《纯粹现象学通论》，李幼蒸译，第143页。
⑥ ［德］胡塞尔：《纯粹现象学通论》，李幼蒸译，第144页。

绝不能依存这种瞬时性意识，与第二次剥离的事态一致，必须回到无须超越性的绝对自存的存在统一体。在双重意向性的背景下，这种绝对存在即显示为实项块片在纵意向性中的生成，或者说双重意向性间的实事关系，而此事态显然也就是现象学还原的实事基础。

在对实项被体验内容进行现象学还原之后，我们必须追问，纯粹意识中是否具有某种新的意识内容？简单地说，通过对被种属观念规范的实项被给予的内容的现象学还原，我们获得了一种更原初的内容，即质素（Hyle）。质素与立义模式中实显的感觉并不相同，实显的感觉是立义行为的内在内容，而质素不可能存在于其中，它是对立义模式进行现象学还原之后的产物。

但必须指出，与他在纯粹意识的多维结构问题上的含混说明相似，胡塞尔在《观念》中对质素同样缺乏足够连续而准确的说明。令人印象深刻的或许有如下两点：首先，作为经历了现象学还原之后的内容，质素不再是那种只能在最低种差的参与下才能显示自身的体验的独立内容或块片，胡塞尔借用"Hyle"强调此原初内容具有一种非实显的、流动的综合形态；其次，胡塞尔在《观念》中谈及质素时，实际指的是"质素的映射流形""材料的综合体"①，而非原初形态的质素，换言之，在意向作用的立义中，质素因素首先是以实项的存在块片的形式而显现的，与之相应，他将《观念》的研究区域也大致局限在内在反思可把握的统一性之上，从而拒绝在体验的时间性的最深处探寻现象学构造的最终基础，② 此限定无疑为超越论现象学的进一步发展预留了空间。

在纯粹意识中，质素总是呈现出映射流形和综合体的形态，但这种说法还是太过抽象了，我们可以举个简单的例子，说明其日常的含义：就一般的种属关系看，树木属于植物，但在山农眼里，它能够满足生活所需，譬如当柴火烧；在木匠眼里，根据其材质的不同，可以做成各种家具；在木雕匠人眼里，根据其纹理变化，可以加工成各种艺术品。这里说的是分类，山农、木匠、木雕匠人的眼光遵循不同的整体与部分关

---

① ［德］胡塞尔：《纯粹现象学通论》，李幼蒸译，第174页。
② Cf. Rabanaque, "Passives Noema und die analytische Interpretation", in *Husserl Studies* 10, 1993, p.71.

系。但我们却能够找到一种独特的存在者，譬如商人，他的眼光是形式性的。在商人眼里，木材不会被归入某个特定的种属关联，木材的呈现方式是随资本增殖的方向而动的，这相当于说，商人眼里的木材已经超出了特定的整体与部分关系，它是一种形式性的存在物。就此，我们可以追问：木材可以进入各种特定的种属关系，譬如做成家具、艺术品，但它本身是什么呢？在形式关联中，木材是不可定义的，因为我们无法确定其属差，胡塞尔使用映射流形、综合体其实正是为了表达质素的这种特殊存在形态，木材可以映射入各种属或整体与部分，从而规定不同种属或者整体与部分关系的有效性，但它自身却只能以形式性的综合形态存在。

进而，如何看待《逻辑研究》中的实项内容和《观念》中的质素这两种意识内容的存在方式？在立义模式中，实项内容存在于意向行为之中，胡塞尔强调此内容不是图像性的，它与意向对象是观念的关系。质素呢？作为一种原初的体验内容，质素显然无法在内感知中作为意向行为的内容被揭示，在此意义上我们强调其形式性的特征。在《观念》中，胡塞尔曾有意向作用层和质素层的说法，这很容易让人联想起立义模式中的行为和行为中的实项内容，但这种简单的挪置是成问题的。下文将专门讨论。我们现在至少可以确定，尽管这两个层次在构造上与具体的存在物有着建基关系，但它们本身都是超种属的，因而是形式性的。而根据能思/所思的先天平行关系，我们在此也可以简要地指出，质素流形既存在于能思的流形，也存在于所思的流形之中，而《逻辑研究》中的实项内容则既不存在于能思流形，也不存在于所思流形之中，它们在纯粹意识中没有任何位置。在超越论现象学中谈论总体化中的实项内容甚至必然犯下范畴错误。但人们完全可以合理地指出，胡塞尔的确在《观念》中不时谈起意向作用的立义，它的内容又是什么呢？简要地说，就是这里一直指出的"质素的映射流形""材料的综合体"：这种本质性的综合物的确太容易被混同为《逻辑研究》中的实项内容了，它们甚至都承载着立义。但从我们的例子中，其实不难看到，它们之间有着根本的差异，同样是木材，但前者是一般的形式存在物，而后者则已经进入特定种属关系，也就是说，尽管它们在感性上可以有同样的粗糙感、形状、重量，但在存在方式和层次上，它们已经具有了根本差异，"映射流形"

"综合体"已经是更深层的纯粹意识的构造物了,我们显然不能仅从"立义"这一术语表述上断言《逻辑研究》中的立义模式可以自然地延续到超越论现象学之中。

从实显性的意向行为和内容出发,胡塞尔在《观念》中向我们展示了现象学还原和反思的具体作用以及纯粹意识的被揭示过程。着眼绝对流的内在结构,我们可以在这里找到一个深层的、前—实显性的纯粹意识的先天构架:在内感知对象地揭示实显的意向体验的各个现成体验因素之前,意向体验在绝对时间流中自身已经展示为横向和纵向的意识关联。对超越论现象学而言,纯粹意识的提出具有一种范式革新的意义:从描述心理学对实显意识的本质分析到存在意义上的纯粹意识的研究,现象学不仅在还原和反思的方法上,而且在研究的实事区域上也发生了根本的变化。

三 纯粹意识的绝对性与先天性

纯粹意识在什么意义上具有先天性和绝对性?在探讨范畴代现的局限时,我们就已经提到,胡塞尔在《逻辑研究》中将纯粹逻辑学的观念限定在了整体与部分的关系上,范畴对象的自身被给予,也相应地被强制在代现关系,即一种在整体与部分关系上获得其形式的代现性内容对范畴对象的"代表"上,但这种"代表"关系何以可能,更准确地说,作为"代表"之基础的在自身被给予性中的"切中"何以可能?胡塞尔当时并未予以说明。我们知道,胡塞尔随即在《现象学的观念》中对此做出了强烈的回应:绝对的自身被给予性必须具有一种特殊的先天性。

相比对意向体验的实显性分析,现象学还原对纯粹意识的揭示意味着现象学研究领域的根本性的扩展。在《逻辑研究》中,胡塞尔曾明白地告诉我们,描述心理学无法描述最小种差作用之前的体验内容的存在状态,因为此时"描述"的可能性本身就建立在质料的先天综合上,这种综合依据的就是种属关系。在此意义上,现象学研究领域的扩展首先就意味着对描述心理学中的"不可知"领域的突入,但这种突入何以可能?当然不可能再依赖任何一种基于种属化的综合构造,现象学无疑需要一场根本性的变革。

从 1906/1907 年开始,这一根本性的变革就已经体现在体验流的内在结构和绝对自身被给予性的被揭示上了，在现象学的操作上，胡塞尔已经突入一种新的存在，但他并没有马上说明这种新的存在本身的绝对性和先天性何以可能。但在《观念Ⅰ》开篇关于"本质"的探讨中，胡塞尔开始通过区分总体化和形式化，重新确立了一种源自形式化的先天性和绝对性。

相对经验个体，本质（或艾多斯）是一种新的客体。尽管这种纯粹本质并不包含任何有关经验事实的判断，但它却规定着相关个体的区域和范畴。胡塞尔指出，存在两种与"本质"相关并且可以相互转化的判断：一种是关于本质的判断，另一种是关于本质的普遍有效性的判断。关于本质的判断意味着对本质的认识，在此意义上存在对个体之本质的直观，而后者则直接关涉本质的普遍性，它"具有本质一般性的特性，即'纯粹的'，或也被称作'严格的'、绝对'无条件的'一般性"①，胡塞尔强调，在"修正之后的意义上"，我们也可以称其为艾多斯直观，即我们一般所谓本质直观。在这种新的直观中，不同属之间的差异在本质单一体上可以直接得到确认："颜色本质（'属'）不是声音本质（'属'）。"② 艾多斯直观是胡塞尔强调的新的直观形态，它直接关涉不同的本质属之间的关联，并最终赋予相关本质单一体的判断以绝然性。

纯粹本质可区分为质料的和形式的，胡塞尔据此提出了对超越论现象学至关重要的形式存在论和质料存在论的观念，简言之③：在区域存在上，形式区域能够支配最高的质料属的普遍性，它以其形式真理为质料存在制定法则。胡塞尔以此最终摆脱了多个区域的存在所可能导致的真理和构造法则的相对性。

形式存在论，例如自然区域中的艾多斯对象就是"关于多种多样的但相互关联的构成物的名称，例如'物'、'属性'、'关系'、'事态'、'集合'、'秩序'等等"④，而在纯粹逻辑学中，原对象性则体现为相互关联的"属性、相对性质、事态、同一、相等、集合（集聚）、数、整体

---

① ［德］胡塞尔：《纯粹现象学通论》，李幼蒸译，第7页。
② ［德］胡塞尔：《纯粹现象学通论》，李幼蒸译，第7页。
③ 对这一问题更为详细的探讨请参见张庆熊《"实质本体论"和"形式本体论"的宏大构想及其遗留问题——剖析胡塞尔在〈大观念〉中规划的本质科学》，《世界哲学》2014年第1期。
④ ［德］胡塞尔：《纯粹现象学通论》，李幼蒸译，第12页。

与部分"① 的形式范畴。这种形式化的作用，与对描述心理学的立义模式起到关键作用的总体化不同，与它相关的是"纯粹逻辑形式中的事象物（Sachhaltigem）的普遍化"以及"逻辑形式的事象化"。②

《观念》对形式化以及区域存在论的说明对超越论现象学而言，其作用就类似于"第三逻辑研究"界定的整体与部分关系之于整个描述心理学，而《观念》随后对形式化内部仍然存在种属关联以及本质单一体的说明对超越论现象学而言，其作用就类似于"第四逻辑研究"说明的独立内容与不独立内容的区分之于描述心理学，我们愿意再次强调，胡塞尔的意识分析绝非不可传达的私人经验，而有严格的形式先天和语法先天作为基础。

在区分总体化和形式化的基础上，胡塞尔随即又向我们强调，形式化与本质单一体之间也存在种属关联，这为我们理解形式化带来了新的困难，当然对超越论构造而言，这自然也意味着新的可能。形式化中同样存在种属或整体与部分关系，新的种差就是本质单一体，或者用胡塞尔在超越论构造中的说法：本质类型。据此，我们必须回答的问题也就变成了胡塞尔如何从现象学上构造这些形式法则，或者不用"构造"这样过强的表述，如何展现这些形式关联以使现象学与时代的整体知识结构保持同构？

从《观念》看，描述心理学的立义模式的限制在纯粹逻辑学的先天性上被彻底突破了，胡塞尔以绝对的形式关联取代了原先在特定的区域内起作用的认识范式，现象学终于可以不再限制在描述心理学以种属关系为基础的质料综合之上。就此，胡塞尔真正确立了在《逻辑研究》中已经被提出却又被不恰当地限制在总体化之上的纯粹逻辑学的形式观念，现在看来，这种形式观念正是纯粹意识之所以具有绝对性和先天性的根据。也正是在此意义上，我们甚至可以看到胡塞尔对柏拉图的激活与回应：一、多、同、异等"通种"的形式化构造了本质单一体。

这里可以弥补一下前文在探讨范畴代实显的模糊之处，在揭示范畴对象与范畴代现者之间的种属关系时，我们并未进一步指出其与普遍直

---

① ［德］胡塞尔：《纯粹现象学通论》，李幼蒸译，第14页。
② ［德］胡塞尔：《纯粹现象学通论》，李幼蒸译，第18页。

观甚至感知直观中的代现关系的差异，其实胡塞尔也只是含混地指认，它们之间的代现必须遵守种属关系，现在，我们可以更清楚地看到，范畴代现中的种属关系已经超出了"第三逻辑研究"中的整体与部分关系，前者已然带有了形式关联之上的种属化的色彩，在从感性直观向范畴直观的挺进中，实事本身引导胡塞尔超出了自己在《逻辑研究》中对形式化的限制，进而我们也可以指出，上文指出的本真范畴代现与普遍直观之间的裂隙，归根到底与胡塞尔在范畴代现上超出了"第三逻辑研究"的限定有关。

我们再次遭遇了两种立义的关系问题，既然形式化之上也可以有种属关系，那么区分描述心理学的立义和意向作用的立义还有意义吗？至此，我们主要谈论它们之间的差异，《观念》中的意向作用的立义中的实项内涵是形式综合物，譬如胡塞尔强调的质素流形，而《逻辑研究》中的立义中的实项内容则是比较复杂，普遍直观中的是在整体与部分关系中凸显的感性内容，而范畴直观中的内容则被胡塞尔不无含混地称为建基于行为特征之中的"反思内容"，这个说法很有趣，相当于说当我们直观到范畴了，那么这种直观中的内在内容就必然带有了范畴的行为特征，这是从结果出发的说明。现在看来，此处的"含混"也正是与胡塞尔在描述心理学阶段未能揭示形式化之上的种属关系与总体化内部的种属关系之间的差异有关。

同时，我们也有了两种谈论概念的可能：一种与《逻辑研究》中的整体与部分的关系有关，它能够在普遍直观和范畴直观中获得充实，时下时髦的以胡塞尔的资源回应康德与概念论问题的讨论即与此种概念有关；另一种则是我们在此特别指出的，它意味着在先天的形式关联之上的一种新的种属或者整体与部分关系，此类概念是现象学给这个时代的馈赠，尽管胡塞尔一百年前就已经揭示了它的存在，但由于学界仍然顽固地将直观限定在康德式的直观之上，形式化上的概念关系或者说本质关系所代表的现象学对现代科学论的构造效力根本无法呈现。

正如艾多斯（eidos）这一术语的原初含义所表明的，它的形式化作用具有一种特殊的原初被给予性，在揭示出区域存在论后，胡塞尔随即就在形式真理上明确提出了最高的本质真理就是流形论的重要论断，这是从先天法则上对原初被给予性的说明，因而问题自然在于，我们如何回应乃至构造形式真理?这无疑是胡塞尔现象学为其他科学建基的基本理念。在此意义上,我们可以预先指出,胡塞尔所谓超越论构造实际上包含了两层含义:首先,通过对形式真理的构造,为现代科学建立基础,这是科学论上的;其次,纯粹意识的内在构造,这是这门被称为现象学哲学的内部事物,事关人在当下世界中的生存的意义和价值。两层构造之间也存在建基关系,对科学论而言,第一层构造最为直接,而对现象学而言,第二层构造显然更为基础,本书也将特别地聚焦在第二层构造上。

在我们看来,这种原初被给予性与这里揭示的作为超越论现象学之意向基础的纯粹意识的内在结构有关。首先,纯粹艾多斯不可能体现在实显的立义模式中,因为立义严格意义上只能在总体化中作用于体验复合,也就是说,它只能在各个特定的质料区域内部发生作用。在纯粹的形式化作用中与立义有关的是作为纯粹艾多斯之逻辑事象化的本质单一体,因为它与总体化共享了与特殊物的范畴差异。在此意义上,我们完全可以为胡塞尔的如下论断提供新的解释空间:"空的逻辑形式化充实(……)就是一种与直到最低种差的真正特殊化相对立的、完全不同的'运作程序'。"① 这不仅是对一门先天科学之可能性的说明,而且也提出了构建一种新的意向关联的内在要求。其次,形式存在论相对质料区域的"纯粹性"在意向关联上只能意味着一种纯粹形式化的意向关联,从胡塞尔在前《观念》时期的探索看,它甚至只能是那种以时间性的相位关联的形式展现的多维的意向关联,因为相位关联的本意就是意识的内在相位之间的关联。同样,意向分析当然也就不可能再涉及总体化直观,它指向了在这种新的意向关联中被构造出的本质类型,或者说本质单一体或逻辑事象化的可能形态。实际上,也正是由于这种意向关联的纯形式对区域事态所具有的奠基性,超越论现象学的一元存在论也获得了最终的奠基性说明。

至此,对区域存在的建基性说明成为超越论现象学的重要目标,但其基础和现实可能性仍未得到说明。而最大的障碍无疑就是《逻辑研究》中的实显的立义模式。胡塞尔从《逻辑研究》走向《观念》的过程,实际上就是消融立义模式的过程,这一点无论在《现象学的观念》对实项内容的消除,对描述心理学的基地的彻底放弃,还是同时期的内时间研

---

① [德]胡塞尔:《纯粹现象学通论》,李幼蒸译,第17页。

究中对立义模式的消融中都可以清楚地看到，就此，我们面对的新问题自然就是，既然描述心理学的立义模式，由于其限度不足于成为超越论现象学的意向基础，那么胡塞尔是否提供了一种新形态的意向性结构？

四 再论纯粹意识

我们之所以不厌其烦地再回到这一基本问题，一是因为它的确过于抽象，难以理解；二是对它的误解严重地阻碍了我们对超越论现象学的整体把握。说纯粹意识抽象，其实并不准确，因为只要真正理解这种新的意识形式，我们甚至可以说它是最实在的；说严重阻碍，是因为如果不理解它，那么就只能以行为现象为基础理解超越论现象学，我们可以预见，胡塞尔的现象学会逐渐被现代西方哲学整体地抛弃。

我们从实显的行为和体验内容出发，揭示了纯粹意识何以是一种前—实显的存在，在讨论过程中，我们也不时根据胡塞尔在前《观念》时期的工作中，尤其是内时间结构研究中获得的成就，质疑他在《观念 I》中的含混和犹豫。这些指责或者所谓补充看似并不厚道，因为这本身就是根据胡塞尔本人的工作做出的，但如果考虑到在时下对超越论现象学的时髦的理解中，行为现象分析是如何大行其道，那么我们就不得不花力气澄清和补白胡塞尔的不足。

现在看来，纯粹意识最难理解的是它的抽象性，它是一种先天的纯粹形式的关联，其内容也是形式性的。如果有人将抽象理解为不实在，并且进一步将实在理解为行为和体验内容的实显或者实有，那么纯粹意识当然是抽象的，但如果考虑到胡塞尔现象学有着深刻的反实在论倾向：譬如在批评经验论时，胡塞尔坚持以观念关系取代内在图像上的相似关系，在转向超越论的过程中，他甚至要求消除自己早年提出的立义模式中的实项的内存在，以此彻底地离开描述心理学的基地，那么就应该不难理解，胡塞尔在突入超越论的观念论的过程中，彻底放弃的恰恰就是那些哪怕带有了一点点实在特性的意向因素。在《观念 I》中，这种"彻底放弃"达到了顶峰，他不但重提形式化的建基意义，而且在现象学的操作上明确提出应该放弃实显性的分析，进入非实显，当然，其实质是前—实显的纯粹意识领域。

在此过程中，现象学展现了它独特的移步换景的能力，我们的目光应该跟随胡塞尔从实显行为和体验内容，进入纯粹意识的领域。这里的难点是，纯粹意识何以就是绝对存在。人们很容易跟随海德格尔的眼光质疑这一点，情况似乎是这样，纯粹意识是区域性的，其存在自然不可能是存在一般，因而自然也不可能具有绝对性。实际上，纯粹意识的绝对存在，或者说构造的绝对存在，首先是针对描述心理学而言的，相对总体化，形式化不仅贯穿而且统摄了不同的存在区域，因而是绝对的，换言之，纯粹意识不是单纯相对物区域而言的，它构造的是不同区域的总体，但问题是，胡塞尔的确是相对物的存在，谈论纯粹意识的绝对性的，[1] 这无疑又一次为批评者们对他的曲解留下了空间。

我们认为，纯粹意识的形式性的存在是最实在的，前提是理解人之所以为人，是由他/她的生存的方式和目光所决定的，在谈论质素概念时，我们特意强调了形式性目光的重要性和根基性，人当然有其特定的身份，因而在特定的生存区域中存在，譬如学生自然是在学校的整体与部分关系中生存，军人、工程师也生活在他们各自的整体与部分关系中，但人作为原始的存在者，其本质恰恰在可能性，我们的身份转化之所以可能，是因为我们的存在有着更原初、更具建基性的基础，也就是说，这种根基性的存在不仅能够支撑我们在不同区域中生存，而且也能够让我们自由地在不同区域间转化：中国人"悲秋"，秋天是气象学的概念，而悲伤则是一种情绪，我们何以能够在两个不同区域之间自由转化？显然，转化的基础超出了特定的区域性，在此意义上，我们应该不难理解胡塞尔何以会基于形式化提出并展示纯粹意识了，因为正是纯粹意识的形式性特征确保了自由转化的可能性，也正是在此意义上，我们可以确认，纯粹意识是我们须臾不可离的生存基础，它才是最实在的。鉴于纯粹意识的根基性，胡塞尔对纯粹意识与绝对存在的构造关系的揭示，实际上恰恰为现象学运动，首先为海德格尔从存在一侧构造人的在世生存建立了坚实的基础。

既然如此，胡塞尔何苦执着于意识？按照笛卡尔对意识的实体论理解，意识与身体是彼此分离的不同实体：身体有广延，但不能思考；意识无广延，但却能思考，如此，意识自然是不实在的。但从胡塞尔对笛卡尔的数

---

[1] ［德］胡塞尔：《纯粹现象学通论》，李幼蒸译，第74页。

次评述和批评看，这种实体论从根本上不适合胡塞尔，进而也不适合整个现象学运动，上文也已经强调，现象学还原实际上针对的就是笛卡尔式的实体论。对胡塞尔来说，意识就是意识活动与被意识到的存在之间的相关性①，在此意义上，甚至可以说意识就是存在，无论就其自身，还是就其构造权能而言，都是如此。认为意识是抽象的，实际上隐含了"意识以肌肤为界""意识就是大脑的功能"等前见，这些都是典型的实在论的观点，尽管有其合理性，但从现象学上看，它们恰恰需要从意识的本意，也就是说，必须从"显现与显现者"的相关性上获得建基和说明。

胡塞尔的纯粹意识等同于心灵吗？当然不是，甚至在笛卡尔那里也不是。② 精神的实在化才是心灵。心灵与物相对，精神与自然相关。在《观念Ⅱ》，胡塞尔专题探讨了纯粹意识如何构造物、世界、心灵、习性、人格、精神。作为绝对存在，纯粹意识构造了这些区域，这充分表明了它的形式性以及在构造上的绝对性和基础性。

意识哲学彰显了主体性哲学追求明见性的特质，胡塞尔对反思、我思、意识的层次和构造能力的揭示都建立在意识自身的明见性之上，同时，因为他始终在参考现代数学观念阐发意识的权能，意识自身的明见性也从根本上不可能陷入主观相对性和唯我论，相反，在我们看来，它的缺点同时也是特点就是过于数学理性了。从纯粹意识对各区域存在的构造看，胡塞尔显然试图将它们纳入纯粹意识，他不仅尝试从纯粹意识中构造出各区域，而且试图揭示出各区域之间的关联，素朴地说，胡塞尔试图说明，各个特殊区域的存在及它们之间的生成关联是在一种绝对的"共时性"的意识结构，甚至也可以说是在绝对的当下意识中被构造出来的，换言之，纯粹意识就是一种建基性的普全意识。胡塞尔强调纯粹意识及其构造的存在具有绝对性，正是对其普全性的肯定。

胡塞尔的哲思决然地区别于黑格尔式的辩证法、谢林式的神学/潜能构架以及海德格尔式的存在论，这些思考不强调甚至激烈地反对单纯且绝对地诉诸意识的明见性，譬如在黑格尔那里，我们或许也能在精神演

---

① 值得关注的是，马克思也早已指出，意识就是被意识到的存在。

② 笛卡尔其实也区分精神与心灵，前者与上帝存在的观念有关，具有绝对的明见性，而心灵才是与物相关的实体。胡塞尔对笛卡尔的理解到《第一哲学沉思集》的第二沉思为止。

进的顶点处揭示出一种绝对的意识形式，但它本身的合法性的基础何在呢？对黑格尔来说，真理和存在是整体性的，理解这种绝对性必须重返精神的发展进程，因而基础就在于精神的自我否定和演进过程。那精神的自我演进的逻辑和原则是什么？没有人能比尼采说得更清楚了：强力意志或者追求强力的意志！海德格尔曾不断求助尼采的强力意志的永恒轮回，这在哲学形态上是有根据的。

纯粹意识是一种建基性的绝对存在，就现象学的发展而言，它的出现无疑有着特殊的意义，简言之，它不仅使胡塞尔从根本上区别于布伦塔诺主义，而且也使现象学一举成为20世纪西方哲学的重要代表。立义模式脱胎于布伦塔诺，这点无须多说。从20世纪西方哲学的整体状况看，无论从柏格森对绵延的研究，还是从索绪尔、雅各布森对能指的构造性的强调以及对双重能指链的揭示，抑或从弗洛伊德对无意识和自我的多维结构的构造，我们都可以看到，对世界的表象性的把握已经被这个时代整体地抛弃了，与现象学同时存在的各思潮都在尝试揭示构造表象之基础的新的存在，在此意义上，纯粹意识的提出是胡塞尔对20世纪西方哲学作出的建基性的贡献。

第四节　意向流形

意识总是关于某物的意识，这是胡塞尔追随布伦塔诺给予意向性的经典定义，在《逻辑研究》中，意向性被理解为以表象行为为典范的对行为现象的本质研究。但正如我们在第一章就已经表明的，描述心理学对意向性的研究在意向体验上受限于整体与部分关系，与此相关，在意向分析上则受困于内感知所导致的实显性。

再强调一下：描述心理学将代现性内容与意向对象的关系限定在整体与部分或者种属关联上。在对感性内容的体验中，代现性内容必然遵循质料的综合先天，从体验内容的最初凸显上看，它一开始就被限定在"最低的种类差"[①]对融合的感性内容的中断之上，也就是说，在最初的

---

① ［德］埃德蒙德·胡塞尔：《逻辑研究》第二卷第一部分，倪梁康译，A241/B$_1$246。

感性体验领域内，被体验内容只有通过最低种差的补充才可能被突出，进而才可能在特定种属关联中获得描述，而中断之前的融合状态就其自身而言是无法进一步得到描述的。在普遍直观上，胡塞尔曾向我们强调，对本质的直观只需目光的一次转向。如果人们进一步追问普遍之物的存在方式，他甚至会做出这样的回答："什么东西附加到'颜色'之上才能使'红'这个种类产生出来，对此我们只能再回答说：'红'。"① 也就是说，普遍直观必须以种属关系为基础。在范畴直观上，胡塞尔的立场没有丝毫改变："一个行为的被奠基状态并不意味着，它……建立在其他行为之上，而是意味着，被奠基的行为根据其本性，即根据其种属而只能作为这样一种行为存在，这种行为建立在奠基性行为属的行为上。"② 对他而言，范畴与其代现性内容之间具有种属关联，上文特别地指出，胡塞尔在范畴代现上甚至混淆了形式化之上的种属关系与总体化中的种属关系，有趣的是，他之所以会"混淆"，恰恰是因为他此时过于执着种属关系。

现象学向超越论的突破就发生在《逻辑研究》与《观念》之间，最重要的标志就是描述心理学中的立义模式被能思/所思的先天平行关系取代，细致地看，它大致体现为如下两个关键步骤：首先，胡塞尔以《现象学的观念》中的绝对的自身被给予性取代了《逻辑研究》中作为直观、感知之本质的自身给予性；其次，胡塞尔在与《现象学的观念》同期的内时间意识研究中具体展示了"绝对的""自身构造"的可能过程，他召唤思的目光进入绵延的结构，以揭示构造此绝对存在的权能源自何处。

胡塞尔在内时间构造上获得的成就按时间顺序可以总结为：1907 年发现滞留概念，1910 年前后刻画出滞留的双重意向性，1917/1918 年揭示出完整的双重意向性，在此基础上将体验流的结构刻画为一维流形构造二维连续统，1929 年之后，开始以原意识的二——一性直观构造活的当下。与这些工作相应，胡塞尔在现象学上至少做出了如下突破：在滞留相位被揭示之后，《现象学的观念》首次公开了进入超越论现象学的方式和路径，1910 年之后，《观念》三卷本集中展示了超越论现象学的观念、结构与基本问题，1917/1918 年，"贝尔瑙手稿"同时论证了动机引发原则的

---

① ［德］埃德蒙德·胡塞尔：《逻辑研究》第二卷第一部分，倪梁康译，A244/$B_1$250。
② ［德］埃德蒙德·胡塞尔：《逻辑研究》第二卷第二部分，倪梁康译，A650/$B_2$178。

形式根据，1920 年之后，习性现象学、被动综合分析开始成为研究的焦点，1929 年，《沉思》要求将决然明见性的基础安置在活的当下之上，他人的他异性和绝对性在活的当下的原被动性中获得了说明，随后，基于活的当下的被构造，超越论现象学进入以前—自我、前—存在等问题标明的本性层次。

超越论现象学从产生到历次突破显然都与胡塞尔在内时间结构上的发现有关。在我们看来，胡塞尔在 1905—1910 年揭示的滞留的双重意向性就是超越论现象学诞生的隐秘基础，因为胡塞尔就此获得一个不同于立义模式并且能够作为立义模式的基础的新的意向结构，更关键的是，正如他明确指出的，内时间结构的揭示是以消融了立义模式为前提的，只有突破描述心理学对意向性的实显性的限制，新的绝对的意识领域才可能被揭示。与此突破相关，我们在《观念》中也可以看到一个建立在立义与内意识结构的区分之上的重大变革：胡塞尔重新向我们强调了形式化相对总体化的建基性，在《逻辑研究》中作为立义模式之基础的整体与部分关系就此获得了新的基础，这意味着现象学在先天法则上获得了新的基地。实际上，只有着眼形式化对总体化的建基，《观念 I》中的一系列新的现象学研究，譬如现象学哲学的观念、纯粹意识的独立性与建基性、能思/所思的先天平行关系，才可能具有合法性，而对形式化与总体化之间的构造关系的说明，也在先天法则上现象学地回应了以时间结构为框架的新的意向关联对实显的表象立义的超出。

但经历了内时间结构的研究之后，胡塞尔何以就能重新确立形式化的先天性和建基性，甚至就此创立一门现象学的哲学？内时间何以具有如此之大的作用？在我们看来，秘密就在于内时间结构在操作和意向关联上的特殊性。前文已经多次强调，在对体验流的刻画中，胡塞尔将滞留意识视为一种"特殊种类的意向性"[1]，它展示了"意识相位与相位之意向关系（一个根本不同的关系）"[2]，胡塞尔甚至明确告诉我们："不可以将意识相位和意识的连续性本身重又看作时间客体本身。"[3] 基于现象学从描述

---

[1] ［德］埃德蒙德·胡塞尔：《内时间意识现象学》，倪梁康译，第 63 页。
[2] ［德］埃德蒙德·胡塞尔：《内时间意识现象学》，倪梁康译，第 387 页。
[3] ［德］埃德蒙德·胡塞尔：《内时间意识现象学》，倪梁康译，第 387 页。

心理学向超越论现象学的突破，我们显然可以认定，这种所谓特殊种类的意向性无疑起到了建基作用，因此有必要对此予以足够的关注。

根据胡塞尔对内时间构造的三层区分，内在的时间客体就是意向行为及其对象，也就是描述心理学的立义模式，从内时间构造看，整个立义结构都是超越的，在《现象学的观念》中，胡塞尔就曾以此为基础要求彻底地悬搁实项的内存在，最终离开描述心理学的基地。这种悬搁和离开意味什么？当然是悬置整个立义模式。循此进路，胡塞尔在《现象学的观念》中重新区分了内在与超越，它不再意味着立义模式下的在意向之中，或者被指向，新的内在和超越建立在体验流的内在结构之上，它构造了实项的内在和超越，也可以说，它构造了整个立义模式。我们知道，在《观念》阶段，这种新的内在就是作为现象学还原之产物的纯粹意识，这一切在胡塞尔那里都必须建立在内时间结构之中。

内时间意识标出的是意识相位与相位的意向关系，此意向关系不是内在客体意义上的，那它是什么？这是摆在胡塞尔，同时也是摆在现象学研究者面前的问题。实际上，只要仍然愿意跟着胡塞尔前行，那么别无选择，我们就必须进入这种意识相位与相位之间的意向关联之中，这是现象学面对实事本身的基本要求，结果也很清楚，在我们面前呈现的就是一种建立在内时间结构之上的多维的意向关联结构。刻画这种建基性的多维意向结构一直是我们研究的重点。

但问题是，意识相位之间的意向关联何以就能构建出一种形式性的构造？请注意！相位本身不具有实在性，更遑论仍受限于自然眼光的客观实在性了。"相位"是活的位置性的，相位之间的关联就是一种位置性的指引关联，说得更彻底点，相位只能在相互指引中才能显示其存在。当我们谈论滞留相位和前摄相位时，其具体含义是某个意向行为以滞留的方式被保留了，以前摄的方式被预期了，在此相位关联中，现象学的目光既可以沿着相位之间的各种形式的关联考察意向行为的被给予的方式，也可以进入某个意向行为，揭示其本质结构，前文在批评范畴代现的反思内容时曾强调的"融入"行为的可能性在此同时也就得到了揭示。

回到胡塞尔对特殊种类的意向性的初次说明，滞留意向的特殊性就在于它不是一种客体化的立义，而是意识相位之间的关联，它不直接指向客体。研究者们很容易提出反驳：即便在超越论现象学阶段，胡塞尔仍在不断谈论立义。我们之前已经指出，就胡塞尔在内时间结构研究中消融立义模式看，他悬置的其实是以整体与部分关系为基础的立义模式。

现在的问题是，如何刻画构造立义模式的这种新的存在和意向呢？前—立义吗？这仅仅是方向上的指示而已，并不意味着进入其中，内在地刻画它。我们实际上已经批评过，萨特最早提出的前—反思的自身意识模式似乎比前—立义前进了一步，但显然还是无法真正解决问题，相反体验的多维存在必然会模糊在这种自身意识中，因为自身意识或者意识到这些说法无法提供严格的方法步骤以进入多维的存在，更遑论内在地刻画基于此多维存在的超越论构造了。

前—立义的标画和前—反思的自身意识一样，本质上都建立在立义模式之上，都没有真正刻画出进入多维存在的可能。我们认为，这是胡塞尔现象学研究中最难突破的问题。在胡塞尔研究史上，人们因为过度执着于立义模式，或者由于混淆了基于总体化的立义和形式化之上的意向作用的立义，将立义模式移置入新的多维存在之中。这是对胡塞尔现象学的一种错误的一以贯之的理解。有趣的是，胡塞尔其实也应该为学界的失误负责，因为很多时候他并未清晰地说明他自己的理论意图，譬如在集中展示超越论现象学的《观念》中，他过于谨小慎微，在从我思出发探讨现象学还原的进程时，不恰当地聚焦在环绕意向行为的视域意向，从而鼓励了学界从行为现象上理解能思/所思，似乎视域意向性足以替代对双重意向性的说明，从而最终耽搁了对纯粹意识之内在结构的理解；再如，在探讨自我与时间性的关系时，他直接指明了三重边缘域的建基性，从他的内时间结构研究看，活的当下这一术语尽管出现得较早，但对它的专题讨论直到1929年前后才真正开始，而他在《观念》之前的内时间研究中揭示的滞留的双重意向性却根本未被提及，如此，《观念》的基础何在？能思/所思何以就能扩展立义模式？如何从操作过程上解决这些问题？这恰恰是现象学的根本。如果引入胡塞尔在《观念》阶段之前的内时间结构研究上获得的成就，那么这些问题自然可以得到更好的解决，前文已有详细讨论，这里不再重复。

既然以立义模式为基础的各种理解都无法进入这种新的存在，进而无法刻画这种新的意向关联，那么我们还应该在纯粹意识的结构中死守那种仍然建立在总体之上的立义模式吗？答案自然是否定的，胡塞尔当然没有抱残守缺，那么如何进入这种多维的意向关联，这种意向关联又具有何种新的形式和结构呢？"进入"前—立义的存在区域的方法，就是我们上文依据内时间结构逐层展示的现象学反思、还原以及拆解、自身思义，至于新的意向关联结构，我们也将在探讨能思/所思的先天平行关系时专题讨论。现在，我们至少可以确定，无论如何，立义模式不可能再适用于构造立义行为的纯粹意识了，它们针对的是两个完全不同的存在领域，我们需要勇敢地面对这场根本性的变革。

如何刻画这种新的意向关联呢？我们建议引入意向流形的观念，这种说法转化自胡塞尔在超越论构造中所说的"流形的意向体验"（mannigfaltige intentionale Erlebnisse）①，或者胡塞尔本人较多使用的"意识流形"概念。超越论现象学与流形论有关②，胡塞尔批判性地吸收了现代数学中的流形论的意向，从直观上构造出了纯粹意识的多（manni-）褶皱、维、层（faltig）的结构③，"流形的意向体验"或者意向流形试图表达的就是纯粹意识具有的多维结构。根据内时间结构，此多维存在展现为一维流形对二维连续统的构造，或者用内时间的术语，活的当下对双重意向性的构造，其中，一维流形的具体形态就是环状流形。在现象学史上，此多维的流形结构产生了巨大的建基作用，不仅胡塞尔的习性和人格存在建立于其上，甚至海德格尔的生存论建构也体现为多维的循环构造，他转向时期开始的对尼采的专题研究所彰显的圆环构造，其实也就是对此多维的意向流形的存在论表达。

根据《观念》的规划，在超越论构造中作为首要的也是最终构造物

---

① ［德］胡塞尔：《纯粹现象学通论》，李幼蒸译，第231页。
② 单斌和钱立卿分别从空间和数学角度涉及了胡塞尔的流形问题，具体讨论请参见单斌《胡塞尔的流形概念——以空间流形为中心的考察》，《安徽大学学报》（哲学社会科学版）2014年第5期；钱立卿《弗雷格与希尔伯特的几何学基础之争——兼论胡塞尔对几何学起源的分析》，《世界哲学》2015年第2期。王知飞也从集合论和流形论的关系上初步探讨了胡塞尔从描述心理学发展到超越论现象学的必然性，请参见王知飞《从集合到流形——论胡塞尔现象学的现代数学起源》，《中国现象学与哲学评论》2018年春季刊。
③ 因此，"Mannigfaltigkeit"译为多层性、多维性甚至多皱性都或许是比较好的选择，本书仍沿用"流形"的旧译，是为了强调纯粹意识的多维结构（noesis）与现代数学、最高的形式原则（noema）的同构性，换句话说，《逻辑研究》中以整体与部分为基础的立义模式无论如何也不再适用于现代知识批判的要求了，胡塞尔在超越论现象学阶段提出了新的意向结构。

就是所思的流形,胡塞尔将之视为最高的形式化法则。这是现象学科学论的总纲。在纯粹意识的整体构架中,对象并非简单地被指向,包括指向性在内的整个立义结构,都必须在深层的意向流形中获得构造。在具体展示超越论的构造时,胡塞尔大量使用了"质素的映射流形显相的流形""意向作用的流形"等说法,在界定能思/所思的关联结构时,他也直接指出:"实项的意向作用内涵的流形材料,总是与这样一种流形相对应,它存在于一种对自身显示于相应的'所思内涵',或者简言之,'所思'的材料的现实地纯粹直观中。"①

我们愿意将意向流形框架的提出视为胡塞尔对19世纪以来的科学成就的积极回应,现象学以此与这个时代的整体知识结构保持了同构性。海德格尔曾批评现代思维陷入了表象结构,从胡塞尔看,此批评大致符合描述心理学的立义模式,如果从意向流形的结构看,海德格尔的批评当然失去了效力,这种新的意向结构不仅构筑了一种全新的意向存在,而且实质性地支撑整个现象学运动的基础,海德格尔的生存论建构也受惠于此流形结构。同样,在此结构上,我们甚至可以看到20世纪西方哲学的整体样貌,对前对象化的体验结构和存在结构的揭示不仅在胡塞尔这里出现了,在从索绪尔到雅各布森所阐发的能指关联中,在弗洛伊德的无意识的地形地貌中,我们也同样可以看到揭示这一存在维度的努力。

如果以此结构回溯《逻辑研究》,我们将不难看到,范畴直观与代现体现的是集合论的基本意向,A总是作为拥有b而被给予,"A拥有b"就建立在整体与部分关系之上,但从被给予性上看,我们需要追问,整体与部分关系何以能支撑"A拥有b"这样的意向关系?这在《逻辑研究》中并未得到说明,而在《观念》对形式化如何构造总体化的说明中,胡塞尔已经明确指出,形式化在结构上展示的就是纯粹属之间的关联,就此,在《逻辑研究》中作为基础和前提的整体与部分关系何以就能支持范畴直观和代现也就得到了新的建基,而对此问题的最终说明显然必须依赖对构造形式化的纯粹意识的内在结构的揭示。

我们在此也可以预先指出,作为范畴直观的关键步骤的共形变异只

---

① [德] 胡塞尔:《纯粹现象学通论》,李幼蒸译,第152页。

能建立在整体与部分关系之上,而本质直观以及作为其核心步骤的想象变更则只能建立在纯粹意识的结构之中,这是超越论现象学的内部事物,它们的意向基础完全不同,就形式化对总体化的构造而言,甚至可以说,想象变更为范畴直观中的共形变异提供了基础。

从《逻辑研究》到《观念》的发展看,胡塞尔向内在统一的流形的意向体验领域的突入对超越论现象学的诞生和发展无疑具有了建基意义,如果人们愿意就此追问,胡塞尔本人究竟在意向流形内部区分出多少维度,那么我们就只能再次引用胡塞尔在"贝尔瑙手稿"中对体验流的完整结构的高度凝练的刻画:"这个总共双重的连续统(一个双重持续的点流形)在两个'半平面'中把自身建构成一条双重的河流,其中每一条河流都在一个通过一维流形单方面被限制的二维连续统中建造自身。两个连续在这个一维流形中交接。"① 其中,"通过一维流形单方面被限制",表明二维连续统是在一维流形中构造的,两个连续性,亦即滞留和前摄的连续统在一维流形中相交接,并不是说它们构造了一维流形,而是说它们在一维流形中被构造,也就是说,我们不能将一维流形理解为在客观轴上显示出的内时间的最终构造物,相反,一维流形是整个内时间结构的最终基础。据此,简单地说,意向流形结构在胡塞尔那里就展示为一维流形对二维连续统的构造,或者说,活的当下对双重意向性的构造,如果着眼胡塞尔晚年的探索,我们还可以加上活的当下,亦即这里所谓一维流形的自身构造及其对具体当下的构造。

在揭示了纯粹意识的内在结构之后,我们还能停留在客体化层面探讨对含义对象的立义和充实吗?显然不能,根据现象学还原的要求,我们已经进入体验流的内部,已经在从一维流形到二维连续统的发生构造中构造主体在世界中的存在了。在此意义上,我们坚信,意向性无论如何也不可能再意味着一种以表象立义为基础的指向活动了,它在超越论上获得了一种全新的构造性的含义,我们甚至愿意就此指出,从意向性上看,胡塞尔直到提出意向流形的框架时,才真正独立出了布伦塔诺学派,也正是在此意义上,胡塞尔的现象学研究可以大致地分为两块:一

---

① [德]埃德蒙德·胡塞尔:《关于时间意识的贝尔瑙手稿(1917—1918年)》,肖德生译,第72页。

块是以第一版《逻辑研究》为核心的描述心理学，另一块则是自《现象学的观念》开始的超越论现象学，当然根据意向流形的内在结构，超越论现象学也可以再区分出不同的形态。

如何定位纯粹意识/绝对存在的意向流形构架？首先，它不是我们现在一般谈论的意识，与大脑的功能无关，这是我们一直强调的；其次，也正是在此意义上，纯粹意识不是区域性的，而是构造诸区域的，甚至是构造在内涵上具有黑格尔式的等级差异的诸存在区域的，胡塞尔据此强调其绝对性；最后，也是最根本的，纯粹意识因为能够构造诸存在区域而成为诸存在的绝对有效的根据，这就是出于从哲学上对现代形式数学的有效性的建基。

但问题的复杂之处在于，我们已经多次提及，由于形式化内部又可以划分出的新的种属和整体与部分关系，我们似乎在形式关联上又必须探讨立义模式了，这种形式化之上的立义甚至同样遵循整体与部分关系，但我们有必要指出如下两点。首先，两种立义之间有着重要的层次差别，《逻辑研究》中的立义严格地被限制在总体化的范围内，而形式化之上的立义则事关形式的综合，譬如我们就曾指出胡塞尔在《观念》中往往强调质素流形、综合体。胡塞尔本人对此显然了然于胸，但两种立义的说法还是为学界对此问题的理解带来障碍。其次，我们在探讨双重意向性对立义模式的构造时不断强调，横意向性为立义行为提供了直接的基础，或者说，立义模式就建立在横意向性之上。我们的措辞是谨慎的，横意向性上的体验内容实际上只是现成滞留和前摄相位的综合，胡塞尔一度将对它的把握称为二阶绝对感知，其实是贴切的。

立义与二阶绝对感知的差异在于内容：二阶绝对感知的内容是形式综合，譬如质素的流形，一阶行为的内容的则是实项的感觉，而"支撑""构造"则体现在形式化对总体化的构造上，本质单一体是形式之间，譬如不同属之间的最差种差，它无限接近总体化中的最小种差，但又与之具有根本的层次差异。有趣的是，在此区分中，所谓二阶并非人们一般所理解的建立在作为一阶行为的立义之上高阶行为，在我们的问题语境中，二阶绝对感知反倒是建基性的，它存在于绝对流之中，尽管也还是表层的，但它却为形式化之上的意向作用的立义提供了基础。我们也可以预先指出，已有的讨论一般认为，譬如集合、连续统是在相对一阶感知的高阶行为中构造的，而我们对意向流形的探索将表明，它们真正的基础却在构造一阶的立义行为的意向流形的框架之中，因而是本质直观的事情。

在意向流形的框架内，超越论构造实际上也具有了多层次性。首先，当然也是最根本的，就是意向流形自身的构造，我们已经指出，胡塞尔已经专论的是一维流形构造二维连续统，他所谓超越论的主体性就建基在此流形结构之上。其次是诸区域存在在意向流形结构中的构造，这是超越论构造的表层含义，从胡塞尔规划看，从个体的习性、人格到普全人类的精神、历史都应该在流形结构中获得构造。诸区域的有效性本质上就是意向流形结构的映射而已。最后是特定区域内部的构造，下文在探讨超越论现象学的基本问题时将展示其中的一部分。在此意义上，我们显然不难理解，胡塞尔何以会认定海德格尔的生存论建构仍然是人类学的了，因为生存论建构涉及的是人类的生存区域，它本身必须建立在意向流形的结构之中。进而，在谈论现代存在以及现代存在的批判时，我们应该自觉地将现代存在与超越论现象学的多维构造关联起来，因为胡塞尔的此项工作的确是对至今仍占统治地位并且深刻地规定着"第二自然"的科学革命的哲学回应。在此意义上，我们愿意强调一下，胡塞尔现象学仍然是当下的，在现代存在的批判上甚至是未来的。

至此，我们仅仅通过对内时间结构在描述心理学与超越论现象学之间的中介作用的阐发，初步说明了意向流形框架提出的必要性，但要理解意向流形对超越论现象学的具体含义，至少还需要解决两个问题：首先，纯粹意识的构造具有何种具体的形态，它究竟如何为表象立义奠定基础？其次，它在哲学上具有何种意义？当胡塞尔在《观念Ⅰ》的副标题中明确提出现象学哲学的观念时，新的意向构架是否也起到了某种根本性的作用？我们显然需要对意向流形的构造权能进行更具体的说明。

第五节 能思/所思

在《观念Ⅰ》中，胡塞尔在意向性问题上引入了著名的能思/所思（noesis-noema）结构，这对现象学具有重要的意义：首先，它当然意味着《逻辑研究》中的立义模式已经不再适用于超越论现象学，现象学已经完成了一场根本的突破；其次，当我们谈论超越论构造时，此构造必须在能思/所思的结构中得到说明，否则它只能是虚谈。我们花了大量篇幅论述胡塞尔走向超越论的进路，并且也根据胡塞尔的思路，将纯粹意识的结构刻画为了意向流形结构，现在的问题是，能思/所思的先天平行关系与此结构又具有何种内在关联？

能思/所思结构是胡塞尔现象学中最困难的问题。根据至此的讨论，我们现在可以确定，此意向结构因为具有多维性，不可能再容纳行为本质分析，胡塞尔关于行为宛如河流上的波浪的比喻，就是对行为与此多维意向的关系的形象说明。我们现在要做的是真正进入前—实显的意向流形内部，揭示能思/所思的多维的构造关联。

一 争论

半个多世纪以来，在胡塞尔的能思/所思问题上，研究者们，尤其是美国的现象学家们陷入了旷日持久的争论。弗莱斯达尔、麦金泰尔和史密斯在所思的存在论地位上提出了意涵中介论或实体论解释。他们认为，在对对象的指称中，所思意义起到了中介作用：意识总是通过作为意义实体的所思指向对象，而所思的意义等同于语言的意义。这种典型的弗雷格式的解读遭到了古尔维奇等人的反对，他们认为所思和对象在存在论地位上并无差异。①

---

① 这场发生在美国东西海岸之间的争论非常复杂，我们大致上可以把他们划分为中介论和反中介论。中介论是指以弗雷格的视角解释所思，这开启了对胡塞尔的分析哲学的解读，属于以美释欧。反中介论大体上有康德式的、融合格式塔心理学和现象学的古尔维奇式的，这两种解读大体上代表了一种以欧释欧的尝试。当然也有综合双方的，认为弗雷格式的、古尔维奇式的都有道理，但也都需要限定。德拉蒙德概括了这三种解读方向的基本观点，请参见 Drummond and Embree (edit.), *The Phenomenology of Noema*, edited by John Drummond and Lester Embree, Klumer Academic Publishers, 1992, "Introduction", pp. 4 - 6. 在我们看来，这几种解读角度有着共同的缺陷，他们都延续了《逻辑研究》的框架和思路进入能思/所思，都错失了意向流形的结构，而这恰恰是理解所思的前提。本节将聚焦弗雷格式的解读。古尔维奇的理解涉及了（形式化中的）整体与部分关系，我们将在"类型学"一节中讨论，这里也可以预先指出，尽管他同样没能揭示纯粹意识的意向流形结构，但相比而言，还是更接近胡塞尔。至于康德式的解读，我们不予专门讨论。依笔者之见，只要理解了胡塞尔的立义与康德的统觉之间具有相似性，而意向流形就是消融立义模式之后才得以被揭示的，那么从康德角度解读能思/所思的结果就不言而喻了，实际上，将立义模式强行纳入能思/所思显然也与此思路有关。最后，在我们看来，从什么视角解读能思/所思其实并非重点，重点是胡塞尔本人是如何理解能思/所思结构的，此结构对现象学的意义何在。着眼特定的解读视角，充其量只具有衍生意义。

实际上，在正式讨论之前，我们就可以指出，中介论解读一开始就遭到来自胡塞尔本人的预先反对，在一篇手稿中，胡塞尔明确指出："认为意识能够通过其内在的所思意义（或者说，通过在其所思的规定性和作为存在者的设定样式的意义极 X）而'关联于'超越的对象，这是一种臆想，准确地说，是一个错误的说法。这种理解绝不是我的想法。如果它能够在《观念》中找到，我将倍感惊异，因为这肯定不是这本书要表达的真正含义。"①

胡塞尔在《逻辑研究》之后曾经历了一场深刻的哲学家身份危机，超越论现象学就是他克服此身份危机的成果。有趣的是，即便仅仅由此出发，人们似乎也可以拒绝中介论者处理能思/所思问题的一般方式，因为他们或隐或显地将《逻辑研究》中的意向性结构平行移入了超越论现象学，将能思/所思结构视为意向行为—意向对象的同一物。

如果模糊了向实项的内存在的还原和现象学还原之间的界限，那么人们自然会倾向于将超越论现象学与描述心理学所分析的事态范围的变化归为立义范围的变化：《逻辑研究》中实项的被体验内容在现象学还原中被驱逐到了对象一侧，实显性的立义就成了纯粹意识对质素层的立义。人们或许会认为胡塞尔是支持这一想法的，例如在《观念》中，他直接将现象学构造定位在无质料的意向作用层与在非意向、无形式的材料层之间，并且在此范围内谈论意向作用的立义。

但这种考察忽略了一个对超越论现象学而言更为基本的问题：纯粹意识具有什么样的内在结构，使其能承载实显性的立义，并使之具有合法性？在《观念》中，胡塞尔对此问题几乎未做专题讨论。他更多的只是告诉我们，作为现象学还原的剩余物，纯粹意识具有绝对性、内在性、多层次性或多维性。但是，严肃的思考者完全有必要就此追问胡塞尔：纯粹意识的多维性，在"本质性的反思目光"中究竟展现为几个维度？这些多维的实事之间具有何种关联？这种关联是先天的还是经验的？这些问题在实显性立义以及前—反思的自身觉知中根本不可能被触及，因为勾连这些实显意向的关联域只能在实显性体验中被边缘性地意识到，而现象学还原的要义即在于指出，这种前—实显性的边缘域作为外视域，

---

① Cf. Rabanaque, "Passives Noema und die analytische Interpretation", p. 77.

在纯粹意识,亦即绝对的内视域中有其根源。

弗莱斯达尔等中介论者,当然也包括对能思/所思的客观化理解模式的支持者们看来恰恰缺失了对这一问题向度的思考:一方面他们已经意识到现象学还原前后可能存在两种不同的意向模式:弗莱斯达尔指出,所思作为意涵实体,是对意义概念的推广①,而麦金泰尔、史密斯则表明,胡塞尔在《观念》中的行为意义的观念,比《逻辑研究》更具一般性,意义不再是行为的本质和属性,而是某种自类的抽象的殊相②;但另一方面,在对能思/所思结构的分析中,他们仍然坚守传统的实显性的立义意向模式。科索夫斯基甚至试图以《逻辑研究》中的多束行为来解释能思的多维性。③ 但问题是,多束的意向行为本质上仍然是实显性的体验,而纯粹意识的多维的意向存在,却只能以前—实显的方式展现,立义考察涉及的只能是纯粹体验的表层。严格地说,我们甚至都不能以"实显"或"非实显"的说法描述它,纯粹意识作为绝对存在,它只是在实显的考察中被"伪造"成非实显性的,如果着眼其自身的存在,那么我们显然只有进入纯粹意识,才能刻画其内在的意向关联,在此意义上,无论实显,还是与之相对的非实显,它们都是被构造的。

胡塞尔直到《观念Ⅰ》才明确提出实显性与非实显性的事态区分,按照上文的讨论,在滞留的横意向性上,实显性体验的基础体现为由现存滞留综合而成的体验块片,而非实显的关联域则相应地展示为横向和纵向的意向关联结构。拉瓦纳克注意到了这一核心事态,他告诉我们:"与行为—意向性相对,有一种新的意向操作,即先于主动把握而实施的被动的把握在起作用。"④ 在他看来,能思/所思问题上的第一种发生概念与横意向性以及与作为其根源的活的当下相关,而第二种发生概念则与意向的历史,或者习性的意向性相关,它的最终基础就在于在本我与非

---

① 参见[挪威] D. 弗莱斯达尔《胡塞尔的意向相关项概念》,张浩军译,《世界哲学》2010年第5期,第119页。译文略有改动。
② 参见[美] R. 麦金泰尔、D. W. 史密斯《胡塞尔论意义即意向相关项》,张浩军译,《世界哲学》2010年第5期,第108、113—114页,译文略有改动。
③ Cf. Kosowski, "The Structure of Noema in the Process of Objectivation", in *Husserl Studies* 28, 2012, p. 145, 148.
④ Rabanaque, "Hyle, Genesis and Noema", in *Husserl Studies* 19, 2003, p. 210.

本我的原初关联中的原初创。① 这应该是西方现象学家所能给出的最深刻的理解了。

在1917/1918年的"贝尔瑙手稿"中，胡塞尔直接指明了体验流与能思/所思结构之间具有的事态关联："如果我们贯穿'最终的'意识流，那么我们恰好就指明了最终的所思构成物，并同时指明了它如何在自身中承载一切，如何承载意识，如何客体性地关联自己，如何通过所思的被给予性与意义存在意识到意向的对象性。"② 在晚期的时间手稿中，胡塞尔甚至直接指出了持存的印象就是意向作用—所思上的存在，活的当下具有意向作用的层面等核心事态。③

因而，拉瓦纳克将能思/所思置于时间性体验的被动构造中理解，无疑是最贴近胡塞尔本人的整体思路的。但是，他通过时间构造对纯粹意识的多维性的界定却不幸存在着如下问题：活的当下不可能直接为横意向性奠定基础，在胡塞尔那里，横意向性首先奠基于纵意向性，而纵意向性则建基于那种自身生成于活的当下的具体当下之中。奠基序列的混乱必然会掩盖两种发生之间的内在关系，第一种发生概念与本性相关，可以被称作本性的发生或原被动性，它在时间结构上奠基于具体当下/活的当下，而第二个发生概念，即习性的发生，它在时间性上奠基于纵意向性/具体当下的发生构造，而根据时间性的奠基关联，习性的发生奠基于本性的发生。

科索夫斯基在拒绝拉瓦纳克式的在深层的、多维的被动体验中对能思/所思结构的解释的同时，明确提出应该在一种被动的客体化构造的意义上理解这一结构。④ 但是，他们两人所谓"被动"并不相同：拉瓦纳克式的被动性最终建基于纯粹意识通过时间性体验所展示的具有内在奠基

---

① Cf. Rabanaque, "Hyle, Genesis and Noema", in *Husserl Studies* 19, 2003, pp. 210–212.
② ［德］埃德蒙德·胡塞尔：《关于时间意识的贝尔瑙手稿（1917—1918年）》，肖德生译，第212页，此外，胡塞尔还特别要求根据能思和所思讨论河流（［德］埃德蒙德·胡塞尔：《关于时间意识的贝尔瑙手稿（1917—1918年）》，肖德生译，第191页），"意义是流动的能思的同一物"（［德］埃德蒙德·胡塞尔：《关于时间意识的贝尔瑙手稿（1917—1918年）》，肖德生译，第202页）。
③ Cf. Husserl, *Späte Texte über Zeitkonstitution (1929–1934), Die C-manuskripte*, S. 84, 296.
④ Cf. Kosowski, "The Structure of Noema in the Process of Objectivation", in *Husserl Studies* 28, 2012, p. 144.

性的多维存在，即从活的当下一直到横意向性的整体的奠基序列之中，而科索夫斯基的客体化的被动性则仅仅建基在横意向性之上，局限在客体化的各个层次之间的构造中。

纯粹意识的多维结构不仅具有一种存在的深度，而且在其最底层的活的当下的原创造中具有一种本源的宽度。根据胡塞尔的整体思路，能思/所思的平行关系应该在比实显性体验更原初的意向流形，或者说，由现象学的时间性所构建的意向交织的网络中得到考察。只要基于立义模式或者仍然局限在行为现象分析中的前一反思的自身觉知，我们就不可能真正突破实显性的限制，最终自然也不可能真正深入超越论现象学的实事根基之中。

二 能思/所思的先天平行论

贝耐特考证出所思概念在胡塞尔那里有三种含义：作为行为的相关项、作为统一的意义、作为各种所思意义之观念极点的对象 X。① 这一成果在学界已经得到充分的重视。但是，如果着眼于胡塞尔整体的现象学思路，我们还是必须追问和解决如下问题：首先，现象学还原揭示的纯粹意识和绝对存在赋予能思/所思以何种独特的现象学的特征？其次，如果越过胡塞尔为《观念》的意向性描述定下的限制，即限定在对象一侧，回到现象学的本意，即"显现学"，那么我们能否基于能思/所思的先天平行性，从能思自身的规定性确定所思的显现特性与限度？最后，我们能否基于超越论意识的意向存在的深度和本源的宽度，真正描画出能思/所思结构在胡塞尔那里的完整形式，进而揭示其对现代理性的价值和意义？

1. 先天平行论

在《观念 I》中，胡塞尔提出能思/所思结构有两种平行关系，它们分别是能思与所思，或者说，意向作用的特征与所思的特征之间的平行关系，以及"在所思方面如此'被意指的'对象的、在'意义'中的对象的统一性，与构造性的意识形式"② 之间的平行关系。这些平行关系何

---

① 参见［瑞］贝耐特《胡塞尔的"Noema"概念》，载赵汀阳主编《论证》，辽海出版社1999年版，第150—169页。
② ［德］胡塞尔：《纯粹现象学通论》，李幼蒸译，第176页。

以可能？又何以能具有先天性？

从《逻辑研究》开始，意向性就具有了先天的含义。当胡塞尔将意向性的基本特征描述为"意识总是关于某物的意识"时，即便从符号行为看，他也没有简单地从意识活动具有指向对象的行为特征对意识予以说明。在他的思考中，"关于某物"这种超越性必须遵循纯粹种属的先天观念，在实项被体验的区域内，这种先天观念更是进一步具体化为质料的综合先天的规则。但种属上的先天性对意向的指向性的规定，正表明《逻辑研究》中的意向性所具有的先天性仍然只是一种外在的规定，因为意向的"指向性"在此并不是奠基于行为自身的存在及其他显示自身的独特方式，而是建立在意向行为必然符合某种先天观念，更原初地说，必然建基于最小种差的先天观念之上的。上文已经指出，现象学还原的最主要意图就是突破种属先天法则对意向性的限制。

现象学还原向我们揭示的纯粹意识自身展示为意向流形结构。这种意向存在遵循的不再是种属先天的法则，而是纯粹本质学，亦即我们一直在说明的形式化的原则。在新的现象学基地上，我们不可能再以描述心理学的方式追问意向行为的客观化指向的观念性结构，这里的新问题是，意向的关联物，或者说所思及其多种存在形式，如何在多维的意向关联中，根据意向流形的结构获得构造并显示自身。

据此，意识在关涉某物之前，必须首先就其自身的显现先天地确定显现者，胡塞尔将此事态表达为："所思的艾多斯指示着意向作用意识的本质，二者在本质上互相依属。"① 于是，互属性或者说先天平行论成为超越论现象学的意向性结构的最本质的特征，相比立义模式，这种新的意向模式具有建基性："关于"结构是被奠基生成的，"关于"自身首先必须在一种先天的平行性中"生成"。②

2. 能思/所思的流形

《观念Ⅰ》对能思、所思的描述采用了意向作用的立义，人们甚至有

---

① ［德］胡塞尔：《纯粹现象学通论》，李幼蒸译，第174页。
② 从言语行为与前言语行为的区分角度，Larrabee 建议将此事态的差异指认为 "generalization of" 与 "generalization from" 的区别，Cf. Larrabee, "The noema in Husserl's phenomenology", in *Husserl Studies* 3, 1986, pp. 211–212。而 Rabanaque 则相似地建议以 "von" 与 "aus" 之间的区分来标明这两种事态，Cf. Rabanaque, "Passives Noema und die analytische Interpretation", p. 67。

理由延续《逻辑研究》中的立义和代现论理解：既然意向对象的在场依赖它的实项的被体验内容的在场，那么在所思的被把握问题上，追问能思的中介性样式，即意涵实体的存在样式，自然就是合理的。

我们知道，代现论，这种带有中介论色彩的现象学认识论，早在《现象学的观念》中就已经被如何在绝对的自身被给予性中"切中"对象这一问题取代了。当《逻辑研究》将意向行为与意向对象之间的关系建立在某种中介性的内容，确切地说，代现性内容之上时，它就已经错失了意向行为如何在绝对的自身被给予性中与对象相合这一更基础性的问题，在《观念》中，切中问题被胡塞尔更准确地理解为能思/所思的先天平行论问题。

我们先看能思/所思的先天平行论的第一层含义。在《观念Ⅰ》提出的著名的"树感知"的例子中，胡塞尔保留了对感知的实项内容和非实项内容的一般区分。实项内容包含了意向作用和材料的组成部分或块片，所思的组成块片则属于非实项的内容，贝耐特指出的所思的第一层含义就与这种作为行为之指向物的非实项内容相关。在此，被感知的"颜色"不属于实项被体验到的意识内容，它属于所思一侧，在颜色体验的连续的流形中显现自身。① 这种实项的与非实项的体验之间存在平行关系，用胡塞尔的话说，"质素内涵的任何变化"必将使"显现者客观上成为'其他物'，无论在其本身或在属于其显现方向的方式上而言，如此等等"②。

但必须注意，与客观意义上的映射内容对应的体验内容并非体验的流动的连续统整体，而是包含在体验内容中获得综合的质素内涵的综合体。因而这里的相关性就是指所思的统一性质与质素的映射流形之间的相关性。在此，我们甚至可以接受《逻辑研究》中的立义模式，因为这里有待被赋义的内容已经具有实显性，已经是一种封闭区域中的体验块片了。同时，我们也可以看出，胡塞尔对能思/所思的第一层含义的现象学分析，实际上间接地鼓励了一种对能思/所思的客观化的，甚至是中介

---

① 德拉蒙德提出了流形中的同一性的模式，以区别于《逻辑研究》中的整体与部分模式，但可惜在他尝试引入显现的过程探讨该模式时，实质上并未进入我们这里揭示的多维的流形结构，他理解的流形其实更多的还是显像的流形。Cf. Drummond, *Husserlian Intentionality and non-founational Realism*, *Noema and Object*, kluwer academic Pblishers, 1990, pp. 149–154.

② ［德］胡塞尔：《纯粹现象学通论》，李幼蒸译，第171页。

化的解释进路,即将所思理解为体验的超越之物。①

随即,胡塞尔指出一种超出了"感知"范围的对应关系的特殊事态:"由质素的和意向作用的组成块片构成的实项的体验统一性,完全不同于'在其中被意识到的'所思的组成块片的体验统一性;它也不同于那样的统一性,这种统一性将所有实项的体验组成与在其中作为所思而被意识到的东西统一起来。"② 实项的体验统一性既不同于所思的体验统一性,也不同于同样在实项意义上得到说明的能思与所思之间的体验统一性,这不啻于说,有一种更原初的体验统一性已经超出了能思与所思在实显性上的对应关系,它不可能呈现在立义模式中。因而在胡塞尔看来,我们不能单纯局限在映射范围内谈论立义以及能思与所思之间的平行关系,而应该关注一种承载了体验统一性的新的体验,即"其意义完全不同于实项的并在实项上构造的那种体验"③。令人惊讶的是,对能思/所思的研究具有重要指示作用的"体验统一性"问题却被中介论者忽略了。

问题在于理解构造新的体验统一体的超越论构造的内涵,胡塞尔对此提供了如下线索。首先,超越论构造发生在一种在现象学还原中被揭示的绝对存在的领域中,因而相对实显性立义,这必然是一种更原始的存在领域,而且它也需要一种更为原始的构造。其次,这种超越论构造具有一种内在法则:"它的以确定的方式形成的交织,根据内在的本质必然性,拥有了以此方式被给予的被规定的以及可被规定的奇特的被意识物。"④ 这里需要考察的是能思意向的交织方式,以及在某种内在的本质关系中,与前者对应的所思的被给予性方式,胡塞尔强调这些事态是"奇特的"。

我们再看这种"奇特的"意识关系,即能思/所思的先天平行论的第二层含义。我们面对的问题是,如果能思的体验因素是片段式的,而这

---

① 胡塞尔 1920 年前后从被动发生的角度反思了这一解释进路可能导致的问题:"没有理由把'所思'从体验中挪开而且否认其作为实项要素的特征。"(参见 [德] 埃德蒙德·胡塞尔《被动综合分析:1918—1926 年讲座稿和研究稿》,李云飞译,商务印书馆 2017 年版,第 376 页,术语做了统一)

② [德] 胡塞尔:《纯粹现象学通论》,李幼蒸译,第 172 页。

③ 参见 [德] 胡塞尔《纯粹现象学通论》,李幼蒸译,第 172 页。

④ [德] 胡塞尔:《纯粹现象学通论》,李幼蒸译,第 172 页。

种体验块片所承载的表象、感知、回忆等又是彼此不同的,那么这种能思体验如何给出统一性因素,超越论构造的绝对存在中的先天平行性又何以可能?换言之,能思的统一性意识,统一的意义,以及具有统一性的、作为所思意义之观念性极点的所思对象自身,这些统一性因素基于何种先天的内在法则显示自身?

我们可以理解胡塞尔何以如此强调两种平行论之间的差异,尤其是能思的"构造性的意识统一性"的维度了。而解决这一难题的关键显然就在于揭示出他所说的能思的交织形态,以及构造性意识的具体形式。但是,至少在《观念Ⅰ》中,胡塞尔并未真正面对这一难题。我们能找到的只是一些暗示性的说法,比如:"在能思与所思中的各种意向性是以层级的方式互为根基的,或者毋宁说是以独特的方式彼此套接的。"① "每一个所思层级都是'关于'它的下一个层级的被给予性的'表象'。然而,'表象'在此不是指表象体验,而'关于'一词在此也并不表明意识与意识客体之间的关系。它似乎是一种与能思意向性相对的所思意向性。前者将所思意向性作为其意识相关项包含在自身中,其意向性也以某种方式贯穿了所思意向性的方向线。"②

研究者们往往更专注于胡塞尔在层级意向性之上对当下化、回忆和图像化等问题的分析,而忽略了这种非表象、非客体化的层级意向关联这一独特的事态本身。在笔者看来,这种关联着各种表象行为(或客体化意向性),而自身却是非表象行为的视域意向性,就是胡塞尔对奇特的意识、"构造性的意识形式"或者能思的交织形式的最初回答。在此,我们更愿意将这两种不同的意向关联称作绝对存在之内在建制的横向能思和纵向能思,前者与表象意向性相关,在时间性中展示为横意向性,横向能思标明了一种区别于对象化的意向指向的意向的自身关涉,它在时间性上展示为体验流的纵意向性。

根据先天平行论,所思的多重显示,尤其是其中的意义的统一性,必须能够在能思的交织中获得说明。首先,质素综合体与映射内容在现象学事态上与滞留的现存的综合样式相关,它们之间的平行性奠基于横

---

① [德] 胡塞尔:《纯粹现象学通论》,李幼蒸译,第 178 页。
② [德] 胡塞尔:《纯粹现象学通论》,李幼蒸译,第 179 页。

意向性，这一点已无须过多论述。其次，按照胡塞尔在内时间研究中的说法，纵意向性意味着体验流的自身显现，它构造了体验流的统一性。在能思与所思的交织结构中，根据纵横意向性之间的奠基关系，超出了自身承载于横向能思之上的、片段式的综合内容与所思一侧的映射内容的统一性因素，只能由纵意向性以及纵向能思给出。我们认为，先天平行论的第一含义奠基于它的第二层含义，构成性意识更为基础。最后，纵横意向性并非能思所独有，当胡塞尔强调能思意向性包含并贯穿了所思意向性时，他实质上指出所思与能思一样，也内在地具有了纵横双重意向性的构造，也就是说，能思/所思各自具有流形结构。据此，在能思/所思的先天平行性中存在着双重交织，即能思与所思的意向交织，以及能思、所思各自在纵横双向维度中的意向交织。

在此基础上，我们看意义与对象之间的特殊关联："每一个所思都有一个'内容'，即它的'意义'，并通过意义相关'它的'对象。"① 上文提及的被胡塞尔明确拒绝的意涵中介论即源自对这一句的解读。从字面来看，中介论理解是有根据的，因为所思"通过"意义相关对象。② 这自然使我们想起了弗雷格式的对意义与对象的阐释：晨星与暮星，就对象自身而言，它们是同一的，"晨"和"暮"决定了它出场的具体样式的差别，因而在现象学上似乎存在着可中介化的三个认识项：意指、意义和对象。

但这却是胡塞尔反对的。按照能思/所思的先天平行论，首先，"晨""暮"只是与横意向性上的片段性的映射有关，对象的统一性不可能建立在不同的映射之上，而只能源自纵向的意向维度。换言之，片段性的体验内容在先天平行论中不是独立自存的中间项，它是在纵向体验中被构造出的。其次，更重要的是，正像胡塞尔所强调的，意义与对象的关系在所思一侧同样存在："所思也是相关于一个对象并具有一个'内容'，'借助'这个内容它与对象相关。"③ 因而，中介论面临第二层驳斥：作

---

① ［德］胡塞尔：《纯粹现象学通论》，李幼蒸译，第228页。
② 比如弗莱斯达尔就在此意义上提出："每一个行为都有一个所思与之相关，如果行为有对象的话，那么这个行为正是通过其所思而指向对象。"参见［挪威］D. 弗莱斯达尔《胡塞尔的意向相关项概念》，张浩军译，第119页。
③ ［德］胡塞尔：《纯粹现象学通论》，李幼蒸译，第229页。

为"中介"的含义不是为对象化的意指所独有,从而成为单向立义的中介,它在能思、所思两侧都存在,并且受到纵横意向性的双重规范,中介论者完全简化甚至误解了胡塞尔的基本思路。

但我们的理解面临着胡塞尔本人给出的挑战。在《观念 I》中,正如贝耐特指出的,胡塞尔强调作为各种所思意义之观念性极点的对象与意义的统一性之间存在差异:前者"就是我们上面谈到的统一性的核心点。它是各种谓词的联结点或'载体',但它绝不是那种在各个谓词的复合与联结上所能称呼的那种统一性意义上的统一性"①。因而,这种统一性的核心点或载体,不等同于谓词(或意义)的复合统一性,它是一个被胡塞尔称为"抽离出一切谓词后的纯 X"②的新的对象。尽管它基于自身与各种行为的本质关联,承载了各种谓词所思,甚至承载了它们的统一性,但它最终仍与这些因素不同。一个或多个行为的所思具有它的统一性,它与其他组群的行为所思的统一性不同。如果变更一下上面的例子,我们可以看到,晨星和暮星具有各自的意义统一性,但它们却可以结合在一起,形成唯一的同一对象 X。

在所思中隐含了两种对象:在它的各种特定方式中的同一对象与作为所思之同一对象的纯 X,前者可以被视作所思的意义,而后者作为所思的纯粹同一性,在各种不同的规定性中被唯一地共同意指着。胡塞尔从能思对此有一段重要的说明:"通过意义中包含的意义承载者(作为空 X),并且通过奠基在意义本质中的、与任意层级的意义统一体一致的关联的可能性,每一意义不仅有其'对象',而且不同的意义也相关同一对象,只要它们被结合为意义统一体,在此意义统一体中,被统一化的意义的各种可规定 X 彼此相合,并与各种意义统一体的整体意义的 X 相合。"③

纯粹对象 X 与层级的意义统一性有着复杂的关系:一方面,它只有在层级的意义统一性中才能被意指,它是不同的规定性中被确定的唯一者;但另一方面,它恰恰又溢出了层级的意义统一性。基于能思/所思的双向的平行论,这种特殊的意指和溢出事态在能思一侧必然同样存在,

---

① [德] 胡塞尔:《纯粹现象学通论》,李幼蒸译,第 231 页。
② [德] 胡塞尔:《纯粹现象学通论》,李幼蒸译,第 231 页。
③ [德] 胡塞尔:《纯粹现象学通论》,李幼蒸译,第 233 页。

但胡塞尔局限在《观念Ⅰ》所坚持的客观描述的范围内，只是将指向纯对象 X 的目光模糊地归为综合的整体现象的某种变异，但这种变异究竟何以可能，他并未予以说明。

根据我们的研究，纯对象 X 的这种溢出，在能思一侧，就表现为某种特殊的同一性对纵意向性的统一性的超出，因为至此的研究表明，所思意义的统一性在能思一侧的意向基础就是能思的纵意向性，据此，对溢出现象的探讨必然指向综合的整体现象的某种变异，或者说，必然指向能思的纵向事态的内在可能性。

所有被构造的存在，或者说所思的时间都与活的流动的当下的原初时间具有本质的关联。因而，这种与所思的纯对象 X 相关并超出了纵意向之统一性的最终同一性，在能思意向流形中，自身就奠基在持存的印象或者活的当下之中。胡塞尔在他晚期的时间手稿中指出：具体的、延续着的统一性，以持续产生的流动的融合的方式，在活的当下中，在意向作用—所思意义上被创立了。[①]

在流动着构造的原初时间中，活的当下展示了体验流的原意向作用的构造功能，它赋予整个能思/所思的流形结构以最终的统一性。在一种彻底的理性精神的驱使下，胡塞尔甚至带领我们进一步追问这种原初时间的可能性基础，譬如异质性的感性内涵的共在与原联想的同一化的能力源自何处。

在康德式的思考中，超越论对象 X 与表象的杂多不同，它意味着"表象的杂多的综合中意识的形式统一性"，而这种超越论对象 X 的"本源的超越论条件不是别的，正是超越论的统觉"。[②] 从形式的统一性来看，胡塞尔似乎与康德走在了同一条道路上。但实则不然，康德寻求的是外在于杂多体验的，或者用现象学的话说，外在于体验流的统一性的极点，而胡塞尔追问的是在体验流中内在存在的同一化原则。在此意义上，当康德将超越论统觉单纯理解为一种"纯粹的、本源的和不变的意识"[③]

---

① Cf. Husserl, *Späte Texte über Zeitkonstitution (1929–1934)*, *Die C-manuskripte*, S. 84.
② ［德］康德：《纯粹理性批判》，邓晓芒译，杨祖陶校，人民出版社 2004 年版，A105—A106。
③ ［德］康德：《纯粹理性批判》，邓晓芒译，杨祖陶校，A107。

时，胡塞尔一定会指责康德在此问题上的外在的和抽象的立场，由于错失了现象学还原，他无法把握对象 X 的同一性的内在根据。

能思/所思的流形结构具体展示了《现象学的观念》就已经提出的显现与显现者的相关性，这是一种典型的前主客对立的认识模式和存在构造的模式，而此流形结构内在的多维性也真正体现了超越论现象学的相关性先天的内涵。根据此流形结构，所思的三种含义本质上就是能思/所思在一维流形构造二维连续统上的显示，在平行论或者相关性中，我们特别指出，它们同样应该在能思的多维流形的构造中获得显示，这是一个各具流形、双向交织、多维建基的构造过程，进入此构造过程是我们真正理解了超越论现象学以及超越论构造的标志。①

3. 意涵实体论

与胡塞尔在《观念 I》中所展示的从所思一侧对能思/所思的规定不同，我们至此的讨论更侧重于从能思角度，刻画这一结构的先天平行性及其内在形态和根据。能思具有三层意向，即活的当下、纵意向性与横意向性，而所思在与能思的一种先天的必然关联中相应地展示为行为的相关项、内具统一性的意义以及作为所思意义之观念性极点的对象 X，胡塞尔将这种先天关联称为先天平行论。

意涵中介论的解释理路看似沟通了胡塞尔与弗雷格的含义理论，但实际上是建立在对胡塞尔的误解之上的。在先天根据上，正如德拉蒙德指出的，弗莱斯达尔等人仍然局限于《逻辑研究》的先天种属观念以及作为其延伸的普遍化的抽象上，它们几乎无一例外地忽视了形式化的抽象所带来的在"意向"问题上的变革作用。② 通过我们的分析也可以看出，现象学所揭示的纯粹意识具有一个先天的意向流形的构架，能思/所思只有在此构架中才能内在地显示其先天平行性。但中介论者的实显性

---

① 在具体展示了能思/所思的多维的意向流形之后，我们可以非常简单地说明一下胡塞尔在多大程度上实现了他在《观念》开篇设定的目标：可以将活的当下维度上的能思/所思的统一性本身，亦即这里所谓纯对象 X，视为"这里的这个"（tode ti）在纯粹意识中的原型，这是最终底基、主词，而其上支撑起的是各种本质关联、句法范畴，它们能够呈现为各个区域的流形构造，据此，根据能思/所思的多维的先天平行关系，各区域存在也就获得了构造，至少是被构造的可能。

② Cf. Drummond, "An Abstract Consideration: De-Ontologizing the Noema", in *The phenomenology of the Noema*, Klumer Academic Publishers, 1992, pp. 93 – 94, 96 – 98.

的考察只能驻留在纯粹意识的实显性的体验块片上,后者仅仅是先天平行性的表层构造物而已。在能思/所思的先天平行性中,所思的各种因素,即行为的相关项、意义和对象 X 具有同等的绝对被给予性,它们之间并不存在独立的、使对象指向成为可能的意义实体。德拉蒙德指出,不能认为所思与被意指的对象性是具有不同存在论地位的实体,因为抽象的、观念化的或形式化的过程都不可能产生这种不可被还原的实体。①

德拉蒙德在对意涵实体论的批判中已经涉及所思与视域问题、还原和流形问题之间的关系,但可惜他并未进一步揭示其中的具体关联。从意向流形构架上看,我们可以在能思的流形上揭示所思一侧的多维存在,能思流形与所思流形具有内在的平行关系,而所思的各种因素之间的内在差异,也只能是一种构造上的奠基层次的差别,它们在时间性中依奠基层次可以展示为横纵意向性以及具体当下/活的当下,这种构造上的奠基序列之间的差异展开的正是一种被动发生的先天可能性,在此理解方向上,笔者赞同拉瓦纳克的做法。

三 能思/所思的双重意蕴

作为超越论现象学基本的意向构架,能思/所思的先天结构在胡塞尔的思考中兼具存在论和认识论双重内涵:首先,它直接体现了意向性概念从描述心理学向超越论现象学的根本突破,在此意义上,它仍然保留了现象学的认识论含义,也就是说,传统认识论在新的基础上获得了彻底更新自身的可能;其次,它直接展示了现象学还原所揭示的纯粹意识的绝对存在的内在构型,在此意义上,能思/所思结构本身就是存在论意义上的,从《观念》开始,存在问题逐渐成为超越论现象学所必须面对的问题。

海德格尔在其早期的现象学研究中曾经对胡塞尔的纯粹意识做出了如下批评:胡塞尔将纯粹意识的内在存在规定为一种与实项体验相关的存在,他未对这种实项的交融状态的存在方式、属性与存在本身做出任何规定;尽管将纯粹意识规定为绝对的,但此规定并未彻底使各个体验之间的关联摆脱实项立义行为的特性,胡塞尔对纯粹存在的规定只是一

---

① Cf. Drummond, "*An Abstract Consideration: De-Ontologizing the Noema*", p. 100.

种对存在者的规定。①

诚然，胡塞尔在《观念Ⅰ》对绝对存在的说明中并未充分展示绝对存在与能思/所思结构之间的多维关联。但基于对能思/所思的先天结构的整体勾勒，我们还是可以做出判定：超越论现象学的绝对存在并非如同海德格尔所理解的那样，仅仅是一种在实项的立义体验基础上能得到测度的存在者的关联，这种理解实际上仅符合能思/所思结构的第一层含义，仅与实项的体验块片相关，而与第二、三层的意向流形毫无关系。

不仅如此，我们对能思/所思的先天结构的理解也不能局限于例如对"树感知"的实显性的体验之上，甚至也不能局限在例如《观念Ⅱ》所展现的人格区域的本体论描述之上，而更应该关注一种贯穿各个具体存在区域的纯形式化的存在本身，因为纯粹意识的绝对存在就在这种纯粹形式化的结构中展示自身，实项内容、实显性立义只是这种形式化结构的最表层的产物而已，我们绝不能在它们之间画上等号。纯粹意识具有一种特殊的认识功能，在纯粹意识的绝对的自身被给予性中，它首先意味着一种绝对的自身意识以及自身认识，对实显的超越物的认识同样也只是这种特殊的绝对的自身认识的结果。从意向的多维结构看，这里已经蕴含了胡塞尔对传统认识论的一次根本性的革新，它既是对自身建立在整体与部分关系之上的立义模式的突破，也是对仍然隐形地以立义行为为起点的各种前反思模式的否弃，在现象学还原之后，认识本身就是绝对的。

自近代以来，在西方哲学中占主导地位的认识模式是符合论，胡塞尔早期对范畴直观的探讨甚至在某种意义上也没能彻底摆脱这种认识模式。但当胡塞尔借助现象学还原，在绝对存在的基地上彻底清除了体验的实显性内涵，进而在能思/所思的先天平行论的框架内重新探讨认识的可能性及其内在形式时，他实际上已经彻底告别了传统符合论的认识模式，我们在下文将专题探讨超越论现象学对真理和明见性问题的彻底更新。

当我们在超越论现象学的构架中再谈论世界和存在的构造时，我们

---

① 参见［德］海德格尔《时间概念史导论》，欧东明译，商务印书馆2009年版，第138—139页。下文的"存在问题"一节将详细讨论此问题。

必须明白，它们在能思/所思构造中已经成为主体的相关物了，并且绝对地与主体相关，主体的活动就是对世界和存在的构造。很快胡塞尔就在《观念Ⅱ》中开始了主体在周遭世界中对世界的构造，这是一种典型的在相关性中的构造。主体在其中不仅能够明见到自己如何在世界的生存，而且能够反思并批判性地揭示他如何构造自己的在世存在。

第六节　类型学

在胡塞尔那里，类型学为什么重要，这本身就是问题。其实在胡塞尔那个年代，就已经有不少与类型相似的说法，譬如格式塔，胡塞尔也曾在超越论构造上使用此术语。前文在谈论 noema 的若干解读方向中，已经提到古尔维奇，在我们看来，他之所以能在胡塞尔与詹姆斯以及格式塔心理学之间建立联系，正是因为胡塞尔在超越论构造上提出了本质类型学的观念。而从现代学术上看，与类型相似的大概是所谓规范。在时髦的理解中，与规范相对的是描述，规范已经如此这般地存在了，我们似乎只需描述它的内容和适用范围就够了，但从现象学上看，规范/类型不仅是可描述的，而且特别地与构造有关：某种形式规则能具有规范意义，当然不是外在的力量使然，而是说它符合人类共同的生存意义，因而是可批判的，胡塞尔的理想就是在纯粹意识的流形结构中刻画规范/类型的超越论的起源。①

一　类型的内涵

在讨论纯粹意识的先天性时，我们特别地区分了两种种属或者整体与部分关系，一种是描述心理学意义上的，另一种则是《观念Ⅰ》重新

---

① 探讨规范的起源有特别的意义，否则我们自然会面对谁的规范，为什么要遵守这些规范的问题，换言之，不同于设定规范的先天性，胡塞尔要追问的是规范在纯粹意识中的起源。但这自然会带来一些问题，譬如：既然纯粹意识在胡塞尔那里本身就具有先天性，那么探讨规范在纯粹意识中的起源的意义何在呢？这无非是把规范本身的先天性置入另一种先天性来理解而已。对此可以有两种回应：首先，这确实是胡塞尔的意图，这种超越论构造的价值在于揭示规范本身的意义来源，理解了意义来源，遵守才可能不是外在的事情；其次，从批判的角度看，现象学的做法恰恰使我们具有了内在地理解乃至批判规范与生存之间的建基关系的可能。

区分总体化和形式化之后提出的，从超越论现象学看，前者大致属于总体化的范围。在上文谈论形式关联上的构造时，我们已经提到了一个与类型学相关的重要概念，即本质类型，我们当时就已经指出，本质类型与形式综合有关。而根据总体化与形式化的区分，胡塞尔其实已经在描述心理学上谈论过另一种类型概念。

在《逻辑研究》中，我们既可以谈论范畴类型，譬如本真范畴与非本真范畴；也可以讨论意向行为的类型，譬如感知、想象。范畴类型上的差异涉及普遍范畴和严格意义上的形式范畴，胡塞尔曾分别讨论过普遍直观和范畴直观的操作步骤，而在此基础上，我们也曾进一步将这两种超感性的直观所内含的实显性困境视为描述心理学的根本困难。意向行为的类型差异则涉及行为的本质分析，譬如针对感知和想象，我们可以讨论这两种行为之间的质性、质料和材料的差异。这些都是描述心理学重点讨论的话题。

但我们很容易发现，描述心理学范围内的所谓类型差异指的是行为类型的差异。譬如感知与想象之间的共形变异之所以能够支撑起范畴直观，是因为感知与想象作为客体化行为，它们具有相同的行为质料，在类型上是相同的。但愉快、悲伤等情绪在类型上与感知和想象不同，它们没有独立的行为质料，因而与这些客体化行为之间就不可能存在共形变异的可能。值得注意的是，描述心理学时期的胡塞尔并未追问不同的行为之间的类型差异何以可能，而是默认了类型差异已然存在，这也是描述心理学的局限性的又一次重要的显示。我们知道，在承认现存的特定类型的基础上探讨不同类型的差异，根本不可能触及类型本身的生成，在此，我们从类型角度也能看到胡塞尔何以必然超出描述心理学。

总体化上的种属或整体与部分关系不仅为描述心理学，而且也为行为心理学以及以行为为核心的其他各门实证科学的发展奠定了基础，现代心理学和病理学实验当然要以确定的行为类型为前提，科学家们必须在类型上确定感知和想象的本质差异。但有趣的是，这些现代实验科学基本上放弃了存在论承诺，也就是说，这些行为类型的存在论基础是什么，对他们是不重要的，描述心理学同样如此，胡塞尔研究者们也乐于探讨胡塞尔在《逻辑研究》时期的存在论的中立问题。

随着描述心理学的立义模式的消融，胡塞尔确立了意向流形构架的基础地位，类型的内涵也发生了根本变化，简单地说，形式化维度的本质类型开始成为超越论现象学的问题焦点，本质类型的构造甚至可以被视为超越论构造的同义词。有趣的是，现代心理学和病理学如何看待这场根本的变革呢？它们是否也应该重拾存在论，进而将自己对行为本质的研究建立在多维的绝对存在之中？答案是显然的，他们拒绝这样做：是因为"科学性"而不屑如此，还是在文化差异面前惧怕丧失绝对话语权而心怀畏惧？这显然是个问题。

何谓本质类型？如果一定要在《逻辑研究》的行为类型上谈本质，那么这种本质定然受限于总体化，因此本质类型这种新的观念也必然与本质从总体化向形式化的突破有关。在本书专题探讨过意向流形构架何以可能之后，相信此问题已经不难理解了。在超越论现象学上，我们可以把本质类型简单地理解为形式化的综合形态。在形式化的基地上，本质类型可以有不同的分类，譬如我们可以根据胡塞尔对本质单一体的分类[1]，谈论本质的个体类型、抽象类型和个别类型；也可以就人不同生存方式和态度谈论不同的人格类型，甚至我们也可以着眼人类不同的组织形态谈论文化类型、文明类型，如此等等。问题的关键是，在超越论现象学的论域中，这些类型及其差异是本质性的，它们是意向流形结构不同的综合形态，换言之，要揭示不同类型的生成及其内在差异，就必须进入新的形式关联。

我们大致可以作如下总结：胡塞尔现象学中的两种类型学建立于不同的本质理解之上，行为上的类型学建基于总体化，它为描述心理学以及现代行为科学奠定了基础，本质类型学建基于形式化，由于作为其基础的纯粹意识敞开了绝对存在，它成为各门试图为行为科学建立基础的本质科学的基石，而基于超越论现象学的基本构架，我们不难看到，这两种类型学之间的构造性的关联为我们认识现代科学的整体性提供了新的基础。

二 本质类型的构造问题

在《观念Ⅰ》谈到对象区域与直观类型、判断类型与所思规范的对

---

[1] 参见［德］胡塞尔《纯粹现象学通论》，李幼蒸译，第20页。

应时，胡塞尔明确提到应该诉诸原初给予的直观，① 根据我们的研究，这里所谓原初给予的直观本身就建立在纯粹意识的意向流形结构之中，这也就意味着，任何意识类型都应该在纯粹意识的流形结构中获得说明，譬如物感知，其构造过程就展现为可能的感知流形持续地相互融合，而主体就在此过程中持续的动机引发新的可能的经验。

同样在《观念 I》中，胡塞尔告诉我们："每一体验本身就是生成流，它是一种不变的本质类型的原初生产中的东西。"② 这是一个非常关键的指示，体验流，或者绝对流的构造与本质类型的原初生产有关。这为我们研讨胡塞尔的类型学指定了重要的方向，既然与体验流相关，那么我们自然可以将多维的意向流形结构当作探讨本质类型学的根据。在《观念 II》中，胡塞尔开始在区域存在的构造中揭示诸类型的构造，当然本质类型与内时间结构、意向流形之间的构造性的关联得到了坚持，譬如他向我们强调，本我就是一种在体验流中生成的本质类型③，以此为基础，他细致地探讨了精神在类型学上与意识流中构造出的动机关联的关系，人格类型与生存动机之间的生成关联，我们如何在动机关联中唤起某种特定类型并依据此类型把握对象，如此等等。

根据胡塞尔对本质类型的构造与体验流的内在关联的指示，我们将依照体验流的一维流形构造二维连续统的意向流形的结构，将本质类型的构造分为如下三个阶段：一维流形与原初本质类型的构造，二维连续统与人格、精神的动机类型的构造，行为的本质类型的构造。我们的讨论着眼的是从原初本质到实显性行为的构造过程，这与胡塞尔的探索秩序相反。

我们先看本质类型在意向流形中的构造。在《沉思》中，胡塞尔借助掷骰子巧妙地揭示本质类型在意向流形中的构造④：骰子在转动时，它不断变化的显现本身就处于流动的意识中，从能思/所思结构看，骰子的连续转动构造了所思流形，与之平行的是由流动的意识构成的能思的流

---

① 参见［德］胡塞尔《纯粹现象学通论》，李幼蒸译，第25页。
② ［德］胡塞尔：《纯粹现象学通论》，李幼蒸译，第124页。
③ Husserl, *Ideen zu einer reinen Phänomenologie und Phänomenologischen Philosophie*, *Zweites Buch*, hrsg. von Marly Biemel, Kluwer Academic Publishers, 1991, S. 272—273, 316.
④ 参见［德］埃德蒙德·胡塞尔《笛卡尔沉思与巴黎讲演》，张宪译，第78—79页。

形。在此流动的意向关联中，存在多种意识类型，譬如关系类型、感知类型、想象类型和回忆类型，它们都是在流形结构中综合而成的，甚至连不相容性、凸显等也是如此。胡塞尔对此总结道："在那种在整个意识中创造统一，而且在意向作用和所思上构造对象意义的统一的意向综合之流中，支配着一种在本质方面的、在严格概念中可把握的类型。"① 实际上，超越论构造要说明的就是这些结构类型在意向流形结构中的生成。

我们知道，从本我的形态看，《沉思》所展示的最底层的本我就是艾多斯本我，其时间的显现方式就是活的当下的自身构造，在同时期的工作，胡塞尔也将之称为基于二——一性的原融合，感性领域的被动的结对联想即与此有关。而其上构造的是人格自我和习性自我，胡塞尔曾以使用剪刀的例子说明此类型的主体的生存方式。② 在《沉思》中，此超越论的构造序列在纯粹的形式上也得到了表达。在桌子感知的例子中，胡塞尔向我们演示了如何在自由变更中摆脱事实性，进而展示本质③，在此基础上，他将对纯粹本质的现象学研究称为"原初本质的格式塔（Gestalt）研究"④。在此本质结构之上，随着意向流形的展开，格式塔也随之获得了更高阶段的表达，譬如习性的、人格的和精神的，直至行为类型上的感性的构型质（Gestaltqualitäte）。

在此基础上，我们来看古尔维奇对格式塔，或者说本质类型学的理解。首先，他的确试图在超越论现象学与格式塔心理学之间建立起联系。⑤ 这是一项具有跨学科价值的开拓性的工作。如果仅在被构造的构型质，也就是在超越论构造的表层上，我们甚至可以说，超越论现象学与格式塔心理学之间没有任何间隔。但胡塞尔的抱负显然不止于此，在他

---

① ［德］埃德蒙德·胡塞尔：《笛卡尔沉思与巴黎讲演》，张宪译，第86—87页。
② ［德］埃德蒙德·胡塞尔：《笛卡尔沉思与巴黎讲演》，张宪译，第148页。
③ 参见［德］埃德蒙德·胡塞尔《笛卡尔沉思与巴黎讲演》，张宪译，第107—108页。我们反对将胡塞尔此处所举的桌子感知的例子理解为对本质直观的展示，因为更细致地看，胡塞尔实际上只是展示了本质与非事实性之间的关系：本质是自由想象的范围，而不是揭示本质如何在想象变更中生成，胡塞尔对此其实也已经隐含地指出，真正关键的是相互关联的视域本身，它们才是构造本质的东西。下文将详细地揭示本质直观的过程。
④ ［德］埃德蒙德·胡塞尔：《笛卡尔沉思与巴黎讲演》，张宪译，第108页。
⑤ Cf. Gurwitsch, "On the Object of Thought: Methodological and Phenomenological Reflections", in *The phenomenology of the Noema*, pp. 9–28.

那里，格式塔显然已经成为本质的事情，也就是说，胡塞尔已经将格式塔/构型纯粹本质化了。但古尔维奇并未遵循胡塞尔的教诲将格式塔理解为纯粹本质的①，根源当然是因为他缺失了对能思/所思的多维结构的理解。我们很容易看到，在古尔维奇那里，意向性结构只在整体与部分关系上有价值②，而从他对表象模式的强调看，我们大致可以确定，他所谓整体与部分关系指的仍然是描述心理学意义上的，也就是说我们这里强调的总体化上的。我们基本可以断定，古尔维奇理解的格式塔更加偏向心理学，他很难触及作为超越论现象学之形式基础的纯粹本质。

再看本质类型与动机引发的关联。这是本质构造的第二个层次，也是胡塞尔在超越论现象学早期最为强调的维度。第一个层次是指意向流形结构构造纯粹本质类型，这是我们在《沉思》中强调的，第二个层次是指在纯粹本质的具体化，它着眼的是多维的意向流形的形式综合对具体的动机引发的构造。我们很容易看到，《观念Ⅱ》探讨的区域存在的构造就是建立在纯粹本质类型与不同区域的动机原则的构造关系之上。

基于纯粹意识从一维流形到二维连续统的构造，我们可以看到本质类型引发乃至构造经验关联的过程，我们稍加改变下胡塞尔所举的使用剪刀的例子：假设剪纸艺术家从小就培养她的孩子对剪纸艺术的兴趣，那么在孩子成年后，他在感知和想象类型上显然更容易基于意向流形的综合形态发生特定方向的偏好或者偏恶，在感知或者想象某物时，他会以剪纸所需的设计类型感知或想象某物，当然，如果孩子有了强烈的逆反心理，也可能抑制这种类型的意识活动。这里发生了什么？简单地说，孩子最初习得的原初本质的类型/格式塔构造出了，也可以说引发了特定类型的意识活动，在此特定类型的意识活动中，世界得以构造。在意向

---

① 德拉蒙德批评古尔维奇以《逻辑研究》中的整体与部分关系理解所思，这的确有一定的道理，但古尔维奇将格式塔引入所思的构造时，我们认为事情其实已经发生了变化，因为胡塞尔在形式化的基础上已经开始探讨一种新的种属关系或整体与部分关系，在我们看来，此区别是根本性的，这至少涉及古尔维奇围绕现象学与格式塔关系的探讨最终仅仅是心理学的，还是现象学心理学的，目前我们倾向于后者，当然，德拉蒙德批评古尔维奇错失了流形中的同一性的模式无疑是正确的，但有趣的是，德拉蒙德本人其实也没有进入多维流形的内部，而是同样停留在流形表层的显像的流形上。

② Cf. Gurwitsch, *The Collected Works of Aron Gurwitsch* (1901 – 1973), Volume Ⅱ: *Studies in Phenomenology and Psychology*, Edited by Fred Kersten, Springer, 2009, pp. 147 – 151.

流形的构造上，这也可以表达为一维流形构造出的纯粹本质类型，在二维连续统中构造出特定类型的意识活动。根据胡塞尔在《观念Ⅱ》中的构想，这些特定类型显然包括了心灵、自我、精神等在内的所有区域，而这个层次最重要的构造环节也就体现为纯粹本质类型如何构造出特定类型的意识活动。

在不同存在区域的构造中，这里所谓特定类型体现为不同的动机关联。超越论现象学的类型与康德著名的图型有着复杂的关系[①]：首先，在物的构造上，它们起到了相似的作用，在康德那里，图型是知性能运用于感性的重要的中介，而在胡塞尔这里，类型也支撑起了外物的显现，他甚至也使用过身体图型的说法；其次，也是更重要的，胡塞尔类型说的提出不是为了勾连异质的认识能力，比如康德那里的知性和感性，相反，类型是整个超越论的本质构造的产物，此差异就决定了康德的图型说带有强烈的抽象意味，而胡塞尔的本质类型则是具体的动机关联；就此，我们也就理解最后一点，胡塞尔的超越论构造自身建基于意向流形，而康德则预设了感性、知性和理性能力，他所谓认识论批判是对这些认识能力的经验运用之可能性的批判，而不是对这些认识方式本身何以可能的前提性的批判，而这恰恰是超越论现象学的任务。

最后，我们根据能思／所思结构，大致展示下从精神到行为与其相关项的生成。精神世界的基本法则就是动机引发的原则，与之相对的是自然因果性，前者呈现为意向网络，胡塞尔有时也直接称其为动机网络，而后者则呈现在行为与其相关项之中。胡塞尔指出了这样一种结构："动机引发关系有不同的面向：一方面，结论行为是通过前提判断而在意向作用上（noetisch）被动机引发的，意欲由于看、听、评价等被动机引发；另一方面，在此行为动机引发的本质中包含有：在行为相关项及行为与

[①] 胡塞尔与康德的差异体现了不同时代之间的差异。大体上说，胡塞尔的描述心理学在哲学类型上与康德的认识论批判相似，我们在立义模式上甚至可以看到康德的统觉理论的影子，但在超越论哲学上，他们之间却有着根本的差异，下文将专门讨论此问题。我们在此想指出的是，从康德视角解读胡塞尔只能将现象学限制在描述心理学或现象学心理学之上，而超越论现象学，尤其是其中对20世纪具有建基作用的存在论构造将被完全遮蔽。于是，现代哲学似乎成为规范性的事情。问题是：谁的规范？如果规范与语言分析相关，那么又是何种语言？对此，我们必须指出，一旦胡塞尔揭示的这种新的存在论构造，真如他本人所言对普遍人性乃至对人类具有建基意义，或者说，至少具有内在的批判意义，那么这种遮蔽和改造无疑应该得到彻底的反思。

相关项本身之间也有关系,此关系有其'因为'和'所以'。"① 纯粹就意向结构看,这里有两种动机关系:能思/所思结构的动机网络,以及行为与其相关项之间的动机关系,前者与精神和人格结构有关,而后者则为感性的构型质奠定了基础。这两层动机关系之间存在建构关系,行为与行为相关项之前的动机关系之所以不再是自然意义上的,是因为它是在能思/所思的动机网络中被构造出的。按照胡塞尔随后的例子,在自然意义上我当然知道幽灵和戏剧的剧情是假的,但它们仍然会触动我们,显然,动机不在外在自然的刺激,而在动机网络的构造。② 用剪纸艺术家的孩子的例子也可以说清楚:一片叶子能触发什么样的感知和想象,也就是说,它能够成为何种类型的构型质并不真正取决于叶子的纹理,而是取决于他获得的剪纸艺术的习性是激发了还是阻碍了他对叶子的感知或想象。这里实际上也说明了习性和精神的动机关联构造了行为的构型质。

我们从类型学这里也可以看到胡塞尔的描述心理学和现象学心理学的关系:前者限定在行为本质或行为类型之中,以认知中立为名,专注于描述行为的本质结构,而现象学心理学则尝试将行为的本质结构重新植入存在论的土壤,此时的类型学已经超出了行为的范畴,在纯粹意识/绝对存在的超越论构造中具有了纯粹本质的特征。由于现象学心理学成功地将行为的本质分析建立在超越论构造之上,它不仅为行为认知理论奠定了哲学基础,而且也为社会认识论、历史认识论等建立了新的基础。

在探讨能思/所思的意向流形结构时,我们其实已经展示过这里的构造过程,双重意向性本身就是意向行为的存在方式,横纵意向的动机关联自然决定了行为显现自身的动机,当然,进一步追究的话,双重意向的动机关联归根到底与活的当下的被构造有关。从类型学上看,一维流形中的纯粹本质的类型构造了二维连续统之上的精神的动机类型,而后者则进一步构造出了行为与其对象之间的动机类型。但正如我们不断指出的,由于胡塞尔在谈论超越论现象学时,并未将完整的内时间结构作为基础,每次谈

---

① Husserl, *Ideen zu einer reinen Phänomenologie und Phänomenologischen Philosophie*, *Zweites Buch*, S. 232.

② Cf. Husserl, *Ideen zu einer reinen Phänomenologie und Phänomenologischen Philosophie*, *Zweites Buch*, S. 232.

及体验流时也只是点到即止,这使得我们很难完整地勾勒出纯粹意识的多维结构,在本质类型学上自然也很难给出一种完整的理解。

三 类型学与超越论构造

在我们的研究中,超越论构造呈现为一种绝对内在性对外在世界的构造。在意向结构上,此构造以多维的意向流形为基础,而类型学可被视为对此构造的内在特征的说明,因为在超越论现象学内部,我们已经无法再谈论康德意义上的物自体了。在构造对象时,胡塞尔会强调所思对象的引导意义,也就是说,所谓物自体已经是所思对象了。能思/所思构造出的既是存在物的显现方式,也是我们进入此显现关联的方式,这也正是现代哲学家攻击现象学的重要原因,超越论构造始终以相关性先天为框架。

在纯粹意识/绝对存在中,超越论构造的直接产物就是各种类型,而多维的意向流形结构也体现在类型之间的构造关系上。实际上,超越论现象学的诸基本问题也都是在类型学上才得以展示,譬如我们很快讨论的存在类型、真理类型、本我类型,它们都是意向流形的综合形态,体现了绝对存在的一种自身构造,前文探讨能思/所思的认识论含义时已经强调了这一点。

胡塞尔在揭示动机引发原则在超越论构造中的重要作用时,曾专门指出该原则是我们进入前—实显的体验甚至无意识的重要通道,这无疑是对我们理解超越论现象学具有重要的指导意义。简单地说,在纯粹意识的框架内,胡塞尔已经指明,主体对自身的认识显然有其隐的,或者说不可见的一面,而着眼本质类型,依循动机关联,我们完全可以在现象学还原和反思中进入存在体验,以此构造出我们在世的基本姿态,而类型无疑在此过程中起到了重要的导引作用。基于人格类型的生成,现象学家其实已经具备了和同时代的心理分析进行严肃对话的可能,而在现象学家看来,心理分析已经是超越论的了,这一点已经预示了胡塞尔后来对心理分析的基本态度。①

---

① 关于胡塞尔现象学与弗洛伊德的无意识理论的关系,请参见马迎辉《胡塞尔、弗洛伊德论"无意识"》,《江苏行政学院学报》2015 年第 3 期;马迎辉《压抑、替代与发生——在胡塞尔与弗洛伊德之间重写"无意识"》,《求是学刊》2017 年第 2 期。

类型本身不是中介，这一点尤其值得注意。与现代存在的直接性、无中介性相应，超越论构造出的类型同样也是反中介的。① 在能思/所思结构中，类型不是居间的独立存在，而是能思流形与所思流形共同拥有的本质构型，两侧的流形在类型上映射出对方，相关性先天正体现在此映射之中。据此，能思/所思结构及其反中介的特征在为现代存在建立新基础的同时，也为现代性批判提供了新的思想资源，实际上，胡塞尔的超越论现象学很快就成了稍后兴起的西方马克思主义的重要的思想来源。

类型学与超越论构造的内在关系也为我们理解现代科学提供了新的可能。为各门科学建基是超越论现象学的基本理念，本质类型学则可以视作此理念的具体阐发：首先，类型学可以给科学对象以准确的定位，作为本质单一体，它在类型上是个体的、抽象的，还是个别的，这是从形式关联上对它们予以说明，实际上也是为它们确定形式和质料存在；其次，也是更重要的，根据诸类型在意向流形中的构造，我们可以明察科学对象与主体之间的原初的生存关系。在新的理论视域中，科学对象不再是外在于我们的所谓客观的存在物，而是在我们的多维的意向构造中才对我们照面的意义存在体，也正是因为这一原因，作为具有构造权能的存在者，我们才能明察使某种科学对象向我们显现的动机关联，进而也才能理解科学的存在方式。只有在超越论构造中，也就是说，只有基于本质类型在纯粹意识的多维流形结构中的构造，现象学才能够展示出它为现代科学建基的能力。

在此方向上，我们愿意再次提到古尔维奇对胡塞尔的超越论的格式塔理论继承。相比胡塞尔在纯粹本质类型上对格式塔的构造，古尔维奇更多地将格式塔安置在视域意向性之上，从而错失了一维流形构造二维连续统这一更根本的意向流形的构架，他最终并未完成对格式塔心理学

---

① 在此，我们愿意再强调下胡塞尔与时代精神的契合性，反中介论是现代西方哲学的基本特征，其社会存在的根源在于资本主义生产过程的绝对性。但必须注意，超越论构造的反中介与西方马克思主义的中介论批判之间并无矛盾，相反，它们之前恰恰是同构的，借用马克思哲学的术语，各种拜物教将非中介物，譬如胡塞尔所谓本质类型伪造为中介物，我们在此实际上已经可以看到现象学对社会批判理论可能具有的影响。

的现象学建基。① 尽管如此，在类型学上，古尔维奇的工作还是具有典范意义，因为它充分表现了现象学对现代科学的价值：一方面，现象学与现代科学始终保持同构性，在超越论现象学阶段，胡塞尔一直在关注包括格式塔心理学、心理病理学在内的前沿科学的进展；另一方面，超越论现象学从本性就具有对现代科学建基的能力。这与现代哲学的尴尬处境完全不同，我们需要深思造成此处境的原因何在？一个可能的原因是，胡塞尔真正深刻的理性构架被忽视、曲解甚至被篡改了。

根据意向流形结构，类型学大致可以分为顺次建基的原初的本质类型、人格与精神等动机的网络类型与行为类型。胡塞尔对类型学的开启无疑为我们进入超越论构造创造了新的可能，与我们前文借助内时间的纯粹形式化不同，类型学的道路是具体的，因为循着动机引发的原则，我们同样可以揭示其形式性的意向基础。而我们就此也已经能够清楚地看到超越论构造的深度、复杂性以及在理论上对现代思想的卓越的影响力。

---

① 此项工作直到梅洛－庞蒂那里才真正完成，在他看来，格式塔必须在身体的在世存在中才可能获得最终的意义，而突破点就在于梅洛－庞蒂深入《观念Ⅱ》从身体角度具体展示了能思／所思结构对在世的构造。

第四章

基本问题

我们终于可以面对超越论现象学的基本问题了。现象学还原直接针对自然主义，为了揭示纯粹意识，必须悬搁自然信念、作为超越者的上帝以及各门实质性的科学。学界对现象学还原的理解大体上依据的就是胡塞尔的这些说明。但根据我们的研究，现象学还原、反思的具体操作在《观念》之前的内时间意识研究中就已经给出了。不仅如此，无论在克服描述心理学中的实显性和同时性困境，还是在对纯粹意识的内在结构以及意向性的新形态的揭示上，内时间意识研究都起到了决定性的作用。

本章对超越论现象学基本问题的探讨将依据内时间意识和意向流形的多维建基结构，即一维流形，即活的当下对二维连续统，即双重意向性的构造展开。胡塞尔的内时间意识研究分别在 1906—1910 年、1917—1918 年、1929 年获得了突破性的进展，这几个时段在胡塞尔的现象学研究中分别标志着超越论现象学的诞生，习性现象学在方法论上的最终确立以及本性现象学的创立。我们认为，超越论现象学的形态演变的根据就是胡塞尔在内时间以及意向流形上逐层揭示的内在架构，它们在构造序列上的先天性决定了超越论现象学的不同形态之间的内在关联。

在本章第一节，我们将揭示"超越论"一词的基本含义。能力所限，笔者无力探究其历史演进，好在学界对此已有深入的讨论。[1] 这里的重点

---

[1] 参见倪梁康《TRANSZENDENTAL：含义与中译》，《南京大学学报》（哲学·人文科学·社会科学版）2004 年第 3 期；文炳、陈嘉映《日译名"超越论的"与"超越的"源流考》，《世界哲学》2011 年第 1 期。

是揭示此观念在胡塞尔那里的展示自身方式,我们将追问:作为一种开端性的哲学观念,它为现代哲学提供了哪些独特的内涵?

第二节将转入存在问题的探讨。在现象学运动中,存在的意义问题在海德格尔那里得到了强调,我们将证明,在超越论现象学的论域中,胡塞尔通过揭示纯粹意识的内在结构,已然敞开了一种新的绝对存在,从而为现代西方哲学确立了新的存在观念。

随后,围绕纯粹意识的意向流形的多维的、内在建基结构,我们将聚焦胡塞尔对本质直观(第三节)、真理和明见性(第四节)、本我(第五节)、他人(第六节)、身体(第七节)和生活世界(第八节)的探讨。这些问题都与超越论的主体性哲学有关。在能思/所思的先天平行关系中,我们将证明:作为本质直观之核心步骤的想象变更只能发生在多维的意向流形结构之中,它在意向层次和操作过程上完全不同于范畴直观中的共形变异。同样根据意向流形,我们将在本质直观中尝试构造集合与连续统,这既是对胡塞尔提出的现象学为其他科学建基的一种尝试性回应,也是对超越论现象学自身的最终合法性的证明;在胡塞尔那里,真理与明见性是沿着立义模式、双重意向性、活的当下对双重意向性的构造顺次展开的,因此它们都具有对象性的相即、自身经验的统一与否意义上的相即以及绝然性的特征;胡塞尔不仅揭示了多种样式的本我:实显的、纯粹的、习性的、原初的以及前—存在的,而且探讨了传统的超越论哲学不需要或者本质上不可能触及的新问题,比如他人和身体问题。学界对生活世界与近代科学的关系已经有许多探讨,这里不再画蛇添足。我们关心的是:首先,生活世界现象学建立在何种新的基础之上,它敞开了哪些全新的问题域;其次,生活世界存在论是以单纯合理性的方式,还是以内在含混的方式构造自身的?我们将特别指出,胡塞尔已经揭示了超越论的主体在生活世界中的矛盾性和含混性,这不仅在学理上为海德格尔著名的解释学循环开启了道路,而且切实地描述了人类生存的实际经验,现象学的严格性与现实性的双重面向就此达到了统一。

在第九节,我们将尝试通过揭示胡塞尔对意识边界的探索,勾勒出现象学的边界问题、形而上学问题以及最终基础的基本样貌,根据本书的整体线索和构架,我们认为,这些问题及其解决的通道都必须在活的当下的自身构造上得到标明。在本章的最后,我们将指明,超越论现象学在思的结构上整体地激活乃至批判性地回应了柏拉图对理念世界的探讨，西方哲学在思的整体结构和方向上是一以贯之的。

在正式开始讨论之前，我们还是有必要指出，本章探讨的虽然只是胡塞尔在超越论现象学阶段处理的诸多问题中的一部分，但毫无疑问，这些问题却是学界长期以来较为关注的，而我们的目的也仅在于根据胡塞尔的整体构想，为这些问题的解决提供一个可供批判的构架和方案。

第一节　超越论

一般认为，胡塞尔的超越论哲学承继自康德，"transzendental"这个术语就是明证。在胡塞尔各个时期的著作中，我们确实也可以看到他对康德的推崇以及对超越论哲学的观念的赞赏。但此历史联络仍然是外在的，就胡塞尔现象学的发展看，关键的问题是：作为描述心理学家的胡塞尔何以会遭遇一门必须冠名为"超越论哲学"的哲学？只有回到了这一问题，我们才可能理解胡塞尔走向超越论的内在动机，进而才能够揭示超越论现象学的确切含义及其与康德的超越论哲学的差异。

有趣的是，既然胡塞尔在《逻辑研究》第一卷中已经提出必须以纯粹逻辑学的观念为导引，并且，既然第二卷就是在纯粹逻辑学的观念下实施的认识论研究，那么胡塞尔何以会将《逻辑研究》中的意向性分析称为描述心理学，而不是直接将之称为超越论哲学？毕竟他在基本的哲学理念上已经走在了康德所标出的道路之上。不仅如此，更让人惊讶的是，他随后居然又放弃了范畴代现这一描述心理学在纯粹逻辑学的观念之下对认识论所能做出的最核心的探讨，进而将通过批判描述心理学所获得的哲学成就称为超越论的现象学，这是否说明超越论在胡塞尔那里有某种从根本上不同于康德的含义？

尽管胡塞尔明确否认在体验整体中存在超越论自我的可能，但描述心理学大体上已经是康德意义上的超越论哲学了。这一判断至少有如下理由：首先，当然是康德式的纯粹逻辑学的观念就是描述心理学的基础，譬如在范畴直观和代现问题上起着决定作用的独立与不独立内容以及整体与部分意向之间的综合关系遵循的就是这一先天观念；其次，描述心理学仍然属于康德意义上的认识何以可能的研究，胡塞尔称之为认识论的启蒙，它们以各自的方式都涉及知性范畴与感性存在之间的关系，在康德那里，它表现为范畴的经验化，在胡塞尔那里则表现为意向在映射中的充实的可能性；最后，就整个分析模式而言，正如梅洛-庞蒂指出的，胡塞尔对表象立义的研究仍然属于康德式的统觉，①仍然执着于以对象性的方式描述世界和存在。

当然，我们也能在上述每一点上找到区别，譬如：胡塞尔的质料的综合先天就不同于康德式的范畴综合：物的映射式的自身显现不再需要时空形式的先天作用，胡塞尔向实项内存在的还原也已经悬置了自然实在物的感性刺激对认识的激发，但必须看到，这些差别并不是对康德的超越论哲学的基本范式的根本突破，相反它们仍然局限在康德的范式之内：胡塞尔在质料的综合先天上的突破实质上只是对体验与被给予性之关系的重新理解，因而仍然局限在总体化的范围内；描述心理学并未尝试在映射关系中构造时空体验；当胡塞尔以充实的层次差异说明认识的明见性的程度差异时，他仍然保留或者说至少没有彻底抛弃认识与外在存在之间的对应关系，自然意义上的内、外的区分尚未被彻底消除，这一点同样体现在胡塞尔对内感知和外感知的区分上。

从上文的讨论可以看出，现象学还原针对的就是这些残留在描述心理学中的康德式的超越因素，单纯以消除自然主义概括这种还原还是过于简单了，尽管胡塞尔本人在《观念》中就是着眼于此。从还原的操作过程看，我们可以把滞留看作对映射的形式关系的刻画，而体验流的具体的流逝样式，也就是说，从活的当下到双重意向性的整体构造展现了一种原始存在的内在结构，但在描述心理学中，此原始结构却只能在实显性的框架内被简单地理解为相即的。在此意义上，现象学反思的目的就是进入并揭示这种原始存在的内在结构。

根据胡塞尔，实显的意识模式生成于纯粹意识多维的自身综合，其意向构架就是我们一直讨论的意向流形结构，相即感知也在同样的意义上有待生成。能思/所思的先天平行关系是超越论现象学为现代哲学作出的最大贡献，它直接取代了实显的立义模式，并为后者当然也包括康德

---

① 参见［法］梅洛-庞蒂《梅洛-庞蒂文集·第2卷，知觉现象学》，杨大春、张尧均、关群德译，第176页。

式的统觉奠定了基础。这一新的构造充分表明，我们对物的把握并非单纯由物的刺激所激发，在原始的存在和绝对的被给予性中，思的哲学揭示的是显现与显现者之间的先天关联，物在由行动者的动机关联所构建的绝对存在中有其独特的构造动机。据此，康德那里不能作为实在的谓词的存在概念获得了内在的深层勘测，它展现出了多维建基的流形结构。也正是在此意义上，自然观念下的内、外之分以及建立在这种区分之上的主客对立模式也被彻底消除了，因为在能思/所思的先天平行关系中存在的是绝对存在与超越者之间的构造关系，承载着因果关系的刺激已经是被构造的超越物了，超越论现象学中的"超越论"的含义即源于这一原始的构造事态。

　　胡塞尔对康德有一个重要的批评，他认为当康德在超越论感性论中"将空间和时间当作'感性的形式'，并相信已经保证了几何学的可能性"时，就已经错失了一个存在于"单纯'感性'的内部"，这不是几何学的空间，而是"单纯知觉的空间，单纯直观的空间"①，换言之，一种在超越论的分析论之前就已经存在的原初体验和存在领域，因为康德没有在"怀疑论的荒谬性背后领悟到内在直观主义之必然的意义，以及有关超越论的意识及其基本成就之基础知识的理念"②而被彻底错失了。也就是说，康德将认识的起源限定在现成的感性给予上，错失了这种感性存在的内在的流形结构，而对此结构的揭示则必须依赖一种内在的直观。在超越论现象学中，这种内在直观就是本质直观。胡塞尔对描述心理学的自我批评与他对康德的批评之间存在着隐秘的平行关系，他对实显性困境的揭示和突破完全可以看作他对康德的批评的预演：在胡塞尔的考察中，绝对存在显现出了前—实显的特性，这种前—实显性意味着前（康德意义上的）感性，有趣的是，胡塞尔《逻辑研究》第一版时期同样无法揭示体验内容凸显之前的融合状态的内在结构，他甚至和康德一样将之视为不可知的。

　　胡塞尔对新的存在领域的刻画依靠的就是意向流形的结构。康德的直观仍然建立在感性杂多（Mannigfaltige）的刺激之上，对理性认识的边界和实在性的判定实际上延续了经验论。意向流形之所以能刻画存在的

---

① ［德］胡塞尔：《第一哲学》（上卷），王炳文译，商务印书馆2006年版，第508页。
② ［德］胡塞尔：《第一哲学》（上卷），王炳文译，第260页。

内结构，就是因为以它内时间结构为框架，时间体验的多维性和多层性，支撑并构造了"感性杂多"显现，而它以内时间结构为基础，这充分表明，时间、空间完全可以不归为主体所谓先天的能力，在胡塞尔的超越论的存在领域中，它们首先意味着对体验的构造，也就是说，感性、知性等认识能力本身也是在更原始的存在中被构造的，此理想实际上早在《逻辑研究》阐发自身被给予性与感性直观、范畴直观的关系中就已经存在了，但直到超越论的构造中才真正实现。

在超越论现象学中，绝对存在展现为前感性的存在，这意味着对康德的超越论哲学的深层奠基，即通过揭示在康德的超越论感性论中一开始就被遮蔽了的存在的内在结构为康德的整个哲学奠定新的基础。当胡塞尔将现象学还原所揭示的纯粹意识称为绝对存在，继而在20世纪20年代将这种存在直接视为神性的存在时[1]，他与康德的差异也就更加清晰地展示了：存在也好，上帝也罢，它们的自身显现不必像在康德那里一样建立在对认识之绝对权能的否定之上[2]，同时，它们也不应归属于悬临在我们面前的绝对命令，纯粹意识对它们有绝对的认识。

综上，在纯粹逻辑学的一般观念上，胡塞尔的确继承了康德，当然这种继承也不是无批判的，大致上说，康德的纯粹逻辑学的观念相当于胡塞尔的总体化，但在操作的可能过程上，胡塞尔走向超越论恰恰是以突破康德的统觉模式为前提的，我们也已经指出，此项突破与胡塞尔突破他自己的立义模式显然具有同构性。如此，胡塞尔的超越论似乎仅与康德具有了形式甚至表述上的相似性，我们能否在哲学史上为胡塞尔的突破找到思的原型？

在我们看来，胡塞尔走向超越论现象学更多地显示了他与英国经验论的理论亲缘性，他对实显的感性存在的突入以及对纯粹意识的综合功能的揭示，都可以视作对"休谟问题"的解决：观念之所以必然"伴随"被给予的印象，是因为它们之间的联结已经更原始地在体验流中被先天地构造了。由此，我们也可以理解为什么胡塞尔会将休谟的工作视为

---

[1] 参见［德］胡塞尔《第一哲学》（下卷），王炳文译，第340—341、456页。
[2] 关于胡塞尔对康德独断论的批评，请参见李云飞《胡塞尔与康德的先验观念论》，《南京师大学报》（社会科学版）2013年第4期。

"迈向超越论的基础科学之决定性准备步骤"①,"一种直观主义的和内在的哲学,因此是唯一真正的直观主义哲学的,即现象学的预备形式"②。在此意义上,我们甚至可以说,休谟才是胡塞尔真正的引路人。

休谟实际上开出了两种超越论哲学:首先是康德式的,它意味着超越论主体以先天范畴对感性杂多的统握,这种统握建立在休谟意义上的已经失去了活力的"观念"之上,康德的感性对应的正是休谟意义上的观念,而胡塞尔的描述心理学的基础同样就在于这种已然被突出的现成的感性内容;其次是胡塞尔的超越论现象学,它意味着对生成休谟意义上的观念的印象流之内在结构的深层勘测,我们知道,此结构在超越论还原中被揭示为思的多维建基的平行关系,较之康德对休谟的接受,胡塞尔才真正地进入了印象流的深处。据此,胡塞尔在解决休谟问题,创生自己的超越论现象学的同时,也根本性地拓展了康德的超越论哲学。

绝对意识的构造权能最终就建立在体验流的自身综合之上,对这一事态的揭示在胡塞尔向超越论现象学的转向之初就已经实现了,而胡塞尔与康德在超越论上的差异也就体现在对这种绝对的构造能力的揭示上。有必要指出,尽管胡塞尔直到晚年才正式公布他与康德的超越论之间的复杂的关系:除了与康德相似的"在主观性与客观东西之相互关系中,寻找对于通过认识所认识到的客观性之意义的最后规定"③之外,"超越论"一词还意味着"一切认识形成的最后源泉的动机"④,意味着我们应该如何在最终奠基性的纯粹主体性中寻找客观性的最终基础等问题⑤,但"超越论"的新含义实际上早在《观念》之前就已经隐含在纯粹意识的时间性的最初构造中了,正是基于这一理由,笔者愿意大胆地提出,康德的超越论哲学在超越论现象学诞生的一瞬间就已经被后者超越了。

---

① [德] 胡塞尔:《第一哲学》(上卷),王炳文译,第213页。
② [德] 胡塞尔:《第一哲学》(上卷),王炳文译,第241页。
③ [德] 胡塞尔:《第一哲学》(上卷),王炳文译,第508页。
④ [德] 胡塞尔:《欧洲科学的危机与超越论的现象学》,王炳文译,第121页。
⑤ 倪梁康先生梳理了"超越论"一词从德国古典哲学到胡塞尔的发展历程,并在此基础上明确指出这两层含义[参见倪梁康《TRANSZENDENTAL:含义与中译》,《南京大学学报》(哲学·人文科学·社会科学版)2004年第3期];也可参见瑞士现象学家耿宁先生的总结,Cf. Iso Kern, *Husserl und Kant, eine Untersuchung über Husserls Verhältnis zu Kant und zu Neukantianismus*, Martinus Nijhoff, 1964, S. 241-242.

但问题显然没有根本解决。在西方哲学史上，"transzendental"特别地与上帝的超越的存在有关，但如何看待胡塞尔的超越论现象学与此一维度的超越的关系？此问题的尖锐性在于，胡塞尔走向纯粹意识恰恰是以悬搁上帝为前提的，我们就此可以提出一个有趣的问题，既然上帝是超越的，胡塞尔在构筑超越论现象学时何不直接保留上帝的超越性？相反，一旦悬搁了上帝，那么纯粹意识在何种意义上还能具有，或者更准确地说，还能获得超越性呢？

我们在胡塞尔对笛卡尔的态度中可以看到他的相关思考。在寻找新的哲学基地时，笛卡尔一直是胡塞尔倚重的哲学家，他在历次现象学突破中都不断求助于笛卡尔的我思。但我们必须看到，胡塞尔对笛卡尔的多次求助的动机与结果之间都明显存在差异，而他对笛卡尔的理解和要求又与笛卡尔本人的哲思之间存在根本差异，其间甚至隐藏了胡塞尔超越论现象学的秘密。

胡塞尔在《现象学的观念》中诉诸笛卡尔式的怀疑和我思，目的在于探寻新的被给予性，亦即被他称为绝对被给予性的新的存在领域，上文已经特别指明了胡塞尔如何借此获得新的内在和超越的存在领域。在《观念Ⅰ》，胡塞尔再次求助笛卡尔式的我思，其目的在于勾勒出从行为现象进入绝对体验的通道，我们也已经批评过，胡塞尔不恰当地以视域意向性掩盖了双重意向性，也就是说，直到《观念》时期，对胡塞尔而言，笛卡尔本人的思考其实并未特别地展示其构造意义，胡塞尔更多的只是借用我们熟知的笛卡尔，笛卡尔式的怀疑只是悬搁和现象学还原的先导，我思行为也只是他本人的行为现象分析的替代，胡塞尔借助笛卡尔的我思批评并超出了他自己的行为现象分析，但第三次集中评论却与前两者明显不同，胡塞尔与神学之间的根本差异在其中显示了出来。

1929年，胡塞尔应邀在巴黎大学做了场重要的讲演，这场讲演不仅对法国现象学的诞生和发展影响巨大，反过来看，它对胡塞尔本人的现象学发展也有着巨大的推动作用，简单地说，正是随后对《沉思》的多次修改，胡塞尔才开启了他晚年的本性现象学。这里仅论述胡塞尔与笛卡尔之间的思想差异及其对超越论哲学的整体意义。

与前两次将笛卡尔视为哲思的先导不同，胡塞尔此时对笛卡尔提出了两点重要的批评：其一，笛卡尔并未真正揭示"清楚明白性"的本质，这种特殊的明见性必须建立在活的当下之上①；其二，在探求我在的根据时，笛卡尔不应该求助上帝的存在，胡塞尔认为，这是一种基于教义的成见②，因而是非哲学的。当然，这两个批评有着内在的关联，合起来看，在胡塞尔看来，笛卡尔的问题就在于，正因为他无法将清楚明白性建基于活的当下，所以只能求助于超越的存在。有趣的是，胡塞尔与笛卡尔对超越的不同理解也就由此显示了。

胡塞尔强调明见性必须建立在活的当下之上，这与他的哲思发展有关。在探讨内时间结构时，我们已经指出，1929年前后，胡塞尔开始揭示整个体验流的最终基础，《沉思》本来就是此阶段的研究的开端。在下文专题探讨真理与明见性时，我们将指出这种特殊的明见性被胡塞尔称为绝然的明见性。这里的重点在于说明笛卡尔与胡塞尔的不同选择意味着什么。我们知道，笛卡尔将清楚明白性分为两种，一种是经验性的，比如回忆和感知所具有的，这其实与胡塞尔的内感知的明见性相似，在此意义上，我们不难理解，胡塞尔何以会不断追溯笛卡尔，他们之间的确存在结构性的相似；另一种是绝对的清楚明白性。③ 有趣的是，胡塞尔似乎并不知道笛卡尔有此观点，而这种奇特的清楚明白的感知明见到的正是上帝存在的观念。于是，他们之间隐含的分歧也就显示了，同样是绝对的（或者绝然的）明见性，何以笛卡尔明见到的是上帝存在的观念，而胡塞尔则坚决拒绝？

胡塞尔坚决地拒绝了上帝的超越性，超越论现象学与此超越性无关，这是现代西方哲学中著名的内在的超越的起源，但所谓内在的超越必须得到正确的理解：对胡塞尔来说，内在的超越本性上就是构造，在解读《现象学的观念》时我们就已经指出，内在的超越即意味着如何在绝对被给予的绝对流中构造超越物，因此内在的超越实质上就是超越论的构造。

据此，超越论现象学的"超越"与笛卡尔诉诸的上帝的"超越"之间存在如下差异：对胡塞尔来说，超越的可能性扎根于主体性的内在结

---

① 参见［德］埃德蒙德·胡塞尔《笛卡尔沉思与巴黎讲演》，张宪译，第59页。
② 参见［德］埃德蒙德·胡塞尔《笛卡尔沉思与巴黎讲演》，张宪译，第60页。
③ 参见［法］笛卡尔《第一哲学沉思集》，庞景仁译，商务印书馆2012年版，第253页。

构,超越的动机和动力源自主体在其周遭世界和世代性中的生存,但在笛卡尔对我思的考察中,这一点并未得到应有的重视,譬如在追问我思、我在的本性时,尽管笛卡尔明确提出了我思多长我就存在多长这一关键问题①,但他并没有深入我思、我在的内部,而是不无仓促地将我思的本质确定为理智,于是,人类的理智的根基就在于神圣之光这样的教义也就顺理成章地进入了笛卡尔的视野,但对胡塞尔而言,与笛卡尔相反,现象学还原的目的就在于揭示我思、我在的内在结构,实际上,早在1929年再度面对笛卡尔之前,胡塞尔就已经获得了一维流形构造二维连续统的整体结构,以此为基础,他对笛卡尔的批评也就是自然而然的事情了,因为追问活的当下的结构及其生成本来就是他自己最迫切的任务,再度遭遇笛卡尔只是推进自己的现象学的契机而已。

我们总结一下两种"超越"的根本差异,因为这对于我们理解现象学神学与胡塞尔的关系意义重大:现象学的超越论意味着主体因其独立的生存动机而构造、不能构造甚至拒绝构造超越物,这里的生存特别地建立在在世、历史性和世代性之中,至少在胡塞尔看来,笛卡尔式的神学的超越论并没有真正将人的生存确立起来,理智或许是不足的,但首先还是应该揭示理智的内在结构,并就此内在结构说明其不足之处何以会使其求助上帝。简单地说,相比传统西方哲学,现象学从根本上扩展了人的生存和存在领域,超越与否是人的内在的本质事件。

胡塞尔开启的内在的超越的理路对现象学运动影响深远,海德格尔就曾经跟随胡塞尔悬搁了上帝,但与胡塞尔不同的是,他保留了上帝的存在,于是,胡塞尔的纯粹意识的存在因其流形结构而具有了绝对性,而海德格尔的存在因其"宿主",即上帝的超越性而具有了一般性,但在阐明其生存论建构时,海德格尔还是倒向了胡塞尔,此在因自身的缺乏而在与存在的共属性展示出了它的超越性,源自上帝的超越性与存在的一般性一样,在此在的内在的超越性中被不恰当地遮蔽了。现象学神学家们面对的困难显然更大,现象学家的身份要求他们必须立足于"主体"的超越的权能,但主体的超越性与上帝的超越性之间无疑存在着一道鸿沟,于是他们想尽办法试图倒转主体的超越性,尝试论证主体的所谓绝

---

① 参见[法]笛卡尔《第一哲学沉思集》,庞景仁译,第28页。

对权能的无根性，但问题是，即便无根，也并不意味着上帝的超越性相对主体具有根基性，如何跨越两者始终是难题。

相对康德的超越论和神学的超越性，胡塞尔的超越论具有了居间的地位：一方面它不同于康德，我们已经多次强调，纯粹意识的流形结构是对20世纪的整体知识结构的回应，而康德的不可知论则显然是他那个时代的产物，胡塞尔强调如何认识乃至构造超越物，而康德强调的是认识和构造超越的不可能性，两者不能混为一谈；另一方面，相对上帝的超越性和根基性，胡塞尔重新确立了主体在世生存的权能，在世生存的人是独立自主的，自有其习性、人格、精神以及世代性，生存的意义完全可以从主体的内在生存的动机中产生，上帝的超越的存在似乎成了多余之物。

本节的讨论涉及了胡塞尔与康德、休谟、笛卡尔的思想关联，可以这样说，相对康德，胡塞尔的超越论以意向流形结构拓展了思和存在的范围，实际上，此结构正是对休谟的印象流的内在结构的现象学刻画，而相对笛卡尔，胡塞尔夺回了神性存在的领域，将之彻底主体哲学化了，就此，较之传统西方哲学，胡塞尔在其超越论的突破中不仅为现象学运动，也为这个时代赢得了一个独立的绝对存在的区域。

第二节　存在问题

存在问题一直是西方哲学的核心问题，甚至被视为哲学问题本身。在西方哲学传统中，存在问题往往不是孤立呈现的，它总是与一种独特的思相关，存在总是被视为可思之物。我们知道，柏拉图揭示并拓展了思与存在的相关性，在他那里，灵魂在思想中指明了存在和所思，在理性中使本原显现自身，在作为最高的思的智性活动中，它能够最终洞见善之存在。在"哲思定位"一节，我们再专论胡塞尔与柏拉图的思想关联。

胡塞尔在存在问题上似乎给人如下印象：首先，存在问题在《逻辑研究》中曾经作为重要的论题而出现，它与充实上的明见性相关。在现象学史上，胡塞尔对存在问题的讨论成了海德格尔的存在论的重要的开端，当然是有待被超越意义上的；其次，胡塞尔在超越论现象学中曾经在纯粹意识以及它的构造能力上谈论绝对存在。但这很模糊，因为在很多人看来，纯粹意识就是一种被纯化的意识，因而将它称为绝对存在并无特别的意义，作为世界的剩余物，它纯粹得似乎只剩下一个空洞的存在。

当胡塞尔在超越论现象学中将纯粹意识视为绝对存在时，这意味着什么？如果引入西方哲学对存在一般的理解，也就是说，将存在理解为一种超越种属关系的观念，那么超越论现象学的绝对存在是否同样也可以被视为存在一般，或者相反，绝对存在在胡塞尔那里实质上只是一个缀词，它根本没有任何实际的意义？

我们已经论证了如下问题：纯粹意识的提出与形式存在论有关，它不可能是表象意义上的一种遵循整体与部分关系或者种属观念的意指与充实的状态，而是对一种新的存在论，也就是说，对一种超出特殊的区域性存在并能够在不同区域之间构造统一性的奠基性的存在的哲学表达和奠基，而纯粹意识的本质在于一种独特的思，这种源自柏拉图的本质性的洞见在时间意识的构架中被胡塞尔原创性地展现为了多维奠基的意向流形，即从永恒涌流的活的当下到具体当下，再到双重意向性的自身综合。

纯粹意识与形式存在论相关并为其奠定了基础，在这种特殊的意识形式中被明察到的绝对存在自然不可能是任何特定区域上的存在，无论是自然物的，还是心灵或精神的，它只能是存在一般。在胡塞尔基于纯粹逻辑学的观念对他所谓原对象性的说明中能够看到这一点。简单地说，胡塞尔在《观念Ⅰ》中所列举的那些形式词：事物、属性、关系、事态、集合、秩序、同一、相等、整体、部分以及数，等等，已经不是在描述心理学中主要展现为种属关联的总体与部分的关系，它们本身就是一种超种属的形式化的关联。举例来说：杯子在总体化中属于特定的种属，它的本质在种属关系中可以被普遍直观到，但在形式化的关联中，杯子尽管还是"杯子"，但它已经不再作为特定种属中的存在物，而是重新成为"质料"，譬如说，在艺术家的手里，它成了艺术作品的原材料，进入一种被新创造出的形式化的构造关联。正是在此意义上，胡塞尔才会说："空的逻辑形式化的充实（……）就是一种与直到最低种差的真正特殊化相对立的、完全不同的'运作程序'。"① 在种属关联中，目光的一次转向即可完成普遍直观，也就是说，在最小种差的作用下完成意向的充实，而这种"与直到最低种差的真正特殊化相对立的、完全不同的'运作程序'"在20世纪20年代才被胡塞尔展示为在能思/所思的意向流形中的想象变更。

我们参考海德格尔对胡塞尔意识和存在问题的著名评述来具体讨论这些问题。在1925年的《时间概念史导论》中，海德格尔认为，现象学进入纯粹意识领域也就意味着根本地错失了存在问题，因而"在对其本己领域进行规定这一根本任务面前，现象学是非现象学的！也就是说，它只是被误认为是现象学的！"② 这是对超越论现象学的严重指控：它不是现象学的，而胡塞尔却直到超越论现象学阶段才谈论现象学哲学。现象学运动被改写了：海德格尔的存在理解是对《逻辑研究》的充实意义上的存在的突破和继承，在此方向上，《逻辑研究》之后的现象学就只能是海德格尔的存在论了。问题是，海德格尔是否言过其实了？我们回到他对胡塞尔的具体理解，海德格尔总结出了纯粹意识在存在上的四个关键特征：内在的存在、绝对的存在、绝对先天的存在以及纯粹的存在，这些也经常被学界引用以谈论胡塞尔的纯粹意识。

首先，关于内在的存在，海德格尔说："内在是就这样一种联系而言的：这种联系在体验本身之间、在反思的行为与被反思者之间是可能的"，"内在不是有关存在者自身的一种着眼于它的存在的规定，而是有关体验或意识领域内部的两种存在者之间的联系的规定"，"这一联系被描画成实项的彼此交融，但是关于这一交融状态之所是、关于实项性、关于整个领域的存在者，这个规定恰好什么都没有道出"。③

暂且不管海德格尔本人的哲学主旨是什么，他对"内在存在"的理解无论如何都是不恰当的，这是对超越论现象学的严重曲解。将内在规定为体验之间的关系，或反思行为与被反思者之间的关系，正是描述心理学的典型做法，这一点在上文谈论内感知与实显体验之间的关系时，

---

① ［德］胡塞尔：《纯粹现象学通论》，李幼蒸译，第17页。
② ［德］海德格尔：《时间概念史导论》，欧东明译，第174页。
③ ［德］海德格尔：《时间概念史导论》，欧东明译，第138页。

我们就已经清晰地指明了。胡塞尔在"贝尔瑙手稿"中精确表达的超越论反思取代的正是由内感知或者内在感知所导致的对象化的指向,同时,也必须注意,我们不可能在现象学还原所揭示的纯粹体验内部找到现成的存在者,因为这种体验本身就是形式化的关联,上文也已经提到,胡塞尔明确拒绝了对能思/所思的表象性的理解,他试图重新确立的正是在希腊哲学的开端处即已诞生的思与存在的平行关联。

超越论现象学中已经不存在内在、外在这些仍然隐含了自然实在论的立场的区分了。当胡塞尔在现象学还原之后仍在谈论"内在"和"外在"时,他的真实意图在于指出纯粹意识具有一种建立在它自身的综合权能之上的构造功能,"内在"彰显了纯粹意识的构造性和奠基性,"外在"表明的则是被构造意义上的超越性。当海德格尔对胡塞尔做出这一责难时,他显然没能理解,或者说,根本不愿意理解现象学还原的目的就在于消除实显的感性内涵,进而揭示纯粹意识的内在结构。一句话,他所批评的实际上是早已被胡塞尔本人超越了的描述心理学,我们将看到,这一曲解延续到了他对胡塞尔纯粹意识的整个理解上。①

其次,关于绝对存在,海德格尔认为,只要纯粹意识是一种内在的存在,更准确地说,只要这种内在性是通过反思与被反思物以及存在者之间的关系被标明的,那么这种绝对给予性意义上的绝对存在就不是"在描述被把握者与把握者的行为的一种领域上的归属性,而是在确定一种体验作为另一种体验之对象这一联系"②。

如果此判断是针对描述心理学做出的,那么无疑是合理的,但就超越论现象学而言,我们不得不说,这同样是错误的。除了与我们对第一个特征的反驳一样,纯粹意识内部不可能存在对象化关系,这里值得专门探讨的是绝对给予性的观念。《逻辑研究》曾经专门提到一种作为感知概念之本质的自身被给予性以及作为其充实形态的切身被给予性,从我们对范畴代现的困境的揭示中可以看到,胡塞尔当时并未说明这种自身被给予性以何种方式存在,而从《逻辑研究》的限制看,我们甚至可以

---

① 对这一问题的更为详细的讨论, Cf. Felix O'Murchadha, "Reduction, externalism and immanence in Husserl and Heidegger", in *Synthese*, 2008, pp. 375–395.
② [德]海德格尔:《时间概念史导论》,欧东明译,第139页。

认为，至少切身被给予性同样被局限在种属的先天关联之中，甚至同样是一种实显性的存在。如果海德格尔批评的被给予性指的是这种在实项体验中被实显化的被给予性，那么我们可以赞同他对胡塞尔的批评。但是，海德格尔显然将这种被给予性平行移置入纯粹意识之中，我们对此必须追问：形式化的关联能够与总体化与个体化的关系相混同吗？现象学还原所揭示的绝对被给予性仍然限制在种属关联之中吗？当胡塞尔认为现象学还原揭示了纯粹意识与绝对存在构造关系时，这种绝对性就是纯粹的形式关联意义上的绝对性。海德格尔的批判再次陷入了奇谈怪论。

再次，关于无须存在者也可通达的存在意义上的绝对被给予的存在，海德格尔的总体评判是："这个规定不过是从构成方式上的排序这个角度把握意识领域，并在这种排序中把一种先于一切客体之物的形式上的'更为早先的存在'划给了意识领域。"① 按照他的理解，意识是内在的，而其他存在必须向它显现出来，如此，意识就成了存在的条件，超越的存在只能在意识中显现自身，而纯粹意识也就具有了构造性的特征。

我们的判断与对海德格尔的第一、二个批评完全相同，他显然是以描述心理学的立义规定纯粹意识的。② 超越论构造究竟意味着什么？此问题在上文讨论能思/所思的先天的多维奠基的平行关系中已经详细论证了。这种构造不是指外在的存在者向意识的显现，而是纯粹意识的流形结构的多维综合。只有理解这一点，我们才能理解胡塞尔提出的人格现象学和发生现象学，因为它们都是建立在纯粹意识的多维构造之中，而它的基本前提最早在内时间的双重意向性中就已经确立了。

在能思/所思的多维奠基的先天关联中，纯粹意识本身就是存在性的，作为原区域和原范畴，它构造了各个具体的存在区域。我们认为，外在存在无法直接在纯粹意识的流形结构中显现自身，否则纯粹意识就

---

① ［德］海德格尔：《时间概念史导论》，欧东明译，第141页。
② 海德格尔一直坚持将胡塞尔的意向性理解为一种客观化的行为或者理论化的行为，而令人惊讶地重新给出了自己对意向性的新的理解："'意向性的'必须完全在形式上被理解，必须被理解为一种得到特别强调的理论上的关联意义的摆脱，后者的特殊意义特别容易诱发人们把意向性理解为'关于……'的意指或者相关地把它理解为'被臆指为……'"（［德］海德格尔：《路标》，孙周兴译，商务印书馆2000年版，第26页）这难道真的是海德格尔的原创吗？笔者认为，这无非是对胡塞尔思的意向流形的一种重复而已，而一旦他将对意向性的表象式的理解强行带入了纯粹意识，那么接下来的一系列莫名其妙的批评便看似自然而然了。

是与外在存在相对的物意识了，或者可以说，与物相对的心，这种理解实际上也已经将意识区域化了。显现或者被给予的方式建基于纯粹意识的动机关联之中，但物在显现方式上首先必须成为区域性的。这里的关键点同样在于胡塞尔的纯粹意识已经不是对象意向性上的，能思/所思的先天的平行关系完全不同于表象立义。

海德格尔不仅误解了超越论现象学的构造观念，而且同样也误解了先天的观念：先天平行关系已经是一种存在意义上的先天，它完全不同于表象立义所遵循的种属的先天关系，前者是绝对的，在《现象学的观念》中就被表达为绝对被给予性意义上的先天，而后者是被限制的。正是基于这一误解，海德格尔才错误地将纯粹意识的先天理解为笛卡尔、康德的意识的优先性意义上的先天①，而梅洛-庞蒂在此问题上显示出远超海德格尔的敏锐，在《知觉现象学》中，他不断提醒人们要注意能思/所思的先天的平行关系与笛卡尔和康德的认识主体与对象之间的对称性之间的根本区别。

最后，关于纯粹存在，海德格尔说："就意识不在它具体的个别化中被看待、不再联系到生命本质被看待而言，意识就被称作是纯粹意识"②，"眼下的规定所欲探讨的东西……不是体验的具体化，而是它的本质结构，不是实在的体验—存在，而是意识本身所具有的观念性本质—存在，是在种属上的普遍意义上的体验之先天……用他另外的话说：在忽略了意识中的一切实在属性和实体化这个意义上，意识就被称为存在"。③

纯粹意识不是对立义行为的纯化，不是说只要我们消除掉意识行为中的具体内容以及个别化的特征，进而只要我们就此坚守住这种意识行为的本质结构，那么我们就自然而然地获得了胡塞尔所说的纯粹意识了，完全不可能这样，因为只要理解了胡塞尔在前《观念》时期如何通过消除立义模式，揭示绝对流的内在结构，继而又是如何在这种结构的基础上确定纯粹意识的流形结构，那么我们就应该明白，超越论现象学的突破本质是一种范式的革命，不是对描述心理学的简单修补，而海德格尔

---

① ［德］海德格尔：《时间概念史导论》，欧东明译，第141页。
② ［德］海德格尔：《时间概念史导论》，欧东明译，第141页。
③ ［德］海德格尔：《时间概念史导论》，欧东明译，第142页。

却令人惊讶地一再错失胡塞尔的这些突破，并且毫无道理地在与胡塞尔的对话中执着于后者早已质疑并彻底突破了的意向性模式，从而将超越论现象学死死地压制在实显的立义模式之上。

当海德格尔特别提到胡塞尔探讨的不是纯粹意识的具体化，而是它的本质结构，是意识本身所具有的观念性的本质存在时，一定要注意这里的本质究竟指什么，超越论现象学明确将本质理解为艾多斯，这是一种超越种属的形式化的关联，而海德格尔一再无视胡塞尔对形式化与总体化之间的区分，异常坚定地将这里的本质理解为"种属上的普遍"，这实在令人费解。

海德格尔说，胡塞尔对纯粹意识的规定只能属于存在者的规定，因为它们仅仅是从特定的视角，亦即可把握性、被给予方式、构造功能和观念性，对存在者实施的规定，因而纯粹意识"只是规定了单个单纯的领域，但没有规定意识本身的存在，没有规定意向式行为本身的存在；这些规定所关涉的只是意识这个领域之存在，关涉的只是意识能够在其中得到考察的那个领域"①。

这是海德格尔对胡塞尔错失了存在者的存在的重要说明。海德格尔显然把胡塞尔的纯粹意识当作了现成的存在者，因为在他看来，胡塞尔对纯粹意识的规定是从特定角度给出的，没有涉及意识与意向行为本身的存在。但我们已经证明，胡塞尔揭示能思/所思的先天平行论就是为了解决描述心理学中的行为现象分析的无根性，换言之，就是揭示它的存在的基础何在：意识总是关于某物意识中的"关于"（von）必须"产生"（aus）于能思/所思的先天的平行关系，在超越论现象学中，胡塞尔正是基于此先天结构认定纯粹意识具有绝对的存在性，也就是说，纯粹意识不是特殊的区域，而是一种能够为各个特殊区域提供基础的绝对存在，这就是胡塞尔为纯粹意识提供的基本说明。海德格尔或许一开始就不愿意接受描述心理学中的实显性意识与超越论现象学的纯粹意识之间的根本区别。

超越论现象学真如海德格尔所说无法探讨行为的存在方式和行为的

---

① ［德］海德格尔：《时间概念史导论》，欧东明译，第145页。

存在，而只能限定在对结构性的内容或者说心理之物的探讨上？① 只要人们大致理解了胡塞尔在《观念Ⅱ》中对人格问题的大量探讨就很容易知道，正是在现象学还原所揭示的体验流的纵向体验与具体当下的构造关联中，行为在习性上的动机关联才可能建立，意识行为在纯粹意识的时间化中才可能获得其独特的存在方式以及建立在动机引发的自身综合之上的生成关系。

现象学还原的含义究竟是什么，是通过单纯悬搁，或者用海德格尔的话说，转眼不顾那些以实在的方式被把握或被设定的东西，回到行为现象的本质结构之中，还是说，实施一种根本的变革，进入意向流形内部，从而揭示一种作为行为现象之存在基础的能思/所思的先天平行关系？海德格尔不断强化着前一种理解，而正是在此曲解的基础上，他不厌其烦地告诉我们，胡塞尔由于局限在行为的内容上的如何，而彻底忽视了存在者的实存和行为的存在。他告诉我们，胡塞尔的考察方式是根本错误的，只要存在着这样一种存在者，"它的'是什么'恰好就是'去—存在'，除此之外再也不是任何东西……"②，那么现象学还原就是多余的。言下之意无非是，某种特殊的存在者——后来的此在——与一般存在者的实存之间具有一种特殊的相关性，现象学还原由于执着于行为的内容而根本性地消除了这种原本就存在着的相关性，胡塞尔的超越论现象学的道路一开始就是错的。

如果从胡塞尔的角度看，我们或许可以这样追问海德格尔：我们应该如何跨越存在者的实在性，尤其是现象学还原所要悬搁的客观的实在性与他一再提及的实际性以及存在者的实存之间的鸿沟，这种特殊的存在者如何具有并显现出去—存在的特性？我们认为，海德格尔所揭示的这种据说被胡塞尔彻底耽搁了的原初的相关性实际上与现象学还原所揭示的能思/所思的先天平行性之间具有结构上的一致性，领会存在的此在对应于在动机关联中构造世界的人格自我，它们都在超越论的存在视域中具有构造功能。海德格尔实际上暗地里挪用了胡塞尔通过现象学还原所揭示的平行关系。

---

① ［德］海德格尔：《时间概念史导论》，欧东明译，第147页。
② ［德］海德格尔：《时间概念史导论》，欧东明译，第148页。

有趣的是，海德格尔从存在一侧对胡塞尔的批评却是严谨的，因为他指责的是胡塞尔未涉及行为的存在方式和存在，但我们基于胡塞尔从描述心理学向超越论现象学的转向，证明的恰恰是胡塞尔如何从行为本质分析开始，进入诸被给予方式勾连出的内时间意识结构，换言之，内时间结构以及建基于其上的意向流形正是海德格尔强调的行为的存在方式和存在，而胡塞尔随后揭示的习性和人格结构等无非是在此流形结构之上得以构造的区域存在。我们相信，海德格尔对这里的关键不仅了如指掌，而且跟随胡塞尔进入过内时间结构和意向流形结构，只是未曾久留，将此间风景描画为此在的存在，请注意！不是存在一般，因为行为的存在方式和存在与意向流形本身的绝对存在不是一回事，前者实际上开启了萨特的前—反思的自身意识。

于是，我们看到了一个异常吊诡的现象：海德格尔认为，最迫切的同时也是胡塞尔最终耽搁的问题就是存在本身的意义问题。在这部分讨论中，海德格尔表现出了难得的谦虚："我们最初在这个问题上对胡塞尔（的研究）所作的描述，在某种意义上就已经过时了。"① 但他在关键问题上的立场几乎没有任何改变，例如他仍然坚持认为，只要胡塞尔的人格存在建立在了内在的意识结构之中，那么胡塞尔在存在问题上就不可能获得任何进展，因为行为这种存在者的存在本身从未被胡塞尔本人所揭示。② 再如："但如若我们还要进一步探究：关于人格的规定是以怎样的方式进行的（这个人格是在人格式经验中显现出来的）？那么我们又将回溯到我们已然熟知的东西。人格主义的立场和经验被标识为了 inspectio sui（内在的反思），被标识为作为意向性之我、作为 cogitationes（我思）的主体之我对它本身的内在的观察。在此，只是通过这里的表达用语，就可以让我们清楚地想起笛卡尔的思想。"③

原来世间真有人会以自己做不到的东西来批评别人，当然海德格尔此时或许没意识到自己思考的只是此在或存在者的存在，而非存在一般。当然这不是重点。重点是，他已经抓住了人格问题，那么为什么不循此

---

① ［德］海德格尔：《时间概念史导论》，欧东明译，第 164 页。
② 参见［德］海德格尔《时间概念史导论》，欧东明译，第 162 页。
③ ［德］海德格尔：《时间概念史导论》，欧东明译，第 165 页。

问题，严肃地追问一下人格在超越论现象学中是如何被构造的呢，实际上，但凡他愿意再追问一点，那么构造包括人格区域在内的原区域，亦即纯粹意识如何具有绝对的存在性，此类超越论现象学的基本问题自然也就呈现，而当他将人格的存在等同于行为的存在方式，并以此批评胡塞尔耽搁了存在问题，真正被耽误的恰恰是他自己对存在意义的追问，我们知道，《存在与时间》展示的是此在的存在，亦即一个仍然带有主体色彩的存在，构造此类存在的原始存在的意义仍有待揭示。

实际上，海德格尔的用语何尝不会让人不由自主地联想起中世纪神学家的众多思考呢？当然这也不是重点。重点仍然是他对胡塞尔的纯粹意识的曲解。胡塞尔之所以能够在历史和人格问题上激烈地反对相对主义，原因就在于他在体验流的纵意向性和纵向的能思与所思的关联中确立了习性先天和历史先天，在此基础上，习性和人格的关联根本不可能再是内在反思的对象，那是描述心理学的典型的考察方式，相反，它是在时间性上得到充分展示的现象学还原和反思的事情，现象学在超越论的考察中已经彻底更新了自身的基础。

存在本身的意义问题真的被胡塞尔耽搁了吗？这个问题本身就很含混，其中甚至隐含了希腊哲学与中世纪神学之间的根本对峙。海德格尔一度在存在一般是可思的、可见的，还是不可思的、不可见的之间摇摆不定，从他在转向后对存有的自身抑制这一定位看，他最终还是倒向了不可思、不可见。当然，海德格尔此时的批评还远没有如此复杂，他所谓存在一般更多的还是可思、可见的，或者干脆说，古希腊式的，《存在与时间》特别地告诉我们，希腊的思想巨人们，譬如巴门尼德、柏拉图曾经在此问题上争论不休。如果是这样的，那么我们当然可以说，胡塞尔同样没有错失存在一般问题。

我们拒绝在海德格尔与胡塞尔的思想关联上谈超越甚至替代，他们之间更多的还是镜像关系，胡塞尔从纯粹意识上探讨存在，而海德格尔则从（此在的）存在建构思的可能，这本来不应该存在争论。但由于海德格尔在强调自己的原创的现象学探索时，常常刻意地将纯粹意识贬抑为意向行为，从而从根本上消除了作为超越论现象学，进而同样作为他的生存论建构之意向基础的多维的意向流形，如此，胡塞尔式的意向流形中隐含的多维的思与存在的构造关系，就无法在存在上镜射出更本源的存在差异，这对存在论建构而言无疑是最遗憾之事。我们需要更细致地看这一问题。

根据海德格尔的思路，我们大致需要强调如下问题。首先，在在世生存上，人格现象学探讨的同样就是习性自我如何基于历史先天和人格先天，以及如何在由生存的动机关联所构造的周遭世界中构造世界的问题。海德格尔将此哲学路线误认为传统的心理主义和经验主义的。其次，也是海德格尔无视的，能思/所思的意向流形构造的正是存在一般，胡塞尔将之称为绝对存在。与海德格尔的此在建构比较一下会很有趣，他当然认为此在的存在建构才是基础性的，其形式显示的方法坚决拒绝陷入形式化，但胡塞尔的意向流形同样也是对形式化的构造，他们的根本差异何在？[①] 最后，确认了这些还远远不够，从胡塞尔与柏拉图的思的哲学的关联可以看出，胡塞尔非但没有把自己的现象学简单地限制在人格、精神、自然的构造上，相反，他激活了柏拉图哲学中最深刻，同时也是最困难的两个问题，而正是在这两个问题上，海德格尔的存在问题所隐含的内在的根本缺陷将清晰地展示出来。

简单地说，这两个问题就是：数学的理念化与存在一般的关系问题以及存在一般与作为超越者的善的存在的关系问题。[②] 无论在柏拉图，还是在胡塞尔那里，存在一般从来就不可能建立在与它具有单一的对应关系的存在者之上，它自身首先是由数学的理念化所敞开的，只能建基于理念化的先天构架之上，而正是依据这种理念化与存在一般的先天关系，善的超越论的存在才可能最终被构造。存在问题不仅应该以数学的理念化为基础，而且应该以善的最高目的为目标。

因而，从思的哲学看，我们首先应该考察的问题是：应该如何基于一种对思的权能的内在批判洞见数学理念化对存在一般的构造。在出自

[①] 我们或许可以借助现今很是热门的人工智能来谈论这一点。如果一开始就认为AI仍然属于人类意识，进而以人的存在为标准探讨AI的意义，那么这其实和此在的在世建构一样，以现存的人为标准，最终仍然属于区域存在论，真正首要的或许是就其算法看它究竟属于现存的某个区域，还是开创了一个全新的区域存在论，它是否具有全新的法则，此维度的讨论由于不预设特定的区域法则，只能在纯粹意识/绝对存在的相关性维度进行。

[②] 这里暂时悬置了本原与存在、所思以及与善的存在的关系问题。按照一般的理解，柏拉图的理念意义上的本原同样与数学相关，笔者已经数次提请大家注意思的哲学的数学本性。

1926—1928年的一篇题为"关于实在的科学与理念化"的文稿中，胡塞尔提道："如果我不弄清以下问题，我如何能够达到超越论的存在论呢？"① 胡塞尔所说的问题指的就是和谐一致的经验关联如何理念化的问题。在他看来，其中的关键就在于："为了……将真本身与真的实在本身突出出来，首先需要一种新式的思想或一种独特的方法。对于同一的东西的可能性之诸基本条件的这种思考——这种同一的东西以流动的主观上变化着的显现方式显现出来，并且一致地呈现的——导致作为显现所固有的必然性的显现的数学化，或导致构造方法的必然性，以便由显现构造同一的东西以及它的同一的规定。"进一步说："显现的流形——它们和谐一致地属于同一个整体，并构造同一的东西——必须符合同一的（真正的）对象之可能性的诸条件，并且所有实在有效的法则必须是形式存在论的，即形式数学（流形理论）的法则的特殊化。"② 简单地说，"构造"真的实在的关键就在于在和谐一致的流动的经验关联，即在显现的流形中确定同一物，我们又回到了能思/所思的先天的平行结构。

按照胡塞尔对柏拉图的超越论的改造，能思/所思的先天平行关系本身就体现为多维建基的内在的流形结构，和谐一致的经验实际上就表现为这种具有一种可规定的无限性的动机的意向关联，而它最终所构造的对象就是同一性本身。我们已经提到，胡塞尔对思的哲学的推进就在于，他在这种自身建立在形式存在论之上的意向流形中重建了整全性与同一物的关系。而也正是这一结构，他甚至向我们指出了什么样的思指向数理对象，什么样的思与存在相关，又是什么样的思与超越了这种存在并且又为之奠定了基础的善的存在相关。换言之，与海德格尔从存在本身的某种特性出发寻找与之相关的存在者并据此构造它们之间的相关性不同，胡塞尔更加关注数理对象的存在对存在一般的构造的意义，笔者甚至相信，正是因为在海德格尔那里缺失了这一对存在至为关键的操作，胡塞尔才会认为海德格尔式的存在是"一个神话式的存在"，没有"可靠

---

① ［德］胡塞尔：《欧洲科学的危机与超越论的现象学》，王炳文译，第336页。
② ［德］胡塞尔：《欧洲科学的危机与超越论的现象学》，王炳文译，第338页，对引文的术语做了统一。

的意义"①，他的存在论本质上只是一种人类学的研究。

我们再看思的哲学对超越的善的存在与存在一般的奠基关系的说明。柏拉图将善的存在视为智性的最高的超越的目标，它超出了存在一般，而在超越论现象学中，胡塞尔将这种奠基结构绝对地内化了：对善的存在的智性之思体现为了本性之思在它的原初的时间化中对纯粹同一性本身的构造上，胡塞尔甚至在原时间化中暗示了柏拉图的思之间的辩证关系的存在。在此意义上，柏拉图的外在超越的善的存在，在胡塞尔这里体现为了内在建基的本性之善，它不再是外在的目的，而是绝对内在的。

只要我们仍然承认了善的存在是人类最本己的事情，那么按照海德格尔的存在论的思路，就存在自身的性质确定具体这种性质的存在者与它的相关性，并以此为基础进行存在论的建构，那么我们自然就可以追问：我们应当如何从善的存在与存在一般的差异出发，寻找与去—存在的性质具有内在差异的存在者，以此来确定一种新的先天的相关性，也就是说，确定什么样的存在者及其去—存在建构的是超越存在一般的善的存在，又是什么样的存在者及其去—存在建构了存在一般？海德格尔没有在此问题上贯彻他自己的存在论原则。

因而，当人们指责海德格尔缺少了对伦理问题的思考时，这种指责的不合理之处在于，海德格尔在对此在的不同模态的——本真的或非本真的——去—存在的描述中实际上已经表达了良知对本真的此在之存在的建构，它是此在从非本真转向本真的关键环节，换言之，伦理学的因素已经暗暗在起作用了；而这一指责的根本的合理性则在于，按照他那令人震撼的原创性，他本应该一开始就在存在论中辨明善的超越的存在与存在一般之间的内在差异，而不是仅仅从单纯以领会着存在一般的此在的去—存在来"建构"这一差异，海德格尔令人失望地耽搁了这一他本应该提出的问题。在此意义上，尽管海德格尔提出了存在与存在者的差异问题，但他却不恰当地耽搁了这一在柏拉图那里就已经明确提出的较之存在论差异更根本的存在的内在差异问题。

人们或许会提出如下反驳：在《柏拉图的真理学说》一文中，海德

---

① Husserl, "*Randbemerkungen Husserls zu Heideggers Sein und Zeit und Kant und das Problem der Metaphysik*", eingeleitet von Boland Breeur, in *Husserl Studies* 11, 1994, S. 59, 60.

格尔已经对"善的存在"做出了说明,情况真的如此吗?首先,海德格尔并不认同人们将"一切理念之理念"(hetou agathou idea)译为"善的理念"①,按照他的去蔽的真理观,他将之理解为"最无蔽者"(ta alethestata)或者"绝对使适宜者"。"之所以被叫做'最无蔽者',乃是因为它首先在一切显现者中显现出来,并且使显现者变成可通达的了。"②在另一处,他同样指出:"一切理念的理念,其实质就是使一切在场者在其所有可见状态之间的显现成为可能。"③"绝对使适宜者"就是"使一切可闪现者闪现出来,因而它本身就是真正显现者,在其闪现中最闪现者"④。海德格尔的这一独特的理解显然是从自身显现给出的,最无蔽者就是在显现上最基础的,不仅自己能够在一切显现者中显现,而且也能够使它们的显现成为可能,而绝对使适宜者同样如此,不仅它本身就是真正的显现者,而且也使其他事物的闪现成为可能。

我们为什么不能就"善的理念"的字面意思来理解它,换句话说,海德格尔为什么认为"善的理念"在现代哲学已经不可能再成为"最无蔽者"和"绝对使适宜者"了?海德格尔实际上也已经给出了答案,他告诉我们:"如若人们现在也还以现代的方式把理念之本质思考为perceptio(知觉)(即'主观表象'),那么,人们就在'善的理念'中找到一种无论在哪里都自在地现成的'价值',关于后者,此外还有另一种'理念'。这个'理念'当然必须是最高的理念,因为一切都取决于,事情是否在'善'中(在某种福利的幸福或者在某种秩序的安排中)进行。"⑤同时,海德格尔也认为:"对于现代观念来说,'善的理念'这个术语太容易引人误入歧途。其实,这个术语是表示那个别具一格的理念的名称,这个理念作为理念之理念是适宜于一切东西的。唯一这个理念才可能被叫做'善',它依然是idea teleutaia(最终的相),因为在其中理念之本质得到了完成,亦即开始成为其本质,以至于开始成为其本质,以至于任

---

① [德]海德格尔:《路标》,孙周兴译,第248页。
② [德]海德格尔:《路标》,孙周兴译,第255页。
③ [德]海德格尔:《路标》,孙周兴译,第262页。
④ [德]海德格尔:《路标》,孙周兴译,第262页。
⑤ [德]海德格尔:《路标》,孙周兴译,第262页。

何其他理念的可能性也只能从中得以产生。"①

海德格尔在这里展现出深深的忧虑，因为他认为，人们以"现代的方式"，也就是说，在"主观表象"中只能将善的理念贬抑为一种现成的价值，或者一种在"某种福利的幸福或者在某种秩序的安排中"被安置的东西，这种现代性的理解不可能在任何意义上再找到柏拉图赋予善的理念的那种"最无蔽者"和"绝对使适宜者"的含义了。应该说，海德格尔的出发点是值得赞赏的，但他所说的"现代的方式"以及"现代观念"却始终含混不清。试问：我们是能在超越论现象学中找到一种对意识的"主观表象"的理解，还是能在弗洛伊德的无意识、索绪尔的能指—所指、卢卡奇的历史辩证法或者本雅明那里找到这种所谓现代理解？他们不是20世纪哲学的当然的代表吗？我们甚至可以指出，即便在前—现代的哲学家那里，如果想要确定这种所谓"主观表象"占据绝对优势地位的哲思也得花费一番力气。笛卡尔从我思到我在的论述中不需要上帝的绝对存在作为支撑，难道这种绝对的存在是在"主观表象"中显现自身的？

我们至此的讨论至少已经揭示了胡塞尔的超越论现象学就是建立在对"主观表象"的根本突破之上的，现象学还原所揭示的能思/所思的多维的奠基关联敞开的也正是海德格尔所确定的那种现代哲学根本不可能获得的原初的生成域。试问：海德格尔的"忧虑"在什么意义上还是必要的？如果现代哲学的最为迫切的问题不再是如何依靠海德格尔式的眼光来重塑什么原初的存在，因为它在各个理论方向上——现象学、心理分析、西方马克思主义以及结构语言学——以各种方式已经完成了，那么它的真正的最为迫切的问题不应该就是重新确立善的存在的根基地位及其对存在一般的奠基生成？在胡塞尔来说，此难题就表现为了如何在一种现代数学的理性范式内重新确立柏拉图在思的哲学已经充分表明的善的超越的存在与存在一般之间的奠基关系。

在此意义上，我们必须追问的是，海德格尔对现代哲学的耽搁与他对胡塞尔的超越论哲学的工作的失察、贬低甚至曲解又有多少内在的关联呢？当我们洞察了胡塞尔的思的哲学的内在结构及其主导问题，那么

---

① ［德］海德格尔：《路标》，孙周兴译，第263页。

我们就不难回答这一问题了，因为胡塞尔至少已经在思的多维的奠基性的结构中提出并论证了思与存在的层级差异以及它们内在的建基关联。鉴于在现代西方哲学中，善的存在对存在一般所具有的根本的建基已经成为最迫切的问题，我们很难相信有学者会质疑我们对海德格尔无视存在之内在差异的指责，实际上我们也已经不难发现，对此差异的直接的揭示和建构性的讨论已经成为海德格尔之后的现象学家们，比如列维纳斯的最重要的课题。

海德格尔在回顾他前期的工作时曾经指出，他的生存论的工作仍然陷入传统的主体性哲学，这在学界几乎是人所共知的。但是，如果这种所谓主体性哲学指的就是他在胡塞尔那里所认定的基于内在反思而实施的对行为的本质结构的分析，那么我们只能说，海德格尔并没有真正理解他的生存论何以会如此迅速地陷入理论困境了。

我们可以提出如下问题。首先，究竟什么是主体性哲学？主体当然与人相关，但人是有多种形态的，从思的哲学来看，他既可以表现为洞穴中的经验性的存在者，也可以表现为走出洞穴的超越论的存在者。前一种与存在问题无关，它以意见和信念的方式存在；而后一种则已经是理念世界中的存在者了。但即便认识到这一点仍然远远不够，按照胡塞尔的构想，理念世界中的存在者根据思和存在不同等级，仍然可以展现出不同的形态，比如习性的、本性的。只有洞察到这些，我们才可能在现代哲学意义上开始真正讨论主体与存在的关系。而就海德格尔对胡塞尔哲学的表象性的理解看，他在没有真正理解现代主体性哲学的情况下，就将自己在生存论上的不足归咎于主体性哲学当然是不公平的。其次，在现代的主体性哲学的立场上，我们可以看到，从主体出发谈论存在当然是可以的，它所展现出的问题的丰富性和复杂性甚至远远超出了海德格尔的生存论。按照超越论的思的哲学，在多维的流形结构中，存在可以被超越论的意识直接构造，而这种构造的实质就是在多维建基的平行关系中构建数学的理念化、存在一般和善的超越的存在三者之间的错综复杂的奠基关系，其中至少蕴含了数学理念化的可能性以及这种理念化与存在的关系问题、数学以及科学与善的关系问题、存在与善的关系问题，而支撑这些问题的则是那场最迟从19世纪中期开始，在20世纪到达顶峰，至今仍然在对世界和存在的构建发挥着重大影响的科学革命。超越论现象学就是从纯粹哲学角度对这场影响深远的科学革命的直接回应。

因而,我们可以说,海德格尔早期的存在论固然摆脱了经验论、实在论等近代哲学的思考方式,但它由于错失了思的哲学的真正的内涵,仓促地将存在一般当作了哲学的根本问题,从而丧失了作为存在一般之前提的数学的理念化对存在的支撑和揭示的意义,以及作为存在一般之基础和目的的善的存在对存在一般的建基意义。我们可以追问:单纯依靠存在一般与此在的平行关系就能够构造人性的大厦?至少从柏拉图开始,人的问题至少应该奠基在数学对象、存在一般以及善的超越的存在的三维结构中。海德格尔在其早期生存论建构中的失败的原因并不在于它仍然局限在主体性哲学,而在于它从根基处就曲解了在胡塞尔那里已经被激活并得到了重新奠基的思的哲学。

最后,我们再总结一下存在问题在胡塞尔那里可能具有的含义。第一,存在是纯粹意识的本质特性。但必须注意,纯粹意识与描述心理学的表象意识完全不同,它绝不是消除了经验内容以后的纯粹的意识行为,我们也绝不能把胡塞尔对纯粹意识的构造功能的考察混同为《逻辑研究》以"种属上的普遍"为基础对意向行为的研究。海德格尔对胡塞尔的纯粹意识的误解主要就体现在将纯粹意识直接视作表象立义,这种理解在学界流传非常广,甚至成了理解胡塞尔的基本范式。第二,时间意识的基本结构为我们理解胡塞尔的存在提供了基本的前提,不少学者认为胡塞尔的意识是无深度的、扁平的,实际上,纵意向性的提出就已经为消除这种误解提供了基础。绝对存在是有纵向维度的。不仅如此,随着胡塞尔对纵意向性建基于活的当下这一时间构造事态的最终揭示,绝对存在在胡塞尔那里同时也显现出了本源的宽度,或者说,人性的宽度。第三,胡塞尔的存在概念在哲学史上同样也具有根本的含义,这一点也可以在与海德格尔的关系中展开,因为后者一直标榜自己揭示了已经被西方哲学遗忘了的存在问题。在思的哲学中,柏拉图最早揭示了存在的内在张力,从他的角度来看,思与存在的平行关系中包括了思的不同本质形态与存在的内在的等级差异的关系问题。只要综合胡塞尔对能思/所思的先天平行关系和时间结构的内在关联,我们其实很容易看到,胡塞尔激活的正是柏拉图的这些思考,也正是在这里,海德格尔对胡塞尔的批评恰恰体现出了他本人的存在论的局限性。

但即便如此，我们对胡塞尔的存在问题的理解仍然是有限的，远未展开，比如我们可以进一步追问：胡塞尔揭示的存在是抽象的，还是具体的，应该如何展示其具体性？实际上，我们探讨的纯粹意识/绝对存在的相关性只是为超越论现象学的展开建立了基础而已，其完整的结构、含义甚至局限性仍有待我们在对超越论现象学的基本问题的探讨中逐步展开。

第三节　本质直观

本质直观在现象学运动中有着特殊的重要性：它既是胡塞尔现象学的方法论基石，也是整个现象学运动的方法论基础，最简单地说，不理解本质直观就无法真正理解胡塞尔、海德格尔等人在做什么以及如何做到的。实际上，本书至此的讨论已经为此问题敞开了新的理解空间，因为只要考虑到《逻辑研究》曾受限于感知、直观与被给予性之间的张力，《现象学的观念》中提出的绝对的自身被给予性不仅承接、明确了自身被给予性的观念，而且在同时期的内时间结构研究中开始得到多维度的展示，那么我们就必须追问，究竟应该如何定位本质直观，它具有何种特殊的操作？

在近年的研究中，洛玛精辟地提出，要真正理解本质直观，就必须解决五个系统的问题：如何进入无限变更的过程进而达到对本质的现实规定；如何限制变更以获得本质；除了直观普遍物外，本质直观是否也是一种认识我们的概念内容的方法；本质直观是否具有文化和社会性；本质直观与超越论还原是否有某种关联。[①] 当然，问题远不止于此，我们可以进一步追问，这些问题究竟是本质直观本身具有的，还是某种范式的研究特有的，如何解决这些困难，对它们的解决又将把现象学带向何方？我们将通过揭示本质直观的意向基础和操作过程来回答这些难题，并在此基础上进一步追问本质直观对现象学运动的未来发展可能具有的

---

① Cf. Lohmar, "*Die phänomenologische Methode der Wesensschau und ihre Präzisierung als eidetische Variation*", in *Phänomenologische Forschungen*, Hamburg: Felix Meiner Verlag GmbH, 2005, S. 78.

价值和意义。

一 《逻辑研究》中的本质与直观问题

在《观念Ⅰ》提到《逻辑研究》的被误解状态时，胡塞尔专门提到本质还原就是从事实一般性向本质一般性的还原，他将"本质"特别地表达为"eidos"①，并将之视为新的客体②。这是胡塞尔对本质问题的最关键的说明，也是理解本质直观的最重要的切入点。对此，我们可以追问，《逻辑研究》的所谓被误解与"本质"有何关系？这种误解带来了何等严重的困难，以致他必须引入"eidos"概念？如果考虑到学界一般将《逻辑研究》中的"观念化"或者"观念化的抽象"和严格意义上的本质直观"eidetische Intuition"（或者"Wesensschau"）等量齐观③，那么这一问题就更为重要了，因为它关系到我们应该立足于何种范式理解本质直观，对本质直观的不同理解将引入何种形态的现象学等问题。

从胡塞尔对第二卷前五个研究的大量修订以及对"第六研究"改无可改以致不改这一状态看，所谓"误解"其实是要打引号的。从《观念》对"逻辑研究"的反思中也能看出这一点，胡塞尔告诉我们："我在《逻辑研究》中通常使用观念化一词表示原初给予的本质的看，而且甚至在大多数场合下表示相即的看。但显然需要一种更灵活的概念，它可以包括每一种直接指向本质并把握它、设定它的意识——其中也包括每一种'晦暗的'，因此不再直观的意识。"④ 这一反思与《观念》异曲同工："在这里我们可以批判地说，在《逻辑研究》中确立的'意向本质'和'认识本质'概念虽然是正确的，但应再加以解释，因为它们可以在本质上被理解作不只是能思本质的表达，同时也是所思本质的表达……"⑤

但这些说明都很模糊甚至包含着矛盾，《逻辑研究》中的观念化不包含《观念》试图展示的"晦暗的"、不再直观的意识，如果这是缺陷，那

---

① ［德］胡塞尔：《纯粹现象学通论》，李幼蒸译，第3、4、5页。
② 参见［德］胡塞尔《纯粹现象学通论》，李幼蒸译，第4页。
③ 《逻辑研究》第二版中，胡塞尔少量使用了"Wesensintuition"概念，但这已经是在《观念》之后发生的，这里不予考虑。
④ ［德］胡塞尔：《纯粹现象学通论》，李幼蒸译，第5页。
⑤ ［德］胡塞尔：《纯粹现象学通论》，李幼蒸译，第164页。

么胡塞尔何以不直接在《逻辑研究》中提出本质直观，以表明原初给予的本质的看是可能的，并以此揭示"'晦暗的'，因此不再直观的意识"？《逻辑研究》中的意向本质何以不直接包括所思的本质？当然，问题可以更尖锐些：能思与所思是先天平行关系，《逻辑研究》中的意向本质、认识本质如果可以被理解为能思本质，那么它们就不可能不包括所思的本质！据此，《逻辑研究》中的这些理解是无意为之，还是方法论局限使然？《观念》中的这些"扩大"又何以可能？

《逻辑研究》第一卷的最高成就在于重新确立纯粹逻辑学的观念在认识论中的基础地位，这为第二卷对意向行为的研究奠定了基础。上文早已明确指出，形式范畴在描述心理学中有两种表达形式：一种是整体与部分关系，也可称为形式普遍性；另一种则是超出整体与部分关系的纯粹形式。但是，《逻辑研究》第一卷确立的纯粹的形式对象范式显然不能局限于整体与部分。有趣的是，尽管胡塞尔非常明白这一点，但《逻辑研究》第二卷在刻画意向性的本质时，他还是强调必须遵循整体与部分关系。①

《逻辑研究》第二卷的论证可浓缩为：表述的本质在于意向性，而作为其充实形态的直观的本质不在于感性内容，而在于明见的被给予，其中最关键的转换环节是"第三逻辑研究"对看似主观的体验同样遵循种属先天的确定，而此法则下的最高成就就是"第六逻辑研究"在明见的被给予性中解析出"本质"同样可以在种属先天法则中被直观。正是在此过程中，《逻辑研究》第一卷确立的纯粹逻辑学的形式对象范畴在"第三逻辑研究"中被窄化了，落实在整体与部分关系之上。这一窄化处理对描述心理学产生了巨大的影响，简言之，胡塞尔据此将本质理解为普遍物和范畴，观念化也相应地被揭示为普遍直观和范畴直观。在此意义上，我们一直反对外在地修补描述心理学，因为这种形态的哲学需要整体地突入超越论现象学的存在领域。

理解普遍直观和范畴直观应该以种属先天，或者整体与部分关系为基础，这是胡塞尔本人不断强调的，这里不再赘言。在操作程序上，普

---

① 参见［德］埃德蒙德·胡塞尔《逻辑研究》第二卷第一部分，倪梁康译，$B_1 250$；［德］埃德蒙德·胡塞尔《逻辑研究》第二卷第二部分，倪梁康译，$A650/B_2 178$。

遍直观只需目光的一次转向：譬如从红的感觉直接转向红一般。阿多诺就曾批判这是一种同语反复。但胡塞尔的目的其实并不在于说明我们能否在普遍直观中发现构筑新知识，而在于指出意向指向本身就发生在观念关系中，在意向之外谈论不能理解的观念关系是无意义的。因而正如胡塞尔强调的，这是一场认识论启蒙。

海德格尔曾评论《逻辑研究》第二卷重新回到了胡塞尔批驳过的心理主义立场。[①] 这当然言过其实了，但海德格尔由此进一步指出的，存在范畴在被直观之前就应该基于其被给予性而先行敞开，倒确实点出了《逻辑研究》第二卷对纯粹逻辑学的形式观念的重要的窄化。

我们已经不断强调，这种窄化为描述心理学带来了实质性的问题，当胡塞尔确认普遍物、范畴也具有明见的被给予性时，我们可以追问，这种被给予性本身具有何种内涵使其能容纳范畴和普遍物？如此等等。症结在于，胡塞尔在《逻辑研究》中并未澄清明见的自身被给予性与普遍直观和范畴直观的关系，而是参照感性直观，认定范畴、普遍物具有明见的被给予性。

《观念》对《逻辑研究》的批评当然是确切的，但胡塞尔在其中并未真正点出描述心理学的真正局限，他指出的这些问题其实是将纯粹逻辑学的形式范畴窄化为整体与部分关系的必然结果。在此关系中，意向立义的方向是确定的，我们只需追问所谓所思本质如何在意向行为中被指向就足够了，构造问题根本无须被提出。在此意义上，我们也就不难理解胡塞尔是如何走出描述心理学的了，方向是确定的，那就是重新唤起纯粹逻辑学的形式范畴，并以此基础重塑意向性概念。

二 本质直观的提出

严格意义上的本质直观特指"eidetische Intuition"或者在《观念Ⅰ》获得新含义的"Wesensschau"，不同于《逻辑研究》中的观念化，它是对被普遍物和范畴遮蔽了的纯粹逻辑学的形式范畴的直观。但对纯粹形式范畴的把握显然超出了《逻辑研究》中的意向模式，立义指向对象，

---

① 参见［德］海德格尔《海德格尔文集·面向思的事情》，陈小文、孙周兴译，孙周兴修订，商务印书馆2014年版，第109页。

而意向关联无法被立义，试问：什么样的内容能够充实意向关联呢？实项被体验的内容吗？当然不是，"第三逻辑研究"特别指出，实项内容只有遵循种属先天才能被体验到。而在《观念》阶段，这种在立义行为中只能隐含地被体验到"意向关联"却被整个地凸显了出来，甚至成了超越论构造的意向基础，这何以可能？

我们不再赘述胡塞尔获得意向流形结构的过程。有趣的是，就形式化和总体化的区分看，学界很少有人追问，既然胡塞尔认定超越论现象学具有构造性和建基性，而形式化又在类型上超出了总体化，他难道对这种形式化是否需要在意向分析中获得建基这一基本问题熟视无睹？在意向流形框架已经形成的基础上，胡塞尔《观念Ⅰ》一开始就提出必须引入"eidos"，而随之被替代的自然也包括了《逻辑研究》中探讨的以整体与部分关系为基准的观念化，现象学就此真正进入了本质现象学的阶段。

如何理解"eidos"，以及以"eidos"为基准的本质直观？学界在这些问题上的意见纷争与《观念》表达得过于模糊不无关系。除了已经指出的问题外，我们在此愿意再强调两点：其一，在谈论现象学还原时，胡塞尔偏向从理论上说明必须悬搁自然态度，还原到纯粹意识，但还原的具体操作如何，他并未予以清晰的说明，在现象学反思问题上同样如此，这导致学界长期以来都无法清晰地区分内感知、内在感知与现象学反思；其二，在"直观的源泉"①这样的关键问题上点到即止：什么是直观的源泉，究竟如何直观，何以就能直观到本质？这里的模糊表述致使学界在解读能思/所思的平行关系时，不断陷入以表象为基础的框架，超越论现象学的新的意向性及其构造过程始终无法得到揭示，其结果就是超越论现象学被误解为描述心理学的变种，而非一种全新的、能够展示现代整体知识结构的哲学形态。这一点在上文已经得到了澄清。

尽管《观念》没有给"eidos"以明确的定义，但坦率地说，笔者一直无法理解超越论现象学何以会被理解为康德式的。从胡塞尔思想的发展看，"eidos"的引入以及本质直观的具体步骤的展示都与内时间结构有关，前者发生在滞留的双重意向性揭示之后，而对本质直观的专题探讨

---

① ［德］胡塞尔：《纯粹现象学通论》，李幼蒸译，第125页。

则产生于"贝尔瑙手稿"将滞留的双重意向性拓展为完整的双重意向性之后,如果这不是巧合的话,那么我们大致可以借助时间意识所铸就的意向流形结构理解本质直观。

三 操作过程

到《观念》阶段为止,胡塞尔提出了两种意向模式:一种是《逻辑研究》提出的以立义为基础的意向模式,在此意向性框架中,本质被限制在整体与部分关系之中;另一种则是胡塞尔在《逻辑研究》之后揭示的以内时间结构为框架的意向关联,或者说意向流形结构,在《观念》阶段,此意向结构具体展示为能思/所思的先天平行关系,我们已经大致表明,严格意义上的本质直观便建立在此意向关联中。

在20世纪20年代初,胡塞尔对本质直观的过程进行了详细的刻画,它的核心操作步骤被称为想象的自由变更。简言之,本质直观大致有如下三个构造层次:最底层的是无限开放的体验流形,它给予想象构型以同一性,胡塞尔说:"被把握为本质(艾多斯)的普遍者的本真显相与流形(……)相关。"① 或者用另一处的说法:"这种流形才是'比较性'的推叠(Überschiebung)以及对于纯粹普遍性……之深刻洞察的根基。"② 第二层是构型的前像与后像之间在流形的持续进行中的相合,胡塞尔提道:"观念化过程包含了两个方面:流形与在持续相合中的同一联结,此外还有第三项,也就是相对于差异的那些凸显出的相容的同一化。"③ 构造的第二层,胡塞尔在不同的问题语境中也将这种综合称为格式塔构型或者本质类型学。

我们稍加改动"贝尔瑙手稿"中完整的双重意向性的图式,说明本质直观的具体操作④:

---

① [德]埃德蒙德·胡塞尔:《现象学的心理学:1925年夏季学期讲稿》,游淙祺译,商务印书馆2017年版,第91页。术语对照德语原文略作改动,下同。

② [德]埃德蒙德·胡塞尔:《现象学的心理学:1925年夏季学期讲稿》,游淙祺译,第100页。

③ [德]埃德蒙德·胡塞尔:《现象学的心理学:1925年夏季学期讲稿》,游淙祺译,第92页。

④ 原图参见[德]埃德蒙德·胡塞尔《关于时间意识的贝尔瑙手稿(1917—1918)》,肖德生译,第58页。

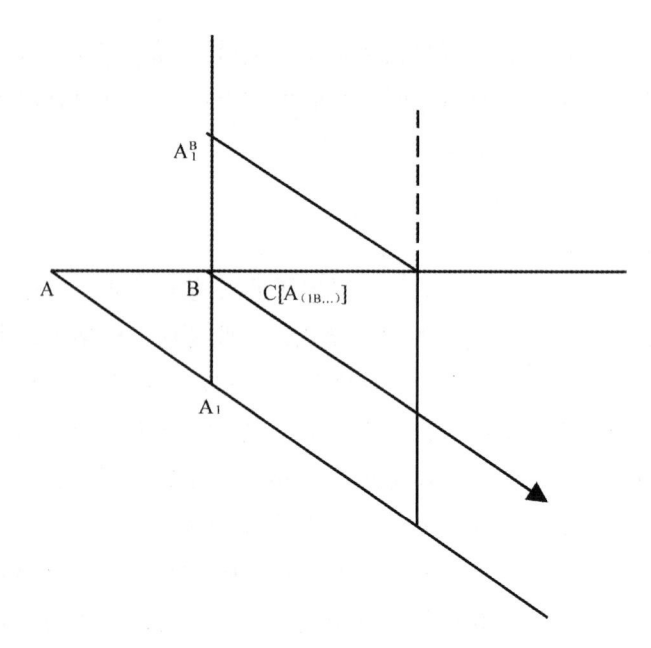

图 4-1 二维连续统（双重意向性）

譬如有这样一个想象的自由变更的过程（请参考图 4-1）：前像 A："昭君"，随之而来的后像 B 或许是"貂蝉"，再接着 C"戴安娜""嫦娥""天蓬元帅""猪八戒"……这是像与像之间的连续过渡。"昭君"作为对象直接在场，因而是实显的，而在反思中，也就是说，在对使某物象显现的意向关联的现象学反思中，我们可以获得如下隐含的景象："仪仗队和武士护卫马车冒风雪出塞，马车内坐着一位凤冠霞帔的垂泪的女子。"问题是后像 B 如何接续前像 A 浮现出来？前像 A 到后像 B 经历了 AA_1 和 A_1B 的中介。在内时间意识中，AA_1 被称为体验流的纵意向性，A_1B 是横意向性，横意向性是纵意向性的构造物。因此，这里的过渡大致可以这样发生：前像 A 中的诸因素，譬如仪仗队、武士、马车、风雪、凤冠霞帔、垂泪、女子等中的任意一个都可以让我们自由联想起与它相关的像，比如武士、女子、垂泪，换句话说，在此过程中，最终被现实化的后像 B，其内含的某种因素必然存在于前像 A 中。再后像 C 如何给予呢？A_1B 的现实化本身隐含了一个未来的视域，这是包含在现实化的像 B 中的对未来的预测，而此预测必然带有 A_1 和已经现实化的 B 都具有的因素，我们将之标记为 A_1^B。有趣的是，这其实只是隐含的未来，其现实化的形态，我们记作 C，它不仅隐含了 A_1^B 中的因素，而且也必须符合 AA_1 和 B 的纵向的变更，因为这是同一个体验流，具有相同的变更风格，因此也可以记作 $A_{(1B\cdots)}$。由此，如果想象变更是"昭君""貂蝉""嫦娥"，那么我们隐含的意向关联或许是这样的："仪仗队和武士护卫马车冒风雪出塞，马车内坐着一位凤冠霞帔的垂泪的女子"，"在武士护卫的府衙内，素衣女子对月垂泪，见一老者走来，起身称'义父'"，"在银装素裹的宫宇内，白衣女子抱着玉兔，深夜垂泪"……纵横意向性构造出了一个个现实当下。

这里的前像、后像与我们一般理解的图像意识无关，它指的是单纯图像，在本质变更过程中仅仅起到引导作用，本质直观考察的是使前像、后像发生关联的深层的意向关联。《逻辑研究》的范畴直观和普遍直观根本无须想象变更，目光只需进入某个特定的整体与部分关系就可以直观到诸如"白色"，或者"这是白色"。在上面的例子中，当我们将实像 A 认作"昭君"时，也就表明"昭君是中国古典四大美女之一"这个整体与部分关系被我们先行领会了，这是范畴直观。在对范畴的客体化的把握中，感知和想象发挥了相同的作用，也就是说，譬如在感知"昭君"之后，是感知，还是想象"貂蝉"并不影响范畴的被给予，甚至想象比感知更能体现范畴直观对感性直观的扩展。

在探讨本质直观时，胡塞尔举的例子是以白色或者黑色为前像的变更，但他要描述的"是在相合推叠中的贯彻以及对普遍者的洞察"①。这造成了两大难题。其一，白色、黑色很容易让人重陷感性领域，胡塞尔也专门提道："透过一个相类似但也说是非纯粹的普遍化方法可以获得一个普遍者，但他深陷于经验之中。好比当我们在一个对这里的红色和那里的红色经验性的比较中（两者都是事实上的定在），我们可洞察两者之中的共同性。"② 在谈论想象变更时，笔者已经指出，前像、后像并不实在，它们只是引导性的。变更绝非对比经验定在进而抽取同一性，事实

---

① ［德］埃德蒙德·胡塞尔：《现象学的心理学：1925 年夏季学期讲稿》，游淙祺译，第 92 页。

② ［德］埃德蒙德·胡塞尔：《现象学的心理学：1925 年夏季学期讲稿》，游淙祺译，第 99 页。

只是单纯而纯粹的可能性，想象变更关注在无限开放的意向关联中的综合统一。为了避免和感性领域的心理抽象混淆，笔者刻意避免了这些个体性的事实，而是以事态为例说明本质变更的过程。其二，这里的"相合推叠"与《逻辑研究》范畴代现中因行为质料的共形而实现的"相合统一"是否具有某种关联是个关键问题。实际上，洛玛也正是基于此试图在范畴直观中的想象变更与本质直观建立关联。[①] 对此，笔者特别指出，我们必须区分这两者，范畴直观中的想象与感知都是客体化行为，具有相同的行为质料，它们的相合统一可被视为共形变异的一种表现形式，而想象的自由变更关注的不是行为现象意义上的想象，而是隐含在范畴直观中的更原初的意向关联，这种意向关联的运作在本性上展现为体验流基于时间性的原发综合。简言之，这里的"相合推叠"不是指行为现象，它展示的是多维的意向流形的构造过程，而普遍者指的则是在多维的意向关联中被构造的同一性。

再回到我们的例子，我们可以清楚地看到本质直观的三个层次。首先，最表层的是 A、B 等实显的像，譬如"昭君""貂蝉""嫦娥"，她们是直接可见的，而像与像之间的变更过程则是非实显的，例子中的"武士、马车、府衙、垂泪、玉兔、女子……"，他们只能被我们体验到，这是意向的两个不同层次。其次是变更过程，这是前像中隐含的因素对后像的构造过程：武士映射出了权贵的生活，垂泪与悲惨、伤感有关，胡塞尔所谓的格式塔，洛玛等人特别关注的本质类型都与这一变更过程有关，它也被胡塞尔标明为被动综合，它综合起了像与像内含的诸因素，其间发生的是感性材料的突出、相互唤起、在联想中结对，甚至是压抑、替代：昭君的垂泪直接唤起了貂蝉的对月垂泪，而对月垂泪作为前像中隐含的因素则直接被动感发了广寒宫里的嫦娥的形象，此过程在胡塞尔那里也被称为"精神性的推叠"[②]。最后，"eidos"是什么？这是本质直观中最难理解的问题。"eidos"无法定义，只能在构造中被体验到，它不

---

① Cf. Lohmar, "*Die phänomenologische Methode der Wesensschau und ihre Präzisierung als eidetische Variation*", S. 74.

② [德] 埃德蒙德·胡塞尔：《现象学的心理学：1925 年夏季学期讲稿》，游淙祺译，第 99 页。

能纳入特定的整体与部分的关系，因而无法以种加属差表达。在双重意向性的框架中，"eidos"其实就是横意向性支撑的同一性，在我们的例子中，这种同一性"eidos"例如可以具体化为武士护卫所折射出的"威严"、垂泪所体现出的"哀伤"等，而构造它就是胡塞尔所谓的深层的意向流形，亦即纵意向性对横意向性的构造。

在我们看来，洛玛提出的理解本质直观的五个系统问题都与意向流形结构有关，而他的讨论恰恰缺失了这一根本维度。上文也已经提到，胡塞尔明确认定流形才是整个本质变更的基础。从意向流形看，本质就是横意向性上的同一性，纵向体验构造横意向性的过程无疑是可以现实体验到的，而正是在此构造过程中，本质变更的方向和内容受到了严格的限定，我们不可能超出自己的习性、文化环境以及时代性做出想象变更，最后，上文也已特别指出，超越论现象学之所以能诞生，其基础就是胡塞尔在《观念》之前的内时间研究中得出的滞留的双重意向性，因而本质直观与现象学还原之间无疑具有内在的关联。

本质直观到底直观到了什么？普遍直观、范畴直观都不是发现性的直观，它们旨在表明意识活动本身就是观念性的，而本质直观则是发现性的，在后像现实化时，我们通过现象学反思就能揭示主体隐含的意向关联，并且能够认识到这种意向关联兼具基础性和构造性，它在构造我们整个的直观过程。在此基础上，一方面，主体性哲学的使命"认识你自己"，就可以落实在此隐秘的，但可被反思揭示的意向关联中；另一方面，胡塞尔的习性现象学的意向根基也就在于此。按照《观念Ⅱ》的说明，主体总是在周遭世界中存在，在已经习性化的世界中构造实在。在本质直观中，作为像，实在获得了比立义更原初的构造：在《逻辑研究》中，实在只能作为被充实之后的意向对象被认为实在，而在本质直观中，实在对我们呈现为可被现象学反思揭示的整个意向关联，意向关联才是真正实在存在的。据此，本质直观不仅能把握纯粹意识的构造过程，而且能把握作为这种构造过程之生存论样式的主体如何在世界中存在。

《观念Ⅰ》清晰地指出，本质直观中的"自由"是指朝向相应的个体之目光并形成示例性意识的自由可能性。① "自由"不是任意想象，而是

---

① 参见［德］胡塞尔《纯粹现象学通论》，李幼蒸译，第5页。

特指将对个体的把握理解为某个区域的示例。同样，作为本质直观之核心步骤的想象变更也与任意无关，它同样是受限的，当然不是被限制于整体与部分关系，而是必然建立在纯粹意识的流形结构之中。在我们的例子中，特别在被动综合层面，本质类型是诸像中隐含的不同因素的综合所决定的，类型不同是因素差异的结果，而对因素的选取则是因人而异的，在"昭君"的意象之后，米脂人，或者喜欢三国逸事的可能更容易看到"貂蝉"，而喜好神话故事的，则更容易看到嫦娥，这是因为他们各自的纵向体验所承载的习性不同，由此，归根结底，本质直观必然遵循时间性的综合，亦即从纵意向性到横意向性再到现实当下的构造，这是一种纯粹形式化的综合。

四　在生存论构建中的运用

A 到 A_1 的过程是意识纵向流逝的过程，而 A_1^B 到 $A_{(1B\cdots)}$ 的预期则建立在 $A_1BA_1^B$，尤其是 BA_1^B 所直接承载的动机引发之上，上文已经提到米脂人，喜欢神话的人，当然也包括诸暨人可以有不同的选择。但如果再深入反思的话，情况其实更复杂，纵意向性关联的是习性的积淀，它们是有待在联想中被结对唤起甚至不断遭受压抑的材料，而动机引发的动力并不在这些材料中，而是当下存在的，由此，主体对世界的构造显示出了更多的维度，不仅有纵意向性对横意向性的构造，双重意向性自身也建基在具体当下之中，在"贝尔瑙手稿"中，胡塞尔将此结构表达为一维流形对二维连续统的构造。

回到我们的例子。面对前像 A "昭君"，如果主体恰好是采风的诗人，当下才情高涨，将"仪仗队和武士护卫马车冒风雪出塞，马车内坐着一位凤冠霞帔的垂泪的女子"凝练为诗句："一去心知更不归，可怜着尽汉宫衣。"（王安石诗句）在此，前像 A 与诗句之间的意向关联是才子"采风写诗"这一动机所构筑的，由前像"昭君"引发诗句，其实更好地体现了纯粹意识的运作，因为两个变更项属于不同的整体与部分关系，更能体现本质直观以及动机引发的形式化特征。可见，主体的当下存在不仅参与了本质直观的过程，而且决定了想象变更的方向，什么样的内容会被调动出来，什么样的内容会被压抑、替代，都是在当下的动机引发中被决定的。

　　本质直观对现象学运动意味着什么？最简单的回答是：方法论的开端。但细想却不尽然，我们一般认为《逻辑研究》才是现象学的开端，但描述心理学专门探讨的是普遍直观和范畴直观，本质直观才是超越论现象学的方法论基础。因而有必要重新从本质直观来看胡塞尔与现象学运动的关系。我们大致可以这样刻画：《逻辑研究》是现象学运动的起点，但以本质直观为方法论基础的超越论现象学则是现象学运动的基础。海德格尔宣称从"第六逻辑研究"中获得了领会存在的方法，他的论述逻辑是，胡塞尔的范畴直观错失了存在范畴的先行敞开，而他的解释学循环才是进入原本的存在领会的唯一通道。但本质直观同样也是对范畴直观的扩展，这种原本的直观本身就是对"在绝对自身被给予性之中的先天"领域的揭示，换言之，《逻辑研究》中被视为感知之本质的被给予性在超越论现象学的论域中被解开了，以时间意识结构——一维流形对二维连续统的构造——勾勒出的纯粹意识结构正是对此被给予性的内在结构的说明，在此意义上，海德格尔对范畴直观的突破即便对他而言是客观存在的，但取代范畴直观显然是一厢情愿。

　　我们认为，海德格尔深谙胡塞尔从范畴直观到本质直观的方法论突破，他的解释学循环正是源自对本质直观的生存论改造，也就是说，他不是从范畴直观，而是从胡塞尔在超越论现象学阶段提出的本质直观的基础上提出解释学循环的。大致上说，解释学循环的提出经历了如下两个阶段：第一阶段，海德格尔在其生命现象学阶段发现，生命并不遵循因果关系，而是遵循动机引发的原则；第二阶段，他在对此在的在世分析中将生命的动机引发的原则具体化为了解释学循环的方法。学界对此多有论述，这里不再叙述细节。笔者关注的是，这两种方法与胡塞尔的本质直观有何内在关联？

　　首先，动机引发不同于因果法则，因果法则预设了事物的现成存在，事物之间的关系建立在独立自存的事物的相互作用之上，而动机引发则不然，它产生自主体内在的意向关联。在此关联中，事物的显现已经是主体内在意图的构造了，事物之间的因果关系更是如此。胡塞尔在《观念Ⅱ》中就已经对人格自我如何遵循动机引发的法则进行了论述，"贝尔瑙手稿"则是对动机引发的形式基础的建基性说明。

其次，解释学循环是动机引发原则具体化，它刻画的是此在如何在世界中基于其因缘意蕴，亦即生存的动机关联，构造其存在的意义。在谈论本质直观的具体步骤时，我们上文也专门提到，想象变更建立在习性的意向关联上，或者说，纵意向性之中，因缘意蕴同样是对纵意向性的生存论表达，在胡塞尔那里，正是基于纵意向性，习性自我在周遭世界中构造出了主体与物、世界的关联。

我们的确很容易陷入诸如海德格尔的"意向性是由操心等非客体化的现身情态所构建的，因而是对胡塞尔的意向性的建基"等说法，但此类观点不仅忽视了胡塞尔从范畴直观到本质直观的突破，后者要揭示的正是非客体化的意向关联，而且忽视了海德格尔对本质直观的生存论改造，解释学循环的原型就是双重意向性所组建的二维连续统。①

当然，海德格尔对本质直观的改造不止于此，《存在与时间》最关键的环节当数此在如何从"被抛于世"经由"向死存在"，聆听此在自身的呼声，从而获得其本真能在。此过程也被海德格尔视为时间化的过程，用我们的术语说，就是如何从双重意向性回到构造它的具体当下，但此构造顺序与胡塞尔在"贝尔瑙手稿"中的表达并不完全一致，胡塞尔揭示的是一维流形对二维连续统的构造，而海德格尔的生存论建构一开始便肯定了此在总已经绽出在世生存了，但它何以能在世存在，《存在与时间》未予以先行说明，而他忽视的其实就是胡塞尔揭示的构造序列，因此必须先行揭示具体当下是如何构造双重意向性的。

海德格尔对他借鉴的那部分本质直观改造得非常彻底，他早年在谈论生命的动机引发时使用的胡塞尔式的术语很快就在他的解释学循环中被消除了，我们很难看到例如纵横意向性、意向流形等说法，甚至连具体当下这样的现象学的经典表达也被他改造为了更具生存论特色的当下瞬间。但超越论构造的严格性还是能使我们看到生存论建构中隐含的若

---

① 这可以看到海德格尔与胡塞尔之间的理论张力：胡塞尔是现代数学理性的哲学化的代表，尽管超越论现象学也有精神、自然等区域构造，但最终基础一定是作为现代数学理性之哲学表达的意向流形观念，而海德格尔则坚持存在论的取向，胡塞尔指责海德格尔的工作不够纯粹，缺乏现象学还原，而海德格尔则认为胡塞尔甚至不是哲学家。笔者认为，就现代哲学面临的处境而言，或许我们可以套用康德的说法：存在之思无数学理性则盲，数学理性无存在则空，换言之，现代数学所决定的理性形态已经是我们的基本思考前提了。

干困难，譬如海德格尔缺乏对类似此在何以能在世生存的先行追问，而这些洞见显然依赖于我们对本质直观所敞开的多维的意向关联以及限度的全面把握。

在现象学运动史上，海德格尔通过将本质直观——其实主要是其中的双重意向性的维度——改造为解释学循环，为此在的生存论建构确立了方法论基础，如果着眼于胡塞尔完整的本质直观，那么我们能否敞开某种新的现象学论域以推动现象学运动的发展呢？这是我们自然应该面对的问题。

根据胡塞尔的整体探索，本质直观其实有两个维度：其一是从《观念》到《笛卡尔式的沉思》的现象学研究中，胡塞尔一直以之为基础的具体当下对双重意向性的构造，海德格尔借鉴的正是胡塞尔《观念》阶段的工作，他在《存在与时间》中尝试从在世，即双重意向性，回溯当下瞬间，即具体当下；其二是胡塞尔晚年的新探索，他试图为具体当下奠定基础，而这一探索的成就是活的当下由二——一性到原融合的构造。活的当下本身也是被构造的，这是以活的当下为基础的经典现象学家们始料未及的，而此问题域对现象学运动又意味着什么呢？

第一个维度的本质直观敞开的超越论现象学被称为习性现象学，第二个维度被称为本性现象学，它们统称为人格现象学，当然这只是从主体角度的说明，我们也可以从主体与世界的关系，与历史性、交互主体性等维度区别这两者，但无论如何，这两个维度之间具有严格的奠基关系。

在中国现象学界，根据笔者的阅读，倪梁康先生应该是最早刻画出双重意向性对发生现象学的构造的学者，并且同样应该是最早提出并论证了横向本质直观和纵向本质直观的现象学家。[①] 双重本质直观的揭示不仅丰富了本质直观的内涵——因为胡塞尔尽管揭示了本质直观的三层建基序列，但他并未在方法论上明确提出横向和纵向本质直观，为心性现

[①] 参见倪梁康《历史现象学与历史主义》，《西北师大学报》（社会科学版）2008 年第 4 期；倪梁康《思考"自我"的两种方式——对胡塞尔 1920 年前后所撰三篇文字的重新解读》，《中山大学学报》（社会科学版）2009 年第 5 期；最近的讨论请参见倪梁康《何谓本质直观——意识现象学方法谈之一》，《学术研究》2020 年第 7 期。

象学奠定了方法论前提。

纵向本质直观也可以被称为习性直观，它意味着对主体既有的习性意向与积淀内容的反思，依循横纵意向性之间的建基关系，我们可以根据主体在世的行为举止与其习性关联之间的构造关系明察自身，在此意义上，海德格尔在此在的生存论分析中保留了自知的维度是合理的，因为习性自我确如同常人一样，只能反思其既有的习性关联与其存在于其中的世界的关系，而正是基于习性的普遍性，常人才是中性的。但我们的实际生存经验却并非如此，在某些具体环境中我们常常觉得不自在，即便不通过海德格尔意义上的向死，我们也能反思自己的本真能在，换言之，在世的主体其实未必真如海德格尔所言，常人般浑浑噩噩，相反，主体常常能立足于自己的在世生存反思自己的生存根据，这表明，主体的经验恰恰有多出双重意向性甚至具体当下的维度，胡塞尔晚年专论的活的当下的生成试图表明的正是这一点。但海德格尔的生存论建构从一开始就错失了本质直观中的这一根本维度，由此也就必然错失如下前提性的问题：主体何以能绽出生存，何以能以常人状态与他人共在，它是否隐含了原初的压抑和创伤，这些压抑和创伤又何以能决定此在以何种基本情绪在世存在？要解决这些前提性的问题，就必须回到活的当下被构造所展现出的本心状态之中。

循着倪梁康先生开拓出的研究理路，我们可以特别地将本质直观的第二个维度称为本心直观，或者借用本性现象学的说法，也可以称其为本性直观。以笔者有限的阅读，胡塞尔应该没有明确提出过这一带有东方哲学色彩的说法。但是，我们其实也不难发现，这个概念本身在方法论上存在着困难。习性直观之所以可能，是因为双重意向性与具体当下的构造关系本身就是现象学还原、反思所揭示的，而本心领域却并未如此，借用中国哲学的术语，它是未发的，胡塞尔晚年将此领域标明为活的当下从原意识的二——一性到原融合的构造。从反思的进路看，我们只能从已发的习性关联进入未发的本心之维，但对习性关联的反思何以能进入无习性内容的意向关联，这本身就是问题。胡塞尔其实也意识到了这里的困难，他在1929年开始重新考虑还原的可能性，并且提出了向活的当下的根本性还原，或者说拆解的方法，这显然是有的放矢的。在我看来，新的还原直指本心领域，即活的当下被拆解的可能性，而它所敞开的问题域之广大可能是胡塞尔本人都始料未及的,与海德格尔在其著名的转向后遭遇中国古典思想一样,胡塞尔实际上也敞开了现象学通往中国古典的心性思想的道路。

也正是由于本心直观领域的独特性——它甚至与习性直观领域存在着某种形式的"断裂",也就是说,我们不能以习性意向的方式反溯构造它的活的当下的构造——我倾向于将其独立出本质直观。从本质直观的角度看,本心直观的领域,亦即活的当下本身的被构造领域,提供的是从具体当下到双重意向性构造的原动力,与习性关联的内容无关。在具体探索中,胡塞尔与弗洛伊德一样在此领域中谈论本能、本欲和欲望对主体的构造。① 而这一点决定了在揭示它们的还原和反思方法不同之外,本心直观与本质直观之间存在着第二个重大的差异:本质直观是以同一性构造为旨归的理智直观,而本心直观则更多的与一般所谓非理性的生存感受有关。

胡塞尔晚年对本性现象学的探索是其现象学生涯的最后一次努力,尽管他在人生最后几年里留下的文字材料难言成熟,但其论域、问题方向都是明确的,譬如对活的当下的深入探索,对弗洛伊德无意识理论的积极回应,对出生、死亡等现象学边界问题的剖析,无一不表明胡塞尔已经开始了对被中国哲学归入未发状态的生存体验的探索,而他的研究路径也启示我们,从已发向未发的探索不可能完全以现象学反思的方式进行,必须结合心理分析等思潮的基本成就,从当下的学术研究状况看,甚至需要结合脑神经科学等自然科学的成就,因为它是对主体的意义根基的最后一次探寻。

本质直观不能简单地归结为认识论,它从本源上可能更是一种建立在习性的意向关联上的生存论以及建立在本性的意向关联上的心性论的方法。但长时间以来,学者们更关注它在认识论层面的运作,这导致了两个结果:一方面,它经常被混同为《逻辑研究》中的普遍直观和范畴直观;另一方面,即便在通过想象变更试图揭示其确切的含义时,"eidos"也常常被误解为某种实显的存在物。洛玛等人从被动综合角度将其视为格式塔构型或者

---

① 在心体结构中的对此构造过程的重构请参见马迎辉《海德格尔与主体性哲学:基于心体构造的反思与重建》,江苏人民出版社2022年版,下篇第二章。

本质类型实际上已经是最接近问题本身的刻画了，但从胡塞尔本人的说明来看，"eidos"只能是建立在横意向性之上的同一性体验，而它本身的构造则至少需要可以追溯至具体当下对双重意向性的构造。

在理解本质直观时有两点极为关键：首先，必须区分整体、部分关系与纯粹逻辑学的形式对象范畴，前者支撑了普遍直观和范畴直观，后者才是本质直观的真正基础；其次，内时间意识结构是本质直观的基础，这种形式化的意向构造，亦即多维的意向流形结构是胡塞尔探讨想象变更的意向基础，而恰恰此意向构造在学界诠释本质直观以及超越论现象学的意向构架时令人惊讶地被无视了，其结果就是横向、纵向本质直观的缺位。

对现象学运动史而言，本质直观同样是基础性的，这不仅体现在海德格尔通过将双重意向性生存论化为对此在的在世存在的研究上，而且也应该体现在对现象学运动未来发展的开启上，我们粗略地展示了建立在双重意向性之上的横向本质直观与纵向本质直观对习性现象学的建基。这里必须指出，就胡塞尔本人的工作而言，习性现象学的探讨相对较为充分，而本性现象学则是他晚年的最后规划，他只是向我们展示了本性阶段的大体框架和问题方向，在此意义上，现象学运动并未终结，因为新的可能性早已开启。

五 集合、连续统的构造

在《观念Ⅰ》中，胡塞尔提出，"集合"（Menge）、"秩序"等形式对象具有原对象性的地位，其他对象只是它的变体。① 从现象学为其他科学建基的理想看，说明这些形式本质在本质直观中的起源无疑是现象学最重要的任务。尽管胡塞尔曾依据意向流形的结构对本质直观问题做出过重要的探索，但我们不得不指出，他更多的还是借用现代数学的观念构造现象学的基本观念和结构，② 为包括现代数学在内的其他一切科学观

---

① 参见［德］胡塞尔《纯粹现象学通论》，李幼蒸译，第12—13页。
② 在笔者看来，洛玛是将这两者结合得最好的胡塞尔专家，他对范畴直观与共形变异之间的关系的指明，对想象变更与共形变异之间的区别的强调，至今仍然代表着国外胡塞尔研究的最高水准。但也有必要指出，由于胡塞尔文献出版的顺序问题，与国外主流的研究一样，洛玛也同样不幸错失了类似胡塞尔在"贝尔瑙手稿"中提出的"一维流形构造二维连续统"对理解超越论现象学的诞生以及内在结构的建基意义。

念奠基的承诺并未真正兑现。

我们在此将极为初步地研究此问题，这里强调"初步"，首先是因为意识哲学的构造与现代数学观念之间本来就存在鸿沟，前者诉诸意识对自身的明见性，但数学观念，譬如本文探讨的集合和连续统，更多的是基于数学的内在法则的设定甚至假说，因而本研究只能涉及这些数学观念在意识中的起源和根据，本质上只能是一种理解；其次是因为集合的构造具有多层次性，我们面对的问题本身就复杂难解，康托尔曾指出："我们将 M 的'势'（Mächtigkeit）或'基数'（Cardinalzahl）称为普遍概念，在我们主动的思考能力的帮助下，通过对集合的不同因素 m 的特性以及对它的被给予存在的秩序的抽象，从集合（Menge）M 中提取出来。"① 在康托尔那里，对"势"的理解产生自集合从其元素的有序性中的构造。问题在于，如何理解这里的"秩序"，它如何被构造，进而如何在此构造中"抽象"出集合的"势"？

据此有必要对本文作如下限制：首先，根据胡塞尔当时面对的集合论的问题语境，我们这里只处理元素间的有序性的构造问题，胡塞尔在《逻辑研究》中也曾以"Kollektiva"来刻画这种形态的集合；② 其次，鉴于意识哲学的概念与数学概念之间的根本间距，我们直接揭示的只能是集合意识以及连续统意识在纯粹意识活动中被构造的可能过程，胡塞尔的编外弟子赫尔曼·外尔将我们这里的区分称为"数学的概念世界"与"直接被体验的现象学时间"③ 之间的对立，至于这种纯粹哲学的研究是否赋予了数学概念以客观实存，此类形而上学问题，本书暂不涉及。

在 1927 年的一份手稿中，胡塞尔曾在构造集合时简要地提出了开放无限性之构造的意向性的观念，并且将此意向性形象地称为生产链、实践意向以及实践意向性之链，④ 本书将延续这一构造思路。而考虑到胡塞

---

① Cantor, "Beiträge zur Begründung der transfiniten Mengenlehre", in *Mathematische Annalen*. Vol. 46, No. 4, S. 481.

② 对比集合论悖论，我们的讨论只涉及如何从"势"中构造出元素之间的有序性，更复杂的问题我们留待以后讨论。

③ Hermann Weyl, *Das Kontinuum. Kritische Untersuchungen über die Grundlagen der Analysis*, Leipzig Verlag von Veit & Comp, 1918, S. 68–69.

④ Cf. Carlo Ierna and Dieter Lohmar, "Husserl's Manuscript A I 35", in *Husserl and Analytic Philosophy*, Ed. G. E. R. Haddock, Berlin/Boston: De Gruyter, 2016, pp. 290–292.

尔现象学与现代数学之间的亲缘性,在揭示集合和连续统的构造的可能过程之后,我们也将就此说明纯粹意识的多维结构及其内在本性对胡塞尔的现象学思考的深远影响。

(一) 继续想象变更

为了避免过多的现象学术语可能造成的理解障碍,请允许我们从上文已经给出的一个简单的本质变更的例子开始,之后再指明其现象学内涵。

譬如有这样一个自由想象的过程:前像"昭君",紧接着的是后像"貂蝉",再接着是"嫦娥""天蓬元帅""猪八戒"……这是实(显)像之间的连续过渡。此变更在显现上有两个层次:其一,"昭君""貂蝉"等是表层的、实显的,它们直接可见;其二,隐含着的,需要在反思中揭示其显现过程的,本质直观的发力点即在于此,我们需要追问"貂蝉"何以能接续"昭君"而来?

或许我们可以如此刻画"昭君"出现的景象:"仪仗队和武士护卫马车冒风雪出塞,马车内坐着一位凤冠霞帔的垂泪的女子",而使被我们现实化为"貂蝉"的后像出现的景象或许是这样的:"在武士护卫的府衙内,素衣女子对月垂泪,见一老者走来,起身称'义父'。"两者间的意向因素"武士""护卫""垂泪"是相同的;也有相似的:"雪"的白与"素衣"的白;当然也有不同的:譬如"马车""府衙""老者";更有对比强烈的,比如:"凤冠霞帔"烘托的艳丽与"素衣"的素雅甚至单调。

再后像"嫦娥"的出现同理,甚至"天蓬元帅""猪八戒"也是基于同样的过程,也就是说,必然有相同、相似、不同甚至对比强烈的因素。问题在于,如何看待这些相同或不同的因素在想象变更中的作用,它们如何构造"连续",这些"连续"具有何种不同的形态,对本质直观的构造权能的探索以及对超越论现象学的发展起到了何种作用?

(二) 可能的解释

胡塞尔著名的立义模式能否用于这里的想象变更?不能。因为在笔者看来,胡塞尔在《逻辑研究》中探讨的对范畴的立义或者直观,其实正建立在集合的观念之上,而我们这里试图揭示的是集合观念本身的被构造的可能性,两者不可混为一谈。实际上,此构造层次的改变也正构成了胡塞尔由描述心理学向超越论现象学的突破的内在根据。

我们进入想象变更的过程。在从"昭君"向"貂蝉"的变更中，相同或相似的因素，甚至其中的任何一个都可能起作用，激发出后像，从而使想象变更具有确定性，在我们给出的例子中，"貂蝉"在"昭君"之后获得了现实化，显然是建立在"武士""护卫""垂泪"，或者"雪"的白与"素衣"的白之间的对应关系上的。

我们可以将"武士""护卫""垂泪"，或者"雪"与"素衣"这些因素组成的有序关联视为集合在纯粹意识活动中的起源。这里之所以特别强调有序性，是因为对不同秩序的意向因素的想象可能产生不同的结果，譬如：如果我们有序地关注"武士""护卫""马车"这几个意向，那么激活的可能是赵子龙长坂坡救护刘备的家眷，或者关羽护嫂过五关斩六将；如果有序地关注的是"护卫""武士""马车""出塞"，那么它激活的后像完全可能是其他人护卫载着武士的马车，譬如戎装的武将出巡塞外。这些想象变更不同于"武士""护卫""垂泪"这样的序列构成的事态关联。据此，我们暂时可以得出如下结论：在想象变更中，集合形成于隐含在不同实像之下的意向因素之间有序构造。

后像建立在前像中的某些因素的有序关联所激发的想象之上，这种说法仍然不清楚，因为在现象学的操作中，我们更多的是在对支撑实像之显现的意向因素的反思中揭示变更像之间的映射关系，而这些因素自身却是隐含着的，因而，现在的问题是，我们如何原发地，也就是说在反思之前就能意识到新的实像凸显了？至此的研究只是说，只能在其实显的时刻，这不能解决问题。

我们需要更细致地考察变更的过程，简单地说，当后像中隐含的不同于前像的意向因素——特别是对比强烈的因素——被意识到的瞬间，映射关系才能被我们意识到。在我们的例子中，如果仅基于前像"昭君"中隐含的"武士""护卫""垂泪""女子"，我们是无法有序地想象出不同于"昭君"的像的，只有当不同的意向因素，譬如"老者"超出了前像的意向因素而被意识到时，主体才能意识到集合的存在，不同的实像在此瞬间才能获得显现的可能。

人们或许愿意根据胡塞尔，将此"超出"或"差异"称为失实或者不相即，这里与胡塞尔的差异似乎就在于，胡塞尔关注的是主体如何根据一致性经验构造世界，而我们探讨的则是如何理解这里的"超出"及其对集合以及连续性进而对连续统的构造。但情况并非如此简单，如果将"超出"及其构造的状态仅理解为失实或不相即，那么我们将错失纯粹意识构造的根本。

下面的讨论将围绕如下要点展开。

首先，在意识的延伸中，"貂蝉"中隐含的意向"老者"在前像中无对应，此无对应凸显的"超出"在意识活动中显示的是中断意识，这是延伸意识上的断点，这种空的意向是空集意识的根据；其次，"意识到"始终在起作用，在想象变更的过程中，诸因素在持续延伸的意识中被把握，获得对应，进而在对比中获得凸显；最后，存在一种内在的想象力（Einbildungskraft），在对应的诸因素之外，这种想象力构想出了新的因素，譬如我们例子中的"老者"。

中断意识与空集的位置和功能。如果将直观限定在对象性的并且最终甚至是感性的表象上，那么空集显然是不可被直观的，因为只要这种直观行为发生，那么对象或者至少感性总已经被给予了。范畴直观同样无法构造空集，因为这种形式的直观本身就建立在整体与部分的关系上。在想象变更中，我们也无法轻易直观到空集：纯粹意识的延伸构型中时刻发生的是相即、不相即，这是肯定和否定的意识。但在不相即性的瞬间，空的意识获得了显现自身的可能。质言之，空的意向并不等于无对应，无对应仍然是否定意识，在我们的例子中，"老者"及其相关的因素，例如"拐杖"等在前像中没有对应，但这只是不相即。但需要特别关注新因素在内在想象中被创造的瞬间所产生的中断意识：这种意识的确产生自不相即性，但并不限于后者，它绽放出的是"无所依存"，纯粹意识上的这一"切口"才意味着空的意向的产生。我们将"切口"创造出的空的意向视为空集在纯粹意识中的原型。

"切口"不仅创造了空集意识，而且也规定了想象变更的诸元素之间的有序性。在我们想象变更的事例中：如果垂泪女子不是拜见"老者"，而是在桂树下怀抱玉兔，那么"玉兔"，当然也包括其后可能产生的"桂树"作为"切口"，它所构造起的便不是先前有序的"武士""护卫""垂泪""女子"的关联，而只是"垂泪""女子"，"武士""护卫"并未进入有序的关联。在此意义上，我们暂时可以给出如下结论了，内在想象出的新意向所凸显的空意识构造了集合。

据此，在纯粹意识的延伸构型中，集合和实像大致是如此被意识到的：随着对新因素的内在想象而产生的"超出"的意向造成了想象变更的中断，在中断意识生成的一刻，"切口"，亦即空的意向使集合进而也使诸实像凸显，从构造上看，"切口"是在先的、建基性的。

"意识到"、抗阻意识与内在想象问题。纯粹意识持续地在其延伸构型中创造出新的因素，这些意向在向"未来"的敞开中可以成为更新的像的基础，我们将此延伸构型的能力称为想象力。即便仅就上述例子，我们也可以看出，这种能力就体现在对新意向的构造上，而我们至此一直强调的"意识到"也就是对创造活动——创造"切口"、集合——的意识到，也就是说，"意识到"本身并非创造性的，胡塞尔在内时间意识的研究中称其为内意识。①

抗阻意识在纯粹意识的延伸构型中起到了独特的作用。在抗阻的一瞬间，纯粹意识顺次获得了否定（失实）、中断进而创生的体验。抗阻是创生的起点，这是一种奇特的反向构造，意识到抗阻时，纯粹意识构造集合的权能才能显现，借用舍勒的术语，是抗阻而非对象构造了集合。

在此，想象力是一种基于前像中的意向因素创造新的意向因素的权能，此创造因"切口"的存在最终创造了集合。具体说来，想象力对新因素的创造在意向关联上改变了前像的位数，在我们的例子中，相对"昭君"中隐含的意向因素，无论"老者"，还是"桂树""玉兔"都是新的因素，也就是说，在集合的具体元素之间的关联上，想象力才是决定性的。

至此关注的是集合的构造，如果着眼于纯粹意识在超出集合之后的持续的延伸构型，那么应该如何刻画纯粹意识的构造权能？创造新因素的内在想象力、抗阻意识及其给出的空的意向又将呈现出何种形态的构造？进而，在纯粹意识的延伸构造中，集合与连续统之间具有何种内在关联？

（三）连通的构造

如果变更项仍然是"昭君""貂蝉""嫦娥"的序列，那么"嫦娥"与前两项之间的意向关联如何刻画？最简单的理解是，在"嫦娥"凸显

---

① 参见［德］埃德蒙德·胡塞尔《内时间意识现象学》，倪梁康译，第168—169页。

为实像时，在内在想象中创造出的新因素是"玉兔"和"桂树"，而映射因素则是"垂泪""女子"，也就是说，这两个因素——当然也包括这两个因素内含的其他关联因素，比如"泪珠滚落""拭泪""秀发"——在三个实像之间构成连续，我们将建立在严格的元素对应或者映射之上的集合关系称为连通。

从显现上看，与实显的诸像不同，由对应关系延续构成的映射关联是隐含的，或者可以如此表达，实像之间是离散的，连通则是连续的。① 而在连通的具体形态上，我们认为可以严格地区分出两种：一种体现为由"切口"构造的集合之间的映射关系的形态，另一种指示的则是构成此映射关系的内在想象自身所展示出的更深层的存在形态。

我们先看第一种连通的构造。在"昭君"经"貂蝉"向"嫦娥"的变更中，连通体现在"垂泪""女子"以及其他相关因素所构造的集合之间的映射上，胡塞尔不时提到的隐含意向的明见性与此不无关系。② 同样的意向因素，譬如"垂泪""女子"，尽管都是非实显的，但从"昭君"向"貂蝉"的想象与从"貂蝉"向"嫦娥"的想象之间，它们的存在方式并不相同，前者是实项被体验到的，在时间形态上体现为保留着的，在"貂蝉"向"嫦娥"的想象中，这些意向因素则是非实项被体验到的，预期性的。

从现象学上看，这些非实项的预期因素，甚至可以说，本身更具想象形态的因素在连通的构造中具有特殊的意义，因为正是在这些预期性的因素上，不仅集合之间的映射关系，即一种被构造的连通得到了展现，而且一种更深层的构造集合之连续的纯粹意识的连续也借此显示了。

在我们的例子中，第二、三个变更项之间的非实项的预期因素与实项的保留因素之间的连续，相比第一、二个变更项之间隐含的意向因素之间的连续更能展现连续性，最简单的说明是，前者构成了集合，只有后者才真正构成了集合之间的映射。

---

① 本书对连续、连通和连续统作如下区分：连续是连通和连续统的性质，本书对此术语的使用也较为松散和宽泛，连通是连续统的前形态，相比连续统，它缺乏稠密性，从构造上看，纯粹意识首先构造出的是连通，它是否能成为连续统则取决于是否能获得稠密性。

② 参见［德］埃德蒙德·胡塞尔《笛卡尔沉思与巴黎讲演》，张宪译，第96—97页。

上文谈论"昭君"向"貂蝉"的变更时，我们采用的是"当且仅当"的说法：当且仅当"老者"这一新的意向因素被明察到时，映射关系才能显现出来，两个变更项之间的集合也才能被构造出。从纯粹发生的角度看，我们曾将此对应关系和"超出"因素的建立视为内在想象力的构造。但在从"貂蝉"向"嫦娥"的想象变更中，情况显然有所不同，因为支撑"嫦娥"的"垂泪""女子"这些意向因素是非实项的、预期性的，它们的显现并不是纯粹意识基于原有的实项因素的内在想象的结果，从连通的呈现看，这两个实像之间的"连续"甚至可以视为"昭君"与"貂蝉"之间的集合的延伸，问题在于，此延伸是否也建立在内在想象力之上，相同的想象力何以能具有不同的创造权能？

如果答案是肯定的，那么内在想象力无疑成了一个含混的术语，它似乎既能在实项被体验因素之间，也能在实项与非实项因素之间起到综合作用，着眼于实项与非实项的区分，我们显然有必要根据意向和综合形态的差异，对内在想象力做出更细致的区分，实际上，在康德、胡塞尔等人那里，此区分早已做出。

康德所谓再生的、经验性的想象力，对应于，或者干脆说，其确切含义就是我们这里在实项的意向因素之间起综合作用的内在想象力，因为再生的想象力说明的是回忆或者再现的可能性，因而与表象之间的关联有关，我们的研究表明，在诸实像的表象间建立联系的基础就在于明察实项被体验内容之间的对应和差异。如果确如我们所言，再生的想象力仅关涉实项因素之间的关联，并不在非实项的预期因素与实项被体验内容之间建立联系，那么，在集合之间构造连通的内在想象力是否对应于康德的生产性的想象力？

众所周知，康德将生产性的想象力，亦即他所谓超越论的想象力视为感性与知性的共同根，这种创造性的想象力在超越论的统觉和感性之间先天地建立起联系，胡塞尔也曾明确将此想象力对应于他自己的被动综合。① 根据胡塞尔，我们愿意将这里揭示的基于实项因素创生非实项的预期因素的想象力称为超越论的内在想象力，但它的内涵必须得到严格

---

① 参见［德］埃德蒙德·胡塞尔《被动综合分析：1918—1926 年讲座稿和研究稿》，李云飞译，第 316 页。

的规定，就是在非实项与实项因素之间建立联系。

就此，内在想象力的本性可以得到更为确切的说明：无论在实项内容之间建立综合关系的再生的想象力，还是基于实项内容在其与非实项体验内容之间创建关联的生产性的想象力，它们都与集合中的诸因素的位序和个数有关，也就是说，它既在实项上，也在非实项上创生了对应和差异的意向因素，进而创造了集合以及集合之间的连通，在此意义上，我们认为，想象力内含的"力"（Kraft）可被视为康托尔试图抽象出的"势"（Mächtigkeit）在意识构造中的原型和根据，但与他简单地诉诸"抽象"不同，这里的过程极其复杂，包括了数次反向构造和抽象。

在我们的理解中，经验性的想象力——当然是经过我们改造之后的——构造了集合，生产性的内在想象力才真正与连通的构造有关。但我们至此只是区分了两种内在想象力的权能，并未真正触及连通的构造过程，具体地说，在集合的构造中起到决定作用的中断意识、切口，以及这里强调的非实项的预期因素在构造连通时有何作用？我们提到的构造集合之连续的纯粹意识的连续统是否存在？这些问题仍然处于晦暗之中。

（四）连通的二维性

我们有必要聚焦连通的具体形态，一是因为对构造之"根据"的揭示往往有赖于构造物的充分展示，在揭示连续的根据上同样如此；二是因为至此在集合之间构造的连续本性上只能是连通，相比严格意义上的连续统，它仍缺乏稠密性。

再回到我们的想象变更的过程。借助再生的内在想象力，变更项"昭君"与"貂蝉"之间建立了集合，从发生的角度，上文已明确将集合的生成安置在中断意识所揭示的空的意向之上，我们也曾就此指出，在纯粹意识的构造中，空集是集合的基础。在变更项"貂蝉"和"嫦娥"之间，我们诉诸的是超越论的内在想象力，新的集合产生自新的中断意识，这自不必说，这里的关键在于，变更的连续建立在新集合与"昭君""貂蝉"之间的集合的映射之上，我们曾就此认定，连通意识建立在集合的映射之上。

聚焦两个集合之间映射关联，问题是我们如何认定此关联的存在？之前谈论的中断意识及其所揭示的空的意向是单个集合产生的根据，是否可以说第二个中断意识同时也构造了集合之间的映射？答案似乎是这样的：唯有当第二个中断意识不仅创生了第二个集合，这里指的是"貂蝉"和"嫦娥"之间的集合，而且此集合与第一个集合，即"昭君"与"貂蝉"之间的集合具有映射的意向因素时，此想象变更才是连续的，在现象学上也才能构造出本质。

第二个中断意识——如果变更继续，那么第三、四，直至第 n 个同样如此——起到了双重作用：创造单个集合的同时也创造集合之间的映射。譬如在我们的例子中，在"嫦娥"之后，变更项可能是"天蓬元帅"，因为在《西游记》中，后者因酒后失德调戏嫦娥而被贬，变身"猪刚鬣"，他们之间显然可以构造起集合关系。① 以此为基础，我们可以继续变更，譬如从"猪刚鬣""八戒"，一直变更到唐僧师徒四人西天取经。但在"天蓬元帅"的意向上，原先在"昭君""貂蝉""嫦娥"之间就意向因素"垂泪""女子"建立起的连续无疑会被中断，因为对某些人而言，"天蓬元帅"与"昭君""貂蝉"之间并无任何关联。但有趣的，也是最关键的是，对另外一些人来说，在"天蓬元帅"的意向上，连续仍然可以存在，因为原先未被选取的，甚至被遮蔽的其他意向因素则可能在"天蓬元帅"上被唤起，并就此建立起新的"集合"乃至连通，譬如由"元帅"唤起"武士""勇士"或者"护卫"。

中断意识具有如下构造功能。首先，持续构造新的集合。在"貂蝉"向"嫦娥"的想象变更中，只有当"玉兔"或"桂树"等因素被内在想象出时，其间的集合才能凸显。这是我们一早就指出的。同样，当新的意向"天蓬元帅"被内在想象出时，他和"嫦娥"之间的新的集合元素，譬如"垂涎""怒目"才能显示。但在我们的理解中，集合并不等于连通，我们已经将后者严格地理解为集合间的映射。在这里的变更中，两个集合之间并不存在映射关系，前者是"垂泪""女子"，后者譬如是

---

① 我们愿意就此指出，所谓自由的想象变更实质上并不自由，它受制于习性的意向关联。实际上，当胡塞尔在《观念Ⅰ》中，在想象与本质的关系上强调想象的自由性的时候，（参见[德] 胡塞尔《纯粹现象学通论》，李幼蒸译，第5—7页）他更多的是从新的本质关系上说的，说得更明确点，因为新的本质关系超出了整体与部分关系的限制，因而想象自然也就不再受制于此限制，但想象在此意义上的所谓自由，并不意味着在想象变更本身是不受限制的，这需要进入这种新的本质关系内部来看其中的超越论构造的过程。

"垂涎""怒目"。当然,在本质的构造上,有集合产生就够了,但对连通的构造而言,则显然远远不够。有趣的是,正如我们刚刚指出的,这里完全可以存在连通,对"天蓬元帅"的想象看似中断了原有的集合映射,但它却完全可能激活新的集合和连续,如"武士""勇士"或者"护卫",这些意向因素其实也都一直隐含在"昭君""貂蝉"和"嫦娥"那里,于是,我们可以认为,这里已经以特别的方式提出了第二点,即中断意识不仅构造集合,而且具有构造连通的功能。当然,此构造本性上仍然是一种反向构成。

据此,在本质变更中,至少有两种构造连通的方式,一种建立在原有集合间的持续映射之上,另一种则是"新建"的,在中断意识中瞬间反向激活原有各变更项中隐含的,一开始并未进入集合的因素,它们构成了新的连通。就连通本身而言,这两种构造表面上并无根本差异,它们都呈现为集合的映射,但就其构造形态而言,"新建"模式无疑能清晰地揭示连通的多维性,也就是说,集合间的连通之所以能不断在中断意识中获得新建,是因为原先没有进入集合的诸意向,在集合间持续映射构造连续时从未消失,而是隐含着持续保留了下来,它们不仅支撑着变更前行,而且"等待"随时进入新的集合并构造出新的连通。内在想象所展示出的更深层的连续。

从这些有待被唤起,从而构造集合并最终构造连通的诸意向因素来看,事情更加复杂了,它们如何存在,它们只是被动的有待被唤起,还是说一开始就隐性地参与了新的意向因素的凸显?在我们的例子中,"嫦娥"之后何以会联想到"天蓬元帅",或者"后羿",一方面固然因为在内在的想象中,这些意向因素本来就是相关的;但另一方面,也是更根本的,我们必须指出,在"昭君""貂蝉"的实像中包含的"武士""护卫"这些意向因素虽然没有在上文列举的例如"老者"以及"天蓬元帅"的意向的中断下凸显为集合,但也只是没有凸显而已,也就是说,在想象变更中,这些因素不仅始终存在,而且对"老者""天蓬元帅""后羿"等中断因素的呈现乃至构造集合、连通起到了决定性的作用,它们之间的"聚合"使这些因素得以凸显。

总结一下,连通的构造大致具有如下过程:首先是中断意识下凸显集合;其次是持续的中断意识下揭示集合的映射,这是连通的最初呈现;

最后是中断意识本身在诸实像的隐含意向的连续中被构造，这是一种更深层的连续。形象地看，在纯粹意识的变更和延续中，二维连通——既包括已经凸显的，也包括隐含着的——追逐着"中断"意识，环绕着横轴，即实显的诸像序列，持续更新着前行，当然，从发生构造的角度上，相反，首先存在的是环绕着前行的二维连通，横轴只是由二维连通构造的实显对象的序列组成。

（五）一维流形的意义

深层连续的构造仍需说明，胡塞尔在1917/1918年的"贝尔瑙手稿"中对此做了重要的指示，这段文字我们已经多次引用："原河流是一条河流，一个连续统，这个连续统自身就是一个用作为其相位的各方面都不受限制的一维连续统建造的。但是，这个总共双重的连续统（一个双重持续的点流形）在两个'半平面'中把自身建构成一条双重的河流，其中每一条河流都在一个通过一维流形单方面被限制的二维连续统中建造自身。两个连续在这个一维流形中交接。"[①]

我们将这段对二维连续统和河流关系的刻画视为对本书至此的研究的高度概括，实际上只需将胡塞尔同样在"贝尔瑙手稿"中给出的完整的双重意向性的著名图式[②]沿横轴旋转折叠直至交接，也就得到了他所谓"双重连续统"在"在两个'半平面'中把自身建构成一条双重的河流"的基本形态，我们上文给出的二维连续追逐着中断意识，环绕横轴持续前行，这一构造意向其实也只是对此构造的形象的描述而已。

这里给出的新的构造意向是二维连续统在一维流形中获得构造，这才与我们所谓深层连续的构造有关。"深层"是从构造上讲的，这一维度的连续决定了连续性意识的持续延伸，也就是说，即便中断意识在构造新集合的同时不幸截断了原先的连续，但只要纯粹意识仍在延伸，新的连续就能够持续地建立起来，而构建新连续的基础就是这里所谓纯粹意识的深层连续。就我们的例子而言，从发生构造上看，即便在最初的

---

① ［德］埃德蒙德·胡塞尔：《关于时间意识的贝尔瑙手稿（1917—1918）》，肖德生译，第72页。

② 参见［德］埃德蒙德·胡塞尔《关于时间意识的贝尔瑙手稿（1917—1918）》，肖德生译，第58页。

"昭君"向"貂蝉"变更，集合呈现为"哀怨"，其内涵为"美女""垂泪"时，因为与之相对而被排除出集合"哀怨"的因素，譬如"武士""护卫"并未消失，而是被保留在纯粹意识的二维连通中，据此才能理解，何以在意向因素"天蓬元帅"被内在想象出之后，新的连通可以被瞬间构造出来，因为意向素材存在于深层连续中并始终有待参与新连通的构造。

至此最大的困难是，中断原有连通的意向因素何以能凸显？上文只是以"当且仅当"引入了结构性分析绕过了这一困难。现在，我们有了解决这一困难的可能。关键在于，"主体"面对任何意向，譬如我们例子中的"昭君"时，从不是纯粹被动的，而是处身于当下的构造性的境遇之中，而此构造性的境遇甚至决定了主体想象变更的方向，否则我们无法理解何以不同的主体在面对"昭君"的意向时会有不同的想象，诸暨人会想象"西施"，熟悉现代英国王室的人会想象"戴安娜"，熟读历史的人会想象汉元帝或毛延寿，文学爱好者则会想象描写昭君出塞的千古名篇。此先在的境遇同时也通过中断意识决定了新连通的产生，在我们的例子中，顺次从"昭君""貂蝉"想象出"嫦娥"，如果熟悉《西游记》，那么他在"嫦娥"之后想象出"天蓬元帅"当然是自然的，按照我们上文的分析，随后便是连通的重构了。

这种先在的境遇在现象学上的原型就是胡塞尔所谓一维流形。即便原有的连续中断了，只要纯粹意识仍在延伸构型，那么二维连通仍可以不断建立，其根据就在于纯粹意识在一维流形阶段的构造。需要特别注意的是，一维流形并不决然地分离于二维连续，这两个意向层次本身就是连续的，这一点无论从一开始的意向之间的想象变更，还是从变更过程中的新意向的产生都可以看出，一维流形始终在构造二维连通。

如何理解一维流形与二维连通之间的构造的连续性？我们至此一直坚持将我们构造的二维存在称为二维连通，而非胡塞尔这里所谓二维连续统，这是因为单纯从集合的映射"抽象"的话，我们无法准确地刻画中断意识所构成的一维流形，我们似乎总是依据不断产生的中断而不断地获得连通。但事实上并非如此。从纯粹意识的发生构造看，正是中断意识构建的一维流形的存在致使我们仿佛在不断地以离散的方式构造集合、连通，但实际上，这只是在反思中说明集合和连通之被构造的方便法门，在纯粹意识的延伸构型中，真正存在的是建立在流动着的一涌流的一维流形之上的构造，原先在反思和"抽象"中呈现的二维连通在此永恒的涌流构造中的实际样式则是二维连续统，也就是说，持续的涌流赋予了连通以稠密性，只是在主体对连续统的反思构造中，稠密性被消解了。

但问题并未彻底解决，相反却更加困难了，因为一旦我们将一维流形理解为中断意识所构建的"断点"流形，那么它自身的存在方式，确切地说，这些中断意识源自何处，它们何以能构建起一维流形，此一维展现为直线还是环状流形，也就自然成了现象学必须回答的问题。①

意识的本意就是被意识到的存在与意识它的方式之间的关联，因而我们对意识的研究自然包括了对存在的探讨，确切地说，就意识或者显现的"方式"探讨存在如何被意识到乃至被构造，在此意义上，我们不能将胡塞尔的意识现象学理解为区域性的，意识自然也不能以种加属差的方式予以定义。

纯粹意识是胡塞尔在超越论现象学阶段提出的新的意识形式。在笔者看来，意识的纯粹性首先体现在它的超种属性上，它超出了确定的种属或者整体与部分的限制。在现象学上，纯粹意识概念是对《观念Ⅰ》开篇对总体化和形式化之区分的严肃回应，胡塞尔要解决的是纯粹意识如何作为原区域或者原范畴构造出世界，实际上，也正是此超越性使得"超越论的构造"成为可能；其次，显见的问题是，如何理解超越论的构造？这是理解超越论现象学的难点。在我们看来，"超越论构造"的基础在于纯粹意识的自身构造，对象的构造过程实质上就是纯粹意识自身构造的过程，本书通过揭示从集合到连通，再到连续统的构造，初步展示的就是此构造的可能过程。

纯粹意识本身就是一种延伸构型，其存在不仅体现在它所构造的对象上，而且更本源地与此延伸构型的能力有关，在此意义上，甚至可以

---

① 从现象学运动的发展看，海德格尔甚至比胡塞尔更明确地将当下瞬间的一维流形刻画为了环状流形，这一点无论从他早期在《存在与时间》中对到时结构的建构（参见［德］海德格尔《存在与时间》（中文修订第二版），陈嘉映、王庆节译，熊伟校，陈嘉映修订，商务印书馆2016年版，第397页），还是从他思想转向后对真理的拓扑结构的强调中都可以看出。

说，纯粹意识本身就是存在性的，20世纪的哲学家通常也以河流的隐喻，譬如意识流、绝对流，刻画意识的这种存在特征，这也充分表明，对原始存在的内在结构的探问是这个时代哲学探索的整体任务，这迥然有别于基于后果要件的概率推论。

我们倾向于将纯粹意识的结构刻画为一维流形构造二维连续统，这是一种多维的流形结构。当然，这里需要强调，这种刻画是根据胡塞尔本人已经做出的超越论构造的成就，并不意味着纯粹意识就只能具有这种结构，相反，对纯粹意识的内在结构的探索应该是开放的，胡塞尔本人其实也只是根据现代数学的一般结构给出了一种可能性。

在纯粹意识的自身构造的诸环节中，最值得关注的是"切口"、抗阻、中断意识、反向构造、连通到连续统的转换，或者说，一维流形赋予连通以稠密性，这些形态的构造是否能够以合理性的，或者正常显现中的被动综合来概括？这显然应该得到更深的追问，而这也就意味着，现象学从其内部一开始就已经敞开了更多的可能性。

第四节 真理与明见性

一般认为，真理有符合论和融贯论两种形态。符合论意味着认识是否符合对象，或者对象如何与认识符合，融贯论与知识或理论系统内部的范畴之间是否矛盾相关。胡塞尔的真理具有何种形态？已有的研究更多的是从意向性或者符合论展开讨论，其中同时也涉及了胡塞尔与数学和语言哲学的关系。[1] 但这些研究还是不够深入，因为胡塞尔现象学本身就具有极为复杂的形态，我们认为，随着现象学从描述心理学向超越论哲学的内在推进，真理问题在与存在问题的关联中也已经突破了客体化的限制，从而不断获得了新的含义。因而，切实地依据现象学的这些内

---

[1] Cf. Louis Dupre, "The Concept of Truth in Husserl's", in *Philosophy and Phenomenological Research*, Vol. 24, 1964, pp. 345–354; Chauncey Downes, "On Husser's approach to necessary Truth", in *The Monist*, Vol. 49, 1965, pp. 87–106; Mirja Helena Hartimo, "From Geometry to Phenomenology", in *Synthese*, Vol. 162, 2008, pp. 225–233; Robert Hanna, "Logical Cognition: Husserl's Prolegomena and the Truth in Psychologism", in *Philosophy and Phenomenological Research*, Vol. 53, 1993, pp. 251–275.

在的形态，揭示真理问题在胡塞尔那里的内在发展显然也就具有了必要性和迫切性。

一　作为特殊符合论的充实性真理

《逻辑研究》至少有两大贡献：一是在含义的观念性与心理活动的主观性之间严格地划定了一条界线，此举沉重打击了那些试图将知识的先天性建基在主观的心理活动之上的心理学认识论；二是尝试在意向体验之中重新发现客观观念的起源，一般所说的现象学研究特别地与第二个贡献有关。前一个贡献标明了胡塞尔与传统哲学间的区别，后一个则展现出胡塞尔与同时代哲学家之间的差异。有趣的是，此差异不仅体现在胡塞尔与分析哲学之间，例如与弗雷格，而且也存在于现象学运动内部，例如海德格尔就认为从意向体验探求的观念的客观性的做法使胡塞尔重新回到了心理主义立场。

胡塞尔将他在《逻辑研究》时期的工作称为描述心理学，以区别于他本人所批评的实在的发生心理学。在他看来，我们能够在意识活动中意指具有观念同一性的客观的含义、概念、思想，但意指仍是空乏的，严格意义上的认识应该体现为意向体验如何在直观中获得充实。

具体地说，首先，胡塞尔坚持认为作为认识对象的含义应该是一种观念物，它们自身具有严格的先天性，必须合乎先天的逻辑学的观念。换言之，它们丝毫不能混同于主观的体验，它们的同一性特征与相似性毫无关系。其次，这种含义具有一种直接的可理解性，而这种可理解性同时也就意味着一种可意指性，我们不需要真的看见"蓝天"才理解"天是蓝色的"这一判断，而是在表达中就理解了，这种意指性最贴切地展示了意向性的"意识总是关于……的意识"的内涵。最后，我们认识了什么，不能等同于我们意向到了某物或某个事态，对胡塞尔来说，认识特指被意指的含义在直观中获得了证实。

洛克、贝克莱、休谟等经验论者似乎也持相似看法，他们也在追求对象与认识行为的相合性。在经验论者提出的各种形式的抽象论中，无论是洛克或贝克莱的注意力理论，还是休谟的理性区分，他们都致力于从心灵所拥有的心理图像中抽象出观念对象的代表，并尝试在此基础上论证心灵内容与观念对象之间的相似性：相似地，确切地说，在图像或形象意义上相似的，就是真，不相似的，就是假。

但在胡塞尔看来，当经验论者试图从心灵的图像性内容中做出某种抽象时，这种做法本身不仅隐含了类似"金山问题"所面临的困境，同时也是对真正的认识行为的失察。简单地说，当人们明见到心灵的图像性内容时，从现象学上来看，这已经是一种完整的认识行为了：图像不是意识行为中的内容，它本身就是对象，甚至已经是被充实的对象了。经验论者将被意指的对象误认为心灵中的直接的体验内容，但这种相合不仅是不可能的，而且是不必要的。

对描述心理学时期的胡塞尔来说，真理同样意味着符合，但它不再是经验论所主张并一直试图寻求的图像意义上的心灵内容与对象之间的符合，而是指实项地被体验的内容与观念对象之间的"符合"。相比传统哲学，这里所谓"实项"的最重要的特征就是它的非图像性和非实在性，它是意识的一种真实的体验状态。尽管意识内容与观念对象之间可以具有种属关系，比如红一般与被体验到的红色感觉，但在体验意义上，这种关联性本身必须建立在意向行为之上。因此，胡塞尔的"符合论"真理主要与行为相关，更准确地讲，这种"符合"可以被理解为含义意向与直观行为之间的相合同一。

这种充实上的相合被胡塞尔称为相即性，而这种相即性可以被标识为行为，因为它同样可以具有其意向相关项。① 直观具有最终的充实的可能性，在感知中，某些充盈因素与对象因素是同一的，另一些因素，例如颜色的映射或透视性因素，也可以被理解为客体的自身映射，因而"映射充盈的发展所能达到的理想极限是绝对自身"②，在此意义上，"充实发展的终极目标在于：完整的和全部的意向都达到了充实，也就是说，不是得到了中间的和局部的充实，而是得到了永久的和最终的充实"③。在意指行为与直观的最终的相即性上，胡塞尔指出，智性与事物相即的古典哲学的理想终于获得了实现。

---

① 参见［德］埃德蒙德·胡塞尔《逻辑研究》第二卷第二部分，倪梁康译，A507/$B_2$35。
② ［德］埃德蒙德·胡塞尔：《逻辑研究》第二卷第二部分，倪梁康译，A589/$B_2$117。
③ ［德］埃德蒙德·胡塞尔：《逻辑研究》第二卷第二部分，倪梁康译，A589/$B_2$117－A590/$B_2$118。

相即感知意味着对象的自身显现，而这种最完善的充实综合的行为恰恰意味着一种"在认识批评的确切意义上的明见性"①，认识论上的最终明见性就是相即明见性。随后，胡塞尔直接指明了这种明见性与真理之间的关联："明见性本身是一个最完整的相合性统一的行为。像任何一个认同一样，明见性也是一个客体化的行为，它的客观相关物就叫做'真理意义上的存在'，或者也可以叫做'真理'。"② 这是胡塞尔在真理问题上获得的最重要的突破，我们在意向体验中可以直接把握作为完全充实状态的真理本身。

可见，在胡塞尔看来，真理不是不可触及的超越的天国中的存在，也不是认识者的心灵中的实在因素，真理与我们意指的事态本身有关：事态，无论是判断、命题或感知到的，作为观念，自身就是意向的，而非超验的存在，而行为也不是实在的、只能拥有图像性内容的心灵活动，它直接指向对象。正是在这两个重要的澄清的基础上，胡塞尔更新了传统的符合论，在我们对观念性含义的意指与直观间的相合同一中重新发现了真理和存在。

二 相即明见性与融贯论真理

最迟从 1906 年开始，胡塞尔进入了他长达 30 多年的超越论现象学的探索。和描述心理学从实项与意向的区分角度对意向体验的本质研究不同，超越论现象学在研究对象、研究方法和意向关系上都发生了根本的变化。

从研究对象上看，描述心理学局限在种属关系或者整体与部分关系之中，体验内容与观念对象之间的相合同一必须遵循种属的先天关系，这样做的结果就是将真理限定在了客观化行为之上，被体验到的存在只

---

① ［德］埃德蒙德·胡塞尔：《逻辑研究》第二卷第二部分，倪梁康译，A593/B₂121。

② ［德］埃德蒙德·胡塞尔：《逻辑研究》第二卷第二部分，倪梁康译，A594/B₂122。在进一步的讨论中，胡塞尔对相即明见性上的真理和存在做出了更细致的区分：真理与行为以及从观念上理解的因素相关，例如"相即性的观念"和"客观化的设定和含义的正确性"；而存在则与行为所属的对象相关项相关，例如"在相即性中同时被意指和被给予的对象的同一性"以及"在相即性中的被感知之物"。（［德］埃德蒙德·胡塞尔：《逻辑研究》第二卷第二部分，倪梁康译，A598/B₂126）

能是现成的存在者，而真理也就只能是片段性的，认识甚至也只能是一种断点式的。这种真理与存在一般毫无关联；从研究方法来看，现象学反思和还原取代了内感知以及向实项被给予性的还原。当胡塞尔将真理界定为意指行为与直观的明见的相合同一时，其基础就是内感知式的反思以及向实项被给予性的还原，因为这些被体验的内容都是实项的因素。在超越论现象学中，现象学还原突破了意识的自成一体的实显区域，进入了纯粹意识，我们在现象学反思中可以揭示纯粹意识的内在结构；最后，就意向关系来看，超越论现象学也完全不同于描述心理学。《逻辑研究》将意向性区分为客体化行为，例如表象，或者建立在客体化行为之上的非客体化行为，例如情感、意志，正是在此基础上，真理被界定为客体化行为中的一种相即明见的相合同一。超越论现象学对此有着根本的突破，胡塞尔在纯粹意识的基础上更多的是谈论意向流形的构造。

超越论现象学与描述心理学之间具有一种奠基关联。我们可以举例说明，借用海德格尔式的例子：我走进课堂，看见讲桌、粉笔、茶杯，我把书放在讲桌上，拿出粉笔、拿起茶杯喝茶等。这是一个非常自然的"构造"过程。这是一种在既有的意向动机关联的基础上发生的构造，胡塞尔后来索性称之为自身说明。[①] 但是，假如走进教室是一个埃塞俄比亚的某个土著部落的人，如果他从未见过我们所说的"讲桌、粉笔、茶杯"，那么可以设想，他对这些存在的东西的"构造"极有可能与我们完全不同，他们会把这些器具解释成他们的意向的动机关联中所可能存在的其他任何东西。

这一构造过程不同于对讲桌等的客体化的立义。在客体化行为中，被意指的观念在种属上已经先行获得了限定，而充实这种观念的直观行为，在描述心理学上，显然也已经是剥离了具体文化内容后的中立的甚至仅仅是物理性的被给予内容了，比如上文提及的"颜色的映射或透视性因素"，这种意义上的真理依赖的是观念性的意指和纯粹的直观之间的关系，它与我们的生活和文化背景无关。在《观念Ⅰ》中，胡塞尔通过对感知的实项内容、映射流形和体验流之间的关系的考辨，向我们表明：

---

① 参见［德］埃德蒙德·胡塞尔《笛卡尔沉思与巴黎讲演》，张宪译，第99、120页。

从更原初的意向关联来看，所谓单纯的直观内容自身一定是存在的映射内容。意向的动机关联的自身说明与客体化行为之间具有一个奠基关系，这种自身说明为客体化行为提供了材料和立义方向。通俗地讲，对象总是生活世界或文化世界构造出来的。

在超越论现象学的意向动机关联中，真理和明见性问题应该具有何种存在形式？在《观念Ⅰ》中的"理性和现实"这一部分中，胡塞尔对此做了极为关键的讨论。首先，明见性和充实在纯粹意识中具有新的理性动机的含义：物在意向的动机关联中被构造，它的显现与意向关联之间具有平行性。胡塞尔说："洞见，一般明见性，是一种完全特殊的过程；按其'核'来说，它是一个理性设定与本质上为其动机的设定的统一体，于是整个情景可以从能思侧和所思侧加以理解。"① 在新的意向基础上，明见性不再局限在客体化行为的充实程度上，而是与意向关联中的理性动机之存在本质的关联。结合这里所谓"完全特殊的过程"，明见性的这种新的特征可以获得更为清晰的表达：在彼此连续的显现中，如果经验能够通过连续的理性设定而具有理性的动机，那么，原先在充实意义上不相即的明见性就具有了相即性，如果相反，经验的连续过程中出现不一致、"融合"中存在不同的规定性，甚至存在冲突和中断，那么相即明见性仍然没有获得。②

其次，真理问题同样获得了新的含义。在意向的动机关联中，充实性与明见性一样具有理性上的动机，它属于理性意识，并且为设定的理性特征提供了基础，也就是说，充实性必然关联于原初的信念领域以及原初的理性特征。回到讲桌的例子，当眼前的立方形的物体能够被我解释为"讲桌"，并且能让我将书自然地放置其上时，在我的自身经验的动机关联的持续进程中，必然存在一种最初的信念：眼前的这个东西能为我所用，尽管这一"认识"并未在我做出放书的动作时实在地显示出来，但持续的与讲桌相关的动机关联显然建立在这一信念之上。在此意义上，胡塞尔指出："本质关联在它们特有的理性特性的不同性质之间显示出来，就是说，它们是互相性的；最后，一切线索都归结为原信念和它们

---

① ［德］胡塞尔：《纯粹现象学通论》，李幼蒸译，第243页。
② 参见［德］胡塞尔《纯粹现象学通论》，李幼蒸译，第245—255页。

的原理性,或者说,归结为'真理'。"①

不同于描述心理学时期将真理视为客体化行为意义上的明见性的相关物,胡塞尔在超越论现象学中将真理理解为了"原信念的、信念确定性的完全的理性特征之相关项"②。这是以理性的动机关联为基础的对真理发生的考察,如同超越论现象学对描述心理学的根本变革一样,它从根本上区别于《逻辑研究》在客体化行为中对充实性真理的动态考察。此变革在现象学上还有另一种含义,就是说,真理的范围随理性设定和信念变更的范围扩大到了价值和实践领域,胡塞尔说:"'理论的'或'信念的真理',或者明见性,在'价值论的和实践的真理或明见性'中有其平行物。"③

据此,在超越论现象学中,真理、明见性已经是一种理性设定的系统,它早已不是一种单纯的认识论意义上的对象物了。当胡塞尔将现象学还原所揭示的纯粹意识视作一种绝对的存在,并将动机关联当作纯粹意识的具体化的展示形式时,真理和明见性也就同时具有了存在论的含义。在此意义上,我们不应该在某物与某物之间的符合关系,例如胡塞尔本人在描述心理学时期所持有的意指行为与直观之间的符合关系上探讨真理和明见性的本质,而应该在绝对存在这一理性系统内部,揭示各种建基在原信念之上的持续融合与中断的可能性。我们可以认为,胡塞尔以现象学的方式同样提出了一种融贯论的真理方案。

三 绝然明见性中的真理

一旦把真理和明见性关联于经验的动机关联,那么它们自然也就在理性的自身设定中具有了被否定的可能,但这种否定指的不是一种错误的解释。比如埃塞俄比亚的土著人基于自身的习性背景,没有将"讲桌"解释为我们一般所理解的上课用的器具,确切地说,对原有的理性设定的动机关联的整体拒绝。

我们可以举这样一个例子:某个好友多年不见,他性情和习惯大变,

---

① [德]胡塞尔:《纯粹现象学通论》,李幼蒸译,第247页。
② [德]胡塞尔:《纯粹现象学通论》,李幼蒸译,第247页。
③ [德]胡塞尔:《纯粹现象学通论》,李幼蒸译,第248页。

重逢时，相处极其不适应……有趣的是，我们能够直接明见到这种"不适应"，但这种"不适应感"源自何处？它不可能来自原有的那个习性关联，因为从原有的动机关联来看，这种否定自身仅仅展示为了关联的持续流动的不可能性，但它是整体上被拒绝的，合理性的构造自身并不拥有否决自身的可能。

正如胡塞尔已经指出的，我们必须回到存在于意向关联中的、作为真理之发生源头的原信念和原真理。但必须强调，在《观念Ⅰ》中，胡塞尔并未明确地从意向存在上赋予这种原信念和原真理以独特的地位，例如它究竟具有一种什么样的意向特征和明见性特征，它究竟何以能构造不同的意向的动机关联并对之持续地产生作用，如此等等。

在20世纪20年代初的超越论现象学的研究中，这一问题得到了初步解答。在相即明见性中，胡塞尔发现了一种更深层的明见性，他将之称为绝然的明见性："如果我们尝试否定一种相即明见性或将它设定为可疑的，那就会显示出，而且又是以相即明见性的方式显示出这种明见的东西，即由绝对的自身给予而来的被把握的东西之非存在或可疑存在的不可能性。"① 在理性设定与动机关联中存在的冲突与分裂之所以能够被明见地把握到，是因为相即明见性自身建基在一种绝对的自身被给予的明见性之上，因此，绝然明见性显然具有一种更高的明见性品格。

在《沉思》中，胡塞尔更加清楚地指明了明见性的这一奠基序列："哲学要求一种绝然的、自在第一性的明见性。"② 相即明见性意味着经验的合动机的综合过程，而绝然明见性"甚至有可能出现在不相即的明见性中"③。绝然性具有一种绝对的存在确定性，它自在地原初存在。随后，胡塞尔指出，绝然明见性最终就显现在"活的自身当下"④ 中，它们根本不可能被设想为不存在的，因为任何设想本身必须首先存在。

从胡塞尔对绝然明见性的说明中不难看出，这种更高品格的明见性与永恒在场的绝对的自身被给予性有关。从时间性的角度来看，它建基

---

① [德] 埃德蒙德·胡塞尔：《第一哲学》（下卷），王炳文译，第79页。
② [德] 埃德蒙德·胡塞尔：《笛卡尔沉思与巴黎讲演》，张宪译，第51页。
③ [德] 埃德蒙德·胡塞尔：《笛卡尔沉思与巴黎讲演》，张宪译，第52页。
④ [德] 埃德蒙德·胡塞尔：《笛卡尔沉思与巴黎讲演》，张宪译，第59页。

于超越论现象学的最终构造基础,即活的当下之中。绝然明见性与客体化行为方向上的充实无关,同时也不能将它安置在意向的动机关联层次上。它的更高品格不是相即性层次上的更加严格,相反,它是一种最终建基性的明见性的源泉,一切明见性都必须奠基并生成于这种绝然的明见性。

在"第四沉思"中,胡塞尔在纯粹意谓活动,即我思本身的真理性的意义上,将我们这里的区分概括为:"理性指出证实的可能性,而这种可能性最终指向生成明见性与拥有明见性的区别。"① 正是基于意识生活的"合规律的结构性本身","真理和真实性对我们来说,才具有并且能够具有意义"。② 自在的真理与普遍的结构化的意识生活相关,综合胡塞尔对明见性的关键的区分,我们可以确认,真理最终必然建基于绝然明见性。至此,在《观念Ⅰ》中就已经隐含的对原信念和原真理的奠基地位的强调才真正得到了说明,换言之,原信念和原真理的源发性的内涵在绝然明见性中才真正得到了显现。

在《观念Ⅰ》中,胡塞尔就已经在理性设定和信念变更的意义上将真理的范围扩大到了价值和实践领域,而几乎与他首次谈及绝然明见性与相即明见性的区分同时,胡塞尔在伦理学的研究中获得了重大的突破,他提出了具有奠基地位的意志真理问题。着眼我们此处的论题,我们只需注意到意志真理具有如下特征就足够了③:首先,意志真理与生活整体相关,胡塞尔强调,意志真理只能是一种存在于普遍的意志关联中的真理;其次,意志真理构造了一种可能存在的最善的生活,因而具有绝对应当的特性,而它的构造方式就体现为时间意识的活的当下对生活之流的构造功能④。

在绝然明见性与相即明见性的奠基关联的基础上,着眼于理性系统的设定和自身构造,我们已经不难得出如下看法了:在真理问题上,存在论与价值学在超越论现象学中获得了高度的统一性,绝然明见性意义

---

① [德] 埃德蒙德·胡塞尔:《笛卡尔沉思与巴黎讲演》,张宪译,第93页。
② [德] 埃德蒙德·胡塞尔:《笛卡尔沉思与巴黎讲演》,张宪译,第95页。
③ 关于意志真理在胡塞尔伦理学中地位,参见曾云《胡塞尔对伦理意志的反思——绝对应当和意志真理》,《道德与文明》2010年第3期。
④ Cf. Husserl, *Einleitung in Die Ethik: Vorlesung Sommersemester 1920/1924*, S. 252-253。

上的原初真理不仅是绝对存在的基础，从平行意义上说①，它同样也是价值学的基础。如果我们愿意像胡塞尔那样认为哲学应该具有一种绝对的自身负责的理念，那么，这种绝对的自身负责，显然就应该建基在绝然明见性中的存在真理与价值真理的统一之中。

从符合论到融贯论，再到价值论，胡塞尔不仅从现象学上回应并系统地重建了这些真理观，而且以现象学的方式赋予了它们以内在的统一。具体地说，现象学在胡塞尔的研究中展现为从描述心理学的客体化的行为，到超越论现象学的意向流形，再到对关联的内在基础的深层勘测的过程。正是在这些层层深入的现象学的基本事态的基础上，这里谈论的三种真理观之间才获得了一种严格的奠基关系：符合论展示在客体化行为的充实中，融贯论展现在了绝对存在中意向的动机关联内，而价值论则建基于绝然的自身当下。

胡塞尔的真理观与他的存在论和价值论之间具有高度的统一性，这种统一性从根本上讲就建立在超越论现象学的自身负责的理念之中。而这种绝对自身负责的哲学理念也在认识论、存在论和价值论上要求一种绝对的自身奠基性，在此意义上，它既包含对于彻底开端的要求，又隐含着一个终极目的，换言之，它既是原创造，又指示着一个最终创造。②

因而，当胡塞尔将意志真理奠基于绝然的自身明见性，并将之与最善的生活相关时，超越论现象学便显示了一种独特的价值哲学：最善的生活作为一种至高的理念，它既不是天国中的实在物，相反，它就存在于我们的纯粹自身性中，因而具有绝然的明见性；它也不是一种相对的存在，相反它的存在就是真，因而具有绝对性，甚至可以说，正是因为它是绝对的真，它才存在；进而，存在本身也不是一种抽象的形式化的存在，它自身就奠基在意志真理所指向的最高的善之上，这种奠基构造在明见性的生成关联中自身具有了一种合理性的表达。

---

① 这种平行关系可以通过胡塞尔的如下比喻得到通俗的理解："认知理性是实践理性的功能，知性是意志的仆从"，"仆从在自己本身中执行指向认识构成物本身的意志之功能，而认识构成物正是到处引导意志，为它指出正确的和道路的必要的手段。"（[德] 埃德蒙德·胡塞尔：《第一哲学》（下卷），王炳文译，第276页）

② 参见 [德] 胡塞尔《欧洲科学的危机与超越论的现象学》，王炳文译，第91页。

四 去蔽的真理，还是思的真理

胡塞尔对真理和明见性问题的考察很容易让我们回想起柏拉图的经典工作。从柏拉图在知识等级、真理和清楚明白性之间建立关系开始，真理便一直与明见性有关。在对知识做出著名的四层划分之后，柏拉图说："请你按比例排比它们，凡是它们的对象具有多少真理和真实性，你就可以认为它们具有多少清晰（enargeia）和确切性。"① 从意识哲学的发展看，笛卡尔继承了柏拉图传统，真理被再次赋予了清楚明白的特性。他提出知觉具有两种清楚明白的状态，一种是回忆性的，另一种则是纯粹的，它能够直接领会上帝存在的观念。② 也就是说，在经验层面和理念层面上，明见性具有根本的差异，前者是经验性的，而后者则是绝对的，与超越论的理论及存在有关。胡塞尔在超越论现象学中揭示的相即明见性与绝然性明见性的区分显然继承了柏拉图和笛卡尔的基本思路：真理必须在明见性中显现，必须与被光照的存在相关，更重要的是，根据理念内部的明见性的等级差异，真理也被赋予了内在的等级差异。

有必要强调一下相即性的不同类型，充实意义上的相即性指的是笛卡尔以回忆所指示的经验意义上的明见性，动机关联的内在融合上的相即性当然与理念上的明见性相关。在胡塞尔所重构的思的哲学中，根据明见性的差异，真理也显示出了多重形态。它既有经验意义上的符合论的，也有存在意义上的以及善与存在的相关性上的，后两者甚至展示出神圣的理念世界中的真理自身所具有的内在的等级差异，即相即明见性与绝然性之间的差异。当胡塞尔将绝然的自身性视作绝对存在的基础时，柏拉图那里的善的超越的存在与存在的纠葛也就再一次在真理与明见性的语境中被激活并重新开始对西方哲学产生作用。

我们在真理问题上同样可以看到海德格尔与思的哲学之间的复杂的关系。《存在与时间》对真理的去蔽解读让人津津乐道。去蔽的真理观直接批判的是那种据说源自亚里士多德的符合论。海德格尔认为，符合论的真理建立在内在的真理意识之上，在判断中，它展示了作为判断的实

---

① ［古希腊］柏拉图：《理想国》，顾寿观译，吴天岳校注，岳麓书社2010年版，第318页。
② 参见［法］笛卡尔《第一哲学沉思集》，庞景仁译，第253页。

在的心理过程与作为判断之对象的观念的差别。① 但符合作为一种现成的关系何以可能呢？海德格尔的建议是将真理理解为被揭示的状态，它是生存论—存在论上的。传统的符合论真理就建立在这种原始的存在真理之上，奠基于此在在世的展开状态之中。

去蔽的真理与超越论现象学的融贯论真理具有内在的同构性，现象学还原已经去除了作为符合性之基础的表象立义，在具有一种可规定的无限的动机关联中，真或不真展示为动机引发意义上的相即或不相即性。正如海德格尔强调的，在揭示状态的真理上，真或不真具有同等的本源性，因为它们都是动机关联的内在事情，都是绝对存在的内在状态。

海德格尔认为巴门尼德的灵魂上升之路就是去蔽真理观的表达②，走出洞穴同样也表现了去蔽的过程。但从思的哲学可以提出如下问题：其一，去蔽何以可能，这种"去—"本身何以不能是思的结果？其二，海德格尔如何从存在上界定无蔽的等级差异？先看第一个问题。"alethestata 但这种专注也首先体现着作为一种倒转的 paideia（造形）之本质。也就是说，只有在最无蔽者领域中，亦即在 alethestata 领域中，并且根据这个最无蔽者，'造形'的本质自己完成才能实现；最无蔽者就是最真实者，亦即本真的真理。'造形'之本质植根于'真理'之本质。"③ 在我们看来，海德格尔这里的解读充分展现了存在对思的哲学的倒转，其实质就是从存在生成并规定思，将存在的开显视为思的根据：之所以能在"通过思"中指向不同等级的理念，是因为在存在中它们首先已经被去蔽了，或者用更日常的说法，存在已经逻辑在先了。但问题是，如果没有柏拉图式的那种起源于数学理念化的思的辩证法，那些与思的各种形态相平行的存在是很难被揭示的，用海德格尔的术语，很难被去蔽的，甚至于连为什么存在的偏偏是这些而不是那些形式的"去蔽"都很难说清楚，因此，我们可以强调：去蔽的过程植根在思的本性之中。

海德格尔的"倒转"合法与否最终取决于他对第二个问题的解答，

---

① 参见［德］海德格尔《存在与时间》（中文修订第二版），陈嘉映、王庆节译，熊伟校，陈嘉映修订，第 266 页。

② 参见［德］海德格尔《存在与时间》（中文修订第二版），陈嘉映、王庆节译，熊伟校，陈嘉映修订，第 274 页。

③ ［德］海德格尔：《路标》，孙周兴译，第 255—256 页。

即如何从存在上直接界定无蔽的等级差异。他的回答实际上仍然承袭了柏拉图在真实性和真理性上的"更"的理解,在无蔽上区别出"无蔽的"(alethes),"更为无蔽的"(alethestera)①,"最无蔽者"(ta alethestata)②,柏拉图所谓"更"建基在思的内在差异之上,而这种差异本身是可以在理念化和思的辩证进程中被确保的。海德格尔呢?他告诉我们:"由理念带入视野并且因而让人看到的东西,对于以理念为定向的洞察来说,乃是它所显现出来的那个东西的无蔽者。无蔽者首先并且唯一地被理解为对 idea(相)之觉知中被觉知的东西,被理解为在认识(gignoskein)中被认识的东西(gignoskomenon)。noein(直观、觉知)和 nous(觉知)首先是在柏拉图的这种说法中才包含着与'理念'的本质关联的。进入这种针对理念的定向之中的设置,规定着觉知的本质,并且后来也规定着'理性'的本质。"③ 在我们看来,海德格尔对思与去蔽的相关性的理解过于简单了,他指出的仅仅是无蔽者规定并设置了思、直觉和觉知的方向及其可能性,但思和直觉的内在的本质性的等级差异呢?单纯依靠一个个连续不断的"更"?这种无蔽内部的层级差异又如何自身证成呢?海德格尔的做法充分显示了他因为以存在与领会着它的此在的相关性为基础探寻意识之真的本真时必然造成的窘境。从思的哲学看,这种相关性实质上在仅是能思/所思的多维的平行关系中的一种而已,而海德格尔则将之绝对化并最终将之视作整个理念世界的唯一的存在关联。

海德格尔不可能承认存在一种更为贴近柏拉图的对思的现代理解,他告诉我们:"如若人们现在也还以现代的方式把理念之本质思考为 perceptio(知觉)('主观表象'),那么,人们就在'善的理念'中找到一种无论在哪里都自在地现成的'价值'……"④ "任何一种把无蔽之本质建立在'理性'、'精神'、'思维'、'逻各斯'、某种'主体性'之上并且

---

① [德]海德格尔:《路标》,孙周兴译,第253页。
② [德]海德格尔:《路标》,孙周兴译,第255页。
③ [德]海德格尔:《路标》,孙周兴译,第259—260页。noein 和 nous 一般被理解为思想和灵魂,孙周兴先生在海德格尔的存在论的语境中将它们分别译为:"直观"和"觉知"是非常贴切的,这恰恰反映了海德格尔对思的哲学的贬抑,在他看来,思就是表象意义上的,它是表层的。
④ [德]海德格尔:《路标》,孙周兴译,第262页。

加以论证的尝试，向来都不可能拯救无蔽状态的本质。因为所要建立和论证的东西，即无蔽状态本身之本质，在这里根本还没有得到充分追问。在此始终只是对未曾被把握的无蔽状态之本质的一个本质后果的'说明'而已。"①

对思的哲学而言，揭示无蔽状态必须依赖于对思的内在形态的持续批判，最简单的理解是，只有在这种批判中，无蔽的等级的差异才可能显现出来，海德格尔所强调的"无蔽状态本身之本质"对思的规定也才可能被揭示。从存在角度来说，我们当然认可对思的说明是一种基于"无蔽状态之本质的一个本质后果的'说明'"，但由于海德格尔没有先行从存在论上说明各等级的去蔽之间的本质差异何以可能，我们有理由拒绝颠倒这里的顺序，无蔽状态是思所敞开的而非相反。

海德格尔为什么会如此贬抑思呢？从他本人的说法看，他显然没能很好地理解什么是"现代方式"，难道现代方式指的就是"主观的表象"，你能把胡塞尔的能思/所思的先天的平行关系理解为"主观表象"吗？当你将直接显现自身或自行显示理解为投影时②，难道能思/所思的平行结构仍然是图像论的，或者说，仍然建立在柏拉图在经验世界所确定的影像关系之中？

当我们在海德格尔那个时代谈论现代理性，谈论那种与他所谓"理性""精神""思维""逻各斯""主体性"相关的现代理性主义时，这种理性主义至少应该体现出现代数学所可能具有的深度，"主观表象"当然与此无关。正是由于他对现代理性所能达到的深度认识不足，他在从存在角度规定思时往往显得捉襟见肘。例如由于他忽视了柏拉图从思出发对存在的内在差异的揭示，在谈论思的对象必须首先已经被去蔽这一事态时，他极少真正深入地探讨去蔽之间何以会具有内在的本质差异这一关键问题，而是满足于强调去蔽的程度差异。这一做法的最直接的结果就是将多维的思压缩为了单纯的感知，西方哲学中的思的哲学传统被贬抑为他的存在哲学的附属。

在柏拉图那里，进入理念世界意味着进入真理世界，而一旦进入了

---

① ［德］海德格尔：《路标》，孙周兴译，第274页。
② 参见［德］海德格尔《路标》，孙周兴译，第248页。

这一世界，真理便自行表现为各种具有内在建基的形态，譬如数理意义上的真理、存在意义上的真以及善的存在意义上的真。当胡塞尔在绝对存在的领域中揭示了相即明见性，并且将相即性的真理建立在对善的绝然明见性之上时，他实际上已经接受了柏拉图的思的哲学的真理观。在现代哲学的开端处，真理不仅保留了它的数理本质，获得了它的存在和本原的含义，更重要的是，它再次展示了其古典形态：存在的真理必须建基于善自身的超越的真理性之上。数理与真、存在与真、善与真的关系重新被构造了。相反，当海德格尔以本源性的名义将真理更多地赋予了作为揭示状态的生存论的建构，并以此为基础将真理理解为去蔽时，我们不得不指出，在现代的思的哲学中已经被重新确定的数理与真、善与真的含义被他耽搁了。无论从柏拉图，还是从超越论现象学看，海德格尔的生存论—存在论的真理不但缺少了通达这些真理的阶梯，即数理对象的存在与真，而且也缺失了作为存在的最高目的，即善的存在与真理。

由此，思的哲学与存在学在真理问题上敞开了不同的道路：对海德格尔来说，构造存在的去蔽之真是首要的，甚至是唯一的，我们必须在此在的去—存在中首先揭示这种真理状态；而对超越论的思的哲学而言，作为通达存在之真理的必要途径，数理的真理是必需的。胡塞尔从未忽视存在与艾多斯化的构造性的关联，但他同时也在不断向我们强调，数理真理和存在真理最终都必须展现在绝对存在向最高的善的目的的永恒运动之中。数理真理和存在的真理首先并且必须是善的，在思的多维的奠基关联中，它们首先并且最终就建基在本源的意志真理中。

在对传统哲学的回应上，胡塞尔更清晰地揭示了柏拉图何以会在善与存在何者为先的问题上犹豫不决。因为在为能思/所思的先天平行关系建基的时间化中，活的当下对双重意向性的构造中存在变异，滞留的本质就是变异，而与善的存在相关的思的本源维度对习性存在的构造就建立在时间性的综合之上，其间必然存在变异。就此，我们甚至不得不面对如下困境：一方面，我们必须揭示存在的基础在于善，这不仅是古希腊哲学一早就为现代西方思想提供的最终基础，在现代社会中显然也具有其现实意义；但另一方面，对这一基础的描述却告诉我们，这种奠基固然是可能的，但它同时却隐含了变异，而一旦善的本源性在变异中丧失自身，存在也就完全有可能成为恶。

五　有可能存在更本源的真理吗？

胡塞尔揭示了三种形态的真理：作为特殊符合论的充实性真理，基于一致性经验的融贯论真理，以及绝然明见性中的真理，在意向流形的构架中，这三种形态的真理具有如下建基序列：充实建基在横意向性之上，一致性经验与双重意向性有关，而绝然性则建立在活的当下之上。当然，将绝然明见性下的真理理解为价值论的，这与胡塞尔以活的当下标出的问题域有关，因为前—存在领域是意志真理所构造的。

在探讨海德格尔的去蔽的真理时，我们其实不难发现，去蔽的真理与胡塞尔在《观念》中谈论的基于一致性经验的融贯论真理在结构上具有亲缘性，无论在融贯上显示出充实，还是失实，经验关联本身都能够被揭示，这实际上就是去蔽真理观的要义，而当我们质疑去蔽的真理观不够原始时，我们以之为基础是绝然明见性下的真理，相对海德格尔，它涉及的其实就是海德格尔的此在本身的构造问题，简单地说，如何聆听本己的良知的呼声并由此见证其本真存在，但在《存在与时间》上，海德格尔似乎没有在此在的这一本源维度的自身构造中谈论去蔽的真理。

我们有必要提出如下问题：有比海德格尔的去蔽更本源的真理吗？这与超越论的构造层次有关，如果将去蔽限制在在世，那么当然存在更本源的，我们认为胡塞尔实际上已经指出了这一维度的真理，因而问题自然就应该聚焦于活的当下的自身构造。

就胡塞尔已经做出的研究看，他已经在谈论意志真理对前—存在领域的构造了，在现象学上，此问题域已经超出了海德格尔的生存论建构。或许会有这样的批评：这种新的本源的真理不是存在论的，因此不够原始，在我们看来，这种批评和顾虑大可不必，从胡塞尔、海德格尔对"融贯性"真理探讨看，尽管他们的问题方向不同，但意向基础却是一致的，在时间结构上表现为二维连续统，由此，只要在构造二维连续统的一维流形上揭示出新的真理，那么海德格尔式的从存在一侧对真理的构造自然也就获得了新的可能。

相比在世的去蔽，新的本源的真理大致有如下特征：首先，在意向的构造上，它以一维流形，或者说活的当下的构造为基底，因而在构造上具有严格性，这也是胡塞尔晚年开启的新的问题方向；其次，在主体上，新的构造也意味着新的主体的创生，与海德格尔的生存论建构强调在世不同，新的主体必须在其生存中构造出此在在世的权能；最后，随着在意向和主体上的新构造，新的存在论也就获得了展示自身的可能，从胡塞尔的角度看，新的主体性的存在不仅能够构造出新的真理，而且必然也能够构造出本源的新价值。

问题在于刻画我们进入新的真理的道路，从胡塞尔对三种真理和明见性的考察看，新的明见性自然也就蕴含在对新真理的探求过程中。在一维流形，亦即活的当下的构造上，胡塞尔尽管曾经指出了二——一性直观在构造一维流形上可能具有的作用，但可惜他并未循此线索揭示出这种本源构造的可能过程，更加复杂的是，胡塞尔甚至都没有清晰地指明此构造领域何以能向我们显现，换言之，我们需要在方法论上严格地展示此本源构造的现实可能性。

在接下来探讨现象学基本问题时，我们都会逼近活的当下的被构造所彰显的现象学的边界问题，可以预先说明，尽管这些问题最终都应该在此根基性的构造关联中获得建基和说明，但由于胡塞尔本人并未在此问题上做出决定性的说明，我们的诠释性研究也将仅限于指明最终解决这些问题的可能方向。

第五节　本我论

本我问题一直是胡塞尔现象学研究中的难点和热点。首要的原因当然是"我"的存在和本质问题自苏格拉底以来就是西方哲学的传统问题和核心问题，从近代哲学开始，特别在笛卡尔和康德的超越论的哲学规划中，自我逐步成了知识和存在的演绎的逻辑原点。但此设想在黑格尔之后遭到了严重的质疑，因为无论对自我的形式化，还是将其置于历史整体中，都意味着主体的独立本性的丧失。在海德格尔的存在论中，甚至连"自我"这一哲学术语都被放弃了，他整体的存在论规划的必要性和迫切性就建立在对主体性哲学的彻底的批判之上。这一历史进程意味着本我论的无可挽救的消亡，还是我们必须重塑新的本我论？

作为20世纪西方哲学的最重要的开创者，胡塞尔应该是对自我问题讨论得最多的哲学家，同时或许也是最后对此问题倾注如此多的精力的哲学家，在他不同时期的著作中，我们至少可以找到如下形态的自我：作为体验复合的经验自我、作为关系中心的纯粹自我、实显性自我、习性自我，原—自我以及前—自我。对此，我们有必要追问，自我何以能呈现出如此多的形态，它们之间具有何种关联，又有何种差异？胡塞尔的这些讨论为20世纪的主体性哲学提供了什么样的基础和内容？

一 非时间的作为体验复合的经验自我

描述心理学排除了基于自然科学之有效性的实在设定，将自己对行为特征的分析建立在实项被给予性的基础之上。在时间和自我问题上，现象学陷入了尴尬的境地：一方面，现象学固然暂时排除了实在论困扰，将对时间和自我的外在实在论式的理解判定为无效；但另一方面，这种分析视角必然将现象学牢固地限定在实显性的框架内，在自我问题上尤其如此。

《逻辑研究》第一版时期的胡塞尔认为存在一种作为体验复合的休谟式的经验自我。这种自我建立在各种现象学内涵的基础之上，并"以杂多的方式从一个内容跑到另一个内容，从一个内容复合转跑到另一个内容复合，最后，一个统一的内容总体得以构成，这无非就是在现象学上还原了的自我本身。这些内容恰恰与内容一般一样，以特定的规律性的方式相互聚合，融化为更为全面的统一，在它们如此成为一体并且是一体的同时，现象学的自我或意识统一便已构成……"①。

胡塞尔的这一认定基于他在描述心理学中所坚持的实显性的内感知原则：在内感知中，经验自我能够在其现象学的实项构成中作为体验复合而对象性地被给予。针对纳托普将纯粹自我视为一种在直接直观中被给予的基本事实（被意识性的存在）而非对象，胡塞尔问道："如果我们不使作为被确定的客体的自我和意识'成为对象'，我们又如何去思考它？"②

我们不难理解胡塞尔何以会坚决否认作为体验极点的纯粹自我的存

---

① ［德］埃德蒙德·胡塞尔：《逻辑研究》第二卷第一部分，倪梁康译，A331–332。
② ［德］埃德蒙德·胡塞尔：《逻辑研究》第二卷第一部分，倪梁康译，A341/B₁360。

在，他告诉我们："我现在当然必须承认，我无法将这个原始自我绝对地看作必然的关系中心。"① 因为描述心理学无从确定行为朝向的那种承载纯粹自我并使其对象性被给予的实项被体验的内容是什么，并且与使经验自我对象化显现的实项的体验复合有何不同。在实显性的内感知中，实项被体验内容在种属或整体与部分的关联中是唯一的，同时承认作为关系点的纯粹自我必将陷入实事上的悖谬。

总体上看，此时的胡塞尔对自我问题的解决相当粗糙，他认可对经验自我的自身感知是一个日常的事实，并且甚至认定对经验自我的感知与对外在对象的感知具有本质上的相似性。② 这里显然潜藏着危机：首先它无法从根本上杜绝将自我物化的可能，因为无论自身感知还是内感知本质上都是一种对象化的把握行为，那么基于相同种属的实项内容，经验自我和事物据此也只能是相似的超越存在，自我就此也就可能被贬抑为物；其次，即便胡塞尔将意识行为视为现象学自我的核心内容也于事无补，因为描述心理学对行为本质的分析本身就是一种实显性分析。换言之，胡塞尔此时由于局限于对实显的被体验因素的分析，行为的延续以及体验活动的时间性根本无法作为现象学分析的核心问题而被开启，一种内在超出实显性因素的形式性的存在同样也根本无法被揭示。

二 作为关系中心的纯粹自我与双重意向性

通过发端于1906/1907年的现象学反思和还原，胡塞尔在时间意识研究中揭示了滞留的双重意向性，即由现存滞留所构成的横意向性及由滞留之自身滞留化所构建的纵意向性。在此基础上，胡塞尔对自我的看法发生了巨大的变化。譬如，在《逻辑研究》第二版中，胡塞尔改变了原先对自我的看法："对于在这个段落中所表述的对'纯粹'自我的反对意见，作者在这里（第二版）不再持赞同态度……"③ "在此期间我已经认识到，这个自我就是必然的关系中心，或者说，我认识到，不应当因为

---

① [德] 埃德蒙德·胡塞尔：《逻辑研究》第二卷第一部分，倪梁康译，A342/B$_1$361。
② 参见 [德] 埃德蒙德·胡塞尔《逻辑研究》第二卷第一部分，倪梁康译，A343/B$_1$362。
③ [德] 埃德蒙德·胡塞尔：《逻辑研究》第二卷第一部分，倪梁康译，B$_1$354。

担心自我形而上学的各种蜕变而对被给予之物的纯粹把握产生动摇。"①

前文已经指出,胡塞尔对滞留的双重意向性的揭示,使他的现象学成功地摆脱了实显的立义模式,他开始提出一种用来替代内感知的内在本质直观或"观念化的现象学本质直观"②。在此基础上,胡塞尔提出,纯粹自我并不是在内感知中以实显体验,或者实显的实项组成的方式存在,它是一种与纯粹意识共同被给予的"内在性中的超越"③。显然,说明这种作为关系中心的纯粹自我之可能性的关键,就在于说明内在本质直观相比内感知有何不同特点。

滞留相位与实显的被体验因素根本不同,前者标识着意识相位之间的意向关联,而后者标明的则是一种客体化的把握,相应地,对实显体验的内感知与内在的本质直观也就具有了如下根本差异:内感知是实显的对象化行为,而内在的本质直观则是一种突破了实显性的对生成关联的明察。基于这两种不同的现象学把握,自我也得到了不同的揭示:在内感知中,胡塞尔坚持一种作为体验复合的经验自我,并合理地否定了一种作为形式关系点的纯粹自我;而在现象学还原排除了经验世界的存在信仰以及对它的实显体验之后,借助内在的本质直观,胡塞尔在由滞留关联所构成的形式性的相位关联,即双重意向性上开始揭示一种形式化的纯粹自我。正是在从实显性意识向形式关联的转变中,纯粹自我得到了确认,而转变的基础就在于相位关联的形式特性决定了纯粹自我也只能是一种形式性的存在。这种形式的自我简单而敞明:"作为纯粹自我,它不藏匿任何隐含的内部财富,它是绝对简单的,绝对敞明的,所有财富都包含在'我思'之中,以及包含在其中的全适地可把握的功能方式之中。"④ 在此基础上,纯粹自我看似矛盾的特性:尽管不承载具体的内容,但却能以全适的方式把握全部的内容,正是对其形式性特征的最好的说明,换句话说,正因为纯粹自我具有这种形式性特征,它才能够始终伴随一切表象,并且不会随着实显我思的变化而改变。

---

① [德] 埃德蒙德·胡塞尔:《逻辑研究》第二卷第一部分,倪梁康译,B_1361。
② [德] 埃德蒙德·胡塞尔:《逻辑研究》第二卷第一部分,倪梁康译,B_1439。
③ [德] 胡塞尔:《纯粹现象学通论》,李幼蒸译,第 90 页。
④ Husserl, *Ideen zur einer reinen Phänomenologie und phänomenologischen Philosophie. Zweites Buch*, hrsg. von Marly Biemel, Kluwer Academic Publishers, 1991, S. 105.

如果说胡塞尔在描述心理学时期坚持内感知的实显性原则，提出了一种"经验自我—意识行为—意识对象"的分析模式的话，那么在《观念Ⅰ》的纯粹现象学中，胡塞尔则在内在本质直观的基础上，提出了一种"本我—我思—所思"，或者说"本我—能思/所思"的纯粹现象学的分析模式，那么很显然，两者的差别必须从现象学的方法以及实事基础的转变中得到理解，我们可以说，什么样的方法和实事决定了什么能够显现以及以何种方式显现，自我问题同样也是如此。

三 实显性自我与横意向性

横意向性具有如下实事特征：首先，作为不同的感觉素材的变异相位的连续相合，它承载着实显感知，胡塞尔甚至一度在此意义上讨论二阶绝对感知。据此，横意向性与对象的显现之间便具有了直接的实事关联，因而它在根本上也隐含了立义模式所拥有的因果性。其次，与纵意向性相比，横意向性中现存相位的映射不同于纵意向性中的相位的连续变异的自身映射，如果说横意向性体现的是实项被体验的块片之间的统一性，那么纵意向性构造的便是一种奠基性的时间的统一。

在这些复杂的实事基础上，胡塞尔丰富了对自我的理解。在《观念Ⅰ》中，除了纯粹自我之外，胡塞尔还提出了一种存在于我思体验样式，即主动的和被动的体验样式中的实显性自我："每一'我思'，在特定意义上的每一行为都具有自我行为的特征，它'从自我发出'，自我在行为中'实显地生存着'。"① 这种具有独特自我相关性的实显性自我与纯粹自我相互参与，并且作为纯粹自我的意识背景而存在。

我们认为，基于横意向性的构成要素，这种实显性自我的不同特征可以得到恰当的理解。首先，这种意义上的自我的最重要问题是功能问题，或者说，意识对象的构成问题，横意向性由各感觉素材变异而成，自我在横意向性的各个相位上与实显我思的体验直接相关，据此，自我作为功能性中心总是与周围世界和对象极相对存在。其次，尽管各个现存滞留之间具有一种套接关系，但由于这种套接是建立在实显感知的基础上，因而现存滞留相位上的诸我思体验仍然是互不敞开的，相反它们

---

① ［德］胡塞尔：《纯粹现象学通论》，李幼蒸译，第132页。

在各自的时间相位中作为现在而持续存在。最后,"这种自我在行为和触发中拥有其自我生活"①,从而呈现出主动和被动的特征。显然,这种直接与对象相关的主动性和被动性奠基于因果性基础之上。

横意向性在内时间结构上有着独特的中介地位,不同于纵向体验,它是现存时间相位的综合统一,因而可以作为实显行为的基础,但要注意,毕竟它是由时间相位综合而成的,因而不能将之等同于实项的复合体验,后者只能建立在横意向性之上,当我们在此意向性上谈论实显性自我时,在结构上与上文探讨实显行为、内容与横意向性的关联完全一致,我们也可以沿着横意向性进入纵向体验,以此寻找实显体验的根基。

四 习性自我与纵意向性②、具体当下③

在《观念Ⅱ》中,胡塞尔开始讨论习性自我和人格自我,这种涉及习性、兴趣、能力、秉性、性格的人格自我(单子)具有一种发生的统一,在胡塞尔看来,这种统一就是指"由'诸因素'具体构造而成的,这些因素本身就是生成的统一,并且与整个单子一样,根据相位而具有一个抽象构造"④,换言之,就是"以内在时间的形式构造起来的统一"⑤。在笔者看来,根据内时间结构的特性及其与自我的实事关联,这里的内在生成的时间构造的统一就是纵意向性在具体当下中的生成。而基于这种生成结构与横意向性的特征差异,习性自我与纯粹自我、实显性自我在描述特征上的差异也就显现了出来。

---

① Husserl, *Zur Phänomenologie der Intersubjektivität*, zweiter Teil, hrsg. Iso Kern, Martinus Nijhoff, 1973, S. 43.

② 倪梁康先生的如下两篇解读自我的文章是笔者考察习性自我的基础,它们分别是:《思考"自我"的两种方式——对胡塞尔1920年前后所撰三篇文字的重新解读》,《中山大学学报》(社会科学版)2009年第5期;《"自我"发生的三个阶段——对胡塞尔1920年前后所撰三篇文字的重新解读》,《哲学研究》2009年第11期。

③ 针对具体当下的生成和具体当下对纵意向性的构造,我们其实可以再细致地区分第一习性化和第二习性化,但此区分对我们讨论习性自我和人格自我的生成并无特别的必要性,所以正文的讨论中并不强调这一区分。

④ Husserl, *Zur Phänomenologie der Intersubjektivität*, zweiter Teil, S. 34.

⑤ Husserl, *Zur Phänomenologie der Intersubjektivität*, zweiter Teil, S. 47.

首先，纯粹自我由于建基在双重意向性的纯形式的相位关联之上，因而是一种无内容的空乏的关系极，纵意向性和具体当下中存在的习性自我则是一种承载着各种习性和禀赋的具体存在者。但由于它们在实事基础上有交叉，两种自我显示出如下关联，用马尔巴赫的话说："纯粹自我包含在人格自我之中，每一个人格自我的'我思'行为都是纯粹自我的行为。"① 但由于它们着眼的实事基础，即意识相位在形式性和具体性上又具有本质差别，习性自我的习性变化却不会导致纯粹自我的变化，"当信念改变了的时候，（人格）自我也改变了。但是在这变化和不变中，作为极的自我保持同一。"②

其次，横意向性中的实显性自我尽管以主动和被动的方式与我思体验相关，但它并不具有习性的积淀，用胡塞尔的话说："在它的行动中、在它的主动性和被动性中、在它的被吸引状态和被拒斥状态中等是可变化的。但这些变化不会使它自身发生变化。它自身毋宁说是不能变化的。……它不具有原初的和习得的性格禀赋，不具有能力、秉性等等。"③ 质言之，实显性自我的具体体验只是瞬时的，不会对自身产生历史性的影响，而习性自我则不同，它是一种在前摄与充实滞留的持续的动机引发中持续地生成自身的习性化的存在。这种生成的具体形式就是自身触发和被动唤醒，而人格自我便在这一过程中不断地构造生成。

横意向性中的诸现存相位并不具有纵意向中的前摄与滞留之间的动机引发的关联，而承载人格自我的纵意向性与具体当下则表明人格自我是拥有视域的存在者，它总是带着自身的历史积淀以及对未来的预期构造着当下，对此，胡塞尔说："正是在这些信念和习性的变化中，人格自我及其人格特征的统一性才能够建立起来。"④ 这种区别在两类自我各自具有的主动性与被动性上显得尤为明显：实显性自我的主动性和被动性

---

① Bernet/Kern/Marbach, *Edmund Husserl. Darstellung seines Denkens*, Felix Meiner, Hamburg, 1989. S. 198.

② Husserl, *Ideen zur einer reinen Phänomenologie und phänomenologischen Philosophie. Zweites Buch*, S. 311.

③ Husserl, *Ideen zur einer reinen Phänomenologie und phänomenologischen Philosophie. Zweites Buch*, S. 104.

④ ［德］埃德蒙德·胡塞尔：《笛卡尔沉思与巴黎讲演》，张宪译，第24页。

奠基于因果性，总是有一种充实意义上的"外"物使我被动地做出反应，其中甚至隐含了刺激/反应模式；而在人格自我中，首先是人格的被唤醒的习性触发自身并使我思行为当下显现。人格自我的这种自身当下化被胡塞尔称为动机引发："生成的动因（Motivanten）与动果（Motivaten）之间的决定性联系。"①

从发生看，实显性自我的我思的当下性奠基于人格自我动机引发，其实事依据在于横意向性奠基于纵意向性和具体当下的习性综合体。然而，这种作用不是单向的，横意向性对后者同样也会产生影响：唯有产生现存相位，对象才能被给予，纵意向性才可能被现实化，换言之，纵意向性以自身构造的现实化总是以横意向性为超越论线索。由此，除了我思行为之当下性的实事根源在于习性自我的自身触发之外，还可以理解两种自我之间存在另一层相关性：自我积淀的习性直接产生于实显性自我的持续的我思行动。由此，着眼具体当下对纵意向性的构造，超越论单子就是一种在自身中承载着能动和受动、清醒和隐蔽生活之统一的自我。

五　原—自我与活的当下中的原融合，前—自我与印象性的原同时性

时间性的构造最终展现为原印象性与直接的原滞留在印象性的原同时性中的融合生成。胡塞尔在对这种不可绝然分开的原融合与原同时性思考中，开显出了两种类型的原初自我，即原—自我与前—自我，超越论的主体性就此迈向了纯粹意识的深处。

经验自我最终生成于活的当下中的原—自我，而原—自我也以不同的方式构造着不同的经验自我。1930年前后，胡塞尔告诉我们：作为自我性之触发中心的自我具有意向统一性，而这种具体的时间化的自我体验所拥有的印象—体验、滞留—体验以及前摄—体验必须区别于那种本真的、归属于原—自我的原涌流的行为模式，② 可见，超越论的具体自我必然在超越论的原—自我和生活之流中获得时间化的构造。从时间性的构造看，简言之，奠基于纵意向和具体当下的习性自我必然奠基于原—

---

① Husserl, *Zur Phänomenologie der Intersubjektivität*, zweiter Teil, S. 41.
② Cf. Husserl, *Späte Texte über Zeitkonstitution（1929 – 1934）*, *Die C-manuskripte*, S. 197.

自我区域。

在1931—1932年的手稿中，胡塞尔对前—自我予以了简要的说明："在发生的回溯追问中，我们构造了作为开端的仍然无世界的前领域和前—自我，它虽然是中心，但还不是'人格'，遑论在通常的人类人格意义上的人格。"① 也就是说，前—自我较任何意义上的人格或关联相位更为原始，它甚至根本不具有任何意义上的相位存在。据此，这种非人格的前—自我不同于活的相位关联中的原—自我，并由此更不同于那种奠基在活的相位关联之上的习性自我，即胡塞尔在这里所说的通常意义上的人类人格。因为后者作为一种习性的存在者已经历史性地处身于滞留相位的自身变异中了。正如田口茂所言：前—自我是"在发展了的自我之前的阶段，它先行于更高阶段的自身构造的发生，并使我有可能最终将自己立义为'人格'"②。

在1935年的一份手稿中，胡塞尔进一步对前—自我与自我的关系做出了更为确切的说明："自我已经拥有了'世界视域'——原开端的视域，人类的世界视域隐含地生成于其中，如同已经隐含在时间化视域之时间化的原开端中一样"，而"这种唤醒前的自我，这种还不是活生生的前—自我以它的方式已经拥有了世界，在这种前—方式中拥有了它的非实显的世界，'在'这种世界中，它是不活跃的，它是不清醒的"。③ 自我总是已经拥有了原开端的视域，进而拥有了活的当下这种原相位的活的关联域；而前—自我则不同，在印象性的原同时性中，它仍未获得这种活的原视域，它只能在一种原信念中直接地与世界相关。

据此，原—自我作为一种处身于活的融合生成中的存在者，已经拥有了"原开端的视域"或"时间化视域之时间化的原开端"。正如胡塞尔以仅仅指向第一性材料——母亲身体（子宫）——的胎儿为例所揭示的那样，而前—自我作为一种唤醒前的自我，一种"沉睡着的"不清醒的自我已经拥有了非实显的世界。因而从时间性上来说，前—自我是原—

---

① Husserl, *Späte Texte über Zeitkonstitution (1929 – 1934)*, *Die C-manuskripte*, S. 352.

② Taguchi, *Das Problem des "Ur-Ich" bei Edmund Husserl: Die Frage nach der selbstverständlichen "Nähe" des Selbst*, Springer, 2006, S. 118.

③ Husserl, *Zur Phänomenologie der Intersubjektivität, dritter Teil*, hrsg. Iso Kern, Martinus Nijhoff, 1973, S. 604.

自我的发生前史，但这里的"前"不是客观时间意义上的，而是时间性的奠基意义上的。同时也必须注意，前—自我并非一种独立于原—自我的自我。在时间的超越论的发生中，与活的当下的原融合并不独立于印象性的原同时性一样，前—自我阶段唯有通过一种拆解才能显示为对原—自我的生成前史的揭示。质言之，从时间发生上来看，原—自我建基于原印象与直接的原滞留的原融合，而前—自我则即存在于印象性的原同时性，它们之间在事态具体根本性上的关联。①

自我的构造在胡塞尔那里绝非随机展开，相反它具有一种完整的发生形态。从建基序列上看：首先是在现象学的原构造中的印象性的原同时性的前—自我，以及与这种原同时性事态不可分割的活的当下中的原融合相关的原—自我；在原融合的基地上，具体当下与纵意向中的习性自我展示自身，并在与横意向中的实显性自我的相互作用中构造一个实显的超越世界；而在对双重意向的现象学反思中，纯粹自我作为形式化的自我极与此世界相对置；最后在仍然隐含了自然信仰的描述心理学的内感知中，实显当下的超越世界被认定建基于经验自我之上。

尽管我们在此仅仅单纯勾勒出了本我的诸存在方式间的实事统一，但在胡塞尔看来，这已经属于一门构造性现象学的奠基性工作了："构造性现象学的基础就在于，在内在时间性构造学说以及被归入它的内在体验的构造学说中创立一门本我学理论，通过这门理论逐步说明：本我的自己为自身存在是如何具体可能的和可理解的。"② 胡塞尔在《沉思》中对构造现象学的这一原则性的说明直到1935年前后得到最完整的展示。

---

① 与笔者在时间性基地上探讨原—自我与前—自我的关系不同，现象学家李南麟从有效性奠基和发生奠基角度区分了两种原初自我：原—自我是一种有效性奠基上的起源，而前—自我则与发生奠基相关（Cf. Nam-In Lee, *Edmund Husserls Phänomenologie der Instinkte*, Kluwer Academic Publishers 1994, S. 214）；田口茂则在此基础上进一步探讨了两种自我的被揭示方式的不同：原—自我源于一种体验的原明见性以及最原初意义上的"在最近处"生活，而前—自我则源自一种对明见性上的起源的再造。（Cf. Taguchi, *Das Problem des "Ur-Ich" bei Edmund Husserl: Die Frage nach der selbstverständlichen "Nähe" des Selbst*, S. 118.）洛玛清晰地梳理了胡塞尔提出原—自我概念的三重语境。（［德］洛玛：《自我的历史——胡塞尔晚期时间手稿中和〈危机〉中的"原—自我"》，第136—137页）

② ［德］埃德蒙德·胡塞尔：《笛卡尔沉思与巴黎讲演》，张宪译，第24页。

从自我和时间性的关联看，胡塞尔试图揭示的这门构造现象学具有极为丰富的内涵：它既可以被理解为以复合体验自我为基础的立义构造，也可以被理解为以绝对自我为基础的绝对的奠基性的超越构造，还可以被理解为实显性自我与世界的具体关联，而在习性现象学和本性现象学中，这种构造则被理解为人格自我和原—自我的自身客体化，最后，在前人格的前—自我区域，它则被理解为印象性的原同时性。

当然，问题并未得到最终的解决，我们至此也只是根据内时间结构指明了原—自我和前—自我的大致的位置和特征，至于这两种自我是如何生成的，我们并未论及，实际上，这对胡塞尔都是难题，尽管他也曾指明原—自我与原非我相关，就此将相关性先天推进到原—自我阶段，并且在此问题域中揭示了譬如母婴关系这样的经验性的存在状态，但他始终没有对此相关性的生成做专题探讨，这当然是憾事，但反过来说，这也为我们沿着胡塞尔的思路，为经典现象学建立新的基础留下了空间和重要线索。

六　主体的深度

胡塞尔揭示了作为体验复合的经验自我、作为关系中心的纯粹自我、实显性自我、习性自我，原—自我以及前—自我，除了作为体验复合的经验自我属于描述心理学的范围以外，其他形态的自我都属于超越论现象学的领域。超越论现象学之所以能揭示如此多样的自我，并且能够先天地刻画它们的特征以及它们之间的本质差异，原因就在于它们建基在内时间结构以及能思/所思的意向流形的多维建基的先天结构之中。

我们在此构造序列中能够谈论何种样式的主体性哲学？按照一般的理解，主体性哲学处理的是作为主体的人与世界的关系问题，人外在于世界并被视为世界存在的保障，在近代认识论哲学的范式内，主体性哲学首先被表达为了作为主体的人与世界之间的认识关系。这种主体被传统哲学的批评家们判定为非历史的绝对统治者和立法者，甚至是超越的神目。

在超越论现象学中，主体性哲学得到了彻底更新：首先，胡塞尔的自我绝非笛卡尔与康德等哲学家在表象模式下论述的赋予世界以合法性的统觉者。在他展示的各种形态的自我中，至多只有作为体验复合的自我和纯粹自我勉强可以归入现代哲学批评的主体范畴，前者作为经验存在者以体验块片的方式飘浮在存在的表层，而作为纯粹体验的统一极点，纯粹自我并不真正参与存在和世界的具体构建。实显性自我、习性自我和原—自我，它们要么仅仅标明了自我在行为中与世界的交往关系，要么揭示了在世存在的存在者的自身客体化何以就是世界的自身构造等全新的问题。它们基本上都超出了主体性哲学的批评家们对自我的批判，至于作为现象学时间性和存在之最终构造基础的前—自我，批判家们更是鲜有触及了。

其次，特别要注意胡塞尔谈论这些自我的基础。我们已经多次强调纯粹意识以及作为其内在结构的能思/所思的流形结构对超越论现象学的奠基意义。笔者认为，当胡塞尔探讨习性自我、原—自我与前—自我时，他甚至可以放弃"自我"这一传统的说法。因为在主体性哲学的传统中，无论笛卡尔，还是康德，他们都很少涉及这些类型的自我，尤其是原—自我和前—自我。从意向基础来看，习性自我就建立在具体当下对纵意向性的奠基生成之上，它本质上就是动机关联中的存在者，它自身承载的不是什么现成的意识内容，而是人与世界的具体的生成关联。如果说习性自我是习性存在的体现者，那么原—自我与前—自我就已经处身在习性存在自身何以可能这一问题域中。它们的行为，即一种前—习性的行为所构造的正是这种习性的存在，胡塞尔晚年将其视为人的本性的事情。前—自我是前—存在的，它们那里隐含了超越论现象学的最终基础。

在超越论现象学的视域内，主体显现出了全新的含义：它既是传统的，因为主体就是"我"，同时也是全新的，因为它身处绝对存在之中。那些宣称主体已经死亡的哲学家应该如何面对胡塞尔的这些发现，在什么意义上还能坚持他们的断言呢？再者，这种形态的哲学之所以还能被保留下来，归根到底是因为它面对了这个时代的最迫切的问题，即主体与善的关系问题。胡塞尔确立的这门现代主体性哲学告诉我们，最终的善仍然应该由主体来承担，我们从根源处就拥有了对世界和存在的责任，而对这种责任的承担本身也就意味着对世界和存在的创造。

海德格尔曾借口现代哲学将善当作了一种现成的价值，原创性地将"善的理念"理解为"最无蔽者"和"绝对使适宜者"。现在看起来，这种将善的最高原则存在论化的做法有矫枉过正之嫌。现代哲学家，比如本书专论的胡塞尔，不仅从现代数学理性出发对存在进行了超越论的变革，而且非常清醒地将这场变革的最终目标和基础安置在"善的理念"对绝对存在的建基上。存在不是单维的，它不仅建立在由现代理性所敞开的多维的意向关联中，最终也建基在善的最高原则之上。人性本善，善的生发同时也就是人对存在的永恒的创造。胡塞尔为现代哲学定下的这一理论基调很快就得到了列维纳斯等人的积极回应。

但是，新的问题接踵而至：当胡塞尔在纯粹意识的纵向存在和本源存在中揭示了多种新形态的自我以后，这是否意味着胡塞尔陷入了深层的唯我论？有趣的是，此问题在传统主体性哲学中恰恰是缺位的。当我们说深层的主体，即前—自我和原—自我最终承担了善的责任时，这种承担本身是否意味着一种道德上的唯我论，最终是否会陷入伪善？胡塞尔必须面对他人对于我的存在的可能性问题。

第六节　他人问题

他人问题一直是西方政治学和伦理学的核心要素，但在认识论和存在论中，此问题却很少成为主题。黑格尔或许是为数不多的例外。在《精神现象学》中，他人在主奴关系中似乎获得了某种形式的体现：主奴之间当然互为他人。但细想之下，主奴关系实际上很难以"他—我"关系定位，因为归根结底，他们都是绝对精神展示自己的环节，从一开始就已经属于大写的精神主体。

胡塞尔在西方哲学史上的一大贡献就是提出了他人的构造问题，或者说交互主体的可能性问题，这在学界几乎已经成为常识了。同样几乎已经成为常识的是，人们相信胡塞尔尽管提出了他人的构造问题，但却并未真正解决这一难题，而这就是胡塞尔的超越论现象学最终走向失败的重要标志。这的确非常诡异，超越论现象学失败的原因居然是它没有成功地解决一个首先由它明确提出的问题？！

在日常理解中，他人就是不同于我的另一个人，是相对我而言的。他人不同于我，他必然带有某种本质上不可能被我认识到，同时也不可能被我所消解的性质，我们姑且称其为"他性"。如果没有这种他性，那么所谓他人就只能要么是我，要么什么都不是，我们甚至都不能说"另一个"我，因为"另一个"就已经蕴含了分裂、差异和他性。在此意义上，从哲学上说，这种不可能完全被认识，同时也不可能彻底被还原的他性才是他人存在的基础。[①] 在我们看来，"他我"的观念才真正道出了我与他人如何在日常生活中共处的实情，消解他人的他性无疑是侵凌和暴力，而屈服于他人的他性也隐含了受虐的倾向。回过头看，当我们说主奴之间相互不具有他性时，我们的意思是说，在黑格尔那里，无论主人还是奴隶，他们都不具有由这种不可被同化或者移易的他性所决定的独立性。

早在1905年前后，胡塞尔就已经对他人问题做出了如下原则性的判断：他人的体验复合不同于我的实项体验的复合，彼此无法转渡，个体之间的差异性是无法根除的。[②] 此判断的基础在于，实项被给予在胡塞尔描述心理学的考察中意味着意识的一种实显性的存在，这些意识片段之间不存在相互融合的可能。大致在1908年的一份手稿中，在进一步确定了多条绝对意识流之间不可能相同融通的基础上，胡塞尔区分了作为本

[①] 这一点在讨论胡塞尔是否解决了他人的构造问题上具有根本的重要性。人们经常指责胡塞尔的他人构造最终涉及的仅仅是他我，而不是真正的他人，并以此判定胡塞尔的他人构造最终是失败的。但这实际并无道理，胡塞尔原本的意图就是构造一个在所思—存在者状态上已经对我存在的他人，也就是说，他人一开始就已经被我当作了人。胡塞尔要解决的是这一个与我相似的，同时又不同于我的人是何以能向我显现的。这一出发点决定了胡塞尔在坚持我和他人的区分的同时，也会坚持我与他的同类性，这两点缺一不可。也就是说，我们认为，"他我"是对他人的最真实的表达，他人与我本来就是同中有异、异中有同的关系。近来仍有研究在指责胡塞尔不可能在所谓的最底层融通他人和我的本己存在，Cf. Tanja Staehler, "What in the Question to Which Husserl's Fifth Cartesian Meditation in the Answer?" in *Husserl Studies* (24), 2008, pp. 99–117. 但问题是，一旦融通了，我们还需要说"我""他"吗？人们或许很愿意援引列维纳斯对绝对他者的揭示来对照胡塞尔。但笔者在此指出两点：首先，在证明绝对他者的存在时，指明他为什么不是能被我直接理解和构造的他我恰恰是必需的，在这一点上胡塞尔的工作具有基础地位；其次，列维纳斯在讨论绝对他者时已经越出了胡塞尔的能思/所思的平行关系，或者干脆说，是对整个平行关系的再奠基，但不要忘记，恰恰是胡塞尔通过揭示能思/所思的平行关系，为列维纳斯以及为理解列维纳斯提供了最基本的前提。

[②] Cf. Husserl, *Zur Phänomenologie der Intersubjektivität*, erster Teil, hrsg. Iso Kern, Martinus Nijhoff, 1973, S. 1–3.

己体验的自身意识与对陌生自身的同感意识①：在这种自身感知，即对作为心理物理之实在统一性的自身的感知中，"自身的被给予性就身体—心灵的实在性而言，就是最原始（构造）的被给予性"②。在此基础上，陌生自身的被给予性不是通过一种类比性推论，而是在一种原本的自身被给予性与共现的交织中被给予的。

对比前文对本我的讨论，胡塞尔在这两个时段对他人问题的原则性的说明显然反映了他的现象学研究的阶段性的特征，它们分别对应于作为体验复合的经验自我以及他对绝对流的初步探索。描述心理学的分析建立在实显被体验的复合内容之上，胡塞尔曾经在此基础上确认了经验自我的存在。同样在此实显性的内感知原则之下，胡塞尔再次确认了他人与我的不可转渡性，因为不同存在者的实项的体验复合不可能同一。在此意义上，他人是不可认识的。这是在描述心理学层次对他人的他性的不可知性的确认，与描述心理学的内在困境一致，这种确认本身就已经隐含了物化的基础，因为它已经预设了心理的体验复合的现成存在和基础性。

当胡塞尔尝试在绝对流之间的不可融通性上建立我与他人的差异以及本己自身的原始性时，这实际上已经体现了超越论现象学的基本原则，就是说，在超越论还原所揭示的体验流的基础上构造具体的个体，胡塞尔将之称为心理物理之实在统一性。这里的自身感知和自身意识只能建立在对绝对流的整体把握之上。但单纯心理物理之实在统一的说法会给人以某种困惑，比如这种具体的统一与现象学还原所揭示的基础性的纯粹意识之间是什么关系？纯粹意识如何构造这种具体的统一？

《观念Ⅱ》对人格问题的思考开启了他人构造的新阶段，随着发生现象学方法的确立，本己自身性获得了人格性这一新的内涵。按照胡塞尔的设想，在人格现象学中，他人构造的起点是一种唯我论的还原："从观念上说，任何人在其交往的世界内都拥有其唯我论的周遭世界，只要他从所有理解关联和奠基于其中的统觉中'抽身'。"③ 在同时期的"论同

---

① Cf. Husserl, *Zur Phänomenologie der Intersubjektivität*, erster Teil, S. 11.
② Husserl, *Zur Phänomenologie der Intersubjektivität*, erster Teil, S. 27.
③ Husserl, *Ideen zu einer reinen Phänomenologie und phänomenologischen Philosophie*, Zweites Buch, S. 193.

感理论"的手稿中，他把这种"唯我论的世界观"看作一种可以通过"抽象（唯我论的抽象），即排除一切源于自然的精神存在物，排除任何借助同感被给予的个体存在"①。这里的重点是，我首先是在我交往着的世界中存在的，我对世界实施着统觉并拥有了一种持续存在的理解关联，换言之，作为构造他人的起点，我的世界本身就是具体的。

人格自我不是一种空洞的、与世隔绝的存在者，相反他拥有一种在"与它的周遭世界之对象的关联中存在的一种人格行为"②。而周遭世界并非自在的世界，它在人格主体的自身设定和感性构型中持续变化着，用"论同感理论"手稿中的话讲："在人格的周遭世界中，我发现了与单纯的物质自然不同的各阶段的人格构造物。"③ 在1921年对"单子"概念的讨论中，胡塞尔将人格自我视作单子，并强调这种单子是一种"在自身中背负着一个作为能动和受动的极（以及作为诸性格的极）的自我，并且是一个清醒的和隐蔽的生活的统一"④。随后，他进一步指出："自我始终是被构造的（以完全特殊的方式被构造），作为人格自我、它的诸习性、诸能力、诸性格的自我。"⑤ 在《沉思》中，胡塞尔深化了这一方向的思考，他告诉我们："我们所具有的本我并不是单纯空乏的极，而始终是各种固有信念、习性的稳定而持久的自我，正是在这些信念和习性的变化中，人格的自我和它的人格特征的统一才构造起来。"⑥

《沉思》是胡塞尔最重要的超越论现象学的导论之一，它直接处理的就是他人的构造问题。有两个问题需要强调。首先，《沉思》中的他人构造建立在超越论还原所揭示的绝对存在之中，胡塞尔明确告诉我们，这种存在自身内在地建基于时间意识的普遍综合之上⑦，至于它的意向基础，胡塞尔则将之命名为潜在的意向性⑧。我们认为，如果纯粹从时间意

---

① Husserl, *Zur Phänomenologie der Intersubjektivität*, erster Teil, S. 410.
② Husserl: *Ideen zu einer reinen Phänomenologie und phänomenologischen Philosophie*, Zweites Buch, S. 186.
③ Husserl, *Zur Phänomenologie der Intersubjektivität*, erster Teil, S. 426.
④ Husserl, *Zur Phänomenologie der Intersubjektivität*, Zweiter Teil, S. 34.
⑤ Husserl, *Zur Phänomenologie der Intersubjektivität*, Zweiter Teil, S. 44, Anm. 1.
⑥ ［德］埃德蒙德·胡塞尔：《笛卡尔沉思与巴黎讲演》，张宪译，第24页。
⑦ 参见［德］埃德蒙德·胡塞尔《笛卡尔沉思与巴黎讲演》，张宪译，第80页。
⑧ 参见［德］埃德蒙德·胡塞尔《笛卡尔沉思与巴黎讲演》，张宪译，第82—83页。

识的结构来看，这种意向统一，更准确地说，首先就应该建基在体验流的纵意向性之上。其次，对超越论现象学的整体规划而言，他人的被构造问题，或者说交互主体性问题具有特殊的重要性，它不是外在产生的，相反它本身就是超越论现象学的内在的存在形态，甚至就是超越论现象学本身，因为自我以及他人就生活在超越论还原所揭示的这种存在的内在关联中，他们的动机关联直接构建了这种存在关联。

在这种整体规划中，对他人的构造何以可能呢？与对超越论现象学的一般理解相同，这里的构造指的是能思/所思的意向关联中的构造，胡塞尔明确指出，他人是在所思—存在者状态上（noematische-ontische）被给予的超越论的导引。① 这项说明非常重要。这表明，对胡塞尔来说，他人（带着他的不可消除的绝对性）已经在实际经验中呈现了，他人就是具有他性的存在者，因而这种意向构造就不是无中生有，胡塞尔只需说明这种在我的生活中已经存在的不同于我的人是如何在我的意向关联中被构造起来的就够了，同时，他人的这种独特的存在状态实际上也向我们明确了对他的可能的构造方式，他人只能在能思与所思的多维的意向流形结构中被构造，既有习性层次的，也是本性上的②，这种平行关系为随后胡塞尔所提出的他人在我的意向中的镜射构造提供了最为关键的先行说明。

按照胡塞尔的理解，在我的精神的本己性领域中，不仅我的身体、心灵以及人格的心理物理的自我属于我自己的世界经验，"我对陌生人的现实和可能的经验"③ 同样也属于这一领域。他人的构造源自本我的本己性领域在潜在的意向关联中的自身镜射。④ 但陌生经验的构造毕竟不同于本己性领域的自身构造，它是本己性的世界化的自身统觉的产物，陌生者的领域是第二性的存在。第一性的存在是超越论的本我的领域，陌生者是它的模态。但是，按照超越论现象学的构造原则，他人作为本我的

---

① 参见［德］埃德蒙德·胡塞尔《笛卡尔沉思与巴黎讲演》，张宪译，第128页。
② 他人构造从来就不是某个孤立的我对不同我的他人的构造，而是一种在动机关联或者世界的关联域的发生的构造活动。学界已经关注到了这一问题。比如 Peter Reynaert 就向我们强调了人格关联和表达的统一性对交互主体性构造的基础地位，Cf. Reynaert, "Intersubjectivity and Naruralism—Husserl's Fifth Cartesian Meditation Revisited", in *Husserl Studies* 17, 2001, pp. 207 – 216.
③ ［德］埃德蒙德·胡塞尔：《笛卡尔沉思与巴黎讲演》，张宪译，第135页。
④ 参见［德］埃德蒙德·胡塞尔《笛卡尔沉思与巴黎讲演》，张宪译，第131页。

潜在意向的镜射物必须在意向关联中拥有其本己的动机引发，换言之，构造他人的动机应该存在于本我的第一性的本己领域中。

这种自身镜射可以具体化为一种根源于本己性领域的结对联想。在原真还原所揭示的原本的我自己的当下体验中存在着一种本源的结对：当结对的感觉材料同时被突出时，在本源的本己性领域一定发生了被动的意向交叉、意向的自身唤醒以及触及对方的自身遮合。这是纯粹被动性的事情。此过程尤其说明了他人的躯体在我的现象身体上的被结对的可能性。在此结对中，他人的躯体成了与我的身体具有相同活力的身体。只有在此基础上，另一个本我才能被构造起来。

当胡塞尔将他人视作第一性的本我的镜射物，并据此将这种镜射活动深化为一种本源的结对联想时，他实际上已经在人格自我的构造层面进行研究了。在时间性的构造上说，这种构造就建基在具体当下对纵意向性的建基生成之上。而被动的意向交叉、意向的自身唤醒以及自身遮合，它们体现的就是具体当下中的自身构造，而作为这种意向构造之结果的纵向的意向关联，纵意向性承载的就是习性自我。

在此生成关联中，我们可以看到，他人并不是单纯被我们当作认识的对象而被把握的，或者更准确地说，当我们将他人当作一个被我们认识的对象时，"他人"早已作为我的生活中的共在者与我们一道存在了。也就是说，胡塞尔与海德格尔一样确认了我与他人共在这一基本事实。不仅如此，对胡塞尔来说，单纯确认这一事实还远远不够，它需要在超越论的构造中获得更深入的说明，这里又可以区分两个层次：按照胡塞尔对习性现象学的构想，他人既可以作为社会以及文化历史里的存在者为我们存在，例如某些历史人物和公众人物，他们当然在影响我们的生活，这属于超越论现象学的纵向的历史体验，同时也可以是我的生活中的最直接的存在者，比如童年时代的我们，它的意向基础是具体当下，父母的相关生活经验会传递给我。

根据我们之前用过的胡塞尔的例子：比如在童年时，我在父母的指导下学习使用剪刀，在学习之前，我显然不具备使用剪刀的习性，在此习性的最初的构造中，父母当然首先已经是与我共在了。这是基本的前提。而这种共在也为我的特定的习性世界的生成提供了基础。这里发生的就是胡塞尔所说的被动的意向交叉、意向的自身唤醒以及自身遮合。

在我的成熟的人格世界中，他人不是作为孤立的有待认识的意识对象而存在的。当他被我认作他人时，他人总已经作为我的某些特定的动机关联的构造物而呈现了，而这种动机关联自身就建立在底层的被动性的意向构造中，因而，胡塞尔在习性现象学中自然会将他人的构造最终安置在习性的被动性中。值得强调的是，胡塞尔在这里向我们严格地展示了能思/所思的先天平行关系中的纯粹意识的自身构造的层次性和奠基性。

但这种构造中显然存在着问题：发生在本我的本己性领域中这种纯粹被动的结对联想，恰恰表明这些感觉材料之间具有同一性，而这种同一性本身何以能为作为所思—存在者状态上的他人的他性奠定基础呢？用胡塞尔的话说："是什么使身体属于陌生的，而不属于自己的第二个本己的身体？"① 通过同一化的结对而生成的身体何以能被理解为陌生者的身体？这一问题的要害在于直接点出了作为我的本己的镜射物的"他人"到陌生者的构造的可能性的问题，简单地说，他性如何向我呈现出来，如何能被我觉知到？从能思/所思的先天平行关系角度来看，能思中的这种陌生性的呈现才是他人构造的最关键的因素，但显然，同一化的结对联想无法直接解决这一问题。

我们知道，胡塞尔诉诸所谓类比统觉。首先，在我的身体关联中被结对的躯体之所以能被认作他人的身体，是因为这种原本不可通达的统觉自身就建立在经验的本己的自身综合之上，它在这种经验的综合的扩展中是可以证实的。② 这种理解符合能思/所思的先天关联的一般原则，作为所思—存在者状态上的陌生者的身体在直接的能思体验—侧有其平行的显现，准确地说，本己体验的一种类比性的意向变更，这意味着他人的身体是作为我的本己的变更物在当下化中被构造出来的。其次，在身体动感的意向关联中，我可以自由地合规则地变更我的定位活动，以此在不同的地点把握相同的对象，但陌生者不会被统觉为我的简单的复制品，他有其绝对的定位，就是说，绝对地在那里，而他的世界也就在绝对的那里被构造了。③ 胡塞尔的意思是，在原本的动感的关联中，我完

---

① ［德］埃德蒙德·胡塞尔：《笛卡尔沉思与巴黎讲演》，张宪译，第150页。
② 参见［德］埃德蒙德·胡塞尔《笛卡尔沉思与巴黎讲演》，张宪译，第151页。
③ 参见［德］埃德蒙德·胡塞尔《笛卡尔沉思与巴黎讲演》，张宪译，第153页。

全可以以意向变更的方式设想我在那里，尽管我无法取代他人的位置。据此，世界的存在和显现是交互的，因为它在不同的单子的意义构造中可以是同一的，同时他人和我一样都是独立的。

他人拥有绝对处所，这是胡塞尔在能思/所思的意向关联中赋予他人存在的最高的尊重，在能思/所思的平行性中，这种绝对性对应于他人的不可消除的他性，在此意义上，他人当然不仅是共在的——因为在实际经验中他人已经存在了，超越论现象学任务就在于描述这种已经存在的意向可能性，而且是一种可以拥有与我相同的世界和存在，但从根本上说却与我不同的存在者。

但不可否认，正像胡塞尔本人不断提及的，这种分析模式仍然局限在能思/所思的先天的结构中，他人是作为意向导引而在存在者状态上存在的，超越论现象学的工作是找出他在能思意向中的平行因素，但如果从纯粹发生的角度来看，我们还是可以提出如下问题：如果说"绝对的那里"使我没有将他人的身体误认为我的另一个身体，从而为他性奠定了基础，那么这种"绝对的那里"如何能够在被动的结对联想中被构造呢，"这里"和"那里"的差异如何能够在感性素材的同一化中展示出来？上面提到的困难实际上并未解决。如果换个角度看，问题无疑将更为尖锐，如果他性一开始就存在于本我的本己体验以及结对联想中，那么在何种意义上，这种所谓本己领域还是本己性的呢？

此问题直逼具体当下中的他人与我的共在何以可能的问题。在所思一侧，他人对我而言处于绝对的那里，而这种"绝对的那里"在能思一侧的表达最终必然归为具体当下中的被结对的感觉材料之间的"距离"，因为被结对的感觉材料必然是复数，它们之间必然存在距离。但问题是，在最初的习性生成中，我们如何看待这种"距离"，它自身是如何呈现的，它的存在对习性存在的生成而言意味着什么？如此等等。

这一困难构成了现象学在《沉思》之后的进一步发展的最重要的理论动机。其主要特征就是对活的当下及其对超越论现象学的最终奠基进行专题化的研究。我们也曾经论证过，这一存在区域被胡塞尔视作了绝然明见性的区域。胡塞尔从此将他人的构造放置在了这种发生在绝对流的一维流形中的自身时间化的领域之中，而它所涉及的构造因素自然就包含了原—自我与前—自我的存在以及它们对世界的存在作用。

胡塞尔认为，在最初的视域中，即"在时间化视域之时间化的原开端中"，尚未活跃化的自我就已经"以他的方式拥有了世界"。子宫中的胎儿"已经拥有了动感，并且能够在动感上运动他的'事物'"。但是，这种"'本能的'习性存在于何处"？① 胡塞尔认为，这种本能的习性"源自母亲的身体"，正是通过与母亲身体的"共在"，胎儿才拥有了成为更高阶段的自我的可能性。但是，这种习性对胎儿来说也仅仅是本能性的，他还没有拥有在陌生身体之间存在的同感，以及可以以联想的方式被唤起的动感，而只能"在其原初需要借以得到满足的正常的'视角'中欲求母亲"②。正是在这种原初的本能意向的满足中，正如胡塞尔稍前指出的："整个世界的构造已经以'本能'的方式向我们显现，并被在先规定了。"③

胎儿与母亲身体之间具有一种原初的共在和意向的原融合。人格的和社会的习性原始地生成于这种融合关联，换言之，这里一开始没有任何习性的积淀，更不可能有代现关系，这种融合完全是直接的，具有绝然的明见性。从时间性的奠基来看，这实际上展示了活的当下的自身构造。在同一份手稿中，胡塞尔进一步指出，父亲的出现某种意义上打破了母婴之间的这种直接的融合关系，意味着他人，或者说，一种社会性关系的最初的生成。因而，母婴关系，这样一种具有绝然性的本源的亲知④中已经蕴含了我们通达世界的各种最原初的可能。

这应该是胡塞尔在他人问题上所能提供最深层的说明了。从活的当下的自身构造来看，他人的"绝对的那里"在印象性的原共在中一开始就意味着对我而言的"那里"。它是绝对存在的，但婴儿却并未将它当作与他不同的存在，原始的这里和那里一开始就处在一种融合的意向关联中，原共在只是作为这种融合关联的逻辑前提而被揭示的。但这里显然存在一种非常关键的"辩证"事态：原共在之中必然蕴含了区分，否则无所谓共在，尽管婴儿的意向关联将之认作融合为一，但这种"一"仍

---

① Husserl, *Zur Phänomenologie der Intersubjektivität*, dritter Teil, S. 604–605.
② Husserl, *Zur Phänomenologie der Intersubjektivität*, dritter Teil, S. 605.
③ Husserl, *Zur Phänomenologie der Intersubjektivität*, dritter Teil, S. 385.
④ 参见 [德] 埃德蒙德·胡塞尔《笛卡尔沉思与巴黎讲演》，张宪译，第117页。

是多中的一。可以这样说，当父亲的形象在某个时刻打破了母婴之间的融合关联时，其实质就是这种"多"的自行解体。换言之，是母婴之间隐含着的"绝对的那里"在发生作用。原共在的融合并未真正消除他性，绝对的他性在根源处从来就是存在的，并且在他人的构造中作为最终的基础在发挥着构造作用。

我们可以提出另一个重要的问题：就现象学的方法而言，现象学的反思和还原在操作意义上都是我性的；从现象学的构造根基来看，能思/所思的意向流形自身就是内在同一的；从超越论现象学的构造来看，从原—自我到习性自我，本我的超越论的发生严格意义上是我性的，他人经验只能存在于本我的自身统觉所构造的超越论的第二性领域中。但如果在活的当下的根源处就存在了一种"绝对的那里"与"这里"的分离的话，是不是说胡塞尔的同一性哲学中已经蕴含了最初的分裂？就是说，我们可以设想在这种能思/所思的关联域中存在一种自身以差异的方式生成的同一性，这样也就能充分地解释为什么我们拥有对陌生者的构造的内在动机，因为他异性在本源的意向融合中就已经存在了。

按照胡塞尔的理论意图，我们走得有点远了，胡塞尔并未将前—自我以及印象性的原共在当作一个独立的阶段，它是原—自我的前史。所谓前史，言下之意是我们对它的讨论必须定锚在意向的融合之上，原共在已经带有推演的成分。胡塞尔紧接着的工作表明，在他看来，对它的探讨是形而上学的事情。但笔者相信，尽管胡塞尔最终仍然坚持融合在存在上的首要性，但对原共在的揭示实际上为一门他异性和绝对的内在性的哲学，例如列维纳斯、亨利和马里翁的探讨奠定了最稳定的基础，"直面"绝对他者和上帝的哲学时代已经逼近我们了。

我们已经证明了他人在什么意义上与我是共在的。但更关键的问题是，这种共在本身对我们意味着什么？比如我们曾经指出，如果前—自我和原—自我最终承担了善的责任时，这种承担本身是否意味着一种道德上的唯我论，最终是否会陷入一种伪善？这不是一个微不足道的小问题，而是事关存在之本性的根本性的问题。

当海德格尔以最无蔽者之类的所谓"发现"消解了这一问题时，胡塞尔则代表现代哲学对此做出至关重要的表态：道德上的善既是绝对奠基性的，又是最普遍存在的，它根本不可能陷入一种唯我论的窘境。即便仅仅从至此的讨论所揭示的"存在—本我—他人"结构来看，善的理念自身展现在活的当下的永恒的涌流之中，而这种涌流则是原—自我与前—自我以及与它们共在的他人的共同的事情，换言之，自我与他人在本源的意向关联中对存在的构造已经浸透了善的最高的理念，绝对存在就是在这种最根基性的、绝对普遍的善的理念的基础上被构造的。

柏拉图一度在善与存在的关系之间陷入游移，而胡塞尔通过对时间化中的滞留综合的变异本性的强调，说明了这种游移从根本上说是合理的。就是说，我们必须面对善的理念在构造存在时所必然会发生的自身变异问题：善会变异为不善，或者恶。胡塞尔有没有根本性地解决这一难题？我们不敢匆忙下定论。但我们认为，胡塞尔至少描绘出了事情的部分真相：善的变异是必然的，由于它自身就建基在人类的普遍共在之中，人类必须时刻共同面对它。

第七节　身体之维

一般认为，身体介乎有形的物体和无形的灵魂之间。从内在性来看，它偏向于灵魂，有属灵的一面，从外在性说，它更像物体，具有可分性。在西方理智主义传统和神学传统中，身体明显遭到了贬抑，它被当作灵魂获得纯粹的善和进入神性存在的拖累，必须被悬搁和还原。但从近代哲学开始，事情发生了变化。唯理论传统把身体当作了存在的样式，具有独立性，在经验论传统中，身体同样获得了应有的尊重，比如在贝克莱那里，身体的活动作为习性的承载者直接参与了空间的构造。

如果把胡塞尔现象学确定为一种表象性的意识哲学，那么身体在这种哲学范式中能够充当构造性的角色吗？人们当然可以说，我们感知世界的材料是建立在身体的运动之上的，在我们的身体运动中获得的，看的行为与眼球、脖子和身体的运动相关，触摸同样也不可能没有手和身体的运动。但问题在于，当意识能够对身体提供的这些感觉材料进行统握时，身体的运动是如何被意识到的，对它的意识与表象性意识活动之间在意向性的结构上是什么关系？我们对身体运动的意识到也是一种表象立义吗？如果答案是肯定的，那么那种前—内感知的自身觉知的模式能否对它予以充分的说明？这一问题实际上又回到了我们一开始就已经探讨过的实显性的意识问题。如果答案是否定的，那么身体运动本身是否具有一种独特的意向关联，这种意向结构与表象立义又具有何种构造性的关联呢？

在1906/1907年的超越论现象学的转向中，动感概念与时间意识研究中的滞留概念具有一种平行关系，它们一起承担了揭示和刻画新的意向关联的重任。我们首先将论述这一问题。在此基础上，笔者将揭示身体在超越论现象学中的构造。这项研究将分两步：其一，在《观念》阶段，身体仅仅是一种区域性的存在，还是说已经具有了形式化的特征？此问题的要害在于，一旦身体成为形式性的存在，那么它就已经进入了体验流，我们甚至可以就此提出它是否具有基础存在的地位；其二，随着超越论现象学向习性和本性阶段的发展，身体是否同样也经历这一过程，是否成为，或者说以何种形式成为纯粹意识的内在因素？

胡塞尔对身体的突破性的揭示发生在1907年前后，这里已经无须过多强调这一时间点对现象学的重要性了。根据实显的意识分析模式，现成被体验到的感觉内容必然经历种属观念的作用，在最小种差的作用下从体验整体中被突出，才可能成为有待被立义的感性因素。但在实际的感知活动中，物在它的映射中已经给出它的整体。在物的原初的自身被给予与实项被体验之间存在着间隙，前者是整体的，而后者则是部分的。换句话说，《逻辑研究》尝试在被体验到的意识内容与物的映射性的整体被给予性之间建立对应关系，其背后的理论动机就是弥合两者之间的裂隙。上文已经证明，只要胡塞尔仍然在传统经验论的论域内尝试以代现关系确证我们与世界的关系，那么他最终不仅会重新陷入图像论式的困境，而且也将错失他本已经发现的物的原初的被给予性。

超越论现象学的突破方向据此也就一目了然了，物的自身映射不需要在意识行为中有什么"代表"，即便需要，它也是第二性的。基于这种原初的自身被给予性，胡塞尔首先要做的就是揭示映射关系本身如何可能，它是否具有一种内在的可描述性等问题。在此意义上，如果指责胡塞尔在《逻辑研究》中错失了他的最重要的发现，笔者大致可以赞同。

超越论现象学转向的一个重要的契机就是表达物的这种原初的自身被给予性。我们已经从滞留的发现角度勾勒了胡塞尔如何在内时间意识研究中消除立义模式，如何揭示绝对流的意向流形结构，进而如何实现了超越论现象学的突破。我们看胡塞尔在 1907 年的《物与空间》中的几个关键讨论。胡塞尔分析的起点仍然是整体给予性与体现性内容之间的划分:"我们首先通过自身体现的感知的现象学特征来定义内在和超越。被自身展示的称作内在,而被展示的(……)称作超越。"① 但是,在被实项被体验的内容与映射性的整体之间存在间隙。胡塞尔说:"在感知中被给予的物要比在确切意义上被感知的、显现着的前面更多,这个'更多'缺乏具体属于它的展示性内容。它在感知中以某种方式被一同接受,但还未成为自身展示;感觉内容与之没有关涉,因为这些感觉内容已为前面的展示所彻底用尽。"② 在感知中存在剩余,这种"更多"已经超出了本真的感觉内容,在展示性的内容上缺少本真的代现者,它在感知中只能是本真显现的附加物。

动感概念的提出即与解决感知中的这种"更多"和剩余相关。按照胡塞尔的说法:"事物因素以感知的方式显现。但是被给予性意识并不是已完成了的……它指向着超出自身;它是对本真地被意指之物的暗示,它存在于其中,并具有意向,这意向指向了完满的展示,更确切地说,指向'对象本身'。"③ 这种暗示性的意向指向就是动感(Kinäesthese)。动感一词包含了双重含义:感觉和构造感觉的运动。胡塞尔指出,实显的感觉在动感中被双重化了:"一次是日常意义上的感觉材料联结着动感,另一次是同样的感觉因素能够被特征化为位置感觉。"④ 实显感觉在动感环境中获得了最初的生成。最著名的一个例子就是左手摸右手,它在胡塞尔的著作中反复出现,譬如"如果用我的左手触摸右手,那么动感和触觉一起在此被构造了"⑤,这种构造包含了在身体中被定位。但动感作为激活立义意向的动机关联,它自己并不是事物显现的实显内容,因为后者已经是被动机引发生成的被构造物。兰德格雷贝对这种构造做出过如下评论:"这种自身运动能力是自发性的基本形式……这个在权能性思考中最初被表达的论断也有动感运动执行的结构。因此,这个动感的功能是本

---

① Husserl, *Ding und Raum*, *Vorlesungen 1907*, S. 24.
② Husserl, *Ding und Raum*, *Vorlesungen 1907*, S. 50.
③ Husserl, *Ding und Raum*, *Vorlesungen 1907*, S. 106 – 107.
④ Claesges, *Edmund Husserls Theorie der Raumkonstitution*, Martius Nijhoff, 1964, S. 64.
⑤ Husserl, *Ding und Raum*, *Vorlesungen 1907*, S. 162.

真的起源领域，是超越论主体性之深层向度，没有它就没有时间构造。"①尽管这一说法不无跳跃，但他至少指明了一个关键的问题方向，身体动感对实显感觉，以及进而对物的构造与时间意识的原初构造之间具有一个本质的关联，我们也已经指明，它们在构造层次具有一种平行关系。

在这种构造中存在着两种因素，即"动感 K 是'环境'，图像 f 是'显现'"②。图像并不直接具有意向和统一性，胡塞尔说："只有在动感'环境'中图像才有其意向性。"③ 在原初的动感关联中，以身体的原点作为运动的零点，我们可以找到原始的定位和空间化。要注意的是，身体动感意义上的"这里"或"那里"，就是说，从身体的"绝对的这儿"为中心的切近或疏远"在'本真意义上'是不可被感知"④，它本身就是构造图像的意向基础，但这种不可感知并不意味着不能被反思到，现象学反思同样已经在对动感的意向关联的揭示中发生作用了。在内感知的反思模式下，动感本身并不显现，因为它不可能成为实显的感觉，它既不属于立义一侧，也不属于意向对象一侧。

胡塞尔对动感的发掘与他在内时间意识研究中对滞留的挖掘在问题方向上基本一致，它们都经历了从实显意识中的剩余体验向生成这种实显性体验的深层的意向关联的突入过程。一个是从滞留相位到绝对流和纯粹意识的内在结构，另一个则是从动感到身体的运动，在《观念》时期，它们终于交会在了一起。

1907 年主要涉及的是动感系统与空间构造的关系，胡塞尔只需将身体确定为动感的载体就够了，随着《观念 I》对区域存在论和形式存在论等的探明，身体存在及其对物的构造开始成为专题讨论的对象。但是，一旦涉及存在论，问题显然更加困难了。因为我们必须说明，身体究竟属于区域的存在，还是形式的存在，抑或在这里就已经出现了后来在梅洛－庞蒂那里才得到充分表达的基础存在论？

在《观念 II》中，胡塞尔告诉我们，所有空间构造中都存在两种具

---

① Landergreb, *Der Weg der Phanomenlogie*, Gutersloh 1967, S. 112.
② Husserl, *Ding und Raum*, *Vorlesungen 1907*, S. 181.
③ Husserl, *Ding und Raum*, *Vorlesungen 1907*, S. 182.
④ Husserl, *Ding und Raum*, *Vorlesungen 1907*, S. 228.

有完全不同的构造功能的感觉：一种是必然经历表象立义的感觉，它以映射的方式展示了物的某种特征，另一种则作为这种表象立义的动机引发的基础参与了前者的构造。① 按照《观念Ⅰ》即已揭示的能思/所思的先天平行关系，这里存在如下构造与被构造物的平行关系，胡塞尔说："一方面是动机引发的动感，另一方面是被动机引发的感觉特征。……感知就是一种成就的统一，其本质上来自两个相互关联的功能之共同运作。"② 在此意义上，与动感在内感知以及表象立义中的不可显现性不同，在超越论现象学中，基于能思/所思的先天平行关系，这种作为动机引发的关联形式的动感，在超越论的构造中既参与了能思一侧，也参与了所思一侧。③

胡塞尔曾将现象学还原所揭示纯粹意识视为一种具有可规定的无限性的动机关联，这种动机关联就是超越论现象学构造世界的基础。当《观念Ⅱ》认定身体构造了承载动机引发的动感关联时，我们可以认为，胡塞尔在身体的自身构造层面上已经部分展示了身体所可能具有的形式化的特征。这一理解实际上也符合超越论现象学在《观念》阶段的基础。这一基础表现为能思/所思的流形，而这一先天的平行关系中能够承载动机关联的正是其中的纵向能思和纵向所思，它们的时间性的基础就是体验流的纵意向性。

但这种理解会遭到反对，譬如人们会指出，思和体验流都是纯粹关联性的，而身体则是具体的、实在的，它们何以能具有相同的特性？实际上，只要我们理解了滞留与动感之间的平行性以及在超越论现象学的构造中的相似地位，那么这一问题也就不难解决了。因为被构造的实显的感觉与物的属性之间具有一种种属上的对应关系，而构造了动感的动

---

① Cf. Husserl, *Ideen zur einer Reinen Phänomenologie und Phänomenologischen Philosophie. Zweites Buch*, S. 57.

② Husserl, *Ideen zur einer reinen Phänomenologie und phänomenologischen Philosophie. Zweites Buch*, S. 58.

③ 在动感的存在方式上学界存在一些争论，比如 Kersten 提出："动感素材既被解释为，同时又不能解释为空间延展的事物之拟客观的或客观的显现。"（Kersten, *Phenomenological Method: Theory and Practice*, Kluwer Academic Publishers, 1989, p. 159.）笔者认为，Kersten 的问题在于仍然局限在内感知的模式下，正如我们指出的，在立义模式中，动感在意识行为侧和对象侧都不会显现，而在超越论的构造中，它在能思侧和所思侧都能显现。

机关联的活动着的身体则恰恰是形式性的。在活的身体的运动中存在两种构造：一种是对躯体的构造，躯体承载了实显的感觉内容，它属于物区域；另一种是身体的自身构造，或者说，身体性的构造，它已经部分地突入形式化的存在关联。

这里探讨的身体作为动感系统的承载者，生成了动感的动机关联，因而是一种主动地自由运动着的主体身体。按照胡塞尔的想法，超越论现象学必须考察这种身体的身体性的构造。① 从超越论的构造看，身体性提供了一种被胡塞尔称为感觉态的关联形态②，与物的特性不同，它直接构造的是定位感觉，而实显感觉则只能在这种定位感觉中最终被确定。感觉态是一种特殊的身体事件，身体的触碰在身体上或身体内部决定着感觉。当我们说某物在触摸中被构造了时，身体的内在交织着的感觉状态已经先行发生作用了，只有它首先构造了自身，才能构造躯体感觉。这一点在胡塞尔举的左手摸右手的例子中同样可以看到。

身体始终具有"我能"特性的自由活动，它拥有其特殊的自身构造，因而是一种意志主体。③ 这几乎是胡塞尔在《观念》阶段所赋予身体的最高评判了。实际上，在《观念Ⅱ》对物、心灵、人格的构造中，身体都展示了它的构造作用，这种对不同区域的构造能力，也正体现了身体在超越论现象学中的形式性。在胡塞尔那里，身体并不能生成那种承载动机引发的精神原则，相反他始终坚持这种理性原则是意识流的统一体的内在事情，它隐藏在纯粹意识的关联域中。④ 动机关联最终的发源地是体验流的统一，身体只是体现了习性关联域。在此意义上，胡塞尔并未赋予身体的自身构造以基础存在论的地位，但它本质上仍然是一种被构造的居间的存在。

我们已经指出，他人的"绝对的那里"如何能够在被动的结对联想

---

① Cf. Husserl, *Ideen zur einer reinen Phänomenologie und phänomenologischen Philosophie. Zweites Buch*, S. 144.

② Cf. Husserl, *Ideen zur einer reinen Phänomenologie und phänomenologischen Philosophie. Zweites Buch*, S. 146.

③ Cf. Husserl, *Ideen zur einer reinen Phänomenologie und phänomenologischen Philosophie. Zweites Buch*, S. 159.

④ Cf. Husserl, *Ideen zur einer reinen Phänomenologie und phänomenologischen Philosophie. Zweites Buch*, S. 222 – 223.

中被构造，我的身体的"这里"和他人的"那里"之间的差异如何能够在感性素材的同一化中展示出来，这是解决他人构造问题的关键。从《观念》阶段来看，这里谈论的身体当然不是指作为器官的身体，因为它是被构造物，它的"这里"或"那里"只能是实显的，不可能具有绝对性。这种拥有了"绝对的这里"的身体指的只能是活动着的自由的身体，它是构造了空间定位的原点或者零点。造成这种差别的原因在于，构造性的身体具有显现的流形结构，因而是绝对性的，而被构造的身体只能在透视中部分地显现自身。①

在内时间结构研究中，关于时间性的原点和零点的讨论在"贝尔瑙手稿"中才真正成为主题，其间胡塞尔经历了从时间意识的二维流形向一维流形的突破。在身体的构造研究中，这一突破对应的就是从构造了动感的动机关联的身体到为"绝对的这里"奠定基础的身体的突破。尽管他从20世纪20年代开始就有了原身体的说法②，但对此问题的专题探讨则被胡塞尔推迟到了晚年的本性现象学阶段，而与对此维度的身体问题的研究对应的则是他对涌流的活的当下的内在结构的揭示。

在根本性的还原中，胡塞尔开始揭示与原身体的构造有关的问题域，其中包括了原动感（Urkinäesthese）、原质素等问题要素。在探讨本我论时，我们将此问题域标明在原—自我与前—自我之上。身体在此原真的存在领域中具有何种构造功能呢？按照兰德格雷贝的说法："胡塞尔认为'我使自己移动'先于'我能'。这一点甚至在儿童前语言发展的早期阶段就是如此了，在那个阶段成员身体的目标导向性活动是被练习和模仿的。这是幼儿的第一个发现，先于所有关于我的意识信息。"③ 婴儿在获得习性积淀从而能够在统觉中构造文化世界之前就已经具有了一种实践的可能性，而这种可能性就建立在他的身体的原初动感上。胡塞尔曾经

---

① Cf. Husserl, *Ideen zur einer reinen Phänomenologie und phänomenologischen Philosophie. Zweites Buch*, S. 159.

② Cf. Husserl, *Zur Phänomenologie der Intersubjektivität, zweiter Teil*, S. 8, 9. 但胡塞尔只是在与陌生身体对立的我的本己身体上偶尔使用了这一说法，并未强调它最终的奠基地位。

③ [德] 兰德格雷贝：《现象学和马克思主义中的目的论和躯体性问题》，载张庆熊主编，张庆熊等著《现象学方法与马克思主义》，上海三联书店2014年版，第110页。

强调，这种原动感和原质素构造的是一种统一的但又是无目标的行动。① "无目标"当然是指没有基于自身的动机关联的触发性的指向。婴儿的身体与母亲的身体处于一种融合状态，甚至早在子宫中，在胚胎阶段，他就开始构造他的世界了，而出生后，他仍然依据母亲身体构造他自己的世界以及流动的具体当下。②胡塞尔随后对这种先于关于存在者的本能意向进行了说明：它是一种非本真意义上的本能意向，在它的基础上最终构造出了双重的习性等。③

当胡塞尔在思的最终基础，即涌流的活的当下中探讨与原初身体相关的原动感的构造，并且明确地将之区别于那种作为动机关联之体现的动感关联时，我们有理由相信，胡塞尔至少已经尝试在思与存在的根基处构造身体存在了。当然，与存在论者试图直接从存在一侧规定存在的特性不同，它仍然是可思的，胡塞尔仍然坚持思的哲学的原则：从思的可能性来探讨存在的限度，而正是在此探索中，身体的最终限度也得到了指明。

能否在此基础上谈论一种胡塞尔意义上的身体存在论？首要的难题当然是，他揭示的婴儿的原身体的自身构造是否涉及存在甚至前—存在？④ 在笔者的有限的阅读中，胡塞尔似乎并未详述这些问题。⑤ 在现象学运动中，胡塞尔的未尽之思在梅洛-庞蒂那里很快得到了接续。下文将聚焦梅洛-庞蒂在身体问题上与胡塞尔的思想关联。

最后，我们有必要在胡塞尔的意向流形的框架内回应下心身问

---

① Cf. Husserl, *Späte Texte über Zeitkonstitution (1929–1934), Die C-manuskripte*, S. 225.
② Cf. Husserl, *Späte Texte über Zeitkonstitution (1929–1934), Die C-manuskripte*, S. 74.
③ Cf. Husserl, *Späte Texte über Zeitkonstitution (1929–1934), Die C-manuskripte*, S. 75.
④ 这里实际上已经关涉了胡塞尔现象学的形而上学问题，后文将专题探讨。相对身体现象学的这些内在发展的可能性，笔者更关心的问题是：如果前—存在关涉了那种构造存在一般的善的超越的存在的话，那么在身体的原初运动以及在对第一性的存在和世界的构造中，它如何体现出善，恶又如何生成，进而，这种善恶如何在那种自身承载了动感关联的习性身体的构造中，通过身体的关联构造习性的存在和世界？我们实际上又一次暂时超出了胡塞尔的已有讨论。如果依循胡塞尔所重新确立的思与存在的平行结构，对此问题的研究最终也必须回到原共在的首次分裂上去。在身体问题上，这种分裂表现为原动感与原质素在构造第一性的存在时的内在的冲突，以及这些冲突对习性身体的影响，尤其是对动感关联的断裂的作用。这些论题有待展开。
⑤ 有趣的是，我们不能由此认为胡塞尔的现象学不够彻底，甚至有什么重大的缺陷，相反笔者认为，我们倒是首先应该感谢胡塞尔的工作，因为他的精细的现象学分析往往能够为我们揭示很多不易察觉的问题域，同样的情况实际上在超越论现象学的分析中到处可见。

题。心身关系之所以会陷入二元论，是因为实体论或者实在论的观念作祟。尽管这两种观点有重要的区分，但无疑都试图以属性确定存在，譬如笛卡尔就从心灵能思但无广延，身体有广延但不能思，认定它们是分离的。在意向流形的结构中呢？根据显现与显现者的相关性，心身的存在就是它们各自的显现或者说被给予的方式的综合：现象学还原悬搁了自然论和实在论的眼光，心被揭示为意识，身体被揭示为我们一直在讨论的动感和原动感，我们于是只能从意识的方式上谈论心的存在，从动感关联上确定身体的存在。但这里的"意识"还是太模糊，究竟是以意向流形的方式呈现的纯粹意识，还是它构造的与身体有关的区域性意识？

我们认为，身体动感尽管参与了纯粹意识的构造，甚至它自身也体现出了多维性，但与之相关的不是纯粹意识，严格地说，与纯粹意识相关的只能是绝对存在，身体活动只能在其中获得构造。在此背景中，心身关系大致可以从如下角度得到理解。首先，在构造性上。就身体作为超越论的构造中介，亦即身体图式而言，其实不存在可独立自存的身体以及对它的意识，因为身体活动必须在纯粹意识的意向流形的结构中获得构造，进而才能显示出本性和习性的维度。其次，被意识性。我们始终能意识到身体的活动，譬如在手的触摸中，我们能够意识到我们在触摸或者被触摸，但这已经是纯粹意识在身体动感上的体现了，但在理解心身关系时，这却是最直接的，我们甚至可以说，没有身体动感，心身关系就无从谈起。如果说这两个视角主要还是着眼区域性构造的话，那么最后，我们有必要指出，身体的独特性在于它的形式性，也就是说，它并不局限于具体物，而是能够在不同区域的构造中起作用，但又没有像纯粹意识那样成为原区域和基础性的存在。

我们基本可以确认，心在显现方式上不是纯粹意识，而是伴随身体动感的意识到，也就是说，在意向流形的多维结构中，区域性的心身不可能存在，遑论二元论了，在此意义上，梅洛－庞蒂晚年曾合理地批评他自己的身体现象学一开始就陷入了自身意识的神话。[①] 但在现象学上，

---

① 参见［法］梅洛－庞蒂《可见的与不可见的》，罗国祥译，商务印书馆2016年版，第211—212页。对照法文本略有改动。

我们还是有必要找出心身二元论的起源。在我们看来，只有在立义模式中，以对象性和表象性的样式存在的心身，进而心身二元论才可能存在，因为它们各自的体现性的内容已经在意识行为中存在了。海德格尔批评笛卡尔的实体论的现象学基础也正与此有关。

第八节　生活世界

"Leben"一词既有生活，也有生命的意思，生活世界也可以说成生命世界。[①] 人们一般认为，生活世界现象学是胡塞尔晚年的话题，它旨在揭示战前欧洲的文化和社会危机的根源，并在理论上应对来自海德格尔的存在论的挑战以维护超越论现象学的尊严。但实际上，生活世界的理论源头可以追溯至胡塞尔在超越论现象学的转向时期的工作。

在早期研究中，胡塞尔就已经在谈论前科学的经验问题，这种原初经验与空间构造相关，它随后被表达为与身体动感相关的构造性的具体经验。在稍后的时间意识研究中，胡塞尔将通过破除立义模式所揭示的构造时间的经验样式称为"迎向生命"[②]，这应该是现象学运动对生命问题的较早的说明，胡塞尔以现象学的方式指出了生命显示自身的可能方式。结合他的内时间结构研究，原初的生活或生命体验本身甚至就是超越论现象学的唯一基础。胡塞尔的这一理解为现象学运动开辟了新的方向，譬如一直被视为海德格尔存在论的秘密开端的原始生命，或者说"原始被给予性中的体验领域"[③] 的揭示就起源于胡塞尔在内时间研究中的工作。他们之间的差别在于，胡塞尔尝试在这种原初的生命体验之中建立一门新的超越论的观念论，而海德格尔则逐渐在此基础上转向了他的存在论的探讨。

因而，生活世界是胡塞尔晚年予以公开的哲学构想，它根本不是受

[①] 与本文主要关注生活世界的内在悖论不同，朱刚区分了生活世界的有待被还原的经验和超越论的双重含义，请参见朱刚《胡塞尔生活世界的两种含义——兼谈欧洲科学与人的危机及其克服》，《江苏社会科学》2003年第3期。

[②] ［德］埃德蒙德·胡塞尔：《内时间意识现象学》，倪梁康译，第354页。

[③] ［德］马丁·海德格尔：《哲学的观念与世界观问题》，《形式显示的现象学：海德格尔早期弗莱堡文选》，孙周兴编译，第16页。

海德格尔的刺激在30年以后才提出的想法,那些认为胡塞尔晚年在海德格尔的激发下才不得不提出生活世界理论的看法纯属无稽之谈。相反,海德格尔本人的哲学开端就建基在胡塞尔早年对原初生命的探索中,这是首先需要澄清的。

回到胡塞尔的思路。如果我们认识到生活世界问题实际上一直隐含地贯穿了胡塞尔超越论现象学的整体规划,或者说,如果愿意以生活世界现象学来总括超越论现象学,那么我们自然会面对如下问题:他晚年才公开的生活世界现象学相比《观念》和《沉思》中的超越论现象学的构想有何差异?他在生活世界现象学中提出了哪些特殊的问题?这种新的因素对现象学运动产生了什么样的影响?

胡塞尔对超越论现象学的基础的说明在于指出这门现象学必须揭示并建立在一种被他称为相关性先天的意向结构。这种所谓的相关性先天不是什么新奇的东西,它就是胡塞尔在《观念》阶段即已提出的能思/所思的先天平行关系的一种更为简洁的说法。它意味着显现总是显现者的显现,而显现与显现者的关联具有一种内在多维性:纵向维度显现为历史存在的构造基础,而活的当下则显现为本性的存在基础,但直到《危机》中,这一完整的超越论结构才真正展示出来。

对时间性的纵向维度的揭示为历史现象学奠定了基础,这似乎与他对狄尔泰的历史主义的批判相抵触,但胡塞尔真正的意图在于建立一种绝对的、先天的历史性,它必须杜绝任何陷入历史相对主义的可能。但超越论现象学的历史先天究竟何以可能?按照胡塞尔的想法,任何现象"完全是纯粹主体的现象……它们是精神过程,作为这样一种过程,它们以本质的必然性行使构造意义的形态的功能。但它们总是用精神的'材料'构造意义形态的,而这些精神材料本身又总是一再地以本质必然性表明是精神形态,是被构造的"①。这段看似非常黑格尔式的说法表明,作为一种精神过程,绝对存在本质地具有了一种生成的含义,它能够"用精神的'材料'构造意义形态",而这种生成活动又建立在它自身内在的构造之上,这里存在双重构造活动。

历史性与实在事实无关,它就是意义的一种关联形式:"历史从一开

---

① [德]胡塞尔:《欧洲科学的危机与超越论的现象学》,王炳文译,第136页。

始就是原初的意义形成和意义沉淀的共存与交织的生成运动。"① 因而，必须对实在的历史事实进行现象学还原，只有实施了这种还原，历史事实之间内在的关联性才会显现出来，进而，这种关联性作为人与人之间的构造性的关系，就是说，历史事实本身的存在境遇本身也才会显现出来。换言之，就显现以及生成运动而言，任何历史事实都必须建基在那种行使着构造意义的精神过程之中，而历史的先天性也就意味着"显现"及其在精神活动中的"被构造"的先天性。实际上，从《观念》开始，超越论现象学就已经致力于在绝对存在的基础上重建现实性，而历史先天，作为历史事实显现自身的存在视域，就建基在绝对存在和思之中，它的先天性因而也就自然与这种存在和思的本性相关。

胡塞尔将精神活动与超越论的时间性构造关联在了一起，并试图以此进一步探求历史性自身的被构造性。② 理解胡塞尔的时间意识，关键就在于理解滞留与回忆的差别：回忆是客体性的概念，而滞留则是一种流形概念，它表现了存在自身所具有的一种内在的关联性。这种绝对的被给予性扩展多少，绝对存在的领域就能展现多少。按照胡塞尔的研究，纯粹意识具有一种被称为双重意向性的内在建制：其中，横意向性建基在那种自身承载了历史性的纵意向性之上，它为对象的显现提供了直接的意向基础③，而纵意向性则生成于那种自身具有绝然明见性的活的当下。

人类历史当然是人的现实活动的总和。胡塞尔要告诉我们的是，这种现实关系建基在历史与"人"之间的一种内在的相关性之中，历史的意义源自超越论主体的创生活动。正是由于这种最终以时间化的方式展示自身的创生活动，我们才有可能在一种最终有效的明见性中重新激活

---

① ［德］胡塞尔：《欧洲科学的危机与超越论的现象学》，王炳文译，第447页。
② 李云飞在讨论生活世界的历史性问题时同样展示了这一构造序列，参见李云飞《"生活世界"问题的历史现象学向度》，《哲学研究》2012年第6期。
③ 参见［德］埃德蒙德·胡塞尔《内时间意识现象学》，倪梁康译，第432—433页。倪梁康先生梳理了时间与发生问题在胡塞尔那里的发展历程，Cf. Liangkang Ni, "Horizontal-Intention: Time, Genesis, History—Husserl's Understanding of their immanent Relationship", in *On Time—New Contributions to the Husserlian Phenomenology of Time*, Edited by Dieter Lohmar and Ichiro Yamaguchi, Springer, 2010, pp. 187–211.

历史的原初意义。①

当胡塞尔批评笛卡尔和康德忽视了"匿名的"主观体验、"深层的生活"和直观的方法时，并不是说他们错失了胡塞尔在描述心理学中提出的表象立义的意向模式，而是说他们忽视了由绝对流所展示的意向关联域，或者用《危机》里的说法，构成原初意义的超越论的视域意识等。这里所谓意向关联域，包括《危机》中提到的前摄和滞留的连续统，实际上就是我们在内时间研究中揭示的多维的意向流形结构，胡塞尔在超越论现象学的著作中时常以简化的方式表达此结构。

借助现象学还原揭示出潜在的意向关联域，并在其中指认出构造世界和存在的历史先天就足够了？人们或许会这样认为。在我们的印象中，胡塞尔无疑是一位单纯的理性主义者。这种想法固然有其依据，比如胡塞尔一直在强调纯粹逻辑学的观念对现象学的奠基性的含义，但我们同时也应该看到，纯粹理性实际上并不排斥存在的悖谬和断裂，相反它真正要做的是如实地揭示出这种悖论性的事态并提出解决这一事态的方案。

现象学的严格性建立在现象学事态的实际存在之上。胡塞尔一直给人以不食人间烟火的感觉，他是一位纯而又纯的哲学家。但实际上，纯粹性并不等同于对社会存在无动于衷，对社会生活的关注也不能等同于一定要以介入的姿态直接参与社会事务，它同样可以表现为以纯粹哲学的方式对根本性的哲学问题进行深入的考辨：比如超越论现象学对人的原初存在的揭示，对自我与他人的原初共在状态的强调实际上就表达了胡塞尔对人应该以何种姿态存在于世的思考。生活世界现象学只是更为集中地表达了这一点而已。

历史先天是生活世界理论的一个重要的维度，但它并非最核心的内容，或者更准确地说，不是生活世界理论的最重要的发现。历史先天与习性关联共享了同样的基础，即时间意识体验中的纵意向性，而纵意向性的提出则可以追溯至超越论现象学的最早的发生期。那么生活世界现象学的真正的突破在哪里呢？只有理解了这一问题，我们才能真正理解生活世界现象学在整个超越论现象学中的地位。

---

① 参见［德］胡塞尔《欧洲科学的危机与超越论的现象学》，王炳文译，第435、450页。

在《观念Ⅰ》中，胡塞尔已经揭示了我们在对纯粹存在的具体体验中包含了不相即的可能，但这毕竟是一种原则上的说明。在《危机》中，他直接指明了比这种不相即性更深层的悖谬事态，即"人的主体性的悖论：主体对世界的存在同时也是在世界中的客观的存在"①。我们摘录下胡塞尔对这一事态的详细说明："但困难正是在这里。很显然，普遍的交互主体性——一切客观性，一般来讲一切存在着的东西，都溶解于其中——不可能是别的东西，而只能是人类；毫无疑问，人类本身是世界的一个组成部分。这一世界的组成部分，即世界的人的主体性，如何能构造世界，就是说，将整个世界构造为它的意向构成物呢？——世界就是一个在意向上有所成就的主体性的普遍关联形式构造的、总是已经生成并且持续生成的构成物——而它们，即在协作中有所成就的主体则只能是整个成就的部分构成物，这怎么可能呢？"②

作为世界的组成部分，主体如何在世界中构成作为其意向构造物的客观的世界？胡塞尔认为，首先必须实施一种自身反思以揭示执行普遍构造的意义成就的主体：它们实质上就是"作为它的活动、习惯和能力的自我极"，以及"作为'通过'其诸显现，'通过'其诸给予方式，而指向在存在的确信中的显现者，指向各自的对象极，指向它们的极的视域，即指向世界的自我极"③ 而存在的。在生活世界中，主体已经作为构造世界的存在者而存在了，它就是习性关联中的习性自我。但这仅仅是澄清问题的第一步，远不是对悖论本身的解决。因为回到原初的世界现象，在这种绝对的现象域中澄清先天的习性关联，这是超越论还原的一般成就，在《观念》阶段就已经隐含地被指出了，但直到《沉思》阶段才获得了专题的讨论，反过来说显然更有趣，习性现象学就是建立在这一悖谬状态之上的。

胡塞尔在《危机》中的新的洞见是：必须还原到原—自我，回到施行彻底悬搁的原初自我，揭示它如何"从自己出发，并且在自身本身之中，构造出超越论的交互主体性"，"在它的原初的在自身中发生的进行

---

① ［德］胡塞尔：《欧洲科学的危机与超越论的现象学》，王炳文译，第216页。
② ［德］胡塞尔：《欧洲科学的危机与超越论的现象学》，王炳文译，第217—218页。
③ ［德］胡塞尔：《欧洲科学的危机与超越论的现象学》，王炳文译，第222页。

构造的生活中，如何构造最初的对象领域，即'原初的'领域"。①

这里透露出一个非常重要的讯息，超越论现象学的悖论的解决需要新的基础。作为世界的组成部分，主体如何在世界中构成作为其意向构造物的客观的世界，这一悖论本身就是习性现象学的最重要的特征，因为当自身承载着习性关联的主体构造着世界时，它首先已经在世界中存在了，在超越论现象学的探讨中，世界和绝对存在就建立在动机关联的整体之上。我们对此可以认为，胡塞尔对超越论现象学的内在悖论的揭示和解决实际上就是他从习性现象学走向本性现象学的最重要的环节，不能认为《危机》仅仅在讨论文化和科学的危机，它实际上对超越论现象学的体系性的构造具有重要的价值和意义，"危机"阶段的现象学是超越论现象学的最终阶段，它为现象学开启了新的原初领域。

有几个问题需要澄清。首先，应该如何理解这种原初领域的结构以及它呈现自身的合法性。胡塞尔在尝试以原—自我为基点解决这一悖论时，他也提到"但是立即跳跃超越论的交互主体性，跳跃到原—自我，即实行我的悬搁的自我（……），从方法上讲是错误的"②。胡塞尔本人明确承认这里缺少方法论的说明。我们已经专题讨论过作为根本性还原的拆解的可能性，以及在意向关联中原—自我的存在方式及其对世界的构造等问题。这些突破就发生在《危机》阶段，它们有效地弥补了这里在方法论上的欠缺。当胡塞尔告诉我们应该回到原—自我，并"从自己出发，并且在自身本身之中，构造出超越论的交互主体性"时，作为超越论现象学的最终构造，我们要探讨的就是流动着的—涌流的活的当下的原初综合作用，换言之，就是世界在原—自我的原时间化中如何生成习性关联的问题。

其次，超越论现象学的悖论很容易使我们联想起海德格尔著名的解释学循环。笔者认为这种循环和超越论现象学悖论有相同的事态结构，但差别在于，胡塞尔要探讨的是主体如何在世界中构造世界，而海德格尔关注的是领会着存在的此在如何建构存在一般，他们关注的核心点并不相同，胡塞尔聚焦世界的存在问题，而海德格尔探讨的则是存在的意

---

① ［德］胡塞尔：《欧洲科学的危机与超越论的现象学》，王炳文译，第224页。
② ［德］胡塞尔：《欧洲科学的危机与超越论的现象学》，王炳文译，第224页。

义问题。如果承认胡塞尔晚年关注到了海德格尔的工作并尝试维护超越论现象学的尊严,那么这种"关注"和"维护"的关键正是他通过对超越论现象学的悖论的提出和解决所可能产生的对海德格尔的生存分析的批评和突破,当然,我们首先应该认识到,这种"批判"和"突破"首先是胡塞尔针对他本人的超越论现象学的内在问题提出的,而所谓解释学循环与习性现象学之间也正存在着内在的平行性。①

随后,胡塞尔从自我与时间性角度更准确地揭示了这一悖论:"这个当前的'自我',这个永远流动的当下的'自我',如何在自身时间化中,将自己构造为贯穿'他的'过去的持续的'自我'……自身时间化,可以说通过去—当下化(Ent-Gegenwärtigung)(通过回忆),在我的去—陌生化(Ent-Fremdung)(作为一种高阶的去—当下化的同情——它将我的原在场置入一种单纯被当下化了的原在场)中有其类似物。"② 在我的当下体验中包含了作为现在体验的过去,这是最关键的事态。他人可以在我的当下体验中作为被回忆之物而存在,在原—自我那里,他人就已经原初地对自我在场了,因而对世界的原初构造直接奠基在了原—自我的自身时间化和客体化中。

作为根本性还原的揭示物,原—自我具有其原初的时间化的构造成就,它的自身构造同时也就是世界原初的构造,这一事态我们上文在讨论世界时间化就已经揭示了。实际上,胡塞尔在此指出的是构造世界的主体与他人的最初关系是如何产生的,很显然,它就建基在原—自我在时间性中的原初的自身综合作用之中。因而,当我们说主体已经存在于世界之中时,这种主体只能是习性关联中的自我,它已经在与世界的意向关联中成为世界的组成部分了。而在原—自我那里,主体与世界的最初关联并未表现为一种既有的习性关系,而是表现为有待生成的原初的自身时间化和世界化。正是在此意义上,胡塞尔才会将原—自我称为构造了唯一起作用的中心的绝对的自我,③ 它就是超越论现象学的构造

---

① 笔者认为,只有在此意义上,胡塞尔对海德格尔生存论的人类学性质的判定才可能是有意义的。Cf. Husserl, "*Randbemerkungen Husserls zu Heideggers Sein und Zeit und Kant und das Problem der Metaphysik*", eingeleitet von Boland Breeur, in *Husserl Studies* 11, 1994, S. 56.
② [德]胡塞尔:《欧洲科学的危机与超越论的现象学》,王炳文译,第225页。
③ [德]胡塞尔:《欧洲科学的危机与超越论的现象学》,王炳文译,第226页。

起点。

超越论现象学获得了一个新的基础，综合本书至此的讨论，我们大致可以说，这一基础是体系性的，它至少涵盖了作为意向流形之根基的本能意向、原—自我及其原时间化以及世界时间化等因素。它尝试解决的就是习性现象学中的内在悖论，而这种悖论的产生以及对它的解决恰好表明了超越论现象学出现了一个新的阶段，如果把这一突破放置在现象学运动中，我们甚至可以说，胡塞尔的这项工作同时也就为整个现象学开辟出了一个新的方向。

人们很容易认为，胡塞尔提出生活世界问题标志着现象学开始抛弃纯粹的理论问题，开始关注活生生的社会生活了。这需要辨明。首先，现象学一直就非常关注社会生活，意向性研究甚至可以说成是对在纯粹意识中展示出的生活经验的内在结构的揭示：在《逻辑研究》中，胡塞尔默认表达活动是现象学意义分析的前提，《观念》揭示的动机关联是对一种无限可规定性的经验流的建基，在《危机》中，胡塞尔开始将生活世界视为课题，这实际上只是明确了此前一直以来的工作而已；其次，回到生活世界不是胡塞尔提出生活世界现象学的目标，他要做的是对生活世界进行还原，以此揭示纯粹意识的最底层的构造，也就是说，生活世界现象学是胡塞尔追问超越论现象学根基的重要契机，而从胡塞尔揭示出的主体性悖谬看，此根基被他确定为以活的当下的被构造标明的本性现象学，这实际上与胡塞尔通过内时间结构对意向流形的建基性的考察完全相应。

至此，思的哲学最终将走向何方？此问题在我们探讨超越论现象学的基本问题时其实就研究触及了。譬如，在揭示超越论现象学的最终基础就是时间性的一维流形以及与之相关的本能意向时，在我们指出了思与存在的多维的建基关联的最终基础中隐含了思和善的存在的自身变异的可能时，以及在我们探讨自我、他人以及生活世界的超越论构造的最终动机，并在其中构造出我性、他性以及"绝对的那里"、"这里"与"那里"的切近与疏离的最初生成的可能动机时，我们都把原—自我以及前—我性的存在当作了最终的构造基础。之前对此基础的讨论并不是专题化的，下文将再次循着内时间结构，深入前—我性的原融合的存在区域，对超越论现象学的界限问题予以探讨。

第九节　思的界限

1929年前后，胡塞尔已经全方位地触摸到了超越论现象学的界限，我们从时间结构上特别地以一维流形或者活的当下的构造标出了此界限所显明的问题域，本章至此的研究也已经指出，界限问题至少包含了譬如原—自我与前—自我的生成问题，他性的绝对性何以可能的问题，原身体/原质素的构造问题，善的起源问题。前文在探讨现象学的方法论时已经指出，现象学呈现出一种移步换景的状态，这意味着在不同时期，现象学的界限也是不断变动的，在此意义上，胡塞尔在《现象学的观念》时期已经触及了描述心理学的界限，20世纪20年代中期触碰到了习性现象学的界限。1929年前后的现象学的界限有何特别呢？此界限对现象学是最终的。在还原、意向性、构造的模式上，现象学都需要一次彻底的更新，因为它面对的是解析现象学的绝对事实的问题。实际上，在上文根据活的当下的被构造论述拆解或根本性的还原、原融合等事态时，我们其实已经来到现象学的界限之上，而在本节，我们将循着胡塞尔晚年的规划，围绕无意识、形而上学、睡眠等问题探明此界限对现象学究竟意味着什么。

一　探寻边界

在《危机》中，胡塞尔点明了超越论现象学的最终的奠基方向，在提出以原—自我的原时间化的综合生成为基点解决习性现象学的悖论之后，他指出："就如今讨论得很多的'无意识'问题——无梦的睡眠、昏厥以及通常被归入这个题目下的具有相同或相似性质的无论什么东西——而言，它在这里所涉及的无论如何也是预先给予的世界中的问题，正如同生与死的问题一样，它们当然也归入超越论的构造问题。"① 换言之，在揭示了原—自我现象学的领域以后，类似无意识问题、无梦的睡眠、昏厥，甚至死亡和出生等现象学的边界问题都可以成为超越论现象学的问题。而对超越论现象学而言，正是这些问题构成了对它的最终的

---

① ［德］胡塞尔：《欧洲科学的危机与超越论的现象学》，王炳文译，第228页。

建基。但这些说法还是非常模糊。人们完全可以合理地追问，这些边界问题具有何种特性使它们只能成为胡塞尔晚期现象学的主题，这里存在偶然性吗？换言之，为什么这些问题没有在超越论现象学产生初期就成为它的核心问题，进一步说，超越论现象学产生了何种变化使其能够成功地容纳这些奇特的问题？

无意识问题、无梦的睡眠、昏厥、死亡和出生等问题似乎违背了现象学的显现和直观的原则，因为它们不可能通过现象学还原在纯粹意识中成为现象。但这里提及的不可能性与描述心理学的立义模式无关，尽管它们确实不可能在表象立义中成为对象，不能被立义是因为某些事态本质上不能向实显的意识给出能够代表它的意识材料，这一点在死亡和出生上表现得最为明显，因为它们不可能真正地被体验到。但对于超越论现象学而言，不能给出这种感性材料并不意味着不能显现自身，如果我们还记得现象学还原的提出就是为了解决实显材料自身被给予的可能性时，我们就应该能够理解这一点。在作为超越论现象学之基础的能思/所思的先天平行关系中，核心问题已经从范畴直观的可能性——意识行为中的实显的感性内涵何以能够支撑这种直观行为——转变为了显现自身的先天结构何以可能以及如何为习性现象学、本性现象学建立基础的问题，而无意识、出生和死亡等问题恰恰在这里产生了作用，因为它们直接与显现的起源相关：意识活动从"无"到"有"的过程本身就是显现的最初发生，习性或历史先天就建立在这种原初的显现之上，它们对超越论现象学奠基就体现在此问题域中。这是首先必须澄清的。

这里要说明的问题如果要归结为一个根本问题的话，那就是作为能思/所思的先天平行关系之最终基础的活的当下的生成问题，用上文的话说，就是具体当下在涌流着的活的当下中的生成问题，但这种说法可能还是太晦涩了，我们可以以胡塞尔对无意识问题的探讨为例看这些新问题的可能性。

无意识在胡塞尔那里大致有两个含义：一是作为非实显的视域意识，同样在《危机》中，他告诉我们：在清醒意识的实施过程中，总有一个"非实显的，但却共同起作用的显现方式和有效性综合的整个'视域'"[1]

---

[1] ［德］胡塞尔：《欧洲科学的危机与超越论的现象学》，王炳文译，第193页。

起着作用，这种视域中隐含的"非实显的显现流形体的关联之谜"① 只有在现象学反思中才能被揭示。在随后的思考中，胡塞尔将这种非实显的意识进一步界定为"一种完全不再被直观却仍被意识的连续性，流逝的连续性，一种'滞留'的连续统，在另一个方向上，则是一种'前摄'的连续统"②。这已经将非实显意识意义上的无意识归结为了我们不断论述的纯粹意识的双重意向性，因为滞留和前摄的流逝连续统实际上指的就是双重意向性。另一种无意识意味着开端意识。在他早年的时间意识研究中，胡塞尔追问道："现在人们可能会提出问题：一个构造性体验的开端相位又是如何的呢？它也是在滞留的基础上被给予的吗，如果没有滞留与开端相位相连，那么这个相位就将是'无意识的'吗？"③ 在20世纪20年代的研究中，胡塞尔明确指出："关于原当下，我们能说的是，'无意识'在它之内是意识；在一个零意识内，无意识的感性客体与其他一切无意识的感性客体无差别地'被意识到'。"④ 换言之，在原当下中，所谓"无意识"实质上就是一种原意识，它可以被原初意识到。

通过对胡塞尔的两种无意识概念的梳理，我们大致可以看出，在揭示第一种无意识概念时，胡塞尔的立足点是当下呈现的单纯的感知行为，只要感知行为被标明为清醒意识，那么感知行为的过去和将来视域当然是不清醒的、非实显的。但清醒意识不是开端，它本身恰恰是构造的结果，它的发生源头就是开端意识，或者说活的当下中的原印象。因而当胡塞尔在开端意识与滞留的关联中确认开端意识的"无意识"与"原意识"状态时，他实际上已经道出了两种无意识之间的关联：那种基于滞留、前摄的连续统的无意识生成于开端意义上的无意识。

因而，无意识在超越论现象学的存在构造中经历了从体验流的双重意向性深入活的当下的过程。当胡塞尔在他晚年的现象学考察中将无意识的含义确定为了开端意识时，超越论现象学自然也就面对了它的最终基础问题，就是说，作为开端意识的无意识如何能够成为纯粹意识的最

---

① ［德］胡塞尔：《欧洲科学的危机与超越论的现象学》，王炳文译，第193页。
② ［德］胡塞尔：《欧洲科学的危机与超越论的现象学》，王炳文译，第194页。
③ ［德］埃德蒙德·胡塞尔：《内时间意识现象学》，倪梁康译，第158页。
④ ［德］埃德蒙德·胡塞尔：《被动综合分析：1918—1926年讲座稿和研究稿》，李云飞译，第443页。

终基础的问题。这一进路与胡塞尔在超越论现象学的范式内对几乎所有问题的探讨都是"平行的"。在此意义上，当胡塞尔晚年引入这些界限问题时，一方面它们固然本身就是超越论现象学的重要课题，因为超越论现象学立足于显现的可能性，另一方面，也正因为这些问题的独特性，它们承担了揭示纯粹显现之可能性的重任，超越论现象学的最终的内在奠基的可能性也就只能由它们来承担了。我们如果坚持严格的胡塞尔意义上的奠基思想，那么甚至可以进一步说，超越论现象学的整个问题形态都可能并且都应该受到这些界限问题的影响和决定，因为它们提供的是最初的同时也是最终的构造的可能。

二 形而上学问题的提出[①]

这些所谓界限问题绝不是对超越论现象学的一种可有可无的补充，它们在标明现象学的边界的同时也直接决定了超越论现象学的成败。同时，从我们对超越论现象学的基本问题的展示中也可以得出，这里所谓成败几乎涵盖了超越论现象学的方方面面，其中至少包括了认识论、真理观、本我论、他人问题、身体问题和生活世界，等等。就此，我们可以理解胡塞尔何以要在晚年将这些问题当作超越论现象学的核心问题了，同时也就理解胡塞尔何以要围绕这些界限问题开始谈论一门现象学的形而上学了。

胡塞尔对形而上学的态度看起来有些矛盾，他一方面持否定态度，例如在《观念Ⅰ》中，他认为绝对体验不是形而上学的构造物，而是通过态度改变能够在它的绝对性中被证明的东西[②]，在《沉思》中，他把"通常意义上的形而上学"视为一种"历史上退化了的形而上学"[③]，"现象学只是排除了每一种素朴的和以荒谬的自在之物为探索对象的形而上学，全然不是形而上学本身"[④]；但另一方面，他又将重建形而上学视为现象学的目标，譬如在超越论现象学的转向时期，他指出："形而上学这

[①] 关于胡塞尔对形而上学概念的梳理，请参见谢利民的博士论文《超越论现象学的界限——胡塞尔的原事实性形而上学研究》的第三章。
[②] 参见［德］胡塞尔《纯粹现象学通论》，李幼蒸译，第86页。
[③] ［德］埃德蒙德·胡塞尔：《笛卡尔沉思与巴黎讲演》，张宪译，第174页。
[④] ［德］埃德蒙德·胡塞尔：《笛卡尔沉思与巴黎讲演》，张宪译，第190页。

门绝对的和最终意义上的存在科学的可能性依赖于认识论批判这门科学的成功。"① 但这里所谓矛盾其实只是假象而已，因为几乎每一位开端性的哲学家都会认为传统形而上学是缺乏根据的，而思的批判的任务就在于重建科学的形而上学。在胡塞尔那里，早在《观念》时期，科学的形而上学的基础就已经被揭示为了一门与形式存在论和区域存在论相关的艾多斯科学，我们甚至完全可以将胡塞尔揭示的纯粹意识和能思/所思的先天平行关系当作他构造科学形而上学的必需的前提，科学的形而上学在此意义上是一门普全的超越论的现象学哲学。

但这里探讨的形而上学比这种在绝对存在之上得以构造的形而上学更为困难和基本。在《第一哲学》中，胡塞尔指出："在现象学的基础上呈现出一种不再能进一步解释的难题：即在事实的世界和精神的世界的构成中显露出来的超越论事实的非合理性的难题，因此是一种新意义上的形而上学。"② 这里的关键在于非合理性，在超越论现象学上它当然意味着超越论构造上的异常现象，或者更准确地说，无法被容纳入超越论的绝对存在的自身综合的那些问题。在《沉思》中，这些非合理性问题被胡塞尔明确地指认为偶然的事实性、死亡和命运等事关人类可能性的问题，③ 与《危机》中提到的无意识、出生等问题相似，它们一道构成了现象学的界限问题。

在 20 世纪 30 年代的工作中，胡塞尔将那些直指超越论现象学的界限问题的事态称为现象学构造的原事实。按照他的想法，我们首先置身于"绝对的存在论"和"与之相关的世间的存在论"④ 中。这一说法已经不陌生了，胡塞尔曾经在《危机》中将世间存在当作有待进一步还原的存在，也正是在此意义上，我们曾将原—自我的现象学当作克服习性现象学的悖论的重要的基础。他在这里延续了这一思考。胡塞尔指出，我们应该回溯追问一种原结构，它至少包含了原质素、原动感、原感受和原本能等因素，这种统一的形式是前世界性的本质形式，它就是为绝对存

---

① ［德］胡塞尔：《现象学的观念》，倪梁康译，第 29 页。
② ［德］胡塞尔：《第一哲学》（上卷），王炳文译，第 248 页。
③ ［德］埃德蒙德·胡塞尔：《笛卡尔沉思与巴黎讲演》，张宪译，第 190 页。
④ Husserl, *Zur phänomenologie der Intersubjektivität*, dritter Teil, S. 385.

在奠定基础的原事实、最终的必然性。① 随即，胡塞尔说："我就是这一过程中的原事实，我认识到，从我向本质变换等等的事实能力的回问中得出的这样那样的对我而言本己的原组成就是我的事实性的各种原结构。我自己在本质形式以及可能作用的形式中拥有了一个'原偶然之物'之核，世界的本质必然性就奠基于其中。我不能消除我的事实性的存在以及在其中被意向地包含的他人的共在等等，因而也不能取消这种绝对的现实性。绝对在自身中拥有它的基础，并且在它的无基础的存在中有其作为一种'绝对实体'的绝对必然性。"②

从为超越论现象学提供了意向构架的内时间结构来看，最简单地说，自身承载了目的论理念的历史先天，或者说时间性上的纵意向性，必须建基在作为绝对事实的原事实之上，这一事实被胡塞尔指明为了一系列前—习性现象学的事态，它们承载着世界的本质必然性。而在他人构造的论域中，我们也已经提到了他人与自我的原初共在的问题。胡塞尔在原事态意义上实际就已经强调了这种共在关系："作为一种意向的彼此内在的（Ineinanderseins）为彼此存在（Füreinanderseins）的内在性（Innerlichkeit）就是'形而上学的'原事态，它就是绝对物的彼此内在。"③ 这种绝对物就是根本性还原的指向物，同时也就是整个超越论现象学的最终基础。

但必须注意，这里所谓绝对之物、原事实、原结构等的"绝对"和"原—"是相对习性现象学而言的，因为我们必须寻找各种已经建立在世间存在中的事态的根基。但是，不能据此就认为这些绝对事实本身不可再被课题化。这一点很重要，因为一旦这些所谓绝对事实不能再以现象学的方式被刻画，那么超越论现象学最终便是无根的，作为习性之根基的本性就是失明的。

参照海德格尔，本性现象学所到达的深度可以被看得更加清楚。海德格尔曾经将胡塞尔的人格现象学理解为一种内在反思下的种属普遍性的研究，正是基于此，他指出胡塞尔错失了存在本身的意义。在讨论生

---

① Cf. Husserl, *Zur phänomenologie der Intersubjektivität*, *dritter Teil*, S. 385.
② Husserl, *Zur phänomenologie der Intersubjektivität*, *dritter Teil*, S. 386.
③ Husserl, *Zur phänomenologie der Intersubjektivität*, *dritter Teil*, S. 366.

活世界的问题时,我们已经指出,胡塞尔对超越论主体的批评隐含了对解释学循环的批评。就是说,这种所谓循环在更深层的奠基序列中可以得到进一步澄清,人具有一种独立于,或者更准确地说,先于世间存在的尊严和绝对性,人的价值和尊严不能建立在某种集合化的存在行为上,相反,海德格尔的"共在"应该建基于作为绝对事实的人的存在的自行涌现之上,因而是被构造的。在此意义上,海德格尔从已经在世存在的此在的生存出发对存在意义的建构并不是最基础的,因为存在的意义在此在的去—存在中的被建构必须建基于一种在存在内部发生的分裂与建基之上,在柏拉图那里它早就展现为了善对存在的建基,而在此时的胡塞尔看来,最关键也正是这一事态,习性的存在必须建立在绝对事实的自行展示之上。

几乎在同时期的"内时间研究"中,这一最终奠基性的绝对事实成了最重要的论题。为什么又是内时间意识研究?答案很简单,内时间意识研究是胡塞尔研究纯粹意识以及绝对存在等问题的最重要的手段,因为时间性的自身构造的实质就是自行显现。在现象学运动中同样如此,无论海德格尔、梅洛—庞蒂,还是列维纳斯,在谈论现象之显现的可能性及其限度时,都会自然地回溯到时间性问题之上。这一点对胡塞尔尤其重要,因为相比其后学,他对于哲学传统显得过于尊重,有时甚至略显迂腐,每当还原出新的奠基性的事态和存在区域时,他总是不厌其烦地用"原—XX"来表述,比如我们这里提到的原质素、原动感、原感受和原本能。

质素、动感和本能在胡塞尔早期的研究中就已经不断出现了。质素是对实显被体验的感觉内容的还原之后的产物,而动感则是与滞留概念相平行的空间构造的基础概念。它同样经历了现象学还原,本能意向也是如此。在超越论现象学的构造中,它们共同构成了由动机关联所构建的原初的世界。人总是首先基于本能、在身体动感的关联形式中去构造与他人共处的世界。但一旦加上了前缀"原—",问题便似乎立即显得过于抽象了。人们甚至可以抱怨,难道还存在相比自身已经形式化的质素、动感、感受等更为原初的内容吗?

从生活世界现象学所揭示出的超越论主体的悖论来看,这种向更根本的奠基性存在的突破是必需的,同时,从时间性的活的当下生成双重意向性来看，这种突破则是完全可行的。因为胡塞尔在内时间意识研究中早已指出，那种为习性现象学奠定基础的双重意向性必须建基于活的当下。从意向性的角度说，二维连续统必须建基在一维的意向流形之中。双重意向性与活的当下之间存在着结构性的差异，前者是由第二性的滞留与前摄相互作用所综合生成的体验流的纵向和横向的结构，而活的当下则是由第一性的滞留、第一性的前摄和原印象所构成。

三　基础问题

现在聚焦于这里所谓原偶然之物的核。原偶然这一说法非常奇怪，尤其当胡塞尔认为它存在于本质形式之中并且为世界的本质奠定了基础时。这意味着现象学最终建立在偶然性之上？我们当然不能匆促地根据词义做出这样一种推断。笔者认为，原偶然之物实际上仅仅表明，如果以习性现象学的存在构造为基点，那么作为它的基础的原—自我现象学的生成是无法被把握的，正如我们在本我论研究中已经指出的，对这种原偶然物的核的讨论必须指向涌流的活的当下对具体当下的生成构造的可能性的研究。

在"C手稿"中，胡塞尔对如何揭示这种与本性的构造相关的内在时间之核的原结构进行了专门的说明："我们系统地通过一种'拆解'对具体的流动的当下施以还原。我还原到印象的内在的事态的当下，还原'非我'（ichfremde），即内在的质素（感性的领域）。"① 在时间流中，这种还原的产物被胡塞尔视作了"原本的自身—当下的涌流之物"，或者"在这一普遍的河流中持续流过的自身—被给予的当下"。② "具体的原现前的这种原印象的流动的当下拥有如下最普遍的结构：a) 世间实在性的可本己感知层次的现象学的剩余物，就是说，感性质素，在它的本己的时间化中的原质素；b) 包含了所有公开的以及隐含的我性组成部分的'自我'，其中包含了：所有把握了世界的组成部分、所有'指示'世界以及在世界上视域性的组成部分……"③ 活的当下中包含了原质素和关联

---

① Husserl, *Späte Texte über Zeitkonstitution (1929–1934)*, *Die C-manuskripte*, S. 109.
② Husserl, *Späte Texte über Zeitkonstitution (1929–1934)*, *Die C-manuskripte*, S. 109.
③ Husserl, *Späte Texte über Zeitkonstitution (1929–1934)*, *Die C-manuskripte*, S. 110.

着世界的原——自我。胡塞尔马上对此做出了进一步的区分："通过内在的时间继续穿透质素领域，它因而就是原印象区域的质素的核（材料）。"①这种原质素的核对应的是一种新类型的质素："它在流动的现前中就是本性（Natur，或译自然）的感知领域，并且在世间的整全的时间性中（或者说在作为被充实的时间的世界中）就是普遍的本性。"② 在对活的当下进行了如此复杂的区分之后，如何理解现象学的统一性的构造？胡塞尔明确指出：在这种作为本性的核中已经出现了"精神化"，"这种客观的本性并不是在统一的质素层上构造起来的，而是首先在这种原真的核，通过它为我在最初阶段就构造了本性的含义"③。

就确定绝对事实的基本结构而言，这里的信息已经足够丰富了，我们暂时到此为止。在这一系列精细的区分中，胡塞尔想要说明的是，当谈及绝对事实的最终的自身构造时，我们必须在涌流的活的当下区分两层事态：一是原质素与已经具有了世界关联的原——自我；二是更深层的与本性相关的原质素的核。胡塞尔在此并未立刻谈及与之相关的自我类型，但我们认为，与之相关的自我只能是作为原——自我之前史的前——自我。在其他地方，胡塞尔清晰地指出："在发生的回溯追问中，我们构造了作为开端的无世界的前领域的前——自我，它已经是中心……"④

在做出这两层事态的区分之后，我们再看超越论现象学的最终构造。当然，这里所涉及的事态过于精细且复杂，甚至完全可以成为多个专题研究的主题，显然已经超出了笔者的能力，因此我们暂时满足于围绕在超越论现象学的讨论中遭遇到的若干基本问题，即存在问题、他人的构造问题、死亡和出生问题展开这里的讨论。实际上，之前提到的一些问题，例如"最终的动机问题"以及"最终奠基性的意向关联生成形态和基础的问题"在胡塞尔对最终构造的层次划分中已经得到了明确的指示，简单地说，它们最终都只能建基于这两层构造事态之中。

---

① Husserl, *Späte Texte über Zeitkonstitution（1929 – 1934）*, *Die C-manuskripte*, S. 110.
② Husserl, *Späte Texte über Zeitkonstitution（1929 – 1934）*, *Die C-manuskripte*, S. 111.
③ Husserl, *Späte Texte über Zeitkonstitution（1929 – 1934）*, *Die C-manuskripte*, S. 111.
④ Husserl, *Späte Texte über Zeitkonstitution（1929 – 1934）*, *Die C-manuskripte*, S. 352.

睡眠、死亡和出生问题。① 通过对这些问题的讨论，胡塞尔要弃绝的并非所有可能的显现，而是某个与主体相关的特定的世界的存在。睡眠意味着现实世界的体验的中断，出生和死亡同样也意味着不能体验到存在着的他人和世界，它们显示的所谓界限问题是对生活世界、世界的存在史及其现实有效性的彻底还原。② 胡塞尔告诉我们："现在我们在这一原真的领域中实施一种新的拆解，或者说，我们来严格地规定原真领域。"③ 在拆解中呈现的当然就是我们至此一直在谈论的涌流的活的当下的构造问题。在此意义上，这些界限问题可以被当作彻底还原以及拆解的同义词，它们不是现象学的一次越界④，相反它们敞开的恰恰是我们这里一直在追问的超越论现象学的"最终的构造"问题⑤。

在存在问题上，胡塞尔提到："我和我们都是前—存在者。因而在本性之前就存在着一种还没有得到哪怕一次认同的前—存在者的质素，在行动之前存在着前—存在者的动感，在能够再回忆之前，那种正在产生的但还没有成为可能的东西也已经存在了，因而一般地说，在前—使可能（vor-vermögliche）的回忆之前，前—使可能就存在了，同样，在存在触发之前，前—存在触发也就已经存在了。其中包含：构造了存在的'意志'在其下就拥有了一种更原初的东西，即追求、致力于、作为充实着的追求的在进程中追求转化……"⑥ 人是前—存在者，这里所谓质素和动感。作为前—存在者层次的因素，就是原质素和原动感，而正是在前—存在者的领域中，胡塞尔提到了至关重要的构造存在的问题：作为

---

① 与笔者主要从方法论上理解这些问题不同，Geniusas 从"悖谬现象"、"交互主体的现象"和"有限—现象"三个角度阐述了这些超越论哲学的问题。（Cf. Geniusas, "On Birth, Death, and Sleep in Husserl's late Manuscripts on Time", in *On Time-New Contributions to the Husserlian Phenomenology of Time*, Edited by Dieter Lohmar and Ichiro Yamaguchi, Springer, 2010, pp. 71 - 89）

② Cf. Husserl, *Späte Texte über Zeitkonstitution (1929 - 1934)*, *Die C-manuskripte*, S. 160.

③ Husserl, *Späte Texte über Zeitkonstitution (1929 - 1934)*, *Die C-manuskripte*, S. 424.

④ Dodd 将这一事态称为"本我的生命如何将它自身意识为'整体'，或者整个人格'生命'如何赋予本我以意义的统一性"的问题。（Cf. James Dodd, "Death and Time in Husserl's C-Manuscripts", in *On Time—New Contributions to the Husserlian Phenomenology of Time*, Edited by Dieter Lohmar and Ichiro Yamaguchi, Springer, 2010, p. 51）也可参见方向红《现象学的一次越界：与晚期胡塞尔一起思考死亡》，《江海学刊》2011 年第 5 期。

⑤ Husserl, *Späte Texte über Zeitkonstitution (1929 - 1934)*, *Die C-manuskripte*, S. 427.

⑥ Husserl, *Späte Texte über Zeitkonstitution (1929 - 1934)*, *Die C-manuskripte*, S. 224.

"存在触发之前"的生成阶段的"前—存在触发"的本质内涵就是意志行为，我们总是在追求和欲求什么，它们就是构造存在的原事件，是绝对的事实，正是在此意义上，胡塞尔甚至提到了一种"构造存在的目的论"①。

胡塞尔在这里展现出了他与海德格尔的根本差异。在存在的内在差异上，笔者一再提到海德格尔的生存论—存在论的分析中遮蔽了从柏拉图就已经提出的善的目的论。在胡塞尔的存在构造中，这一问题得到了严肃的讨论，他向我们指出，存在建立在意志行为之上，这种行为在感发性上具有一种特殊的前—存在的性质。联系前文已经探讨的意志问题，那么胡塞尔在这里的倾向会更加清晰：他在 20 世纪 20 年代就已经告诉我们，意志真理构造了一种可能存在的最善的生活，而其构造就体现为时间意识的活的当下对生活之流的构造。② 晚期的讨论显然又把意志问题向前推进了一大步，意志不再是生活整体和普遍的意志关联中的事情，它成了构造存在的基础，因而是真正奠基性的，胡塞尔明确告诉我们："一种完全的存在论就是目的论，但它预设了事实。"③ 进而，正如胡塞尔本人所说的，作为前—存在，意志行为是不可经验的、不可言说的。④ 这一点也不难理解，因为存在领域内的形式化的意向关联才能构造超越论的体验，前—存在当然不可能以超越论的方式被意识到。

再看他人的构造。在《沉思》中，胡塞尔已经在被动性中描述了他人在结对联想中的构造：当感觉材料同时被突出时，在本源的本己性领域发生了被动的意向交叉、意向的自身唤醒以及触及对方的自身遮合，这是《沉思》所能达到的他人构造的最底层的事态。在"C 手稿"中，这一事态被表达为在活的当下的原时间化，或者说，在流动的当下的自身展开中所发生的最底层的质素的同一化⑤，胡塞尔说："他人在我这里是共同当下的。"⑥ 他人在我的具体当下中与我共存，在世界时间化

---

① Husserl, *Späte Texte über Zeitkonstitution (1929–1934), Die C-manuskripte*, S. 224.
② Cf. Husserl, *Einleitung in Die Ethik: Vorlesung Sommersemester 1920/1924*, S. 252–253.
③ Husserl, *Zur phänomenologie der Intersubjektivität, dritter Teil*, S. 385.
④ Cf. Husserl, *Späte Texte über Zeitkonstitution (1929–1934), Die C-manuskripte*, S. 269.
⑤ Cf. Husserl, *Späte Texte über Zeitkonstitution (1929–1934), Die C-manuskripte*, S. 53.
⑥ Husserl, *Späte Texte über Zeitkonstitution (1929–1934), Die C-manuskripte*, S. 56.

中，我与他人共同构造了生活世界。但问题远没有解决。他人和我各自都有其具体当下，因而，必须在构造具体当下的涌流的活的当下中原初地构造我与他人的关系，因为只有在这里，我们才能确定不同的具体当下之间的生成关联，这也是胡塞尔的最终的现象学立场所必然要求的。

在生活世界中，人首先是一个有自己的伦理兴趣、宗教生活的兴趣和职业兴趣的存在者。① 换言之，在最终建基的本性层次上，人是在意志、兴趣和本能意向中生活的。与对存在的奠基相似，胡塞尔同样将他人构造置于这一最终的基地上，他告诉我们，各种兴趣在原—自我领域中同时共在、演替发生，并且彼此有效②，而感性材料的结对联想正是发生在这种原意向性中，说得更细致点，质素材料的突出，或者说被偏好，本身即承载了一种评价和享受，它被当作将到的或者在曾在中被期待的善的东西。③ 活的当下中发生的感性素材的结对联想是他人构造的关键事态，胡塞尔最终要强调的是，使结对成为可能的质素材料的突出本身不是单纯的事实，它一开始就是在兴趣意向以及各种善的意志活动中被构造的，与他的存在构造理论相似，意志同样被当作他人显现的前提。胡塞尔的立场是一以贯之的。

从前—我性的触发、兴趣意向和意志行为，到与他人在时间相位的同时性和演替中共在的原—自我，胡塞尔在原被动性的领域中展示了超越论现象学的最终基础。前—触发的意志行为中不仅包含了一切认识以及诸如他人显现等问题的最终的构造动机，而且最终将善规定为存在的基础，存在在其根基处就是善的。据此，胡塞尔在展示一门具有丰富内涵的超越论现象学的同时，也为现代西方哲学确立了基本的问题范式。

四　思的界限

现在获得的基础足以解决所有难题吗？在"他人问题"一节中，我们提出了如下问题：首先，善的超越的存在与存在之间隐含了变异的可

---

① Cf. Husserl, *Späte Texte über Zeitkonstitution (1929–1934)*, *Die C-manuskripte*, S. 314.
② Cf. Husserl, *Späte Texte über Zeitkonstitution (1929–1934)*, *Die C-manuskripte*, S. 316.
③ Cf. Husserl, *Späte Texte über Zeitkonstitution (1929–1934)*, *Die C-manuskripte*, S. 323.

能，它不仅体现在柏拉图在确定智性（noesei）超越理性（noesin）时一度展现出的游移不定中，同时也显示在胡塞尔通过对纯粹意识的时间化揭示思的综合能力时所遗留下来的滞留性的变异中。笔者曾不无悲观地认为，一旦这种综合中蕴含变异的可能，那么完全可能出现从善的根基性中变异生成恶的可能，这实际上也是人的实际的生存经验中普遍存在的状态；其次，基于善的目的论的最终构造固然解决了自我与他人之间的原始的共在问题，胡塞尔甚至告诉我们，这种共在本身首先就是善的，但问题是，这一原共在中如何生成他性？胡塞尔对此问题的解决其实很日常化，母婴之间的意向融合表现出了原始共在，而父亲的出现带来了社会性的可能。但问题实际上并未解决，因为当他性显示时，婴儿与母亲间的原融合的中断又何以可能？"他性"何以会显明为他性的？在所思的—存在者的层次上这固然不是问题，因为超越论在本质上是论证何以可能，而非事实上是否可能。

如果说梅洛-庞蒂和萨特代表了一种对超越论现象学的能思/所思的平行论的批判性的接受和改造的话，那么对这些界限问题的解决则需要一场对思的哲学的彻底批判。现象学运动内部承担这一使命的是以列维纳斯、亨利和马里翁为代表的现象学神学家，在现象学运动之外承担这一思的批判任务的则是以拉康为代表的心理分析家。对绝对他者与存在的内在变异性的探究代表了思的哲学批判上的两个不同方向：前者直指胡塞尔他人构造中的绝对他性的生成和显现的可能性，胡塞尔在能思/所思的先天平行关系的探讨中不幸耽搁了这一问题，因为它们超出了我性哲学的界限，而存在的内在变异的根据问题同样也被胡塞尔耽搁了，因为他坚定地将滞留流逝的本质理解为综合。

印象性的原共在与原融合是超越论现象学的最终基础，它们那里不可能存在绝对他性，胡塞尔要探讨的是原质素如何在纯粹意识中具有同一性，而原质素本身是否具有独立于纯粹意识的起源则并未成为胡塞尔考察的重点。原因也不难理解，因为这种独立性意味着一种先于同一化意识的存在，它超出了纯粹意识的同一化的界限，甚至可以说，同一化的意识活动本身甚至应该建立在某种先在物对纯粹意识的激发之上，但现象学反思应该如何达及这种构造同一性的先在物呢？

绝对存在是内在融合统一的，还是自身变异分化的，胡塞尔倾向于前者，但他的敏锐性和严格性恰恰体现在对存在的变异问题的关注上。比如在对本性如何构造习性的问题上，他已经指出其中存在变异现象。在存在的理念化的进程中，如何克服遗忘也成了他主要的课题。但我们可以提出如下问题：变异是存在的内在的构造因素，还是碎裂存在的动因？为什么思与存在是平行的，它们最初分裂何以可能？这些关涉存在的原始形态的问题，胡塞尔同样并未予以考察。在超越论现象学的边界之外，界限甚至都幽灵般地显现了。

第十节 哲思定位

在以能思/所思的流形结构为基础对超越论现象学基础问题做了一番探讨之后，本节的第一部分将尝试对超越论现象学予以准确的定位，我们倾向于将其视为现代柏拉图主义。相比海德格尔对亚里士多德的再发现，胡塞尔更早地在现代数学理性的基地上重建了柏拉图主义；随后，我们将聚焦能思/所思的流形结构与柏拉图的思的辩证法之间的内在关联，以此说明胡塞尔重建了柏拉图的理念世界，现代西方哲学在开端处仍然走在由数学理念开拓出的存在的道路之上；最后，我们将对胡塞尔的思的哲学的现代价值做出判断，超越论现象学是对现代西方文明之根基的一次不可替代的重建。

胡塞尔始终与柏拉图纠缠在一起。早在《逻辑研究》第一版时期，胡塞尔在探讨意向对象的存在发生时就已经指出，他的意向对象与柏拉图天国中的实在的理念毫无关系，这与康德的态度如出一辙。在超越论现象学诞生后，他又专门指出了这一问题："不断引起人们攻击的原因特别在于，认为我们作为'柏拉图化的实在论者'以观念或本质作为对象，并赋予它们，正如赋予其他对象，以实际的（真正的）存在。……如果对象和实在的东西、现实和实在的现实，都具有相同的意义，那么把观念理解为对象和现实则肯定是歪曲了的'柏拉图的抽象具体化'。"[①] 但是，从"实在的理念天国"到"歪曲了的'柏拉图的抽象具体化'"，胡塞尔对柏拉图的看法已经发生了微妙的变化，

---

① ［德］胡塞尔：《纯粹现象学通论》，李幼蒸译，第29页。

我们认为，能思/所思的流形结构与柏拉图主义的思的哲学之间有着内在的思想关联，胡塞尔在超越论的基地上唤醒并重建柏拉图主义已经是必然的事情了。

一　柏拉图与思的辩证法①

柏拉图认为知识的本性与存在相关，存在虽不可见，但可理知；经验世界与"既存在又不存在"相关，它是意见、信仰和臆断的对象。② 哲学就是在理智和真理中追问"存在的东西"的永恒存在的学问。但在存在与善的关系上，柏拉图一度陷入了游移，在《理想国》的第六卷中，他明确指出，善是所有理念中的最高者："它并非'存在'的东西，它是不论在尊严和力量上都更加超越于'存在'的东西之上的。"③ 而在第七卷中，他又不无矛盾地指出：善是"那个在'存在'中的最高贵的部分"④。前者表明善超越了所有具有存在性质的东西，它是灵魂所能认识的真理和存在的最终源泉，而后者则表明，善是存在中的最高者，仍属于存在范畴。

存在与善的存在都属于理知领域，它们之间存在内在的张力，这应该是柏拉图给予我们的最重要的哲学教诲。按照一般的理解，柏拉图对西方哲学最重要的奠基就在于指出理念与经验的两个世界的分离，胡塞尔正是在此基础上将自己所谓被意指的对象的意向存在严格地区别于了

---

①　一般所谓辩证法是指概念辩证法，它特别与黑格尔相关。笔者认为，在柏拉图那里，我们大致可以找到两种辩证法的起源，其一是思的辩证法，它的实质是对思进行一种发生学的考察，其哲学主旨是对思所指向的存在的等级序列进行内在的考辨；其二是概念辩证法，它尤其体现在柏拉图《巴门尼德斯》篇的工作中，其主旨是通过对理念之间关系的梳理来建构理念世界。概念辩证法一方面固然对思的辩证法形成了重要的补充：从被思的存在角度谈论存在的内在关联；但另一方面，它本身也开拓出了一个重要的哲学方向，即对存在自身的运动机制的描述。大致上说，胡塞尔继承了思的哲学，他的超越论哲学实际上继承了思的路向并使之彻底化了，而这种彻底化的重要标志就是以发生现象学解决了思的辩证法所试图解决的发生问题。

②　在对知识与存在，意见与不存在之关系的解释上存在三种模式："存在模式"、"述谓模式"和"诚实模式"，Cf. Theodore Scaltsas, "Knowledge as 'True Belief Plus Individuation' in Plato", in *Topoi*, 2012, p. 141.

③　[古希腊]柏拉图：《理想国》，顾寿观译，吴天岳校注，第313—314页。为了论述方便，本文将"是"统一成了"存在"。

④　[古希腊]柏拉图：《理想国》，顾寿观译，吴天岳校注，第351页。

柏拉图的理念的实在存在。但从我们引述的柏拉图的观点来看，他真正要告诉我们的是，在理念世界中，存在可以得到进一步的等级划分，善的存在高于存在，在此意义上，我们似乎可以理解胡塞尔在超越论现象学阶段为柏拉图的"辩护"。

如何达到对存在和善的存在的认识呢？柏拉图诉诸数理对象在认识中的双重功能：作为自然物的原型，它为自然物的存在和直观性提供了基础；而在理念世界中，它成了灵魂必然超越的假设。而一旦进入了理念世界，灵魂就能在思想（dianoia）中指明存在和所思（noetou），[1] 在理性（noesin）中使本原显现自身，最后在最高的思，即智性（noesei）中，实现对善之存在的最终的洞见。[2] 可见，柏拉图并未单纯地确定各种存在之间的等级关系，而是将这种关系切实地定位在思的内在的辩证关联之中。

柏拉图实际上提出了两种认识模式：在可见世界中，以自然物为起点，认识它的原型，即数理对象，我们将这种认识称为对理念的对象之思；在可知世界中，灵魂通过思的辩证法把握存在（以及所思）、本原和善，这意味着一种对存在、所思和善的本源性的辩证之思。这两种认识模式之间具有如下关系：首先它们都与理念相关，前者将理念当作自然物的原型，后者是对不同等级的理念的直接把握；其次，前者基于经验物指向理念，它本质上是一种在两个世界间存在的对称性的认识，后者则完全超出了感性领域，它在理念世界中贯穿了各等级的纯思并指向了相应等级的存在，因而具有一种内在的、多维的平行性；最后，前者将存在视为分离的、超越的对象，而在后者对存在的纯粹认识中，思与存在是同一的。

柏拉图并未将这些区分简单地诉诸例如灵魂马车之类的神话，而是对灵魂进入理念世界的现实可能性进行了深入的说明。我们来看他的具体指示。首先，《美诺篇》中的"学习即回忆"这一命题就暗含了这样一种意图[3]，知识是灵魂中原本就有的东西，只是被遮蔽了。令人惊讶的

---

[1] ［古希腊］柏拉图：《理想国》，顾寿观译，吴天岳校注，第317—318页。
[2] ［古希腊］柏拉图：《理想国》，顾寿观译，吴天岳校注，第350页。
[3] 笔者赞同霍普金斯的观点：美诺悖论是柏拉图和胡塞尔共同的超越论哲学的动机，Cf. Burt Hopkins, "On the paradoxical inception and motivation of transcendental philosophy in Plato and Husserl", in *Man and World* 24, 1991, pp. 27–47.

是，柏拉图揭示理念世界时所依据时间形式，即回忆，几乎成为后世所有思的哲学在揭示超越的存在的内在结构时所必然会采取的方法①；其次，在他晚期作品《蒂迈欧篇》中，柏拉图更清晰地展示了灵魂的超越的可能性，他同样将时间规定为永恒存在与作为其摹本的经验世界之间最重要的中介，他甚至向我们指出："时间是根据永恒者的本性造出来的。"②

因而，理解灵魂进入理念世界的关键就在于理解时间的本性以及它与理念的关系。柏拉图认为，永恒在经验意义上意味着超越时间，但在理念世界中则不然，它的运动"与理智和智慧最相通"，它"在原处作同一运动，在自身中不断地自我旋转"。③绝对生命的同一运动与被造物的生成变化不同，它呈现为永恒的、唯一的"现在"，"只有'现在是'才准确地描述了永恒者，因而属于它"④。这种将永恒的本性理解为"现在是"的做法实际上也不是柏拉图的首创，早在巴门尼德那里，存在的基本特征就被他理解为了一同现在。但柏拉图与巴门尼德的差别在于，巴门尼德将生成变化归结为意见，而柏拉图则创造性地指出"生成"自身就是永恒的"现在是"的内在特性，这一理解指向的是超越的存在自身的内在形态。

"现在是"在柏拉图那里具有双重含义：除了作为永恒者的存在性质的唯一的"现在是"以外，它还能作为生成物的时间性质，与"过去是""将来是"相对应，前者是神圣的生命的本性，而后者则仅仅与经验意义上的计数相关。⑤据此，如果我们结合回忆说，那么就可以看到，柏拉图

---

① 比如普罗提诺就告诉我们："当然如果有人在凝思永恒之前，在自己心里勾画出时间的图画，那么他也可能通过回忆凝思时间的原型——如果时间真的是永恒的一个像的话——从这个世界走向另一世界。"（[古罗马]普罗提诺：《九章集》（上册），石敏敏译，中国社会科学出版社2009年版，第321页）生命体作为整体，它是超时间的存在，作为原因，它存在于被生成的时间之"前"，他的问题是，时间中的生存者，比如灵魂，如何领会这一不属于我们的领域的永恒。（[古罗马]普罗提诺：《九章集》（上册），第329页）相比柏拉图，普罗提诺提出了一个新的问题方向：时间中的生存者如何在其内在的时间意识中领会永恒。这一问题直接决定了奥古斯丁的运思方向，并最终成为胡塞尔时间意识的主要突破口。
② [古希腊]柏拉图：《蒂迈欧篇》，谢文郁译，上海世纪出版集团、上海人民出版社2005年版，第25页。
③ [古希腊]柏拉图：《蒂迈欧篇》，谢文郁译，第23页。
④ [古希腊]柏拉图：《蒂迈欧篇》，谢文郁译，第25页。
⑤ [古希腊]柏拉图：《蒂迈欧篇》，第26页。谢文郁先生在对《蒂迈欧篇》的注解中明确指出了这一点（参见[古希腊]柏拉图《蒂迈欧篇》，第70—71页）。

实际上为西方哲学奠定了如下问题方向：借助于永恒者的唯一的"现在是"与作为生成物的时间形式的"过去是"（回忆）、"现在是"和"将来是"之间的生成关联，灵魂完全可以破除经验时间的迷障，进入理念世界，直观存在、本原，并最终洞见善的超越的存在。

因而，在思的哲学上，柏拉图至少作出了如下开拓性的贡献：首先，通过对思与存在的区分，确切地说，对理念世界中的思想、理性、智性与存在（所思）、本原、善的存在之间的平行关系的揭示，柏拉图拓展了巴门尼德的存在之思，思与被思的存在不再是单一的对应关系，而是呈现出多维的平行关联；其次，与后世的形而上学对"存在之为存在"的研究不同，柏拉图在思的领域中最终将哲学的建基性的问题标明为了善与存在之间的一系列疑难，比如数学与存在的关系问题，存在与善的超越的存在的关系问题等；最后，同样是继承自巴门尼德，柏拉图突破性地指出了理念的存在、思与存在的关系以至善与思、存在的关系都具有一种本源的时间性，从而将时间问题纳入了理念、存在与善的存在的关联之中，西方哲学从此带有了时间之学的特征。

但同时我们也有必要指出，尽管柏拉图为西方哲学开辟了重要的问题方向，但他的思的哲学还是为后世留下了一系列亟待解决的问题，比如：时间关联自身具有何种形态能使灵魂突破两个世界之间的鸿沟；在理念世界中，当柏拉图认为思与理念各自具有内在的等级差异时，这种差异本身何以具有先天性，它们之间的平行性又如何可能；善的超越的存在与存在之间的关系究竟如何，善绝对地超越存在，还是内在于存在。

二 能思/所思与辩证之思

胡塞尔对柏拉图的肯定辩证法和纯粹逻辑学的观念倍加推崇，在他看来，正是通过这种辩证法，柏拉图才确立了真正自身有效的认识、全部真理的总体概念和最高的原理，以及哲学的最高目的的理念，从而创立了真正的哲学。[①] 但是，一旦当他转向理念与真理的存在以及显现方式等问题时，柏拉图马上成了他批评的对象。

在《现象学与认识论》一文中，胡塞尔明确指出："柏拉图致力于一

---

① ［德］胡塞尔：《第一哲学》（上卷），王炳文译，第42—43页。

门完全极端的认识方法论时所带有的伟大哲学意义,很快便在他的后继者那里丧失殆尽。而由于他没有把握到在高尔基亚怀疑论中(……)包含的一门超越论哲学的萌芽,这个意义的丧失便进行得更为容易了。"① 纯粹逻辑学至少应该包含能思的和所思的逻辑学两个方面,而这显然只能在一门超越论哲学中才可能实现,柏拉图丧失的恰恰就是这一维度的考察,他对理念的思考是超越的,而非超越论的,胡塞尔对柏拉图的这一批评不可谓不激烈,但鉴于柏拉图哲思的复杂性,这一批评的合理性显然需要进一步地辨明。

柏拉图的思的哲学要义在于两次重要的划分:依循巴门尼德对真理之路和意见之路的划分,划分经验世界与理念世界,在理念世界的辩证关联中进一步将思与存在平行关系区分为了思想、理性、智性与存在(所思)、本原、善自身的存在之间的多维的平行关联。

胡塞尔的批评与这两种划分都有关系。尽管柏拉图对经验世界和理念世界的划分继承并推进了巴门尼德的存在与非存在的区分,但他引入的实在论视角使他滑入了超越问题的人类学版本,并由此带来了如下难题:此岸的存在者如何能够认识彼岸的超越物?这一问题困扰了两千年来的西方哲学。在胡塞尔的超越论哲学中,作为经验的动机关联,绝对的体验流绝不是一种与人类无关的彼岸的存在,相反它恰恰是人身处其中的唯一的存在,两个世界的划分源自实在眼光对绝对存在的一种伪造。但是,仅仅依靠这一说明并不足以彻底消除经验意义上的实在论,胡塞尔必须进一步澄清理念世界的内在结构,指明理念存在的何种特性能够使其自身从根本上拒绝被实在化。据此不难以理解,现象学还原对超越论哲学而言为什么具有如此重要的价值了,因为我们必须借此进入所谓"超越的"存在。

我们再看胡塞尔对柏拉图的第二个划分的评判。在胡塞尔看来,尽管柏拉图将理念提升为逻辑上的绝对物,但他却错失了对如下问题的先行追问:所思何以能成为能思的内在的"对象",所思自身的逻辑同一性如何能在能思中被构造,它们之间究竟是依附关系,还是平行关系?单纯强调所思的绝对的逻辑同一性并不足以成为解决这些问题的最终依据,

---

① [德]埃德蒙德·胡塞尔:《文章与讲演(1911—1921年)》,[美]奈农、[德]塞普编,倪梁康译,第132页。

因为它至多说明可能存在着与所思对应的能思。这些批评构成了胡塞尔对柏拉图超越论批评的第二层含义。

但胡塞尔对柏拉图的批评并不完全恰当,他似乎有意忽略了柏拉图的思的辩证法对思的内在辩证关系的说明。如果说胡塞尔对柏拉图的第一层批评主要与哲学自身的彻底化相关的话,那么第二层批评实际上则与两者的哲学立场相关。简单地说,这里真正涉及的是现象学与辩证法的内在争论,胡塞尔的真实意图是要以现象学为基础为柏拉图的肯定辩证法提供说明。

从超越论现象学来看,从理念到理念的辩证生成必须奠基于能思/所思的意向关联,或者更确切地说,奠基于能思/所思的双重交织和多维存在的自身显现,"通过思"向更高阶段的理念的上升以及各个等级的思与其对象之间的对应,都必须首先在意向关联的层级秩序以及能思/所思的内在平行论中获得先天的说明。只有如此,在柏拉图那里语焉不详的理念世界中的思想、理性、智性与存在(所思)、本原、善自身之存在之间的先天的平行关系才可能如其所是地被揭示。

在这种先天的结构性的发生中,善的理念之存在在柏拉图那里的矛盾地位得到了初步解决。作为纯一,善的存在在理念世界中超出了所有理念范畴,并成为其他一切范畴的辩证生成的最高目的。在超越论现象学的论域内,善的理念的超越性就表现为在意向的存在关联中的绝对内在的根基性:超越论对象 X 作为所思之核,即纯粹的形式同一性,它在能思/所思的平行性中展现为活的当下的本源构造,而其他理念则在纵横意向性中逐次展现。胡塞尔强调的是以意向流形为基础的理念化,这实际上也是对柏拉图将数理对象和本原当作进入理念世界以及达到最高的善的阶梯的继承与彻底化。在胡塞尔的规划中,纯粹意识的绝对存在根本不是什么单纯依据自身的性质而显现自身的东西,它是在一种严格的数学理念化的基础上被支撑起来的,或者说,这种所谓自身显现本质上就是一种自身建基于那种依据流形论意义上的理念化而得以可能的构造过程。[1] 据此,从活的当下到纵横意向性,或者说从本性之善到存在的自身构造最终就建立在意向的纯粹关联之中,它们本质上是一种绝对的、

---

[1] 参见 [德] 胡塞尔《欧洲科学的危机与超越论的现象学》,王炳文译,第 338 页。

内在统一的过程。

据此,胡塞尔实现了对柏拉图的超越论的批判,将其哲学理念绝对地内在化了:我们之所以能够在思的辩证关联中最终通达善的理念,是因为善本源地就存在于能思/所思的根基处,善的目的论不是外在的、实在超越的,而是根本内在的,它之所以能够成为绝对的公共目的,首先在于人的本性即善。在此意义上,善的绝对存在在体验流中展现为了时间性的永恒生成,柏拉图对善的理念的实在的追求恰恰是善在绝对存在中的内在奠基的超越性的展现。

三 思的哲学的现代价值

胡塞尔指出,关于能思/所思这种理性意识的最初萌芽在巴门尼德那里就可以看到了:"巴门尼德的思与存在的'同一性'命题的意义显然就在于,在'理性'思维中的被思者与真实存在者是不可分离的相关项。"[1] 可见,借助对柏拉图的超越论的批判,胡塞尔回应的不仅仅是柏拉图对理念的辩证思考,而且包括了巴门尼德的思与存在的同一问题。

在胡塞尔看来,绝对存在既不像巴门尼德所说的那样静止不动,它不是一种不变的"一",相反,它是一种原始的、生成着的意向流形,一种流变的一;同时,它的流变性也不像柏拉图指出那样展现为一种辩证的发生,即思与存在的辩证统一,而是首先显现为意向关联的一种先天的内在发生。在此意义上,我们可以说,胡塞尔不仅为柏拉图的理念论、辩证论、善的目的论奠定了新的哲思基础,而且以现代数学理性的方式重新唤醒并改造了巴门尼德的思:在意向流形中,思的真理与存在本质上是同一个生成过程。

胡塞尔的超越论现象学就建基在绝对存在与能思/所思的先天流形之中。在胡塞尔的论域中,绝对存在绝不是一种异己的存在,相反它就是在现象学还原中被揭示的我们生活于其中的唯一真实的存在。在绝对存在的多维的意向关联中,人,作为意义和历史的承载者和关联者,绝不是一种现成的、经验性的存在者。从在母体中以及襁褓时期开始,我们

---

[1] [德] 埃德蒙德·胡塞尔:《文章与讲演(1911—1921年)》,[美] 奈农、[德] 塞普编,倪梁康译,第141页。

就在与他人的共在状态中，随后在更高阶段的交互主体性的，或者说，交互单子间的关联中，这种意义持续地在人格自我那里积淀下来并不断地被激发和传达，进而，在这种动机关联的发生进程中，当下唯一的、超越论的生活世界最终得以创生。由此，在西方哲学的源头就已经被揭示的绝对存在回到了它最原初的含义：最初的存在并不是一种抽象的一般存在，在巴门尼德和柏拉图的洞见中，尤其是后者那里，存在就是一种具体的，甚至是神性的生命体。① 胡塞尔想要告诉我们的是，这种生命体不是别的，它正是人们生活于其中的生活世界。

当我们将胡塞尔视为现代哲学的奠基人时，显然有必要追问，他的思的哲学为现代哲学提供了什么，而一旦考虑到这门哲学同时也是从超越论哲学的角度对柏拉图的思与存在的平行关系的激活和再建时，这一追问显然就更有必要了，因为它已经不再是一种孤立的哲学形态，而是具有了思想史的建构意味，就现象学与希腊哲学的关系而言，显然是胡塞尔迈出了回溯希腊哲学的第一步。

这种回溯不是单纯的回归，其实质是在现代数学理性的基础上通过对思的哲学传统的激活，为现代西方哲学确立了新的问题基础和方法。简单地说，胡塞尔至少为现代哲学作出了如下贡献：首先，在问题形态上，超越论的思的哲学不仅包含了存在与意向的关系问题、世界的构造问题、主体的存在问题等，它还包括了极易被人忽视的现代数学的理念化问题、这种理念化对存在的构造问题，而胡塞尔对善的超越的存在与存在的关系的揭示实际上又为现代哲学提出了理念化与善的存在的关系，以及善的存在与存在一般的关系问题。令人惋惜的是，其中很多问题，尤其是与数学理念化以及与善有关的那些问题长时间以来没有受到研究者们应有的重视；其次，在哲学方法上，胡塞尔充分吸收了当时数学的最高成就，超越论现象学不仅确认了一种前—实显的绝对存在，而且以意向流形为基础，为我们刻画了这种存在的内在结构及其发生构造。如果有人认为胡塞尔没有彻底消除主客对立模式，而是接受了笛卡尔和康德的超越论的传统构架，那么他显然没能理解胡塞尔早已揭示的那种建基于体验流的绝对存在所具有的本源的创造活动；最后，在对世界和存

---

① 参见［古希腊］柏拉图《蒂迈欧篇》，谢文郁译，第21、22、25页。

在的基本看法上，胡塞尔在现代哲学的开端处就已经将存在置于了数学理念化的基础之上，并将善的存在视为人的本质之物。存在不是种属性的，它自身就建基生成于一种持续涌现的、生成性的起源之中，胡塞尔在超越论的思与存在的平行关联的最深处刻画了善对存在的建基生成，从根本上说，世界和存在的涌现就是善的存在的自身构造。

胡塞尔对柏拉图主义的复兴本质上是在现代数学理性的基础上激活柏拉图主义。在超越论现象学的视野中，柏拉图的贡献从不是对理念和经验世界的实在划分，而是对理念世界的内在构造的揭示，其中最惊心动魄的无疑是对理念与善的存在建基关系的揭示。在此意义上，胡塞尔通过正面回应尼采在批判柏拉图主义时提出的一元的绝对存在何以可能的问题，开启了现代西方哲学。

胡塞尔开启的现代西方哲学在思的结构上回应了19世纪以来的非欧几何运动的数学成就，从而使现象学运动一开始就深入了现代存在之中，我们认为，此举使现象学从一开始就获得了理解乃至批判现代性的合法基础，在胡塞尔之后，海德格尔也曾尝试以形式显示批判性地理解流形论，甚至在梅洛-庞蒂那里，现代数学的意向，譬如拓扑学也获得了某种意义上的构建，这是现象学运动具有现代性的重要标志。但现象学并未停留在对数学理性的单纯运用上，胡塞尔的超越论现象学与海德格尔的生存论一样，都具有严肃地批判现代性的意味，他数次推进现象学还原以揭示更深的明见性就是明证，而超越论构造从一开始就展示出了构造新的存在，揭示新的生存意义的意图，它对实显性模式的批判甚至回应并印证了西方马克思主义对物化意义的批判。

第五章

对法国的影响

胡塞尔对法国现象学的诞生和发展产生了重大的影响，至今不绝。本章将着眼萨特、梅洛-庞蒂、列维纳斯、亨利和马里翁与超越论现象学的思想关联，探讨胡塞尔如何激发起法国现象学运动以及他对超越论现象学的规定是如何逐渐被改写的，在此基础上，我们也希望借助法国现象学家对超越论现象学的不同解读，揭示他们之间的思想差异。

萨特、梅洛-庞蒂是胡塞尔《观念》阶段的"弟子"：前者关注《观念Ⅰ》，他对意向性看似独特的理解，对前反思的我思的强调，都源自他对纯粹意识以及能思/所思的解读（第一节）；梅洛-庞蒂特别地立足于《观念Ⅱ》，这一点无论从他对身体与周遭世界的生存论关联的揭示，还是从他如何提升和确立身体的存在论地位都可以看到，《知觉现象学》对胡塞尔的精彩解读，实际上正产生自他从《观念Ⅱ》中获得的身体的跨域构造的视角（第二节）。

同属现象学神学阵营的列维纳斯、亨利、马里翁对超越论现象学的理解存在重大差异：在第三、四节，我们将分别指出，列维纳斯、亨利更为内在地接受了超越论现象学的基本框架，他们对绝对他者以及生命的特殊存在形态的探讨是建立在他们对纯粹意识的根基的准确理解之上的，我们愿意将他们的工作视为超越论现象学未来发展的一种可能形态；在本章的第五节，我们将着重指出，与列维纳斯、亨利不同，马里翁与超越论现象学的关系非常特别，由于他主要借助海德格尔的眼光理解胡塞尔，致使他不仅错失了超越论现象学对绝对存在领域的重新确立，而且在展示其标志性的现象学概念，譬如还原、给予、给予/既予①时，他也错失了这些概念在超越论现象学中的规定和发展，这些应该得到学界足够的重视。

本章对法国现象学家的评述立足于超越论现象学，其中对现象学神学思潮的评论或许很容易招致我们的研究是否过于保守的批评，因为现象学神学似乎代表了现象学最新的发展方向，但我们必须指出，恰恰相反，由于超越论现象学与20世纪以来的现代世界具有高度的同构性，它理应成为我们理解当下世界的理论参照，更重要的是，在新的存在不断涌现的当下，是跟着现象学神学家们改造现象学，还是聚焦新存在的性质和结构，让现象学不断绽放出新的活力，这无疑是我们必须直面的问题。

第一节　自我的超越性

萨特是现象学由德入法的关键人物，他早年就对胡塞尔的超越论现象学做过深入的研究。萨特对现象学的创造性的理解和发挥无论对他本人，还是对现象学运动都有着重大的意义，因为他的独特理解不仅决定了他在面对黑格尔、海德格尔以及心理分析时的理论姿态，而且也为现代法国现象学综合德国古典哲学以及以现象学、心理分析为代表的现代西方哲学确立了典范。

学界对萨特褒贬不一，海德格尔就曾严厉批评萨特陷入了传统的形而上学②，而近来在阐发"前—反思"的问题域时，萨特的观点又开始得到充分的重视。③ 我们不禁要问，萨特究竟偏离了现象学基本问题，致使他落后于这个时代，还是说他由于获得了某些独特的哲学视角，从而内在地推动了现象学运动的发展？

---

① 参见徐晟《现象与主体：当代法国哲学的进路》，社会科学文献出版社2022年版，第8章；朱刚《给予者，抑或受予者？——论马里翁对自我的激进化理解》，《安徽大学学报》（哲学社会科学版）2022年第1期。

② 参见 ［德］海德格尔《路标》，孙周兴译，第385—386页。

③ Cf. Zahavi, The Three Concepts of Consciousness in *Logische Untersuchungen*, 2002. 尽管扎哈维曾站在胡塞尔的立场上反驳过萨特的批评，但在我们看来，从前—反思这一问题视角的提出看，萨特无疑具有开拓地位。

本节将通过解读萨特早期对胡塞尔现象学的研究来初步回答这些难题，为此，我们将探讨如下问题：首先，我们将聚焦"前—反思"问题，考察萨特如何理解这一曾困扰现象学运动的反思难题；其次，我们将探讨萨特对意向性概念的独特理解，本书将特别澄清，萨特关注的并非以表象意向性为典范的立义模式，而是一开始就聚焦于超越论现象学的能思/所思的平行结构，但由于他缺乏对内时间结构的深入理解，致使他并未真正揭示出意向流形的多维的构造；最后，同样由于内时间研究上的缺陷，萨特错失了胡塞尔揭示的本我的先天结构，但不无悖谬的是，这一缺陷却意外地为他在存在的生成上引入海德格尔的"无化"和黑格尔的"虚无化"打开了大门，现代哲学也就此获得了新的可能。

一 "前—反思"问题

在胡塞尔现象学的语境下探讨"前—反思"的自身觉知（或我思）的可能性是时下现象学研究的重要方向，在现象学运动中，这一问题方向可追溯至海德格尔借回应纳托普对胡塞尔的批评对他本人的原初体验概念的阐发，但有趣的是，我们在胡塞尔本人那里却很少看到对此问题的深入讨论和回应，该如何理解其中的蜿蜒曲折？

《观念Ⅰ》出版后，纳托普就对胡塞尔的现象学反思提出了疑问，他认为，反思作为"'第二层次的行为'，它指向所有的（原初）行为，并在自身中实施着对对象的设定"[①]，因而只是"对体验的直接性的疏远……是对体验流的中止"[②]，它最终"必然会导致一种对体验流的分析、分泌或者化学上的分解作用"[③]。言下之意，反思是一种对象化的行为，必然会使原初体验时空化和范畴化，现象学借此追求的原初体验只能是美梦一场。根据笔者有限的阅读，胡塞尔似乎并未在文字上回应他的这位哲学前辈，海德格尔替师出面，主动回应了这一批评。

在"马堡讲座"中，海德格尔基于他对现象学的理解，辨析了纳托

[①] Natorp, "Husserls Ideen zu einer reinen Phänomenologie", in *Logos* Ⅶ (1917–18), S. 236.

[②] Natorp, "Husserls Ideen zu einer reinen Phänomenologie", S. 238.

[③] Heidegger, *Zur Bestimmung der Philosophie*, S. 101.

普的批评，但令人惊讶的是，海德格尔的回应根本不是为胡塞尔辩护，而是一种更深入的批评，他明确指出："在反思的行为与被反思者即反思中的对象之间，存在着实项的、彼此交融的包含这样一种联系。"① 我们在上文的"存在问题"一节已经指出了海德格尔的倾向：胡塞尔的反思背离了原初生活，真正的哲学应该远离这种脱—生活化和脱—意谓化，应该返回原初的生活，关注它的自身显示，我们对此也已经给出了回答，对海德格尔来说，胡塞尔的意向流形、前谓词的经验似乎从未存在过。

从海德格尔对纳托普的回应看，在萨特接触现象学之前，回到前反思的、前理论化的原初生活，进而勾勒这种生活的基本结构，就已经是现象学运动的重要的研究方向。但在我们看来，海德格尔对纳托普的回应完全不能代表胡塞尔的想法。原初生活不能被对象化地反思，在胡塞尔那里，这仅仅意味着它不能成为描述心理学的研究对象，而在超越论现象学中，这种"原初性"的确切含义在绝对的自身被给予性中得到了标识，最终在现象学还原所揭示的内时间的流形结构中得到了具体刻画，胡塞尔甚至在此结构中不无诗意地提到了如何迎向生命。

表面上看，萨特对反思的态度与纳托普、海德格尔毫无差异。在《自我的超越性》中，他告诉我们：我思意味着"我"在思，几乎所有谈论我思的哲学家都将我思看作反思运作，但这是第二等级的活动，它忽略了前—反思的意识同样也可以是我思性的。② 反思是对原初意识的对象化，因而是设定性的，而前—反思的意识则是一种对自身的非设定的活动，两者的差异在于，对原初意识活动的反思将被反思的意识设定为某物，因而必将导致意识的死亡，就此，我们必须寻求一种未被反思的前—反思意识："这种意识，不应把它设定为我的反思的对象，而是相反，我应该把我的注意力集中在重新引出的对象上面，但在与之保持某种同谋关系，并且以非设定的方式清点意识内容的过程中，不让这种意识从我的视线中消失。"③

---

① [德] 海德格尔：《时间概念史导论》，欧东明译，第138页。
② 参见 [法] 萨特《自我的超越性：一种现象学描述初探》，杜小真译，商务印书馆2010年版，第10—11页。
③ [法] 萨特：《自我的超越性：一种现象学描述初探》，杜小真译，第12页。

因而，在反思与前—反思的原初意识之间存在如下悖论：如果反思是设定的，那么意识的"未被反思的"状态就不可能如其所是地显现，但如果不反思，那么未被反思的意识又如何能得到本质性的描述？对此，萨特提出了第三种选择，我们的注意力可以非设定地指向反思的对象，揭示其结构，对象化反思的确不能揭示原初生活，但这一事态意味着我们需要新的反思，而不是彻底放弃反思性的哲学。萨特至此明显与海德格尔拉开了距离。通过对反思哲学的批评，海德格尔试图彰显其生存论建构的价值，而萨特要做的恰恰是重塑反思哲学。我们认为，萨特此时的思考大体上符合胡塞尔本人的现象学进路。

前文已经专门讨论过，在1906/1907年的知识论讲座中，胡塞尔已经揭示一种不同于内感知式的反思的新反思，这种新反思的特征就是非设定性、单纯注意以及时间性，萨特与胡塞尔的这一立场不谋而合，1917/1918年的"贝尔瑙手稿"中，胡塞尔更是明确地在时间性上规定了它的结构：超越论反思揭示的就是原初体验，它与心理情绪无关，而是对原初意识的时间化结构的揭示。萨特同样强调这种时间化作为原初体验之统一性的根源的意义①，对他来说，在对象化反思之前，原初意识已经在一种非设定的意识中获得了"清点"，正如他著名的例子："当我奔跑着追赶电车时……都没有'我'存在，有的只是对我要追赶的电车的意识等，以及对意识的非设定的意识。"② 但是，萨特的缺陷是，尽管他已经明见到这种非设定的、单纯注意的"我思"活动的存在，同时也向我们揭示了原初意识的时间化的本性，但他却无法进一步指明两者之间的构造性的关系。加入胡塞尔的思考之后，我们不难给出如下判断：这些"前—反思"的意识之所以能存在且被保存，就是因为它们自产生起就在时间化中被结构化了，而它们之所以能被反思到，也正是因为意识的这种时间化功能，萨特所谓"同谋关系"的根据就是时间化。

跟随扎哈维单纯强调前—反思的自身觉知的"伴随性"特征恰恰是危险的，因为胡塞尔随后在超越论的问题域中将时间化的结构揭示为了活的当下对纵、横意向体验的建基生成，"伴随性"显然无法涵盖此意向

---

① 参见［法］萨特《自我的超越性：一种现象学描述初探》，杜小真译，第8页。
② ［法］萨特：《自我的超越性：一种现象学描述初探》，杜小真译，第13页。

结构的构造性。具体地说，这三种类型的意向关联在结构上并不相同：活的当下构造于原意识由分离到一的融合，纵意向性是时间相位的连续变异的综合，而横意向性则是变异而成的现成相位的综合，前—反思的自身觉知如果仅仅是一种伴随性的体验，它何以能区分进而揭示这三种在意向结构上具有明显差异的意向的关联和综合？难道伴随性的"前—反思"的自身意识的内部还能再区分出若干种彼此不同的自身意识？回答自然是否定的。在此意义上，萨特的观点显得尤其珍贵，我们确实具有一种对原初体验的反思，尽管他出于与对象化反思相区别的目的，将这种新的反思冠以"前—反思"的名义。

在反思问题上，萨特一开始似乎站在了海德格尔一侧，他同样反对一种设定性的反思，但他并未像海德格尔那样主张放弃任何形式的反思，而是坚持一种胡塞尔式的对原初意识的非设定意识，他甚至与胡塞尔一样坚持原初体验具有同一化的综合能力；但另一方面，对比胡塞尔对原初意识的深层勘测，我们又不难发现，萨特还是缺乏胡塞尔式的根据内时间意识结构所实现的对体验流的层层揭示，他往往只是从具体事例出发，诉诸他天才般的直觉和明见性，这一缺陷使他无法对纯粹意识内在结构进行更深入的说明，比如"同谋关系"究竟何以可能等。这一有趣的状态在意向性问题中同样可以看到。

二 意向性

意向性是现象学的核心概念，我们甚至可以认为，要想知道一位现象学家是否有独创的想法，那么首先就应该看他在意向性问题上是否有突破，譬如学界喜欢谈论海德格尔的生存意向性，对操心等非客体化意向的揭示对胡塞尔的建基意义等。我们在萨特这里是否也能看到这一点？

在"前—反思"领域如何谈论意向性？这是萨特以及跟随萨特思考的哲学家都必须面对的问题。在描述心理学时期，胡塞尔将客体化行为确定为意向性的基础：意向相关于某物，是因为要么它本身就是客体化行为，要么建基于客体化行为之上。但对意向性的这样一种理解是否可以原封不动地挪到超越论现象学中呢？本书已经对此做了大量的讨论，我们的答案是否定的。从《逻辑研究》到《观念》，胡塞尔最主要的研究涉及的是空间和时间构造，而其中最重要的成就是揭示出了动感和滞留概念。这两个概念的提出为现象学带来了根本性的变革,描述心理学中的立义模式就此被彻底消除,一种基于时间流形和空间流形的新的意向关联被确立为超越论现象学的意向性概念的基础,胡塞尔称其为能思/所思的先天平行关系。如何看待能思/所思的先天平行关系?作为纯粹意识的内在构架,能思/所思具有一种前—客体化的流形结构。按照《观念》的构想,这一结构已经彻底突破了种属先天的局限,从内时间角度看,这种新的意向流形结构具有从活的当下到纵向、横向的构造,胡塞尔在《观念Ⅰ》中至少指明了其中的双重意向性的维度:"在能思与所思中的各种意向性是以层级的方式互为根基的,或者毋宁说是以独特的方式彼此套接的。"① 而所思层次间的"表象""似乎是一种与能思意向性相对的所思意向性。前者将所思意向性作为其意识相关项包含在自身中,其意向性也以某种方式贯穿了所思意向性的方向线"②。

在意向性问题上,萨特坚持立义模式,还是接受了胡塞尔的新构想?首先可以明确,与海德格尔将自己与胡塞尔的思想关联安置在"第六逻辑研究"不同,萨特一开始关注的就是超越论现象学,具体到文本,就是《观念Ⅰ》。就他对对象性反思的批评来看,立义模式显然是不可取的,根据胡塞尔在《逻辑研究》中的想法,立义意向的明见性奠基于内感知,后者就是萨特所批评的对体验的对象化把握,而就其对原初体验的"前—反思"的把握以及对体验的时间性的构造来看,我们完全可以期待萨特能够成为能思/所思的意向关联结构的"首批"继承者。

在"意向性"一文中,萨特抨击了那种被他称为实用哲学的对意识的解释,这种哲学将对象消融在意识活动中,萨特向我们强调:"与经验主义、新康德主义这些消化哲学相反,与一切'心理主义'相反,胡塞尔始终断言不能将物消融于意识之中。"③ 但这会引起争议,因为在强调纯粹意识的绝对性的特征时,胡塞尔曾多次明确提到存在消融在纯粹的意识活动中。

当萨特将经验主义和新康德主义作为消化哲学的典型时,此思考与

---

① [德] 胡塞尔:《纯粹现象学通论》,李幼蒸译,第178页。
② [德] 胡塞尔:《纯粹现象学通论》,李幼蒸译,第179页。
③ [法] 萨特:《自我的超越性:一种现象学描述初探》,杜小真译,第96—97页。

他对对象化反思的批评是相通的，因为只要将意识活动的基础理解为内在物，一种在对象化反思中能够被确定的存在者，那么意识的内存在就必然会被"消化"在意识活动中。反思决定了意识的构造方向。但能思/所思的先天平行关系与这种内在的"消化"关系，对胡塞尔来说，世界从未消失在超越论构造中，而是在意向的动机关联中被构造出来，超越论构造在此意义上意味着一种绝对内在的超越。就此而言，萨特对胡塞尔的理解大体上是正确的。同样，萨特将意向性的特征确定为指向外在也未尝不可："因为意识并没有'里面'，它本身只不过是外在的东西，就是这种绝对的逃逸，这种对成为实体的拒绝才使它成为意识。"① 能思构造的是对象性的所思，而非能思内部的某种存在者，不消融于内，指向外在，很好地体现了能思、所思之间的直接性和平行性，它们无须任何中介。但萨特的缺陷是没有马上指出能思、所思两侧的多维性，当然这同样源自他此时尚未关注内时间的整体结构。

当萨特否认纯粹意识有任何内在性时，这一失察的严重后果便显现了，萨特说："意识也就变得纯净起来，干净得像一阵狂风，除了自己逃逸的运动和向自我之外的滑动之外，它之中就没有什么了。"② 在胡塞尔那里，纯粹意识之所以有指向性，是因为它有其内在的综合机制，亦即我们这里所谓建基于时间性构造之中的意向流形的多维构造。胡塞尔从未说能思/所思的意向结构中没有任何内容，现象学还原彻底断绝了意识的自然信念，但它借此恰恰揭示了一种形式化的内容，胡塞尔称其为质素，上文曾特别地对此形式性的内容做出了说明。值得指出的是，萨特与胡塞尔的这一"对立"致使他逐渐离开了经典现象学，因为胡塞尔始终强调纯粹意识的时间化的生成，而萨特则很快引入了辩证法的因素，将纯粹意识的空无理解为否定，从而走向了对存在的内在虚无化的探讨。

实际上，在纯粹意识的范围内讨论"内在"和"外在"本身就是危险的。在立义模式中，实项的被体验内容是在意识行为中存在的，我们在此意义上可以谈论意识的"内在"，但在能思/所思的平行结构中，胡塞尔经常谈及的是纯粹意识的绝对存在，所谓"外在"并非客观意义上

---

① ［法］萨特：《自我的超越性：一种现象学描述初探》，杜小真译，第97页。
② ［法］萨特：《自我的超越性：一种现象学描述初探》，杜小真译，第97页。

的，而是指被构造的，内在的超越指的就是所思如何在能思的多维结构中被构造。

至此，萨特本人的现象学基调已经非常清楚了：他显然没有甚至反对哲学作为严格的科学的理念，而是强调"前—反思"的我思已经指向世界，在此理解中，海德格尔的"被抛在世"自然也就可以纳入萨特所理解的意向性。① 但他与胡塞尔的差异同时也清晰可见了，萨特并不特别地关注构造外在的绝对内在性及其在结构上的先天性，而是将存在的生成动力留给了辩证法。

三 自我的构造

胡塞尔在本我论上花费了大量的研究精力。在历经三十余年的现象学思考中，他至少探讨了五种形态的自我，即实显性自我、超越论自我、习性自我、原—自我和前—自我。这些形态的自我不是任意提出、随便刻画的，它们在以时间性为构架所敞开的纯粹意识的流形结构中有其不同的生成基础。就此而论，萨特在其现象学的研习阶段能以"自我"问题为研究对象，表明他对超越论现象学的基本问题已经有了相当内在的认识。

在提出他的自我理论之前，萨特对传统的自我论做了重要的评判。首当其冲的是康德的作为统觉的自我。这种自我源自"我思应能伴随我们的所有表象"这一事态。萨特的问题是："是否应该得出结论说：'我'实际上寓居于我们意识的一切状态之中，并且对我们的经验进行真正的高层次的综合？"② 这里从"能"的角度对自我的权能的构造属于权利，而非对意识活动的事实状态的揭示。如果从"事实"上看，我们应该追问，在意识中能够遭遇到"我"，"它是由于我们诸多表象的综合统一成为可能，还是由于有它而使各种表象在事实上统一起来？"③。正如萨特马上指出的，只要谈及"我"在意识活动中的事实性的存在，那么我们必然遭遇到胡塞尔。

---

① 参见［法］萨特《自我的超越性：一种现象学描述初探》，杜小真译，第98页。
② ［法］萨特：《自我的超越性：一种现象学描述初探》，杜小真译，第4页。
③ ［法］萨特：《自我的超越性：一种现象学描述初探》，杜小真译，第5页。

康德的超越论统觉总体上偏向于逻辑化的构造，但胡塞尔与之不同，萨特告诉我们："康德的超越论意识，胡塞尔通过现象学还原重新找到并把握了它。但是，这种意识不再是一个逻辑条件的总体，而成为一个绝对事实。"① 不是先指出存在各种表象，然后谈论为什么各种表象是属于我的，胡塞尔不需要这样的统一，胡塞尔的做法是借助现象学还原进入作为绝对事实的体验流，再根据体验流的结构谈论我思和自我的形态。萨特对此有所领会，他正确地指出："胡塞尔在《内时间意识》中研究过诸意识的主体统一，他从未求助于'我'的综合权力，这个例子很典型。是意识自己把自己统一起来。"② 在早期的内时间研究中，胡塞尔将统一性的权能赋予体验流的纵意向性，如果引入他中晚期的研究，那么体验流的最终根据应该是活的当下的构造功能，这一点萨特当然不可能指出。

在此基础上，萨特指出了对他的整个现象学思考至关重要的一点：意识的实存是绝对的，它为自身存在，即自为存在，超越论自我意味着意识的死亡。把纯粹意识视为绝对存在，这是胡塞尔的基本理念，萨特完全接受了这一点。相对纯粹意识，对象化意识是被生成的，而一旦意识成为对象化意识，那么自我也就被意识到了。萨特据此将意识划分出了两个层次：就其自身而被意识到并存在的纯粹意识以及对象化意识，前者是前—反思的、构造性的，后者是被构造的。与胡塞尔相比，萨特的极端之处在于，他认为只有在对象化意识所带来的反思中才会出现"我"，而在此瞬间，纯粹意识就已经死亡了，也正是在此意义上，萨特随后批评胡塞尔的超越论自我"使意识变得沉重，变成绝对存在物的性质"③。

萨特强调超越论自我是纯粹意识的构造物。从《观念》阶段来看，胡塞尔将超越论自我当作纯粹意识的极化，但这种极化何以可能，他并未予以清晰的说明，同样在此阶段，胡塞尔也没有立即在超越论的构造中明确其具体的构造作用。差不多直到晚年，胡塞尔才重新激活超越论自我，将之视为构造时间的最终基础，也就是我们提到的原—自我和

---

① ［法］萨特：《自我的超越性：一种现象学描述初探》，杜小真译，第6页。
② ［法］萨特：《自我的超越性：一种现象学描述初探》，杜小真译，第8页。
③ ［法］萨特：《自我的超越性：一种现象学描述初探》，杜小真译，第9页。

前一自我。超越论自我并非萨特所拒斥的逻辑化的自我,而是构造时间的源点和最基本的事实,它赋予体验流以最终统一性。但萨特理解的构造主要是对象化意识的构造以及体验流对统一性的构造,他缺乏对纯粹意识自身构造的深层研究,由此他才会认为胡塞尔将"我"理解为了"我思"中的超越物,超出了时间体验。① 实际情况当然不是这样,纯粹意识的"极化"恰恰意味着一种对体验流的内在的构造,超越论自我在纯粹意识之中构造纯粹意识。康德意义上逻辑化自我对萨特来说顶多是纯粹意识的构造物,它在体验流的同一性基础上才可能存在,归根到底属于对象化意识的范围,从现象学的角度说是现存的存在者。

萨特主张的自我意味着"性质的状态和行为的统一"。他告诉我们:"未被反思的意识应该被视作自主的。这是全然无须补充的整体,我们还应该承认未被反思的欲望的性质就是在对象上把握可欲物的性质以自我超越。"② 纯粹意识基于其自身的同一化能力具有构造功能。萨特认定,在这种纯粹的意识活动中存在一种作为状态、行动、性质的自我。具体化的自我与超越论自我不同,它是纯粹意识活动中的存在者:"'我'(Moi)不应该隐藏在这些未被反思的状态的后面。'我'正是作为反思意向的对象相关物与反思行为一起显现的。"③ 从萨特对意向性的理解来看,这一点更容易理解:在"前—反思"的整体存在中,我求助皮尔埃,因为皮尔埃"应该—得到—救助",在反思中,关于皮尔埃"应该—得到—救助"的意识显现为延续的,而"作为性质的状态和行为的统一"的自我便作为这种延续的意识的主体而存在了。

在"自我的构成"一节中,萨特具体考察了状态、行动和性质的构成以及作为超越的极的"我"的显现问题。这种自我在超越论现象学中大致相当于习性自我,萨特也确实提到了这些意识之间存在一种与意识流相关的内在统一性。④

从萨特对胡塞尔的提示来看,他比较熟悉的应该是《观念Ⅰ》,这一

---

① 参见[法]萨特《自我的超越性:一种现象学描述初探》,杜小真译,第13—14页。
② [法]萨特:《自我的超越性:一种现象学描述初探》,杜小真译,第18页。
③ [法]萨特:《自我的超越性:一种现象学描述初探》,杜小真译,第19页。
④ 参见[法]萨特《自我的超越性:一种现象学描述初探》,杜小真译,第20页。

点和梅洛-庞蒂选取的第二卷不同。我们可以设想，如果萨特也接触过第二卷，那么他将如何处理自我问题呢？笔者认为，有一点似乎可以确定，他必须面对"作为性质的状态和行为的统一"的自我先天性问题，因为胡塞尔正是在《观念Ⅱ》中开始展示其对习性先天及其在体验流中的奠基的可能性的探讨。

"状态"、"行动"和"性质"在萨特那里作为意识的超越的统一而存在，它们已经是意识的构造物了。"自我"呢？它是作为这些超越统一的极化而存在。萨特所谓"极化"自我看似与胡塞尔那里的超越论自我具有相同的存在形式，但我们还是愿意强调一下它们之间可能具有的差异：胡塞尔的超越论自我不仅是诸我思行为的极化，它更是体验流之时间化的源点，因而具有内在的先天性，正是由于它的这一独特的构造地位，才使其能够成为诸我思行为的极点。

但正是在此问题上，萨特显现出了根本的不足。譬如，他对恨、厌恶和愤怒的分析更像一种意向心理学的讨论，而非超越论现象学的，因为他并未揭示出恨何以必然超越出厌恶和愤怒的体验，从而能够成为意向统一的状态，在胡塞尔那里，厌恶和愤怒只要有其对象，它们自身也就已经是超越的对象了，这一点与同样大量借鉴超越论现象学的海德格尔对基本情绪的分析形成了很大的反差。无须赘言，缺陷就在于对时间性的研究。

在讨论极化的"自我"时，萨特触及了能思/所思的最核心的问题，即作为所思的核 X 的地位问题，他通过与对象核 X 的类比，表明自我中不需要支撑心理现象的 X 极，换言之，自我极不是 X。胡塞尔对所思中的对象 X 极的确定并不完全出自主谓词的逻辑关系，在能思/所思的先天平行关系上，它建基于能思的时间性的构造上，即活的当下的同一化的作用。

萨特指出："一种不可分离的并且自己支撑自己的综合整体，在不能被真实、具体地分析的条件下，自然无须一种支撑 X。比如，在欣赏一首乐曲，设定 X 去支撑各种不同的乐符是毫无用处的。"[①] 为了说明这一构造关系，萨特援引了"第三逻辑研究"中的"整体与部分"的关系。但

---

① ［法］萨特：《自我的超越性：一种现象学描述初探》，杜小真译，第 27 页。

可惜这并不适用，质料的先天综合建立在种属的关系之上，而这里存在的是形式化的综合。乐曲的连续具有一种内时间的综合，而这种综合的最终基础就是活的当下的综合功能。萨特对此几乎绝口不提。我们据此也就不难理解他何以会否认自我中存在一种支撑心理现象的 X 了，但是，我们只要明白这种支撑物不是实在物，也不是逻辑设定，而是体验流的最终的构造基础也就足以明白他与胡塞尔之间的重大差异了。

一旦丧失了时间性的构造，萨特在纯粹意识的构造上自然也就陷入了如下困境："自我从来没有对自己的状态无动于衷，而是与这些状态'同谋'。然而，支撑，恰恰只有在它成为支撑与包容'自我'固有性质的具体整体的情况下，才能与所支撑物'同谋'。'自我'全然不外在于自己所支撑的状态与行动的整体。"① 这相当于说，支撑作用只有当它与被支撑物"同谋"了，它就在支撑了。除了这种循环说明之外，萨特还能给出这种支撑的先天可能性的说明吗？"'自我'全然不外在于……"就算是，其先天性又何在呢？类似的例子不少，这里就不再一一指出。

尽管萨特洞见到了纯粹意识的存在性，但他毕竟没有深入地探讨时间性的内在构造的层次差异，从经典现象学来看，这甚至是致命的，他关于前—反思的自身觉知、自我的内在被构造的可能性的研究的所有不足几乎都可以回溯到这一缺失上。但从萨特的思想发展来看，这一缺失出乎意料地给了他一种全新的可能，他随后很自然地接过了海德格尔对存在之无化与此在的关系的考察以及黑格尔式的对存在之自身虚化的能力的强调，在超越论现象学的绝对存在的生成动力上，他"自然地"注入了存在论和辩证法的因素，一种新的理论建构随即诞生。

四 萨特的胡塞尔

萨特接续纳托普、海德格尔，表达了对行为现象学的不满，前—反思的自身意识就此被提出，我们知道，在现象学运动中，接续萨特的问题意识是扎哈维等人，但是，虽然同样立足于行为现象，但他们的理论取向却并不相同：萨特试图借前—反思标出与胡塞尔的差异，而扎哈维则尝试以此揭示出一种据说是全新的理解胡塞尔的范式。

---

① ［法］萨特：《自我的超越性：一种现象学描述初探》，杜小真译，第 27 页。

具体说来，首先，萨特出发点是《逻辑研究》，譬如他曾批评后者对自我的理解，但他的落足点却是超越论现象学，我们甚至可以确定他实际接受的胡塞尔文本主要是《观念Ⅰ》，这也就决定了他对超越论现象学的探讨只能局限在胡塞尔在《观念》阶段提出的若干问题上，例如现象学反思、纯粹意识、超越论自我的可能性等。有趣的是，萨特理解胡塞尔的进路与海德格尔几乎完全相同，后者也是借助对《逻辑研究》中的范畴直观的批评，引入在超越论现象学中镜射出的生存论建构，而我们知道，萨特在改写完《观念Ⅰ》之后，很快就引入了海德格尔式的对人如何生存于世的考察，而与之平行的则是胡塞尔随后在《观念Ⅱ》率先开启的对主体如何在周遭世界中构造习性和人格世界的研究。

其次，就萨特对超越论现象学的具体理解来看，优点和缺陷并存：在意向性、纯粹意识和自我等问题上，萨特与超越论哲学关系紧密。萨特将意向性的本质理解为外在性，将纯粹意识理解为自身对自身绝对的意识到，就当时的现象学研究而言可谓特色鲜明，尽管不如梅洛-庞蒂以身体现象学为基础理解胡塞尔来得那么准确，但确实为后世打开了一条独特的现象学道路。更加难能可贵的是，萨特随后在意识哲学范式内对个体生存于世的基本情绪的研究，接续了海德格尔在思想转向时期的基本立场，他关注的人何以能成为本质性动物，这一命题在现今的科学化的思潮中显然具有独特的地位，与扎哈维等研究者不同，萨特不再单纯以前—反思的自身意识"指向"人内在的基本情绪，而是真正聚焦在这些情绪究竟如何构造人与世界的关联，在胡塞尔那里，这些显然属于能思/所思内部的难题。

但我们也能够看到，在对纯粹意识的本性的理解上，萨特与胡塞尔有着重要的差异，尽管他已经不断提到体验流在时间体验具有内在的综合作用，但可惜他始终没有深入这种统一化何以可能的问题，从而错失了体验流从活的当下到纵、横意向性的构造这一决定了超越论现象学的合法性的难题，这一缺陷直接导致了他在一系列问题的讨论上存在缺陷甚至错误，譬如，他不可能指出反思与时间结构的关系、纯粹意识的多维结构以及自身构造的可能性、"自我"与"状态""行为""性质"之间的极化关系的先天性。

当然，我们这里对萨特的评价主要还是站在超越论现象学的立场上做出的，这也是本书的主旨决定的，但如果换个立场，从萨特的角度看，这些所谓"缺陷"有可能恰恰意味着创造，比如将纯粹意识理解为自身对自身的绝对意识，将意向性的本质理解为外在性，这实际上为他在《存在与虚无》中探讨构造存在的自我的虚无化问题提供了基本的理论前提。更重要的是，这些失察实际上为萨特进而也为整个法国现象学创造了新的可能：在纯粹意识的时间化的空白处，同样谈论绵延的布格森，同样探讨发生的辩证法，同样关注内意识结构的弗洛伊德，同样在揭示绝对存在的运动的尼采、马克思，就此盛装出场了，萨特以出人意料的方式为现象学与其他思潮的勾连建立了理论基础。

第二节 身体与存在

在《知觉现象学》的导言中，梅洛－庞蒂通过对一系列现象学核心概念的梳理，集中表达了他对现象学的理解，着眼我们的论题，至少有两点特别值得指出：首先，梅洛－庞蒂将能思/所思的先天平行关系视作超越论现象学基础，世界和存在只有在此意向关联中才能展现自身，而表象意向性绝非胡塞尔的真正贡献，它只是以笛卡尔和康德为代表的传统哲学的研究范畴[1]；其次，在现象学的问题方向上，梅洛－庞蒂明确将胡塞尔的生活世界现象学当作了他的工作基础，他的现象学并非纯思的，而是身体性的，他甚至就此指出，海德格尔的《存在与时间》也只是胡塞尔的生活世界理论的翻本[2]，存在意向性也只是表象意向之下的操作层次的具体化而已[3]。

对此，我们至少可以提出如下问题：尽管梅洛－庞蒂令人震撼地超出了当时对胡塞尔现象学的一般理解，揭示了能思/所思相对立义模式的基础地位，但能思/所思具有何种特性，以至于能够成为梅洛－庞蒂的知觉和身

---

[1] 参见［法］梅洛－庞蒂《梅洛－庞蒂文集·第2卷，知觉现象学》，杨大春、张尧均、关群德译，第4、176页，为了术语统一，引文稍有改动，相同情况，不再一一说明。

[2] 参见［法］梅洛－庞蒂《梅洛－庞蒂文集·第2卷，知觉现象学》，杨大春、张尧均、关群德译，第2页。

[3] 参见［法］梅洛－庞蒂《梅洛－庞蒂文集·第2卷，知觉现象学》，杨大春、张尧均、关群德译，第176页。

体理论的基础？进而，当梅洛-庞蒂将现象学还原所揭示的存在，产生他人视角的处境，意识的前谓词的生活，前课题性的世界及其最初的统一性，一并置入这一特殊的意向关联时，他是否构筑了某种哲学神话？

通过梳理梅洛-庞蒂早期在"意向性""身体""存在"这三个问题上对胡塞尔的继承和发展，我们将尝试着论证如下观点。首先，梅洛-庞蒂对胡塞尔的理解是内在的，这种"内在性"不仅体现在他对超越论现象学的核心问题的理解上，而且在学理上更基础地体现在了他对描述心理学的潜在的批评上。我们之所以提出这一看似多余的反溯性的考察，是因为梅洛-庞蒂的身体之思首先体现在他对心理主义和理智主义的克服上，而在胡塞尔那里，身体的出场与他批判心理主义并无直接的关系，因而，梅洛-庞蒂的这一工作对现象学运动来说具有重要的补充作用。其次，梅洛-庞蒂对胡塞尔的继承体现在他对超越论现象学的内在突破以及对胡塞尔所发现的能思/所思的先天平行关系、身体图式等问题的深入理解之上，他对胡塞尔这些问题的理解是如此的确切，以至于我们甚至可以认为，他延续了某些甚至是被胡塞尔本人"疏忽"了的现象学的考察，这点尤其体现在身体在构造各区域存在时的特殊作用上。最后，在继承超越论现象学的基础上，梅洛-庞蒂尝试内在地推进了胡塞尔，这一点无论在对现象学的先天性的理解上，还是对存在的具体形态及其内在特征的阐释上都可以清晰地看到。

除了在现象学上最贴近胡塞尔之外，梅洛-庞蒂在现代哲学的精神上同样最内在地展示了现象学对20世纪的建基意义，这点在他以现象学为基础对20世纪其他哲学思潮的批评、转译和综合上体现得淋漓尽致，笔者愿意就此提出，就如今学界的整体研究而言，梅洛-庞蒂对超越论现象学的理解仍然没有过时，他在跨思潮的研究上更是引领性的，跟上直至消化他的研究对我们来说仍是一个有待完成的任务。

一 对描述心理学的潜在批评

我们从经典的意向性概念出发。上文已经多次指出，在胡塞尔那里，意向性概念有两种表现形式：一种是以表象立义为基础的"对某物的意识"，它是描述心理学研究的核心部分；另一种则是作为超越论现象学的基础和内在结构的意向关联，或者说，能思/所思的意向流形，前者属于广义的心理学考察的对象,后者则与现象学还原所揭示的纯粹意识及其绝对存在有关。

胡塞尔对意向性的"表象"式的理解直接源自布伦塔诺,《逻辑研究》中的很多重要的工作都建立在布伦塔诺指示出的这一问题方向上。但立义模式的限度也是显而易见的,这里不再赘言。问题在于,我们认为,当梅洛-庞蒂在《知觉现象学》的"引论"中尝试彻底地消除传统认识论的偏见时,胡塞尔的代现论同样也受到了批评。

首先,与经验论者不同,梅洛-庞蒂认为,不存在纯粹的感觉印象,它只能显现在背景中,因而,知觉本质上总是场域性的;① 同样,感觉材料的性质也不能直接被知觉到,它只能建基在知觉整体的意义中,或者用他的话说"正是在这种氛围中,性质呈现出来了"②;感觉材料的所谓"明见性"亦是如此,它不可能为意识直接获得,它必然建立在对世界的知觉之上。

在具体知觉中,感觉印象之间不再是绝对一致的,根据格式塔理论,图形的"轮廓不仅仅是某些在场的所予的集合,它们召唤那些将补充它们的所予"③,换言之,在对世界的知觉中,感觉材料总是处在一种彼此关联、相互证实、相互替代的关系中。感觉主义和联想心理学主张的联想关系、回忆、再现等并不能解释意义和世界的当下性和原初性,它们实际上恰恰源自对意义整体的"后发的"反思和切割。④

其次,当理智主义者试图依靠主体的理性力量来判定知觉的本质时,梅洛-庞蒂认为,这种做法同样也偏离了世界的原初显现,因为感知中的注意并不能揭示对象的真实存在⑤:注意必须以心理场的转变和意识的

---

① 参见[法]梅洛-庞蒂《梅洛-庞蒂文集·第2卷,知觉现象学》,杨大春、张尧均、关群德译,第24页。

② [法]梅洛-庞蒂:《梅洛-庞蒂文集·第2卷,知觉现象学》,杨大春、张尧均、关群德译,第27页。

③ [法]梅洛-庞蒂:《梅洛-庞蒂文集·第2卷,知觉现象学》,杨大春、张尧均、关群德译,第38页。

④ 参见[法]梅洛-庞蒂《梅洛-庞蒂文集·第2卷,知觉现象学》,杨大春、张尧均、关群德译,第40—43页。

⑤ 参见[法]梅洛-庞蒂《梅洛-庞蒂文集·第2卷,知觉现象学》,杨大春、张尧均、关群德译,第54页。

深层活动为前提，它自身就建基在一种意识结构和体验方式的变化之上。① 注意构成了新的对象："予以注意，这不仅仅是更多地澄清预先存在的一些所予，而且是通过把它们当作图形在它们那里实现一种新的连接。"②

梅洛-庞蒂对传统哲学的批评可分为两个方面：其一，经验主义者将感觉印象纯粹化和孤立化了，他们试图在不考虑感觉的场域性的情形下考察感觉的性质和明见性；其二，理智主义的内在理性也无力揭示知觉和世界的本质，因为他们所考察的注意，无论感知意义上的，还是反思意义上的，都遮蔽甚至伪造了意识的深层存在。

胡塞尔的早期研究中实际上也或多或少隐含了这些问题。对描述心理学时期的胡塞尔来说，感知到某物，意味着关于"某物"的意向根据种属的先天关系被感觉材料所充实，这种考察关注的是那些在种属上被划分的、现成的感觉材料对含义意向的动态充实的可能性，而不关注内在的被体验内容的自身被给予性本身，换言之，感觉等实项的被体验内容一开始便获得了观念上的区别，成了意识行为中的现存物。

就整个意向体验而言，被体验到的意识内容必然经受最小种差的作用，例如在直观红一般的同时被体验到内容一定是"红"的感觉，而这种区分之前的意识内容的融合状态是描述心理学所无法描述的。在此意义上，内感知式的反思无法切入这种融合，它只能建立在种属的先天法则之上。在讨论"内感知"特性时，胡塞尔对此事态也已有所暗示：内感知将体验内容作为实显的，或者说，实显的对象来把握，因而，内感知的对象，无论行为还是内容，必然已经是在意识体验中被凸显出来的内容了。

因此，梅洛-庞蒂对传统哲学的两个批评同样也潜在地适用于描述心理学时期的胡塞尔。当感觉被最小种差所中断，继而被突出体验流时，它同时就被孤立了，由于这种"突出"本身依赖于不同的种属关

---

① 参见［法］梅洛-庞蒂《梅洛-庞蒂文集·第2卷，知觉现象学》，杨大春、张尧均、关群德译，第56页。

② ［法］梅洛-庞蒂：《梅洛-庞蒂文集·第2卷，知觉现象学》，杨大春、张尧均、关群德译，第58页。

系，不同的感觉材料也就同样不可能相互替代。同样，内感知也将使胡塞尔陷入梅洛－庞蒂所批评的对原初体验的遮蔽和伪造，因为它本身就是一种实显性的行为，它揭示的只能是在体验流中被突出的内容，而作为知觉背景的场域，对内感知而言则是不可知的，有趣的是，在考察感知立义时，胡塞尔确实没有揭示实项被体验内容和意向行为的场域和动态背景。①

当然，我们也可以为胡塞尔做一番辩护，譬如描述心理学将整体与部分关系视为整个分析的基础，感觉材料在存在和显现上也就必须遵循此关系，当它在内感知中被揭示时，已经是某个确定整体的部分了，但问题出在实显性上，我们不难记起，胡塞尔在《观念Ⅰ》中就是通过对实显与非实显的辨析引入行为与其视域的区分的，尽管《观念》并未明确指出行为的视域也只是意向流形在最表层的呈现，当梅洛－庞蒂谈论感觉材料与视域、环境的关系时，我们完全可以认为，这是他对《观念Ⅰ》的借用和延伸性的回溯。

梅洛－庞蒂在批评心理主义时援引了格式塔理论，我们知道，这并非他在现象学上的立场，因为他随后就会指出，格式塔心理学尽管强调了整体的意义，但意义本身却只能在身体的在世存在中被构造，这里需要谈及几点：首先，胡塞尔在1929年的《讲演》中曾同样将格式塔理论置于超越论的视域之下，这无疑对梅洛－庞蒂产生了重要的影响，为心理学寻找现象学的基础同样成了《知觉现象学》的问题方向；其次，也是对理解梅洛－庞蒂与胡塞尔之间的思想关联至关重要的，生活世界现象学阶段大致始于1929年，但对作为格式塔之基础的纯粹意识的讨论则是《观念》阶段的事情，因此，在具体构造"视域"时，梅洛－庞蒂很快转向了《观念》，尤其是第二卷。

二　对超越论现象学的继承

胡塞尔的自我突破大致发生在1907年前后。大致在1906/1907年的"知识论讲座"中，他突破了描述心理学的限制，首次追问了感觉内涵在

---

① 这一问题后来成为《物与空间》（1907年）的主题之一。有必要强调，流形论对现象学的区域构造的建基作用最早就体现在了物和时间的动态构造中。

内感知之前的被给予性问题。几乎在同时，在《现象学的观念》揭示了绝对被给予性概念之后，他分别从空间构造和时间体验两个层面实现了对描述心理学的立义模式的突破，前者关涉空间的流形概念，而后者则直接与一种新的意向结构相关，它一开始被胡塞尔称作了滞留的双重意向性，绝对被给予性据此第一次获得了被内在刻画的可能。

与感觉材料的给予和构造直接有关的是空间构造。在对空间构造的研究中，胡塞尔揭示了如下重要事态：立义总是"超出"了实项被体验的内容，因而感知活动中始终存在一种"剩余"现象，这种"剩余性"本身意味着一种更基础的构造：身体的动感环境构造了"实显的"感觉材料的被给予性，物的显现不再建立在作为代现者的现成被给予的材料之上，而是以感觉流形的方式显现自身，因而，感觉材料自身具有了延展性，它不可能再被限定在种属观念中，不再是现成被给予的。与此相应，双重意向性完全不同于《逻辑研究》中的行为意向性，行为现象是体验流的构造物，只能是被构造的内在时间客体，而双重意向性则是对体验流的内在结构的表达。据此，存在一种深层体验，它构造了立义行为。

当胡塞尔在《观念》中提出纯粹意识的时候，它显然不可能是描述心理学意义上的立义行为，因为只要立义行为在内感知中被明见地揭示出来了，它就必然在种属上与其他行为相区分，并且必然能够获得同样在种属上被划分的内容。同样，当他将纯粹意识视为绝对存在的时候，这种存在也不可能是立义行为中的某种相合统一，或者说，在充实意义上的存在意识。绝对存在源自现象学还原，它建基在一种全新的意识形式上，它的绝对性是相对于种属划分而言的，这意味着一种在被种属划分之前就已经存在且自身不能被种属划分的绝对存在，这就是胡塞尔以形式化超出并统摄总体化的哲学意义。

梅洛-庞蒂推崇的胡塞尔出场了。通过空间构造的研究，胡塞尔告诉我们，"感觉"可以不是孤立的、彼此无关的，在身体动感所构筑的场域中，未被种属划分的原初"感觉"相互构造、相互渗入、彼此说明；通过内时间意识研究，胡塞尔向我们表明，表象立义本身是被构造出来的，构造它的基础就是在内感知中被遮蔽的深层的意向，这种深层意向性在《观念》阶段的胡塞尔那里被特别地展示为双重意向性。我们基本可以确定，梅洛－庞蒂所理解的处在彼此关联、相互证实、相互替代的关系中的感觉材料对应的正是《观念》阶段的质素概念，这种形式性的内容超出了各种属划分，并且总是以综合的样式显现。

不仅如此，如果考虑到胡塞尔在《观念》阶段的如下整体工作：在《观念Ⅰ》中进一步将纯粹意识具体化为能思/所思的平行结构，并据此刻画了绝对存在的内在结构；在第二卷，凭借能思/所思的多维的意向关联，对自然、人格、精神等区域存在的构造逐次进行了深入的研究，那么我们完全可以得出这样的结论：梅洛－庞蒂的身体现象学的理论基地，在胡塞尔那里已经被夯实了。

梅洛－庞蒂强调得最多的是胡塞尔对意向性的新开拓，除了将表象意向性的发明权"慷慨地"敬献给笛卡尔和康德外[①]，他还明确指出，胡塞尔已经在行为意向性和作为其基础的功能意向性之间做出了重要的区分：前者是一种设定性的意识，后者帮助我们构造了世界及其前谓词的统一性[②]。只有在这种能思/所思的意向关联中，知觉才可能重新成为问题，因为知觉被重新赋予了一种与世界以及与我们的生存相关的新的意义。

梅洛－庞蒂所揭示的现象场显然与这种意向关联具有内在的关联。在他看来，单纯的感受、纯粹的印象只有在分割世界和原初存在的意义上才可能被切割并独立出来，在理论化之前，世界在活的身体和知觉中已经被给予，而这种被给予性自身就意味着一种非中介性的共属关系，即知觉与被知觉物之间在实存样式上的同一关系。[③] 因此，哲学的第一要务自然就是重返在客观化之前被体验的世界，重返使真理自身实现于其中的活的体验。

在胡塞尔那里，这种"重返"的最直接的成就就是他在《观念Ⅱ》

[①] 参见［法］梅洛－庞蒂《梅洛－庞蒂文集·第2卷，知觉现象学》，杨大春、张尧均、关群德译，第176页。

[②] 参见［法］梅洛－庞蒂《梅洛－庞蒂文集·第2卷，知觉现象学》，杨大春、张尧均、关群德译，第15页。

[③] 参见［法］梅洛－庞蒂《梅洛－庞蒂文集·第2卷，知觉现象学》，杨大春、张尧均、关群德译，第513页。

中揭示的身体在自然、心灵实在、人格等区域的构造中起着重要的作用，譬如在物的构造中，实际感知到的"只是感性图型的连续进程；或者也可以说：物的感性图型连续地变化着"①。感性图型与实际的感知行为相关，它不仅融通各个不同的感觉，而且提示出了物在显现域中的统一性。② 这种显现域就是物构造的实在环境，作为体验的功能性的关联域，这种环境使图型之间发生关系，并提供了物构造中的这种统一性，胡塞尔强调说："只要环境保持不变，图型就保持不变。环境的连续变化意味着图型的连续改变。"③ 最后，环境本身建立在物的原初显示在持续经验的展开中，物在这种经验关联中只能以被动机引发的方式激发。④

胡塞尔指出了如下事实："感觉行为伴随着动感感觉并由该系列在其依存关系中所促动：随着在相关运动的身体部分中动感系列的定位化，出现了这样的事实，在一切知觉及一切知觉显示（经验）中，身体就与作为自由运动的感觉器官，作为自由运动的全部感觉器官发生了关系，并由此出现了这样的事实，由于此原初性基础，自我环境的一切物实在都与身体发生了关系。"⑤ 各种形式的感觉都与身体的活动相关，显现物在身体的活动中获得定位，换言之，身体的动感系统提供了不同于侧显感觉的另一种感觉，它不直接承载实显的立义，而是为各种立义行为提供持续的关联的体验和实在的环境。

梅洛-庞蒂无疑接受了胡塞尔对身体的原初的构造作用的强调，比如他同样认为，与外在的物理的身体不同，活的身体不是物理接收器，它并不承载实在的因果关系，相反，它的活动为客观世界的显现提供了

---

① Husserl, *Ideen zur einer reinen Phänomenologie und phänomenologischen Philosophie. Zweites Buch*, S. 37.

② Cf. Husserl, *Ideen zur einer reinen Phänomenologie und phänomenologischen Philosophie. Zweites Buch*, S. 39–40.

③ Husserl, *Ideen zur einer reinen Phänomenologie und phänomenologischen Philosophie. Zweites Buch*, S. 42.

④ Cf. Husserl, *Ideen zur einer reinen Phänomenologie und phänomenologischen Philosophie. Zweites Buch*, S. 44–45.

⑤ Husserl, *Ideen zur einer reinen Phänomenologie und phänomenologischen Philosophie. Zweites Buch*, S. 56.

整体环境。① 身体超出了联想主义心理学和生理学的理解，它不再是个形象的中心，而是在感觉的世界中对物的构造，身体不是现成物，而是构造世界的一种原始的身体图式。

三　对胡塞尔现象学的发展

对立义模式的质疑，实质上意味着对一种以种属先天为基础的对世界的现象学描述的质疑，而这一"突破"成功与否则建立在是否能揭示一种非种属化的先天观念的基础上。对此，胡塞尔在《观念Ⅰ》中一开始就对总体化和形式化作出了严格的区分，并在此基础上提出了他著名的区域存在论和形式存在论的构想。问题是，区域存在论在超越论现象学中应该如何准确地表达出来？当胡塞尔在自然物、心灵实在的构造中揭示了身体的超越论的地位时，这是否意味着他已经将身体当作了存在论的基础？如果答案是否定的，那么是什么阻止了胡塞尔？梅洛－庞蒂是如何接受乃至改造胡塞尔的身体现象学的？在他的思考中是否存在对胡塞尔的推进和最终超越？下面我们来看这一系列问题。

（一）身体：区域的、形式的，还是基础存在的？

在物的构造中，胡塞尔对身体图式的揭示突破了传统哲学对身体的看法，身体不再是一种单纯的实在物，作为物构造的基础，即一种动感的意向关联，它具有超越论的含义。梅洛－庞蒂几乎毫无保留地接受了这一观点。在进一步的考察中，胡塞尔甚至将身体置于了心灵实在的构造中，从而揭示了身体自身的构成。但这无疑产生了一个重要的问题，既然身体能够作用于自然物和心灵实在两个不同的区域，那么是否意味着它具有了形式存在乃至基础形式的特性？而对此问题的解决显然需要哲学家就身体存在本身进行专题探讨，以检验身体是否能够承担基础存在的要求。

我们来看胡塞尔的思考。与物在图型的统一体中被构造不同，心灵本身不能被图型化，但在心灵与身体的依属性上，心灵与身体环境具有条件性的关联，或者说对生理的依属性，换言之，尽管心灵实在本质上自身具

---

① 参见［法］梅洛－庞蒂《梅洛－庞蒂文集·第2卷，知觉现象学》，杨大春、张尧均、关群德译，第119—120页。

有历史性和特异性，但在物理心理层面，它只能作为外部经验的具体统一体而存在，因而具有一种准自然的意义，胡塞尔说："构成着心灵实在的立义赋予了其实在的特性，后者在身体和身体的因果关系中发现了其'环境'。"①在此意义上，心灵实在只能通过心理物理的依属性才能被构成。

这种实在"环境"自身就构造在作为纯粹物之基础的身体运动所具有的感觉状态之上。感觉状态（Empfindnisse）是一种特殊的身体事件②，例如在左手对右手的触摸中，身体躯体中存在一种成对的、相互纠缠的感觉关联，它不仅为被触摸的手提供了动感感觉、触觉感觉和定位感觉，而且在触摸的手上同样也显示出了一系列相同类型的感觉，因而，这里存在着双重感觉和双重立义。

感觉状态所具有的延展性与物的外延性并不相同，后者直接构造与感性图型的关联，具有实在性，而前者无须通过侧显和图型化来给出自身，它并不具有实在的物的性质③，相反，它的定位性质表明，它是一切实在感觉及其显现的基础，在此意义上，胡塞尔认为，身体拥有了一种新的实在特性④，或者说，一个新的存在层面。新的问题方向显然已被打开，当胡塞尔认定身体不同于躯体，并且在各区域构造中都发挥了一定的作用时，他显然将身体独立出了物区域，至少被提升为了形式性因素，这无疑为梅洛-庞蒂在胡塞尔的超越论现象学的基础上融合海德格尔的视角，进一步将身体生存论和存在论化奠定了坚实的基础。

但胡塞尔并未走那么远，对他来说，尽管身体动感的动机关联，作为一种与感觉状态相关的事态，在对物的构造中"内含"动机引发的法则，但"主体不可能通过身体统握动机引发本身"⑤，换言之，动机引发的法则

---

① Husserl, *Ideen zur einer reinen Phänomenologie und phänomenologischen Philosophie. Zweites Buch*, S. 135.

② Cf. Husserl, *Ideen zur einer reinen Phänomenologie und phänomenologischen Philosophie. Zweites Buch*, S. 146.

③ Cf. Husserl, *Ideen zur einer reinen Phänomenologie und phänomenologischen Philosophie. Zweites Buch*, S. 149 – 150.

④ Cf. *Husserl*, *Ideen zur einer reinen Phänomenologie und phänomenologischen Philosophie. Zweites Buch*, S. 156 – 157.

⑤ Husserl, *Ideen zur einer reinen Phänomenologie und phänomenologischen Philosophie. Zweites Buch*, S. 150.

并不直接为身体的感觉场所具有，它另有起源。与此相关，胡塞尔说："身体相对于其他物具有特殊的品质，在特殊的意义上它是'主体的'……但是，这一切都是由于原初的我性（Ichlichkeit）而成为我性的。"① 身体因为与自我相关才具有我性，只有精神性主体，即这种所谓关联着实在的自我，才具有"一种完全特殊意义的因果性：动机引发的因果性"②。因而，动机引发的法则是精神生命的基本法则，是纯粹理性的事情，它存在并流动于具有时间意识特征的意识流的统一体中，胡塞尔认为它是隐而不显的。③

因而，尽管胡塞尔揭示了身体的动感系统对感知立义的奠基作用，并且指明了身体图式与各种感性图式之间的构造关联，但他始终坚持"思"的首要地位，将身体及其构造作用限制在实在层面，最终建基的是绝对意识，而不是身体，因此，尽管身体在胡塞尔那里意味着一种新的实在，但它还是被构造的，不具有最终的建基性。

在此问题方向上，梅洛-庞蒂对身体的看法与胡塞尔具有明显的差异。梅洛-庞蒂认为对身体的探讨不能掺杂客观视角，比如像胡塞尔那样通过左手触摸右手这一事态对感觉状态的探讨，他明确指出："我完全可以说，各种客体'触摸'我的身体，但只是在身体是无生气的时候，因此它们从来都不会在它的探索功能中突然发现它。"④ 客观主义的视角刻画的是一种现成的、科学主义的感觉观，它本身就是传统心理学的残余形式。⑤

---

① Husserl, *Ideen zur einer reinen Phänomenologie und phänomenologischen Philosophie. Zweites Buch*, S. 213.

② Husserl, *Ideen zur einer reinen Phänomenologie und phänomenologischen Philosophie. Zweites Buch*, S. 216.

③ Cf. Husserl, *Ideen zur einer reinen Phänomenologie und phänomenologischen Philosophie. Zweites Buch*, S. 222–223.

④ ［法］梅洛-庞蒂：《梅洛-庞蒂文集·第2卷，知觉现象学》，杨大春、张尧均、关群德译，第138页。实际上，早在发生现象学的考察中，胡塞尔就已经把这种将感觉材料的格式塔化的做法归入原子主义的变样（《笛卡尔沉思和巴黎讲演》，第75—76页）。对胡塞尔来说，最终的意向形式，只能是一种形式化的意向关联的方式，或者说，能思与所思之间的无中介的内在关联。

⑤ 参见［法］梅洛-庞蒂《梅洛-庞蒂文集·第2卷，知觉现象学》，杨大春、张尧均、关群德译，第140页。

在梅洛-庞蒂的思考中，身体最终是一种基础存在的因素，这点在身体的习性和本性维度都有所体现：首先，他认为对在世存在的悖论性的理解，① 依赖于对习性身体何以能确保当前身体这一问题的理解。② 习性身体与感觉意向以及实际意向相关，它构建了在世界中存在，因而单纯谈及身体图式仍然是不够的："'身体图式'最终说来是表达'我的身体是在世界之中的'的一种方式。"③ 它必须在其自身的存在论的筹划中构造自身。拥有身体实际上就是拥有了筹划世界的可能。其次，从本性上来看，在存在问题的专题讨论中，梅洛-庞蒂指出，身体主体最终在自身的时间化中构造自身。时间性的这种绽出，在他看来，不是将到意义上的，而是必然源自当下及其与过去的关联，而这种关联本身恰恰根源于运动着的超越论的身体，因为"去存在"总是首先展现为身体的运动。据此，时间性最终就是身体性的。在此意义上，梅洛-庞蒂告诉我们："重要的是我不仅仅有一个身体，而且甚至有这个身体。"④

从习性到本性，梅洛-庞蒂以他的身体现象学构造了一种新的基础存在论。这一点与胡塞尔将身体图式视作新的实在完全不同。更大的差异在于，胡塞尔本人最终甚至没有明确将身体视为形式存在的因素，梅洛-庞蒂则将身体视作构造形式存在的因素，身体在世界之中构造了物显现的场域，但它自身绝非物性的。更进一步说，胡塞尔将身体上承载的动机引发的原则归于精神主体，并且最终归于绝对流的内在因素，而梅洛-庞蒂则试图表明，身体不仅具有动机引发的规则，而且自身就构造了绝对存在，它自身就是基础存在论的，超越论现象学最终必须统一于活的身体，而非纯粹意识。

---

① 梅洛-庞蒂这样来表达这一悖论：通过走向世界，我把我的知觉意向和实践意向挤压到一些客体中——它们最终向我显现为是先于和外于这些意向的，与此同时，只是因为在我这里引起了某些思想或意愿，它们才是为我存在的。"（［法］梅洛-庞蒂：《梅洛-庞蒂文集·第2卷，知觉现象学》，杨大春、张尧均、关群德译，第124页）

② 参见［法］梅洛-庞蒂《梅洛-庞蒂文集·第2卷，知觉现象学》，杨大春、张尧均、关群德译，第124—125页。

③ ［法］梅洛-庞蒂：《梅洛-庞蒂文集·第2卷，知觉现象学》，杨大春、张尧均、关群德译，第148页。

④ ［法］梅洛-庞蒂：《梅洛-庞蒂文集·第2卷，知觉现象学》，杨大春、张尧均、关群德译，第590页。

(二) 存在：被思的，还是身体性的？

在思、身体与存在的关系上，梅洛－庞蒂与胡塞尔之间同样存在重大差异：胡塞尔坚持存在的思（noein）的特性，而梅洛－庞蒂则强调存在的身体本性，尽管他在《知觉现象学》中始终没有放弃身体存在的可思性。① 用柏拉图主义的眼光看，这种差别会更加清楚，胡塞尔从超越论现象学维度激活了柏拉图主义传统，而梅洛－庞蒂则为这一传统增添了身体性的含义。

在胡塞尔那里，存在展现在纯粹意识中，它不仅是绝对性的、可反思的，而且自身建基于思的多维关联中。简言之，绝对性、可反思性和思的关联性，这三个维度相互指涉，共同构建了胡塞尔的存在问题的基本内涵。说它是绝对的，是因为超越论现象学的构造问题实质上就是世界在纯粹意识的动机关联中的构造问题；说它是可反思的，是因为胡塞尔对思的明见性具有绝对的信念，在内时间意识的研究中，他就已经揭示出了一种不同于内感知式的反思的滞留性的反思，这种最原始的反思伴随着时间意识的最初萌动，对任何思的活动的明察都可追溯到它；说它自身建基于思的多维关联，是因为胡塞尔借助现象学还原，揭示了思的内在关联结构，并且凭借他的内时间意识研究，使思的关联在纵向维度中获得了历史的深度，在活的当下中获得了本源的宽度。

梅洛－庞蒂在此问题上的贡献在于指出存在本身不仅与思——包括可反思性，思的多维关联——相关，而且从根本上说，它具有可知觉性，是可感的，因为在各个维度上，它都必然与身体相交织，并且体现为身体的原初运动。这一点不仅体现在身体的习性层面，而且也体现在与身体的本性维度相关的思自身的时间性的最终构造上：对习性身体具有一种前意识的意识，或者说，前客观的看法，② 而被思的存在就是身体性的，有身体才有时间，才有存在和世界。

但我们不能就此认为，梅洛－庞蒂完全将思置于了身体存在之下，进而完成了对思的最终奠基，相反，尽管他认定时间性的绽出源自身体

---

① 在《知觉现象学》的最后一部分，梅洛－庞蒂依然在强调"绝对流本身是一种意识"。
② 参见［法］梅洛－庞蒂《梅洛－庞蒂文集·第2卷，知觉现象学》，杨大春、张尧均、关群德译，第121、123页。

的运动，但他同时也承认这种原初的运动本身仍然可以被思所穿透。换言之，梅洛－庞蒂的思考中还是隐含了某种含混性：一方面，身体存在固然超出了实显的对象性的意识模式，它是一种构造了世界的深层存在；而另一方面，身体的呈现仍然依赖思，它能够被前反思的自身意识到，他甚至对这种自身意识如此评论道："自身意识就是正在运行的精神的存在自身。"①

如此，梅洛－庞蒂必然在思与身体的关系上陷入两难：身体是否能够就其自身的内在因素构造存在？如果答案是肯定的，那么"思"必须在身体的基础上得到最终的说明，而梅洛－庞蒂对思对身体的穿透性的强调就是令人惊讶的；如果答案是否定的，那么身体存在就不是基础的。可见，梅洛－庞蒂的思考中显然隐藏了思与身体的平行论，他多年后将自己的身体现象学的内在问题归咎于自身意识哲学的神话也就很容易理解了。② 换言之，《知觉现象学》时期的梅洛－庞蒂尽管已经为西方哲学开辟了新的范式，但从根本上说，他还没有彻底放弃传统的思的哲学。

四　对胡塞尔现象学基本立场的坚守

梅洛－庞蒂不仅毫无隐瞒他的现象学探索与胡塞尔之间的亲缘性，而且认定海德格尔并未穷尽胡塞尔的探索，这充分地表现在海德格尔意义揭示的生存的实际性应该奠基在观念的场域之上，因为如果生存过于紧密地附着于世界，那么必将陷入熟知而不自知。③ 在我们看来，梅洛－庞蒂的这一评判确实切中了海德格尔的生存论建构的要害：此在以常人的样式操劳、消散于世，只有断绝在世因缘，先行到死亡中才能获得本己存在的可能，尽管海德格尔不断强调这种不可能的可能性在生存论上的必然性，但即便此在能够在良知的呼唤中领会其本己能在，这种领会却仍然是在世的常人所有的，换言之，由于海德格尔并未先行说明本己存在具有何种特殊的存在方式以使得他必然能消除其沉沦于世，他所设

---

① ［法］梅洛－庞蒂：《梅洛－庞蒂文集·第 2 卷，知觉现象学》，杨大春、张尧均、关群德译，第 508—509 页。

② 参见［法］梅洛－庞蒂《可见的与不可见的》，罗国祥译，第 211—212 页。

③ 参见［法］梅洛－庞蒂《梅洛－庞蒂文集·第 2 卷，知觉现象学》，杨大春、张尧均、关群德译，第 11 页。

想的向本己存在的回归在存在论上便仍然是可疑的。

借用胡塞尔的术语,尽管海德格尔将自己的生存论建构安置在纵向体验之上并试图以此为起点回归活的当下,但由于他没有对活的当下本身的存在论建构予以先行说明,这种回归仍然是成问题的。这其实也是梅洛-庞蒂在胡塞尔、海德格尔之间的基本立场,而此立场也决定了他在心身问题上的基本态度:简单地说,在接受胡塞尔所揭示的纯粹意识与身体动感的相关性的基础上,原创性地在活的当下的时间域中揭示本己身体的存在论建构,进而在此基础上对海德格尔的生存论规划明确地提出疑问,而正是在此质疑中,他与海德格尔之间在心身问题上的激烈对峙也就显现了出来。

在梅洛-庞蒂看来,笛卡尔区分了知性和生命这两种不同的认识能力,前者无法认识灵魂与身体的结合,对这种结合的认识是生命的权能,而我思所具有的这一沉默的生命维度开启的正是现象学还原所揭示的时间直观的领域。[①] 这与胡塞尔在《笛卡尔式的沉思》中对笛卡尔的批评如出一辙,胡塞尔同样也指出笛卡尔错失了前—实显的体验维度,而此原始存在只能通过内时间结构展示出来。进而,与胡塞尔随后的思路相似,梅洛-庞蒂同样基于身体的动感系统与前—我思的纯粹意识的相关性,尝试在有生命的身体感知中构造存在,正如他在评判笛卡尔时所言:"在我们的所有经验和我们的所有反思的根基中,我们找到了一种直接自己认识自己的存在……"一种"通过与自己的实存的直接接触来认识自己的实存"[②]。

身体主体如何构造其存在?梅洛-庞蒂认为,主体原本就是在由其身体运动所投射出的周遭世界中存在的,但身体的这种前逻辑的综合与表象立义无关,它体现的是对世界和存在的智性的综合,而这种智性综合的本性就是身体性的时间综合:"在每一凝视活动中,我的身体都把一个现在、一个过去和一个将来连接在一起,它分泌时间……各种事件头

[①] 参见[法]梅洛-庞蒂《梅洛-庞蒂文集·第2卷,知觉现象学》,杨大春、张尧均、关群德译,第74—77页。

[②] [法]梅洛-庞蒂:《梅洛-庞蒂文集·第2卷,知觉现象学》,杨大春、张尧均、关群德译,第508页。

一次在那里……围绕着现在投射出过去和未来的双重视域,并且获得一种历史的定向。"① 针对过去、将来连续统与现在之间的构造,他又专门指出:"我的身体占有时间,它使一个过去和一个将来为一个现在而实存,它不是一个事物,它产生时间而不是经受时间。"② 身体活动构造了主体与世界的存在关联,而此构造在时间性上就展示为活的当下对过去和将来连续统的构造。据此,在身体的存在活动中,只要把时间的深度还给我思,那么我们就将看到,过去、将来连续统使我们获得了生存上的历史深度,而我的身体性的当下存在甚至能够提供一部存在的史前史。

基于身体对存在的多维构造,梅洛-庞蒂对海德格尔提出了如下关键性的批评:"海德格尔的历史时间——它从将来流出、通过果断的决定预先拥有其将来并且一劳永逸地逃离分散——依据海德格尔思想本身是不可能的:因为,如果时间是一种绽—出,如果现在和过去是这一绽出的两个结果,那么我们如何一下子就停止从现在的视点看时间呢?"③ 活的当下是在最终意识中被意识到的,这是胡塞尔的教诲。④ 同样,在梅洛-庞蒂看来,活的当下的本性即在于三维时间域的内在的自身设定,或者说自身感发,尽管海德格尔早就已经指出了时间性的绽出本性,但在其生存论建构中,绽出性消融在了此在操心的时间结构中,主体在其当下存在中对自身的认识一开始就被错过了,而这种原始的自身与自身的关系才是海德格尔的"向死而在"的决断的真正基础,梅洛-庞蒂说:"我们总是把中心定在现在,我们的各种决定总是从它出发。"⑤

---

① [法]梅洛-庞蒂:《梅洛-庞蒂文集·第2卷,知觉现象学》,杨大春、张尧均、关群德译,第331页。
② [法]梅洛-庞蒂:《梅洛-庞蒂文集·第2卷,知觉现象学》,杨大春、张尧均、关群德译,第331页。
③ [法]梅洛-庞蒂:《梅洛-庞蒂文集·第2卷,知觉现象学》,杨大春、张尧均、关群德译,第585页。
④ 约格·齐墨指出,梅洛-庞蒂不仅接受了胡塞尔从感知角度对时间的当下性的规定,而且彰显了其中隐含的空间因素和身体因素。Cf. Jörg Zimmer "Differenzierungen im Begriff 'Gegenwart' bei Husserl und Merleau-Ponty Husserls Ideen zu einer reinen Phänomenologie", in *Phänomenologische Forschungen*, No. 1 (2017), p. 45, 48.
⑤ [法]梅洛-庞蒂:《梅洛-庞蒂文集·第2卷,知觉现象学》,杨大春、张尧均、关群德译,第585页。

稍后，梅洛－庞蒂更清晰地告诉我们："全部超越性问题的解决都处在前客观的现在的厚度中。在这一厚度中，我们将找到我们的身体性……"① 我们不仅有一个身体，而且我们就是这个身体。本己身体自在地存在于此，海德格尔在其生存论建构中艰难寻觅的"此性"原始地就是本己身体的事情，据此，梅洛－庞蒂实际上为海德格尔尝试建构的回归本己存在奠定了新的基础：此在之所以能获得其本己存在，是因为它从本源处就是以身体的方式存在于此，在世生存就是本己身体的展开。

梅洛－庞蒂始终坚持并贯彻了胡塞尔所揭示的纯粹意识与身体活动的相关性，心身关系绝非实体性的，但与胡塞尔最终仍然将身体理解为区域性的存在因素不同，他进一步将身体存在论化了，正是在这一点上，梅洛－庞蒂同样也区别于海德格尔，因为后者还是将身体视为生存论因素，尽管"措林孔讲座"将身体的身体化进一步形式化为构造此在之在世整体的元素，但它最终仍然与自在存在无关。

在梅洛－庞蒂与海德格尔的对峙中，胡塞尔的内时间结构始终起着指引作用。胡塞尔根据活的当下对双重意向性的构造已经揭示了身体对世界的构造，譬如身体动感在活的当下展示出的结对、相互唤起是他人显现的关键，习性身体是物在身体图式中被构造的基础等，但胡塞尔并未明确身体的存在论地位。梅洛－庞蒂弥补了这一缺憾，② 在他看来，既然身体的当下存在中发生的是纯粹被动的构造，那么这表明本己身体在活的当下中就已经处于自身与自身的关系中了，其自身感发自身意味着它本身就是自在存在的，而周遭世界作为自为存在则只能建立在本己身体的自身设定之上。海德格尔始终将身体因素安置在此在在世生存的层面，无论与存在者相关的在手和上手状态，还是建构在世整体的身体的身体化，它们都无法触及存在本身，其根本原因就在于身体本性上总是当下存在的，而作为构造其本己存在之关键环节的向死存在却意味着先行到将来之中进而从将来而来，将来在生存论上优先于当下。

---

① ［法］梅洛－庞蒂：《梅洛－庞蒂文集·第2卷，知觉现象学》，杨大春、张尧均、关群德译，第593页。

② 吕西安·安赫利尼奥甚至以"存在论的先天"刻画梅洛－庞蒂的身体存在论，Lucia Angelino, "L'a priori du corps chez Merleau-Ponty", in *Revue Internationale de Philosophie*, *Relire Merleau-Ponty à la lumière des inédits*, juin 2008, Vol. 62, No. 244 (2), pp. 164 – 165, 177.

更细致地说，在世存在身体同样具有其当下，但此当下是具体当下，而非永恒在场的活的当下，差别在于，前者已经具有了习性因素，而活的当下才是构造在世存在的真正基础。梅洛-庞蒂正是基于身体本己的活的当下存在指出了海德格尔所面临的困境，因为断绝生存整体的决断总是当下做出的，如果断绝是根本而彻底的，那么此当下就不可能是具体情景之中的，这实际上也是海德格尔寻觅本己之死的要义，因为只有活的当下中的自身设定自身以及自身感发自身的形式关系才能决定在世生存的此在是否回归以及如何回归其本己存在，反之，海德格尔所谓遮蔽在活的身体对其周遭世界的最初构造中就已经发生了，梅洛-庞蒂通过引入心理病理学所尝试重建也正是这一本源的构造秩序。[①] 海德格尔将身体排除出了存在本身的构造，而梅洛-庞蒂的身体存在论构造则表明：本己身体本身的行动就是存在领会，因为身体在其时间性中具有自身感发自身的存在视域，生存着的身体就建立在本己身体的存在之上。此后，对身体的生存论领会与存在论理解之间的差异开始成为德法哲学在心身问题上的新的对峙点。

这样看来，梅洛-庞蒂不仅认定海德格尔的生存论建构是对胡塞尔的生活世界现象学的翻版，而且在现象学的立足点上仍然坚定地站在胡塞尔一侧，在世的构造性的要素不是源自未来的绽出，而是身体的当下存在体现出的在场，上文也已经指出，胡塞尔晚年甚至更早地通过母婴间的身体性的融合来构造活的当下，梅洛-庞蒂对当下身体的建基地位的强调实际上也可以看作对胡塞尔晚年工作方向的一种可能的继承。

五 梅洛-庞蒂的胡塞尔

梅洛-庞蒂对胡塞尔的解读是现代学术史上的典范。将他对胡塞尔

[①] 克里斯蒂安·乔肯正是在此问题方向上指出，由于海德格尔在对此在的死亡现象的分析中缺失了身体存在维度，致使此在概念隐含了如下困难：因为此在的死亡的身体不能归入在手或上手状态，此在在什么意义上有世界并未得到充分的说明。Cf. Cristian Ciocan, "The Question of the Living Body in Heidegger's Analytic of Dasein", in *Research in Phenomenology*, 2008, Vol. 38, No. 1, pp. 85 – 87. 在新近的研究中，马克西姆·约翰斯通进一步指出，海德格尔的向死存在应该奠基于身体的存在之中，因为身体作为一种时间实体，展示的是向死存在之前的生命本身，Cf. Maxine Sheets-Johnstone, "The Enigma of Being-toward-Death", in *The Journal of Speculative Philosophy*, Vol. 29, No. 4 (2015), pp. 563 – 565.

的继承和推进界定在"学术"上，总让人觉得有辱没梅洛-庞蒂独立现象学家的名誉之嫌。但我们要强调的是，因为胡塞尔现象学与这个时代的知识结构的同构性，使其始终保有了内在地批判现代存在的可能，而梅洛-庞蒂也恰恰据此始终处在现代批判的前沿，譬如在理解人工智能的问题上，他开启的具身性模式无疑是当下最重要的选项。

我们先总结下梅洛-庞蒂的工作：首先，他通过对传统的心理主义和心智主义的批评，不仅实现了他本人的身体哲学的出现，而且同时也弥补了胡塞尔由于单纯从描述心理学角度对它们的批评所可能导致的缺陷，从而贯彻了现象学的严格性的理想；其次，他对胡塞尔的思和存在的观念，以及后者在意向性、反思、还原、身体性以及时间性等问题上的一系列突破性的贡献有着深入的理解和洞察，胡塞尔已经不再如传统哲学那样把身体视作现成物，而是在超越论现象学的语境中，将它视作构造物和心灵实在的存在，身体就此成了超越论的，梅洛-庞蒂对此有着明确的意识，一开始就继承了胡塞尔的这一创建；再次，在深入理解超越论现象学的基础上，梅洛-庞蒂对胡塞尔有着重大的推进，这突出地表现在，身体不再被单纯视为形式性的，或者在纯粹意识中被构造的本质类型，相反，身体是基础存在论上的，对世界、存在的构造中起着最终的统一作用；最后，面对海德格尔在其生存建构中对未来维度的强调，梅洛-庞蒂仍然坚守身体的活的在场，这不仅从存在论上为现象学运动乃至为整个现代西方哲学增添了身体存在的维度，为意义世界的构造问题开辟了新的道路，而且也从活的身体的构造上为现象学运动的未来发展奠定了新的可能。

相比萨特，梅洛-庞蒂和海德格尔一起进入了《观念Ⅱ》，他们三人都反对行为现象，在此意义上，我们可以说他们都符合20世纪的时代精神，这一时代精神在西方马克思主义那里曾以物化意识批判的形式得到了激烈的表达。但与萨特在纯粹意识/绝对存在的基地上引入辩证法不同，梅洛-庞蒂、海德格尔无疑更深刻地理解为超越论构造的结构和特征，这决定了他们对辩证法的共同的建基态度。但与海德格尔压制胡塞尔的纯粹意识，以此激烈地拒斥数学理性和科学不同，梅洛-庞蒂在现象学精神上与胡塞尔更为一致，他甚至比胡塞尔更为包容，他在身体现象学的基础上重新接纳了实验科学，从这个角度看，现象学在梅洛-庞蒂那里甚至更具实践性，更具活力。

在如何理解现象学的基础上，梅洛-庞蒂与胡塞尔、海德格尔差异明显：胡塞尔一直是纯粹意识的立场，其基础性体现在它的流形结构甚至对人类精神也有着构造作用，海德格尔将基础理解为此在在与其领会的存在之间的共属性中对在世的构造，亦即我们熟悉的此在的生存论—存在论建构。有趣的是，梅洛-庞蒂对海德格尔的批评以及在身体存在论上的含混立场都与胡塞尔有关：一方面，胡塞尔在现象学上将在周遭世界存在定位在人格存在上——海德格尔对此非常敏感，不遗余力地批判各类人格哲学——这给了梅洛-庞蒂足够的信心在引用海德格尔的术语的同时不致陷入此在的生存论；另一方面，尽管胡塞尔将身体视为超越论的，但在纯粹意识的流形结构中又不可能将身体提升为基础存在论的，在梅洛-庞蒂那里，这体现为在确立身体的基础存在论地位的同时又不得不承认它始终是能够被自身意识到的。

与海德格尔的态度不同，梅洛-庞蒂完整地理解了描述心理学与超越论现象学，在超越论现象学的基地上，他理解的胡塞尔现象学既是结构的，也是发生的，从他在身体现象学的基础上对能思/所思的说明，以及对心理分析、心理病理学、实验心理学的最新成果的引入和建基看，他所理解的胡塞尔对20世纪西方无疑具有了奠基作用，在此意义上，我们也完全可以理解梅洛-庞蒂何以会将胡塞尔现象学视为他早期工作的最稳定的基础，我们就此也可以提出，在海德格尔之后，是梅洛-庞蒂以其清晰的笔触，彰显乃至保留了胡塞尔与这个时代的整体知识结构的同构性及其对后者的建基意义。

我们知道，在引入结构主义之后，梅洛-庞蒂开始明察到自己早年陷入了自身意识的神话，以此为基础，他开始跳出胡塞尔现象学以及被前者赋予了新的哲学含义的思与存在的相关性，致力于为整个西方哲学寻找的基础。梅洛-庞蒂晚年的工作留待我们以后处理，但我们至少可以确定，基于他对胡塞尔内在的理解和接续，我们完全可以从他的反思中看到胡塞尔现象学的内在的局限性，以及一条不同于海德格尔和现象学神学的走出经典现象学的可能道路。

第三节　绝对他者

他者问题成为现象学的核心论题并非一蹴而就。胡塞尔将他人的存在视作超越论现象学的核心要素，作为拥有其绝对存在的"他我"，他人对我而言不是不可知的，相反，他人的可理解性是超越论主体构造世界和存在的基本前提；在海德格尔那里，他者是此在的共在者，确切地说，是存在于"此"的生存论建构的重要环节，但在此在的本真性维度，他者恰恰失去了其独立的地位，此在的孤寂性何以可能成为最关键的问题；而只有在列维纳斯那里，他者问题才真正被提升为现象学的核心问题，胡塞尔已然揭示的他者的绝对性得到了进一步追问，而这一追问实质上也为列维纳斯敞开了超越海德格尔存在论的道路，换言之，胡塞尔对他者问题的探索为列维纳斯的他者现象学提供了基本的问题场域。

我们将针对列维纳斯与胡塞尔的思想关联展开讨论，以期厘清他究竟在什么意义上继承并最终超出了胡塞尔。① 具体地说，本节的第一部分将以列维纳斯写于1960年前后的三篇专文② "表象的塌陷"、"意向性与形而上学"以及"意向性与感觉"为基础，展示列维纳斯对胡塞尔超越论现象学的核心问题的批评和发展；第二部分，本节将立足于列维纳斯20世纪70年代的专文："从意识到失眠：从胡塞尔出发"来指明他在时间性和被动发生问题上对胡塞尔的"超越"；在最后的反思与评论中，笔者将通过梳理列维纳斯在他者问题上对胡塞尔的突破，说明他的研究在什么意义上仍然是现象学的。

---

① 列维纳斯是胡塞尔《笛卡尔沉思与巴黎讲演》的法文译者之一，他的博士论文的研究对象是胡塞尔的直观理论，终其一生，列维纳斯都将胡塞尔视为他最重要的思想对话者，Cf. Levinas, *En découvrant l'existence avec Husserl et Heidegger*, vrin, 2010. 该书收录了列维纳斯在不同时期对胡塞尔现象学思想的讨论。

② 有必要强调一下，这几篇文章并不孤立于列维纳斯的整体工作，第一部分的三篇文章可以看作《总体与无限》（1961年）的准备以及对相关问题的进一步澄清，而后一篇文章则可被视为《别于存在或本质之外》（1974年）的基础上对胡塞尔进一步的批判性反思，笔者也将在讨论中涉及这两本著作的相关思想。

一 "列维纳斯的胡塞尔"①

(一) 质疑表象模式

在"表象的塌陷"一文中,列维纳斯明确表达了对意向性的表象模式的反对:表象意向性在主客关系中预设了存在物的自足性,仿佛它指向的对象能够脱离其无限的生成过程而向我们直接在此存在似的。② 在胡塞尔之后的现象学家那里,这种批评并不罕见。但在胡塞尔是否仅仅坚持表象意向性的问题上,现象学家之间还是存在严重的分歧,比如海德格尔将表象意向性当作了胡塞尔现象学的本质特征,他对胡塞尔的超越就体现在对表象意向性的超越上;③ 而与之相对的是梅洛-庞蒂,上文已经提到,他明确提出,表象意向性不是胡塞尔的真正贡献,那只是笛卡尔和康德式的古典哲学的残留,胡塞尔的功绩在于揭示了一种深层的意向操作层次。有趣的是,同为法国现象学的代表,列维纳斯对此问题的看法与梅洛-庞蒂高度相似,他同样认为胡塞尔在意向性问题上对西方哲学实现了根本突破,但与梅洛-庞蒂以身体存在诠释他所理解的操作意向性不同,列维纳斯甚至更加内在地指出了胡塞尔在所思意向性上的实显性与隐含于其中的"原初操作"之间的差别:表象意向建立在它意识不到的视域以及与之相关的隐含的意向上,④ 这也许与他和胡塞尔的亲身交往以及长年对后者的阅读有关。

表象意向具有无限多的视域,它们超出了那些使物得以在场的物性因素,因而"思既不再是纯粹的在场,也不再是纯粹的表象"⑤。列维纳

---

① "列维纳斯的胡塞尔"以及下一小节的标题"超越胡塞尔"是《与胡塞尔一起发现实存》(英文)一书中的小标题(Cf. Levinas, *Discovering existence with Husserl*, trans by Richard A. Cohen and Michael Smith, Northwestern University Press, 1998),笔者赞同编者科恩和史密斯的理解,故采用这些说法。
② Levinas, *En découvrant l'existence avec Husserl et Heidegger*, p. 176.
③ 在探讨纯粹意识的四个特征(内在性、绝对性、先天性以及纯粹性)时,海德格尔几乎所有的分析都指向纯粹意识是一种表象性的意识行为这一论断,详见[德]海德格尔:《时间概念史导论》,欧东明译,第138—144页。本书第四章的第二节"存在问题"一节对此已有讨论。
④ Levinas, *En découvrant l'existence avec Husserl et Heidegger*, p. 180.
⑤ Levinas, *En découvrant l'existence avec Husserl et Heidegger*, p. 181.

斯强调，这种隐含的意向对指向客体的主体是"绝对不可知觉到的"，"只能在事后在反思上来揭示……"①。对象之思包含了向所思视域敞开的意向活动，这种意向活动构成了超越论的主体。在《总体与无限》一书中，他甚至告诉我们："这些不受怀疑的境域自身是否又被解释为瞄向对象的思想，这并不重要！重要的是那种溢出——被遗忘的经验对那赖之为存活的客观化的思想的溢出——的观念。"② 在此意义上，海德格尔的"在世"以及梅洛-庞蒂式的"活的身体"实际上共享了超越论哲学的这一成就，而他本人的他者问题同样也产生自胡塞尔的前—表象的视域存在："在意义给予成为支配性的我的产物之处，他者实际上只能被吸附入表象之中。"③ 就是说，他者在总体化的行为中只能被总体化，而只有那种在意向中又超出意向的视域结构之中，"一种伦理的意义给予，就是说，本质上对他者负责的意义给予才是可能的"④。

在视域结构中，他者出场了。但我们不能过度拔高列维纳斯此时对他者的洞见，因为就他者与意向性的关系而言，列维纳斯至此仅仅打开了一个小窗口，他只是告诉人们，他者与暴力的表象无关，后者作为一种直接的、总体化的行为，任何异质性的存在都会被消融于其中。这一发现在经典现象学家里也实属平常，譬如在胡塞尔那里，他人在现象学还原之后也已经成为现象学的研究课题，因为存在被扩大到使表象活动成为可能的纯粹的意向体验之上，使表象成为可能的不仅是"我"，而且也包含了视域中的"他人"，海德格尔、梅洛-庞蒂同样也已经作出了相同的判断，尤其是梅洛-庞蒂，上文已经提到，他甚至毫不留情地在此问题上剥夺海德格尔的原创性。

（二）他者与超越论构造

在"意向性与形而上学"一文中，列维纳斯尝试更细致地说明"对他者负责的意义给予"何以可能。他告诉我们："超越论运动构造了一种外在，但它们不是通过一种像感知对象的眼睛的运动那样的运动来构造

---

① Levinas, *En découvrant l'existence avec Husserl et Heidegger*, p. 182.
② ［法］伊曼纽尔·列维纳斯：《总体与无限：论外在性》，朱刚译，北京大学出版社 2016 年版，第 10 页。
③ Levinas, *En découvrant l'existence avec Husserl et Heidegger*, p. 188.
④ Levinas, *En découvrant l'existence avec Husserl et Heidegger*, p. 188.

这种外在（或者不同于我的外在）：他者引导着超越论运动，但并未将自身呈现给观看（vision）……胡塞尔现象学的伟大贡献在于给出了如下观念：意向性，或者与他异性的关系不会凝聚为主客关系上的极化。"① 这基本上可以看作列维纳斯对"表象的塌陷"一文的总括。随后，他直接将他者因素"带入"了这种超越论运动：他者引导着超越论运动，尽管自身并未被观看。这是令人震撼的，之所以这样说，是因为一旦他的理解成立，那么对胡塞尔现象学来说，这将是内爆性的：如果纯粹意识中内含了一种作为生成根基的他异性因素，存在的"绝对性"还如何可能？

列维纳斯提出，超越论构造在胡塞尔那里可以有多种解释：第一种与视域的构造能力有关，胡塞尔将超越论的意向性还原为其他类似"细微的知觉"的直观，这种还原不会终止，因为这些"细微的知觉"导向了超越论视域；第二种与感性的超越论功能相关，感性质素在成为直观的充实材料之前就已经被构型了。②

这两种说法在胡塞尔那里都有根据，但可惜过于简单了。胡塞尔将能思/所思的先天平行结构，或者从体验流的角度说，将意向流形结构视为了表象意向性的基础。意向流形具有多维性，借用列维纳斯所偏好的"视域"这一说法，意向流形结构呈现为一种具有多维的、绝对的视域形式，即从活的当下的原融合，经具体当下到双重意向性，而表象意向就直接建立在体验流的横意向性之上。超越论运动本质上就是体验流的自身综合，这一点萨特也已经指出。在感性问题上同样如此。在超越论构造中，体验内容体现为了从原素（Urhyle）到质素（Hyle）的构造，原素性的综合可示例化为母婴之间的原初融合，它在时间性上体现为活的当下的自身构造，而质素则与那种在活的当下之上被构造的体验流相关，它们之间的差异与不同类型的本质构型以及身体性的构造图式相关，这点上文也已经多有讨论。

这样一种超越论的运动中真的存在一种特殊的"他者"吗？按照胡塞尔的构想，超越论构造必然体现为一种最终在时间化的进程中有其根据的被动综合，其中几乎不可能存在列维纳斯意义上的作为同一的基础

---

① Levinas, *En découvrant l'existence avec Husserl et Heidegger*, p. 191.

② Cf. Levinas, *En découvrant l'existence avec Husserl et Heidegger*, pp. 192-193.

构造着同一性的他者，因为在纯粹意识中，任何被构造对象都必须合乎体验流的动机关联才可能显现，即便是外感知中看似不可见的背面——或许可被称为"他者"——只要能被视为整体的部分，那么它必然已经在动机关联中被预期了①，更遑论在体验流的超越论运动中的显现者了。笔者认为，列维纳斯至此所揭示的胡塞尔式的超越论运动很难成为他所期盼的那种"对他者负责的意义给予"，因为他者只要存在于其中，他就已经先行被构造了。

但随后，列维纳斯向前跨出了一大步，他告诉我们："这种与不同于自身的他者的关系，只有作为一种对不同于自身的他者的渗入，只有作为一种传递才是可能的。""正是统一着不同项的异质性标识出了超越性的真理以及传递的意向性的真理。"② 他的意思很清楚，首先必须存在异质性，即必须存在他者与本我的差异，传递以及最初的统一才是可能的。列维纳斯以异质性对过渡意向性的基础地位来论证他者的绝对性似乎又把他者现象学向前推进了一步，我们似乎重新看到了"对他者负责的意义给予"的可能性。

在《沉思》中，胡塞尔描述了他人在结对联想中的构造：当感觉材料同时被突出时，在本己性领域内随即便会发生被动的意向交叉、自身唤醒等。根据列维纳斯，既然结对联想建立在不同的感觉材料的同时被突出之上，那么异质性自然就是统一性的基础，这一事态在《总体与无限：论外在性》中表达得更为清楚："……超越论的'结对'，对这个作为他我的他人之身体的理解——这种分析，在其用来描述这种构造的任一阶段中，都掩盖了这样一种转化：从对象的构造到与他人之关系的转化，而与他人的关系是与这种关系被从中引申出来的那种构造同样原初的。（胡塞尔所说的）原真领域对应于我们称作同一的东西，它只有通过他人的呼唤才能转向绝对他者。"③ 他对胡塞尔的超越看似已经顺理成章地实现了：结对的基础在于他人的呼唤。

但是，此时的列维纳斯应该不知道胡塞尔在《沉思》之后已经对结

---

① 参见［德］胡塞尔《纯粹现象学通论》，李幼蒸译，第71—73页。
② Levinas, *En découvrant l'existence avec Husserl et Heidegger*, p. 196.
③ ［法］伊曼纽尔·列维纳斯：《总体与无限：论外在性》，朱刚译，第42—43页。

对的可能性进行更深入的研究。在 1930 年之后的胡塞尔看来，结对联想是建基在流动的当下的原联想之上的：① 结对联想与感性素材的异质存在相关，而原联想则意味着更底层的同时性的构型，换言之，对胡塞尔来说，异质存在首先意味着一种更原始的共在关系。② 在流动的当下中，联想构型是一种被构造物，它生成于原联想的相似性融合，从时间构造的角度说，生成于活的当下的原时间化（原融合）。

结对联想固然以他者的异质存在为前提，但这并不意味着他者构造同一性这一事态就是根本性的，在胡塞尔那里，原联想或者说构造结对的同时性的原融合所展现出的同一性要比被结对的他人的异质性来得更原始，因为结对中的异质关系也是一种关系形态，它们必须首先获得关联，才可能表现为异质的。列维纳斯此时揭示的异质性是被构造的，它并不必然建立在他者的呼唤中，它也可以是原融合的产物，同样，传递意向性也不是最基础的，在胡塞尔那里，不同材料在意向上的传递仅仅是原融合在具体体验层面的显示而已。列维纳斯至此还是没有令人信服地说明他者的原初性和奠基性，但相比对表象意向性的简单批评，他已经将突破点更深入地揭示为了那种使原始的结对成为可能的"呼唤"在现象学上何以可能。

（三）原印象对感性的构造

在发表于 1965 年的"意向性与感觉"一文中，列维纳斯尝试再次深入揭示他者构造同一性的机制。我们已经提到，在现象学构造的最深处，胡塞尔已经将感性素材的异质关系置于了时间构造的基础之上，揭示了相比这种动感中的异质性更深层的现象学基础。这一思路同样很快就在列维纳斯那里得到了体现。

列维纳斯最关注的时间构造事态与原印象和活的当下相关："原印象，作为不可变更的绝对之物，它是所有意识和存在的根源"，个体生命的"'活的当下'就是意向性的根源"。③ 时间的当下由原印象、前摄与

---

① Cf. Husserl, *Späte Texte über Zeitkonstitution（1929–1934）, Die C-manuskripte*, S. 295, S. 345.

② Cf. Husserl, *Späte Texte über Zeitkonstitution（1929–1934）, Die C-manuskripte*, S. 189, S. 295, S. 297.

③ Levinas, *En découvrant l'existence avec Husserl et Heidegger*, p. 210.

滞留的原初的时间域所构成，而这三维时间域则生成于原初时间相位的变异，列维纳斯强调说："'已经过去'和'刚刚过去'只是原印象在与一个全新的原印象的关联中的自身变异的差异。"① 前摄同样如此。

从胡塞尔的整体构想来看，列维纳斯的理解在内时间的构造层次上是相当准确的。时间性的"当下"有两种形式：一种是具体当下，另一种则是更本源地生成了具体当下的活的当下，它建立在原初时间相位的原区分之上，相比活的当下的原融合，具体当下中的滞留变异是"第一个超越者"，它"已经是客体化和观念化的意向了"。②

在最底层的构造中，列维纳斯进一步指出："唯有原印象才是完全观念性的。"③ 它在内时间意识的构造中具有一种独特的地位："从所有意识和存在的根源中产生的这些内容上不可预见的新物就是原制作（Urzeugung），就是从无到有的生成（……），就是作为绝对主动性和自发发生的创造；但同时它也超出了所有预见、所有期待、所有萌发和连续而得到了充实，因而，它就是一种完全的被动性，是一种'他者'侵入了'同一'的接受性，是生命，而非'思想'。"④

除了"'他者'侵入了'同一'"以及"是生命，而非'思想'"这两种说法以外，列维纳斯基本上转述了胡塞尔对构造时间意识的原印象的说明。在此基础上，他为绝对他者的出场设想了如下场景：原印象与新的原印象之间的差异生成了具体当下，其中第一个超越者就是滞留性的变异，诸原印象间的差异生成则源自更本源的原制作，即原印象的自身制作。原制作是胡塞尔形容原印象的出实显所使用的关键术语，列维纳斯强调它超出了在境域中才可能存在的预见、期待和萌发，这实际上也是胡塞尔本人的意思。但从列维纳斯所揭示的"'他者'侵入了'同一'"这一哲学意向来看，笔者认为，他已经超出了经典现象学的边界。他向我们表明，最初的原印象，作为对整个绝对存在的原制作，它本身甚至就是一种自身差异化的存在，"他者"与"同一"的绝对差异就体现

---

① Levinas, *En découvrant l'existence avec Husserl et Heidegger*, p. 213.
② Levinas, *En découvrant l'existence avec Husserl et Heidegger*, p. 214.
③ Levinas, *En découvrant l'existence avec Husserl et Heidegger*, p. 215.
④ Levinas, *En découvrant l'existence avec Husserl et Heidegger*, p. 216.

于其中，一旦进入诸原印象之间的差异，就是说，存在就完成了"从无到有"的发生，"同一"和第一性的超越就已经被生成，也正是在这种自身差异化中，原印象才可能获得一种特殊的充实。这种本源的充实与生成时间域的那种"差异"无关，它是最初的原印象的自身充实，被绝对他者所充实，这里隐含了一种绝对的被给予性。据此，从对他者引导超越论运动的说明，到对他者与本我在动感关联中的异质关系的揭示，再到他者作为构造印象性之融合关系的原制作的突入，列维纳斯在论证他者的绝对的奠基地位时获得了非比寻常的进展。

在超越论现象学的立场上，我们还是需要对列维纳斯的进展予以一番评判：首先，根据笔者对胡塞尔的有限的阅读，他谈论原印象的原制作的地方其实也就是列维纳斯所引用的那一处，① 在他中、晚期对内时间意识的研究中，胡塞尔主要还是停留在原初时间相位，或者说原印象性的原融合之上，原初创被限定在了活的当下的内部，早期那个惊心动魄的绝对制作隐而不显了。在此意义上，"列维纳斯的胡塞尔"可以最小化为他对原印象之原制作的本源地位的坚守和不断开拓。②

胡塞尔何以会"放弃"这种根本性的原制作，这种"放弃"是否会使他的现象学沦为一种失根状态？从列维纳斯的角度，我们可以提出这一海德格尔式的问题。胡塞尔将现象学理解为一种在本质性的反思中对同样具有本质性的直观的研究，即便在他早年谈论原印象的绝对开端时，胡塞尔也不忘强调一下对此开端的认识依赖于原印象的滞留性变异，因为有生成才会有视域。

当胡塞尔将存在最终的构造基础理解为原印象的一种以突然迸发的状态出现的原制作时，他的立场是激进的。这一激进的构造模式为人们走出经典现象学提供了可能。海德格尔曾经将本有的时间性理解为构造三维时间域的第四维本真的时间③，我们大致也可以将之理解为列维纳斯强调的作为发生的最终基础的本源的原印象。但与海德格尔仍然坚持的

---

① 参见［德］埃德蒙德·胡塞尔《内时间意识现象学》，倪梁康译，第133—134页。
② 关于原印象对列维纳斯的他者现象学的构造意义的探讨也请参见王恒《解读列维纳斯的〈意向性与感性〉》，《哲学研究》2005年第10期。
③ 参见［德］海德格尔《海德格尔文集·面向思的事情》，陈小文、孙周兴译，孙周兴修订，第23页。

视域化的理解不同，列维纳斯对原印象的他异性的揭示使他迈出了重要的一步：存在的最终基础不是一种更深层的、连续的、建基性的存在，而是异质于存在的绝对他者。

但是，走出并不意味着告别，列维纳斯的突破本质上仍然是一种植根，这意味着只要能够为这种源自古希腊的思与存在的平行关系找到更深的基础，那么在思和存在中生成的各种同一性哲学便仍然可以是自足的，因为列维纳斯揭示的他异性从胡塞尔的角度看实质上仍然是一种对存在之根基的追问，从他对胡塞尔的讨论来看，无论在现象学的方法上，还是在讨论的对象上，他几乎完全依赖于胡塞尔。

二 "超越胡塞尔"

在"从意识到失眠：从胡塞尔出发"一文中，列维纳斯对胡塞尔式的理性哲学作出了严肃的批评：理性哲学将存在还原为在场和理性知识，哲思意味着不能睡眠①，就是说，它警惕并消除任何可疑的、不可预测的、晦暗的存在，并通过各种同一性范畴将存在简化为自身意识以及"我思""我意愿"等主体性范畴，这种对存在的强制对存在造成了巨大的扭曲和伤害②。

但这种批评并未使列维纳斯完全放弃胡塞尔的思路，他转而敏锐地指出，胡塞尔实际上一直在致力于对自身明见性进行严肃的批判，他不断追问在主体之后存在的各种剩余现象③："合理性的剩余，超出了包含在自身明见性中的东西，在现象学上只能通过层次的变化，确切地说，通过产生自如下方式中的深化实现自身：在一种被吸收的主体中，通过它客体，在彻底的明晰性中，唤醒一种将被明见性所吸收，被遗忘或被隐匿的生活。"④ 他所说的"剩余"在超越论现象学中确实存在，但在胡塞尔那里，它们在超越论构造中被吸入了主体性和绝对存在。在20世纪80年代的一篇文字中，列维纳斯说："此自身意识自行肯定为绝对存

---

① Cf. Levinas, *De Dieu qui vient à l'Idée*, vrin, 2004, p. 35.
② 从自身意识角度对胡塞尔与列维纳斯关系的探讨请参见朱刚《通往自身意识的伦理之路——列维纳斯自身意识思想研究》，《世界哲学》2015年第4期。
③ Cf. Levinas, *De Dieu qui vient à l'Idée*, p. 37.
④ Levinas, *De Dieu qui vient à l'Idée*, p. 39.

在，并被证实为一个穿过所有'差异'而自我认同的自我，证实为它自身以及宇宙的主人。"① 因而，相比之前对超越论构造的赞许，列维纳斯在此很明确地对之持批评态度，因为超越论现象学对剩余性的消解在他看来是不恰当的。

当现象学建立在对主体的明见性和构造权能的分析之上时，它真的能够以它的直观原则来实现所有的明见性和存在吗？在列维纳斯看来，胡塞尔在《观念》阶段和《沉思》阶段对此有不同的回答。在《观念》阶段，现象学还原揭示了绝对存在领域，超越论构造意味着赋予世界的存在以内在的、绝然的明见性；而《沉思》则不同，"它不再依赖于直观与其所充实的'符号'行为之间的'相即性'。外感官的直观无法充实'意向符号'"②。现象学构造的明见性被揭示为了一种仅仅在活的当下中的我与自身的关系中才具有的绝然的明见性。

在对胡塞尔明见性的解读上，列维纳斯有几个明显的不足。在《观念》第一卷，相即明见性已经有了新的含义，它是指体验的动机关联的中断与否，相即的，即意味着合乎动机关联，不相即的，当然就意味着不合乎动机。③ 绝然明见性作为对相即明见性的更深层的继承，它首先出现在《第一哲学》中。④ 之所以不相即的明见性中也能存在绝然明见性，是因为在时间性的结构上，动机关联与纵向的体验相关，而具有绝然明见性的活的当下就是纵向体验的生成基础，在纵向体验中不合乎动机的存在关联同样也建基于活的当下。列维纳斯尽管提到了不相即的存在中也包含了绝然的明见性⑤，但他始终没有指出其中的缘由。这一现象学事态并不是无足轻重的，相反，这表明胡塞尔的思考从《观念》到《沉思》具有内在的严格性。

当然，列维纳斯真正的用意在于揭示"我与自身的活的在场"这一具有绝然明见性的事态的哲学意味。这一绝然的事态似乎是内在的，无

---

① [法] E·莱维纳斯：《伦理学作为第一哲学》，朱刚译，《世界哲学》2008 年第 1 期，第 95 页。
② Levinas, *De Dieu qui vient à l'Idée*, p. 44.
③ 参见 [德] 胡塞尔《纯粹现象学通论》，李幼蒸译，第 245—246 页。
④ 参见 [德] 胡塞尔《第一哲学》（下卷），王炳文译，第 79 页。
⑤ Cf. Levinas, *De Dieu qui vient à l'Idée*, p. 44.

须任何外在的标准，但这何以可能？列维纳斯敏锐地发现，在明见性上，这种"在场"中存在的差异，"在'我对自身的活的在场'中，形容词'活的'难道没有指示着那种唯有作为不断的唤醒才可能的失眠？""在'活的在场'和'活的明见性'中，这一形容词就以强调的方式添加在了作为真理之本质的明见性的标题之上，它通过将自身确认为存在于它的内在性中，将本我—我在理解为了活的某种模式……"①

在经典现象学中，"活的在场"已经被塑造为了体验的本质以及存在的基础。列维纳斯指出，体验和生命不能直接被刻画为意向性的绽出，因为"……总是自身向自身的在场从它的作为状态的同一性中被唤醒了，并且向自身呈现为'内在中的超越'"②。这种根本的内在性中存在着差异和超越，或者说，失眠和唤醒。一旦在自身与自身的关系中揭示出了间距和沉睡的可能，如下问题便是自然而然的：这种存在于内在性之中的外在性以及他异性意味着什么？③

根据列维纳斯的想法，绝然明见性之中的外在性和他异性与构造存在的绽出的意向性并不相同，前者更为基础，绽出的意向建立在这种外在性和他异性之上。之所以如此，最关键的一点是，列维纳斯认为在自身对自身的所谓活的在场中存在着间距以及由此造成的失眠和唤醒的可能，据此，"内在性中的超越，这种作为在灵魂中存在的领会的心灵的这一奇特的结构（或深度），就是在失眠中不断开始的唤醒；同一在它的最内在的同一性中永远被带回到他者"④。

据此，列维纳斯对胡塞尔的"超越"清晰可见了。他接续了之前对胡塞尔的原印象的自身差异性的强调⑤，并在其中加入了失眠和唤醒的哲学意向，使自身差异化获得更加立体的说明。胡塞尔晚年将活的当下刻画为了一种从原初分离到融合的构造⑥，相比而言，列维纳斯更加强调其

---

① Levinas, *De Dieu qui vient à l'Idée*, p. 46.
② Levinas, *De Dieu qui vient à l'Idée*, p. 46.
③ Cf. Levinas, *De Dieu qui vient à l'Idée*, p. 47.
④ Levinas, *De Dieu qui vient à l'Idée*, p. 47.
⑤ Cf. Levinas, *Autrement qu'être ou au-delà de l'essence*, Martinus Nijhoff/La Haye, 1974, p. 43.
⑥ Cf. Husserl, *Späte Texte über Zeitkonstitution (1929 – 1934), Die C-manuskripte*, S. 76, S. 255.

中的差异性，他者不再单纯以唯一的原印象中的存在者的形象出现，而是呈现为了活的在场的原融合发生之前就已存在的分离的原始相位。在《别于存在或本质之外》一书中，他这样来描述这一事态："在感性印象无差异地自身差异之处存在一种意识；它无差异地差异，在同一中不同。"①

列维纳斯说："在同一与他者之间的唤醒中，一种不能被还原为不幸和和解、异化和同化的关系显现了出来。在此，他者并不异化他所扰乱和拥有的同一者的唯一性，而是从他自身深层的部分向比他更深的东西唤起它，这里无物存在，也没有谁能代替他。这里已经有对他人的责任了吗？他者在他最深的部分中唤起了同一！"② 列维纳斯要表达的是，在与同一的相互不可还原的关系中，他者在不断地就其最深层的存在唤醒同一性。

从胡塞尔的角度看，列维纳斯这里讨论的现象学事态基本上可以确定为诸原印象或者多束原感觉意识的共在如何就其自身的力量生成他者与同一的问题。胡塞尔在其早期的探索中将此生成过程大致描述为多束原感觉意识的趋同，晚年则是原区分基础上的原融合，但无论是趋同，还是原融合，它们的动力何在，就笔者有限的阅读，胡塞尔始终没有给出决定性的说明。③ 列维纳斯的"超越"在于，他进一步指出诸原印象间的生成关联，即诸原印象间的一种失眠和唤醒的关系："唤醒就是睡着的和未睡着的我，所有发生的事情都对他在内在性中发生了：苏醒的心灵、非—存在者在灵魂的深处存在的无—条件，都在它们的同一性之中浅睡着，在主体单子的最后的隐秘角落失眠或搏动着。"④ 可以这样说，原融合的动力就在于在原印象性内部存在的那种对失眠状态的唤醒，而胡塞尔的意向性最终就建立在这种被唤醒之中，只有在清醒的意向中，对象

---

① Levinas, *Autrement qu'être ou au-delà de l'essence*, p. 41.

② Levinas, *De Dieu qui vient à l'Idée*, p. 48.

③ 对此问题胡塞尔晚期予以了部分说明，例如："……在存在触发之前，前—存的触发也就已经存在了。其中包含了：构造了存在的'意志'在其下就拥有了一种更原初的东西，即追求、致力于、作为充实着的追求的在进程中追求转化……" Husserl, *Späte Texte über Zeitkonstitution (1929–1934), Die C-manuskripte*, S. 224. 但此说明尽管具有巨大的理论意义，它表现胡塞尔最终的哲学立场接近一种强柏拉图主义，但这种对善良意志的建基作用的强调实际上并未真正解决我们这里提出的问题，即构造存在的触发力源自何处。

④ Levinas, *De Dieu qui vient à l'Idée*, pp. 48–49.

指向、实显的意识，包括《观念》中的非实显的意识才是可能的，最终，理性的知识也才得以可能。在此意义上，现象学最终的研究对象就是这种作为意向生命之根基的失眠状态和唤醒的可能性。

理性哲学将存在还原为在场和知识，哲思意味着不能睡眠。列维纳斯认为，《危机》所展示的超越论还原的道路优于《观念》和《沉思》的"笛卡尔道路"，因为前者直抵活的在场以及绝然生命中的失眠和清醒状态，而"笛卡尔道路"仍然与知识论相关。我们当然不能讲"笛卡尔道路"是知识论的，譬如《沉思》最终探讨的就是交互主体性的构造对超越论现象学的意义，实际上，这两条道路展现了超越论现象学在奠基序列上的连贯性，从《观念》、《沉思》到《危机》，胡塞尔思想的发展展现为了从体验流的整体到习性维度，再到作为存在之最终基础的活的当下的原构造的层层深入过程。

但列维纳斯主张的还原与胡塞尔的根本性还原仍然存在一定的差异，上文曾经将胡塞尔向活的当下的还原称为第二次拆解，列维纳斯的还原可以说是在此拆解之下的第三次拆解，他要探讨的是活的当下在失眠和唤醒关联中的自身生成问题。列维纳斯说："还原首先就是在自身中的安眠下的——指示自身的实在就实现于在其中——显示与唤醒生命的程序……"① 生命的绝对性必须在警醒中被唤醒并由此获得它绝对化，因而，相对胡塞尔的根本性还原而言，这种对失眠和唤醒关联中的生命的绝对化之可能性的揭示无疑在现象学的事态上向前迈进了一步。

三　反思与评论

列维纳斯的现象学一般被标识为他者现象学，而胡塞尔最为人诟病之处在于他最终没有解决他人问题，在此意义上，列维纳斯对胡塞尔的超越自然就可以最小化为在他人问题上对胡塞尔的超越，这一点在我们上文的考察中似乎也不难看到，因为列维纳斯无论在对表象模式的批判中，还是在超越论构造的内在机制的揭示中，抑或对内时间意识的最终基础的谈论中，显然都在尝试证明他人存在的根基性。

的确，胡塞尔在其延续 30 多年的对交互主体问题的探讨中始终

---

① Levinas, *De Dieu qui vient à l'Idée*, pp. 53–54.

面对着他人存在的绝对性难题。这一难题体现为：他人尽管被构造为了"他我"，但"他性"一开始并且始终存在。即便在作为最终构造事态的原融合的基础上，他人的绝对性依然存在于原始时间相位的原区分之中，绝对性似乎成了他人不可能摆脱的"私产"。就胡塞尔的最终立场来看，他人已经不再是我的镜射物，而是具有了其本源的共在性。但列维纳斯对胡塞尔晚期的这一工作似乎并不十分了解，他并未强调胡塞尔在"他我"中所保留的他人的"绝对性"，相反，与一般的看法相似，他同样将胡塞尔意义上的"他我"视为了作为本我之映射的第二性的存在。

因而，在他人构造问题上，他们争论的焦点在于，拥有绝对他性的他人应该由本我来激活，从而成为"他我"，还是说在他者的目光中构造原真领域，从而生成自足的存在？列维纳斯持后一种立场，在他看来，当胡塞尔在同一性中揭示了他者的存在时，这种还原必然会通往根基性的绝对的失眠，这种绝对的外在存在不可能被还原和内在化为理性知识。

如此，我们必然面对如下棘手的问题：一方面，列维纳斯坚信他已经在他人问题上彻底超出了胡塞尔，甚至为胡塞尔现象学奠定了最后的基础；但另一方面，如果像我们上文所说的，列维纳斯对胡塞尔的所谓"超越"实际上仍然建立在前者已经揭示的存在境域之中，他只是尝试在胡塞尔已经揭示的诸原印象之间确立某种更为原始的生成关联，那么，在什么意义上还能说列维纳斯的这种哲思构成对超越论现象学的整体性的批评和超越，进而，这种向绝对性的"超越"是否会使他失去现象学的身份？

这里的事态很微妙，首先，列维纳斯对胡塞尔的超越并不妨碍他的工作仍然是现象学的，因为从他在这些问题上与胡塞尔的对话来看，列维纳斯仍然在试图谈论主体在这些构造中如何获得其存在，换言之，他仍然试图从"主体"一侧来谈论主体被构造的可能。从其对原印象的自身差异化的强调到后期对诸原印象间的失眠与唤醒的揭示看，笔者认为，后一种说法甚至更为现象学，因为它在原始的存在视域内探讨了存在的生成的可能，换言之，对失眠状态的唤醒依然是原印象性的内在构造的事情，列维纳斯并未彻底摆脱，甚至仍然停留在胡塞尔揭示出的原融合何以可能的问题之中，这可以看作在思的哲学范围内对思与存在的再次奠基，也正是在此意义上，笔者认为，列维纳斯的他者现象学并未违背现象学的基本原则，它仍然是现象学的。

其次，列维纳斯在其现象学的研究的确超出了胡塞尔，一方面，这似乎体现在他对原印象的自身差异化的改造，以及对诸原印象间的失眠与唤醒的可能性的探讨上，根据笔者有限的阅读，胡塞尔确实没有基于原印象的历时性特征来如此具体地谈论它的自身差异化或者失眠、唤醒等[①]，但正如上文提到的，这些超越仍然是内在于胡塞尔的，其实质是为胡塞尔的理性现象学进一步奠定基础；但另一方面，当列维纳斯揭示出的对失眠的唤醒被确定为时间性的原融合的动力时，这里实际上已经存在一种真正超出经典现象学的可能，就是这种唤醒！借用列维纳斯本人的说法，这种唤醒必然源自一种具有全新结构的"无限时间"、一种作为"极端警醒"的"弥赛亚意识"[②]，对照他对胡塞尔内时间的解读，我们可以确认，只有这种激发了唤醒的无限时间和意识才真正超出了经典现象学，因为只有它们才真正触及了原印象性的原融合。

第四节　质料与生命

"质料"在现象学运动中具有特殊的重要性：它不仅是胡塞尔超越论现象学的核心概念——它与能思、所思等概念一道标志着超越论现象学的诞生，而且在现象学的新近发展，尤其是在亨利的生命现象学中，它

---

① 列维纳斯在谈及失眠和唤醒时的确数次提及胡塞尔在《经验与判断》中的相关工作（Levinas, *De Dieu qui vient à l'Idée*, pp. 48 – 51），实际上，对这些边界事态（包括梦、死亡以及无梦的睡眠等）的讨论也正是胡塞尔晚年最核心的工作，但在笔者看来，胡塞尔更多的还是在强调那种失去了存在有效性以及无世界的触发的情形，他最终指向的仍然是原初时间视域内的前我性的突出、触发以及单子间的关联何以可能等问题，这与列维纳斯基于原印象的历时性对失眠和唤醒的考察具有事态层次上的根本差异，其中最显著的例证就是失眠，胡塞尔很少谈及失眠，而失眠恰恰是列维纳斯最重要的哲学意向，它代表了一种无人称、无可逃避的存在，意识是它被撕裂的产物（Levinas, *De Dieu qui vient à l'Idée*, p. 51）。简单地说，列维纳斯与胡塞尔在此问题上最大的差别在于，失眠所代表的存在是已经具有了独立性甚至建构性，而胡塞尔的立足点一直是意识以及作为其否定形态的无意识。

② ［法］伊曼纽尔·列维纳斯：《总体与无限：论外在性》，第 279 页。

又担负起现象学开拓自身的重任。在亨利继承自胡塞尔的问题语境中，质料与质素同义，它同样不同于描述心理学中受限于种属关联的感觉材料，作为一种形式性的内容，质料同样以流形以及综合体的样式存在。本节的目的有二：其一，通过对胡塞尔和亨利的相关文本的考察，客观地描述亨利是如何通过对胡塞尔的质料概念及其展现方式，即时间性的批评，一步步地走出经典现象学的，最终，他又是如何以印象性的自身感发来实现他的生命现象学对经典现象学的深层奠基的；其二，通过将亨利对胡塞尔的批评放置在胡塞尔的一系列手稿的基础上，揭示他的胡塞尔批评的得失成败，以初步厘清生命现象学内含的奠基性所具有的确切含义。

一 对胡塞尔的质料概念的批评

在长文《质素现象学与质料现象学》中，亨利围绕质料概念及其展现自身的方式对胡塞尔相关质料问题的讨论提出了两点批评。

首先，尽管胡塞尔在《观念》第一卷中在质料与能思形式之间作了区分，但在对能思/所思的具体构型的研究中，他不但忽略了质料与形式的原初划分的基础，而且固执地将质料因素仅仅视作在能思意向中被赋形的充实性材料，单纯地将感性的感发性（affectivité）纳入了能思/所思的对象构造图式，从而错失了对质料的印象性存在的显现可能性及其原始基础，即生命存在的深层追问。

其次，尽管胡塞尔揭示了意向性基于印象意识的自行被给予的特性，但由于他在内时间意识研究中不但赋予了原意识以矛盾的双重含义，而且倒置了印象与滞留意识的存在论地位，致使他错失了通向生命的印象性的原始显示及其原本存在的道路，以及具体展示其印象性和感发性的独特发生机制的最佳路径，并最终将现象学的意义构造建基于虚无。

这两点批评彼此相扣，亨利指出的被胡塞尔忽视的质料与形式的原初划分的基础，以及质料因素及其自身显现的方式，正是奠基于印象意识的自行被给予性；反之，印象性的原始显示及其原本存在也恰好决定了所谓原初划分的合法性和可能性。

二 双重意向性中的感发性问题

胡塞尔在《观念》第一卷中将能思内容区分为感性质料和意向形式是现象学发展史上的重大事件。它表明现象学已经突破了描述心理学对意识体验的现成性（或实显性）分析，不再将在意识中现成存在的感觉内容和立义行为等因素视作现象学分析的主要对象，因为这些现成的体验内容尽管具有内感知的相即明见性，但它们实际上已经承载了更为原初的立义。《观念》阶段开始具体展示的超越论现象学的首要任务就在于澄清这种原初立义的内在可能性和机制，上文已经指明，这种澄清的结果就在于揭示了能思/所思的赋义结构。

能思/所思的赋义结构具有特殊的内涵，即内在的先天平行性：能思与所思间的平行关系，以及更为复杂的"构成性的意识形式与在所思方面以如此方式'被意指的'对象的、在'意义'中的对象的统一体的平行关系"①。在此平行结构的基础上，我们来检讨亨利的相关批评。

首先，亨利指出了如下看似毫无疑问的事实：在胡塞尔看来，"质料并非印象的质料和印象，并且不具有如是的印象性，它就是为其赋形的行为的质料，为形式而存在的质料。这种质料的给予物不再属于自身：质料并未根据其所是，并通过其印象性的本己特征自身给予并给出自身"②。换言之，质料只能作为无自身构成之物献身于意向形式，在能思的目光中被穿透并获得超越的赋形，而不能依其自身的特性给出自身。

表面上看，这一批评显然具有合理性，完全可以在胡塞尔的讨论中得到证明。在《观念》第一卷中，胡塞尔明确指出："我们看到在那些感性因素之上有个似乎是'活跃化的'、给予意义的（或本质上涉及一种意义给予行为的）层次，具体的意向体验通过此层次从本身不具有任何意向性的感性材料中产生。"③ 感觉质料自身是不具有意向性的，它与给予意义的行为一起构成了具体的能思体验。

其次，亨利认为，胡塞尔将感受和冲动性也纳入感性的范围，证据

---

① ［德］胡塞尔：《纯粹现象学通论》，李幼蒸译，第 176 页。
② Henry, *Phénoménologie matérielle*, Presses universitaires de France, p. 17.
③ ［德］胡塞尔：《纯粹现象学通论》，李幼蒸译，第 143 页。

如下："在较广的和本质上一致的意义上,感性也包含着感性感觉和冲动,它们具有自己的属的统一性。"① 因而它们实质上都属于意向体验,确切地说,成为充实意向体验的质料因素,进而它们便不可能具有本己的本质,"质料也不再是印象性的质料及其材料,不再具有印象的印象性以及感受的感发性"②。

在亨利看来,胡塞尔因为将质料因素确定为本身无形式的,却有待被赋予形式的意识内容,同时又将感受和冲动性等因素纳入了感性质料范畴,从而决定性地一方面错失了对"体验的质素和意向成分在意识中的统一性这一根本问题"③ 的根源性的追问,致使他对能思/所思的研究只能停留在意识功能的统一性的基础上;另一方面则完全丧失了深入勘测感性质素作为印象性的"如何"以及作为感发和意愿体验的整体存在的可能性,进而丧失了洞悉感性质料的触感体验和冲动体验如何在绝对主体性的实在性中,拥有一种完全区别于超越立义的根本内在性的可能性。

如果从胡塞尔在前—《观念》和《观念》时期的工作来看,亨利的批评显然具有一定的合理性,譬如在描述心理学时期,胡塞尔只是在整体与部分的框架内对意识的权能进行了结构性的研究,他从未追问立义行为和立义内容的统一性根源于何处。因为在实显性分析中,意识因素都是现成在此的。在《观念》第一卷中,胡塞尔多次指出他这一时期工作的限制:譬如《观念》探讨的意向性概念"不下降到组成一切体验时间性的最终意识的晦暗深处,而是把体验看作内在反思中呈现的统一的时间过程"④,对能思/所思的赋义结构的分析也始终限制在时间和内在感知的统一性之中,至于这种统一性起源在何处,《观念》同样未曾深究。

上文已经指出,尽管胡塞尔在前—《观念》和《观念》时期未对时间性和内在反思的统一性之可能性进行追问,但他随后就在时间意识的纵意向性和被动性的区域中,对质料的感发性进行了独到的考察。

实际上,尽管《观念》第一卷没有完成突破,但新的突破也已初见

---

① [德] 胡塞尔:《纯粹现象学通论》,李幼蒸译,第 144 页。
② Henry, *Phénoménologie matérielle*, p. 18.
③ Henry, *Phénoménologie matérielle*, p. 18.
④ [德] 胡塞尔:《纯粹现象学通论》,李幼蒸译,第 143 页。

端倪，胡塞尔告诉我们："每一个所思层级都是'关于'它的下一个层级的被给予性的'表象'。然而，'表象'在此不是指表象体验，而'关于'一词在此也并不表明意识与意识客体之间的关系。它似乎是一种与能思意向性相对的所思意向性。前者将所思意向性作为其意识相关项包含在自身中，其意向性也以某种方式贯穿了所思意向性的方向线。"① 在我们看来，对能思/所思的平行结构而言，这段描述是极为关键的补充，因为它向我们表明，能思和所思意向性只能奠基于纯粹意识的双重意向性之上。换言之，能思和所思之间除了对象性的赋义（横意向）关系之外，还存在着一种纵向的自身构造，即纵向能思和纵向所思，而意识的纵向维度恰恰为说明质素与意向成分在意识中的统一性、感性质素的触发性和印象性，以及感性质料的触感体验和冲动体验在绝对主体性中的构造提供了意向构架的基础。

在"贝尔瑙手稿"中，胡塞尔指出了这种具体的纵向能思的内在结构：在持续的滞留化中，具有本己滞留模式以及完整的时间片段的流逝对象渐渐沉入模糊的时间视域，胡塞尔称这种特殊的流逝模式为"次生意向性或被意识性模式"②。胡塞尔思考的问题是：在对这种次生意向性构成的回忆链的重复构造中，再回忆的注意目光所指向的回忆及其先前相位和变异样式以何种方式出场？作为同一性延续中存在的当下被把握的回忆的"充实的生动化"，还是作为隶属于先前回忆的变异样式而借之被唤醒？③ 这里的关键在于，每个回忆的被给予性中包括了外指意向的连续性，被回忆物沿着这种时间次序指向接续的被回忆物，并在实显的现前中获得其最终的根据。这里实际上存在着两层意向关系，准确地说，两层感发联想的关系：首先是在实显现前（活的当下）中存在的间距性的感发唤醒的功能，其次是在远领域中的空乏表象的回射性的唤醒。

我们首先来看第二层感发唤醒关系。在"被动综合"手稿中，胡塞尔对此予以了专门思考：在滞留的持续变异中，滞留的变样通向同一个

---

① ［德］胡塞尔：《纯粹现象学通论》，李幼蒸译，第 179 页。
② ［德］埃德蒙德·胡塞尔：《关于时间意识的贝尔瑙手稿（1917—1918）》，肖德生译，第 435 页。
③ 参见［德］埃德蒙德·胡塞尔《关于时间意识的贝尔瑙手稿（1917—1918）》，肖德生译，第 439—440 页。

零位，即"在活的当下中已被鲜活地创立的对象的固定的储藏所"①，尽管它不再处于活的感发状态，但意义仍然隐藏在其中。在一种源自活的当下的动机引发中，在固定的沉淀序列中存在的感性质料在被动的感发联想中被重新唤醒（远唤醒），成为被再回忆之物②，换言之，成为横向能思的指向对象。

因而在被动性区域中，感性质料在被意向赋形之前实际上就已经具有了感发性，当其由一个空乏的表象经由感发联想最终成为被再回忆的生动的表象时，它便已经表明了自身与意向成分的统一性，以及自身具有与印象性的内在关联。据此，就规定客体而言，质料显然拥有相比对象性的能思意向更为原初的意向基础，质料并非盲的，它的呈现方式能够赋予能思因素的赋义功能以形式。同时，质料的感发性本质上已经以其自身并通过自身实现了一种现象学的显现功能：前—主动意向的自身感发性的显现，它以其感发性规定了自身的现象学内容。

据此，亨利对胡塞尔的如下批评看似已经丧失了合理性："当对象的所思性质的超越体现意义上的'感性显现'提供了解析印象之所是——它在纯粹主体性中与印象相应——所必需的前提时，人们恰恰丧失了这种印象的原初显示，准确地说，它的主体性的原初显示。"③ 同时，胡塞尔将感发性视为意向性中的被显示者，或者说"以客体的方式被构造的感发的谓词"④。

三 活的当下的感发性问题

我们再来看更原初的、在活的当下中存在的第一层感发唤醒的功能。胡塞尔认为："在活的当下内部，我们已经遇到一种十分独特的感发性成就，就是说，唤起潜藏之物、被包裹在隐含的意向性中之物的成就。通过感发力的供给——这当然在印象的领域内有其根源——可以使一个在

---

① ［德］埃德蒙德·胡塞尔：《被动综合分析：1918—1926 年讲座稿和研究稿》，李云飞译，第 210 页。
② 参见 ［德］埃德蒙德·胡塞尔《被被动综合分析：1918—1926 年讲座稿和研究稿》，李云飞译，第 210—211 页。
③ Henry, *Phénoménologie matérielle*, pp. 21–22.
④ Henry, *Phénoménologie matérielle*, p. 23.

感发的特殊内涵上贫乏的或完全空乏的滞留能够重新献出潜藏在它之中的被雾化了的意义内涵。"①

新的素材不断进入活的当下，原当下持续地沦入滞留，而滞留则持续地流入越来越深的过去。这一简单的描述显然已经成为现象学界的基本常识，但在"贝尔瑙手稿"中，正如前文已经说明的，胡塞尔给出了更为细致的描述：在意识的原进程中，"原体现是被充实的期待。滞留本身据此必然拥有充实性期待的因素"②。也就是说，在质素流中，只要素材不断地嵌入意识，原体现和滞留就会持续地获得变异了的前摄意向的内在因素，因而，注意目光之所以能够在纵意向中回指原在场，就是因为在滞留意向中已经拥有了前摄意向的因素。同样，前摄意向中也包含了滞留意向，因为滞留序列在同一风格中预期地指向序列的持续的前摄。因而，在原体现意识中，滞留与前摄总是本质地相互交织并动态地相互指涉：前摄持续牵引着滞留并不断自身充实，而滞留则持续变异地映射前摄并不断自身失实。胡塞尔将这一生成过程称为意识的双重枝线，即滞留枝线和前摄枝线。

在"被动综合"手稿中，胡塞尔强调，在这种感发唤醒中，某种空乏的滞留能够在"隐含的意向性"——意向的双重枝线——中被感发唤醒，其具体方式为：原印象和并存（内）印象在印象的在场域的相接中合一，并且发生一种间距性的相合综合，这种相合综合中的同质物中的任何元素的凸显都会增加相伴元素的感发性关联。上文所说的远领域中的综合便奠基在这种活的当下中的间距性的感发唤醒中。

在胡塞尔对感发性的研究中，这显然还不是全部。从上面的引文就可以看到，胡塞尔其实已经点出，活的当下中的感发力在印象的领域中有其根源："一切感发的根源都在于而且只能在于原印象及其较大或较小的本己的感发性。"③ 活的当下包括了无活性的背景区域与感发性的凹凸

---

① ［德］埃德蒙德·胡塞尔：《被动综合分析：1918—1926 年讲座稿和研究稿》，李云飞译，第 205 页。

② ［德］埃德蒙德·胡塞尔：《关于时间意识的贝尔瑙手稿（1917—1918）》，肖德生译，第 41 页。

③ ［德］埃德蒙德·胡塞尔：《被动综合分析：1918—1926 年讲座稿和研究稿》，李云飞译，第 200 页。

形态（relief 地貌、浮雕上的纹路），在我性的感发发生之前，感发性的凹凸形态中所内含的个别要素的高差会带来鲜活性的差异，这种差异或者要素之间的路线分布使本己的感发性产生。

在此基础上，我们似乎可以认为，亨利的批评离胡塞尔的本来面目越来越远了，因为胡塞尔非但谈到了质料的感发性，而且在这种感发性中区分了内含奠基性关联的三种类型的感发唤醒。毋庸讳言，亨利的确没有清晰地看到胡塞尔在感发性问题上所做的工作，但有趣的是，这并不妨碍亨利对胡塞尔的质料感发性的批评。我们看他对胡塞尔两点关键的指责。

首先，亨利认为，将质料的感发性建基在内在的现象学时间的构造所实现的原始被给予性之上是误入歧途："人们想说，原始被给予就是一种时间的原始构造。时间性就是构造了原始现象性的原始绽出。作为原始构造和时间的原始绽出的原始被给予性，关注的恰恰就是印象和质素，这种被给予性就是其自身本己的被给予性，就是向其自身的自行被给予，但结果是，这种被给予性不再是它自己的事情，而是构成了时间的原始绽出的原始意向性的事情，——它同时也不再是一种自行被给予：不是印象自身而是原始意向性在给出某物，被给出的也不再是印象自身，它无法存在。"①

这里的关键在于"作为原始构造和时间的原始绽出的原始被给予性，关注的恰恰就是印象和质素"。一针见血。胡塞尔对质料感发性的讨论显然就是建立在活的当下的时间性的基础上，而这顺次奠基的三重感发的最终构造无疑就是对象的再造，它显现于能思意向中。然而，质料和印象一旦与时间的这种原始构造相关，具体地说，与原始现象性的原始绽出以及原被给予性相关，那么按照亨利的看法，质料现象学便一定会毫无根由地一头扎进了原始意向性中，完全错失质料的印象性的存在及其被给予性。因而，胡塞尔现象学对意向性的自行被给予性的讨论，尤其这里对质料的感发性的讨论，就根本无法回答实际的生命现象性必须首先自身现象化的问题。

大致地说，亨利直接关涉的生命问题区域实质上与胡塞尔感发现象

---

① Henry, *Phénoménologie matérielle*, p. 30.

学中的前我性的感发区域相关，他的意思很明确，真正的生命的纯粹感发性只能存在于前我性区域的纯粹的凹凸形态的前史中，关键在于，它不能经由胡塞尔所揭示的本己感发性沦入印象性的绽出，相反，用亨利的话说："只有作为纯粹印象和纯粹感觉，质素被给予性才能在其纯粹性和印象性中被把握。"① 但是，胡塞尔以及经典现象学家们显然走上了时间相位的涌流和绽出的道路，而这条道路由于预设了能思和意向性现象学的特权，所以它必然最终阻塞通向纯粹质素现象学和根本意义上的质料现象学的道路。

其次，在亨利看来，即便想从原始绽出走向原始意向性也是不可能的，因为胡塞尔在这条道路上陷入了原意识的歧义性和滞留与印象间的原初性角色的颠倒。这一问题关涉的显然并非活的当下中的（或前我性中的凹凸形态的）感发性，而是与建立于其之上的感发性领域相关。

原意识的所谓歧义性是指，原意识作为意识的基础，它就是印象意识，但胡塞尔同时却主张原意识就是一种奠定了当下的存在者之显现基础的绽出性的现在意识，那么原意识究竟是印象意识还是现在意识？② 而所谓滞留与印象之间的原初性地位的颠倒是指，胡塞尔一方面将原印象视作意识生成的绝对开端，"它自己不是生成出来的，它不是作为某种产物，而是通过自发的发生才形成的，它是原制作"③。同时"开端相位只有在它流逝之后才能通过上述途径，即通过滞留与反思（再造），而成为客体"④。针对这种歧义性，亨利指出，原初意识与滞留意识的差异体现为存在者与虚无之间的质的差异，滞留意识非但没有为现象学河流的同质性的流动奠基，相反，却将流动的连续体碎裂为块片，并最终将其推入虚无的深渊。⑤

亨利指出的这两个所谓问题实际上都源自胡塞尔的两个不同的考察视角：原初性和对象相关性。当他将原意识作为意识的基础时，这是一

---

① Henry, *Phénoménologie matérielle*, p. 35.
② Cf. Henry, *Phénoménologie matérielle*, pp. 35–36.
③ [德] 埃德蒙德·胡塞尔：《内时间意识现象学》，倪梁康译，第 133—134 页。
④ [德] 埃德蒙德·胡塞尔：《内时间意识现象学》，倪梁康译，第 158 页。Cf. Henry, *Phénoménologie matérielle*, pp. 39–41.
⑤ Cf. Henry, *Phénoménologie matérielle*, pp. 41–42.

种原初性的视角，但当他将原意识作为现在意识时，显然是着眼于对象相关性的视角。在印象问题上同样如此。对亨利式的这种理解，胡塞尔实质上有所警觉。在指出开端相位在反思中成为客体之后，他马上补充道："但是，如果它真的只是通过滞留而被意识到，那么我们就会始终无法理解，是什么赋予它以'现在'的特性。……谈论某种'无意识的'、只是补加地才意识到的内容是荒谬的。"①

尽管亨利对胡塞尔的指责再次陷入了偏颇，但它对胡塞尔的批评仍然具有如下深厚的哲学含义，即滞留所具有的现象学和存在论的性质不同于真正意义上的生命的纯粹感发性。他反对胡塞尔将印象当下作为观念界限点，将作为生命之肉身的绝对主体性还原为当下的意向性的展现，并将印象的自身印象化还原为向无限观念点的流逝。只有在印象的自行印象化中，纯粹主体性的生命体验才能给出自身。也只有在此意义上，我们才能理解亨利对胡塞尔的如下批评：他的现象学仍然陷入了"存在论上的蒙蔽"："印象，作为一种非超越物，一种绝不能在现在的绽出体现中自身给予物……它被解释为在向非实在性的生长以及向更远的'刚刚过去'的滑落中寻求其原初和本己的存在。"② 换言之，"在反思的态度以及被意向性所支配的现象学立场中，印象被把握为一种内容、一种材料，而不是自身被把握为原始被给予、自行被给予性和自行印象，以及超越论的感发性"③。

在亨利看来，在质料问题上，胡塞尔现象学同样错失了真正的印象性问题。在胡塞尔对个体化问题的分析中，质料被归入了体验流的绽出的意向模式，它具体展现为质料的三重感发性的实在样式，并且最终成为一种由于获得意向形式而展现在所思意向中的"第一性内容"，显然，任何可能的实在生命就都消失在由这些转瞬即逝的当下所构建永恒的相继流转中。同时，胡塞尔认为，原印象必须由原初的感觉来说明："严格地说，当下的瞬间必须由原初的感觉来定义。"④ 亨利据此指出，这种循

---

① ［德］埃德蒙德·胡塞尔：《内时间意识现象学》，倪梁康译，第158页。
② Henry, *Phénoménologie matérielle*, p. 38.
③ Henry, *Phénoménologie matérielle*, p. 28.
④ Henry, *Phénoménologie matérielle*, p. 47.

环说明的状况表明胡塞尔无力解决印象性意识的构造问题。因而，与胡塞尔在印象性的自行被给予性问题上的缺失相应，他的质料现象学同样仅仅被维系在了内在性的现象学之中。显然，与意向的绽出形式一样，它也必须建基在被胡塞尔遮蔽了的原初的印象性的自行被给予性之中，据此，从亚里士多德以来的传统哲学以之为圭臬的内容与形式的划分，必须在更深层的生命的自行显示的基地上得到考察。

胡塞尔的质料现象学具体地展示在三重感发性的奠基序列之上，从时间性角度看，也就是奠基在从活的当下经意向的双重枝线到纵意向性的时间性构造之上，而亨利的生命现象学则"完全外在于绽出维度，它存在于相对于我是而言的根本的他处"[①]。真正的内容，作为生命的一种显现方式，它必须存在于时间性的自身感发形态，甚至是感发性的一种前我性的凹凸形态之外，或者更直接地说，存在于前绽出的自行印象化中，存在于这种凹凸形态的自身显现前的纯粹的感发性中。

四 印象性的自行感发

时间性的自身感发或绽出性是经典现象学在现象化问题上的根基。这一点不但在胡塞尔那里得到了经典的展示，在海德格尔和梅洛－庞蒂的现象学思考中，它也以不同的方式得到了继承。

我们再回到滞留概念。滞留相位具有一种完全区别于实显性意向的特殊的意向样式：一种在场着的不在场性，它已经出离了自身，现身于他处，但却并未彻底地成为异己之物，它仍然在场。这种关联性的场域概念在胡塞尔那里具有特殊的含义。简单地说，一方面，它标明了意向性的一种新的流形样式，这种意向样式无疑为超越论现象学的问题域的敞开提供了基本的前提和可能性。另一方面，当它被视为活的当下的本质的结构性因素时，它实际上就与前摄、原当下一道成了超越论现象学的事态构造的最终基础。

在探讨生活世界现象学时，我们已经提到，在《危机》时期，胡塞尔以如下方式直接表达了超越论现象学，确切地说，原—自我现象学的深层的构造事态："自身时间化，即意味着通过去—当下化（通过再回

---

① Henry, *Phénoménologie matérielle*, p. 46.

忆），在我的去陌生化的作用中（作为一种更高阶段的去—当下化的同感——将我的原现前置入了一种单纯的被当下化了的原现前中）有其类似物。"① 这里表明的是自我的生成与世界的生成之间的一个悖论性的关联事态：自身的实现本质上就是支撑在他人之上的世界的展开，从时间性上说，去—当下化就是原现前。我在自身的流动中将自己和他人一道构成了我的历史性中延续的存在者。

但这种流动必然首先建基在我性的一种以滞留化为特征的绽出的时间样式中。在他后期的时间性的考察中，胡塞尔也将这一事态称为原时间化：简单地说，在质素流的原初的变化样式中，原初滞留化首先体现为原印象向滞留的过渡，滞留化在一种由透显的间接性组成的同时融合的连续统中被交叠地意识到："在持续的流动中实施着以滞留的方式遮合着交互过渡的同时区域的融合。"②

海德格尔在存在论语境中继承了胡塞尔通过滞留化所展示出的这种绽出的时间样式，但与胡塞尔对活的当下中的原当下和滞留融合关联的强调不同，海德格尔更为重视前摄（或将来）维度。简单地说，此在的去存在或出离自身所展现的时间性被他表达为："作为曾在着的有所当前化的将来而统一起来的现象。"③ 时间性的本质在于从将来而来的到时，因而先行于自身本真地建基于将来，此在的生存论建构的首要意义就是将来。

在这种自身感发样式，或者说绽出的时间样式究竟根基于当下，还是根基于前摄，这一现象学的根本的问题上，梅洛-庞蒂坚定地站在了胡塞尔一侧。他认为海德格尔式的在决断中从将来先行拥有将来是不可能的："因为，如果时间是一种绽—出，如果现在和过去是这一绽出的两个结果，那么我们如何一下子就停止从现在的视点看时间呢？我们最终如何走出非本真状态呢？"④ 将来是当下的绽出，它自然应该建基于当下

---

① ［德］胡塞尔：《欧洲科学的危机与超越论的现象学》，王炳文译，第225页。对照德文版略有改动。
② Husserl, *Späte Texte über Zeitkonstitution (1929 – 1934), Die C-manuskripte*, S. 82.
③ ［德］海德格尔：《存在与时间》（中文修订第二版），陈嘉映、王庆节译，熊伟校，陈嘉映修订，第397页。
④ ［法］梅洛-庞蒂：《梅洛-庞蒂文集·第2卷，知觉现象学》，杨大春、张尧均、关群德译，第585页。

和过去的关联上。

　　这里的争论显然与他们各自持有的形式化与身体性的运思向度相关。简单地说，他们之间的差异可以简化为，究竟应该基于形式化的先行特性来规定具体化的"现在"，还是应该基于身体性或充实性的原当下及其与滞留变异的关联，首先确定无内容的将来，然后据此规定整个具体的"现在"。借用胡塞尔的术语，我们可以更细致地说，海德格尔坚持认为，最初的意识"内容"的获得必须依赖于活的当下自身具有的形式化的特性，"内容"总已经是被形式化了的，而梅洛-庞蒂则更加强调这种形式化本身的内容特征，活的当下中的形式化自身必然是已经具有了习性。

　　实际上，无论他们的思考在时间性的感发的具体向度上具有多么深刻的差异，但不可否认的是，他们本质上都归属于一种时间性的自身感发的模式。按照梅洛-庞蒂的考察，其中感发者就是向将来的推延的时间，而被感发者就是当下的一系列发展的时间，或者用胡塞尔的术语来说，时间性的自身感发本质上就是在滞留链与前摄链之间存在的一种交织性的感发关联。

　　正是如此，亨利展现了他的突破性。生命并非绝对的当下，它也不可能在绽出的时间流中显现为各个瞬间当下的持续变异。相反，为了自身的临近，它只能在自身实际的现象化中被把握为生命的根本性的自身显示，这种生命才是真正的主体性。因而，不难理解，主体性的运动就是生命之原始存在在原印象性的绝对被动性中向自己揭示自身的永恒运动，作为一种本质性的非生产的运动，它绝然地区别并先行于一种以时间性的绽出为典范的生产性的被动构造。

　　据此，重回原始存在的唯一契机在于摈弃理性现象学的绽出性的被给予模式，聚焦印象性自身的原始揭示，以此在一种非意向的质料的感受性中，揭示自始至终在对原始圣临（Parousie）的悲怆的抑制中被把握的主体性的存在。① 经典现象学家们在这一更原始的现象化与印象化问题上还是最终陷入了盲目，他们只能一再重复被构造的三维绽出性的时间化，或者将这种原始的构造性问题归为某种匿名的区域的自身构造，从

---

① Cf. Henry, *Phénoménologie matérielle*, p. 50.

而与那种构造了所有实在性的印象性的原始存在失之交臂,最终根本无力追踪一个异质性的现象学和生命的存在论。

依亨利之见,胡塞尔等经典现象学家的客观化道路恰恰与一门哲学意义上的现象学,即以纯粹的现象性及其据之自身现象化的原本方式为研究对象的现象学渐行渐远了,它显然带有前现象学的特质,就是说,它没有对生命的印象性的自行印象化以及纯粹质料的感发性进行根基性的追问。据此,现象学必须首先致力于成为如下意义上的一门真正的质料现象学:它必须拒斥经典现象学的绽出性(或滞留化)样式导致的生命的碎片化和虚无,相反,它必须借助于一种更根本的还原,敞开一个彻底的前我性的生命印象性的区域,必须在纯粹感发性中揭示印象的自行印象化和自行显示,并最终维持一种在前绽出意义上的生命存在的优先性和根基性。

问题其实远未结束。与列维纳斯求助构造内在性的绝对他者不同,亨利将生命的自行显示安置在了印象性的结构之上,他们对胡塞尔的突破有着深层的同构性,简单地说,他们都着眼活的当下的生成,不是活的当下如何构造具体当下乃至双重意向性,而是如何构造活的当下。但有趣的是,在活的当下的构造上,他们非常忠实于胡塞尔,这突出地表现在他们始终没有怀疑三维时间相位,即滞留、原当下、前摄本身的合法性,我们知道,这甚至都不如胡塞尔本人彻底,在早期的探索中,胡塞尔就曾试图以多束原感觉意识的趋同来揭示三维时间相位的生成,他在晚年拿出了原意识如何从分离到原融合的二——一性的构造模式。但无论如何,我们至少可以确定,与列维纳斯一样,亨利同样站在了超越论现象学的边界上,他对生命的揭示切切实实地为超越论现象学的发展提供了新的可能。

第五节　还原与给予

我们对马里翁的兴趣与其说产生自他作为法国现象学运动的最新代表的身份,不如说是因为他试图借以超越经典现象学的基本概念,譬如还原、给予,也正是本书探讨的核心概念。本书至少已经在胡塞尔那里区分出了三种还原,即《逻辑研究》中的向实项内存在中的还原、《观念》阶段旨在揭示纯粹意识的现象学还原、1929年前后标志着胡塞尔向本性现象学突破的根本性还原或者拆解,而与三种还原相对应,我们也已经可以区分出至少两种给予或被给予:《逻辑研究》中作为感知和直观之本质的自身被给予以及《现象学的观念》开始探讨的绝对的自身被给予,根据胡塞尔的名言:"现实的明见性伸展得有多远,被给予性伸展得也有多远。"① 我们自然应该追问如下问题:当胡塞尔1929年前后在二——性直观中构造活的当下时,他是依何种被给予性而为的?

有趣的是,马里翁也宣称现象学运动中存在三种还原和给予性:胡塞尔的、海德格尔的和他本人的,它们分别被标识为客观性的、存在的与存在之外的,撇开他要为自己在现象学运动中排定座次的意图不谈,我们自然要追问,马里翁的这些区分与胡塞尔在超越论现象学内部做出的区分有何关联?从他的名著《还原与给予》看,我们的问题甚至是非法的,因为马里翁的现象学之思无疑是借助海德格尔的眼光展开的。但他的做法又恰恰体现了这一追问的迫切性,因为超越论现象学作为对19世纪以来的非欧几何运动的哲学回应,为我们深刻地刻画了"现代存在"② 的基本构架,海德格尔早期著名的生存论建构实际上就是建立在胡塞尔刻画出的现代存在之上的。一旦局限在镜射物,对原像没有足够的了解,那么当马里翁试图借助海德格尔的哲思敞开天父的呼声时,此呼声究竟是神圣者的,存有的,抑或仍然是现代存在的,便是疑难了。换言之,我们显然有必要进入现象学的边界,探讨任何一种试图突破经典现象学的未来哲学的可能性或不可能性。

为此,本节将讨论如下问题。首先,马里翁对胡塞尔的理解是否贴切?尤其是,他是否恰如其分地展示了胡塞尔从《逻辑研究》中的自身

---

① [德]胡塞尔:《现象学的观念》,倪梁康译,第62页。
② "现代存在"在本书中一再出现,但我们都未曾直接给出定义,因为我们认为探讨存在最好的方法不是定义,而是使其显示。行文至此,大致可以勾勒出我们所谓现代存在的基本结构和特征了,首先,现代存在具有一种构造性的多维结构,根据超越论现象学,我们特别地将之刻画为一维流形构造二维连续统。其次,现代存在是可反思批判的,其根据就在于它的内在可思性,在此意义上,我们已经多次批评那种以不能反思为由试图将此存在压制在自身觉知之中的西方理论家。最后,现象学对这种现代存在的揭示,不仅实质性地激发了卢卡奇等人的思考,而且为批判理论的发展提供了新的可能,根据胡塞尔,我们可以简单地将之概括为在世批判必须建基于本性批判。

被给予性向《观念》阶段完成的绝对的自身给予的突破？此问题之所以重要，是因为马里翁正是在此方向上接受了海德格尔的道路。其次，马里翁认定海德格尔开启了所谓第二次还原，这在超越论现象学的基地上是否也能得到正面的回应？此问题不仅关涉超越论现象学的发展，而且也反证了马里翁的"未来"之思在何种意义上真正具有突破性。最后，本章将聚焦马里翁提出的第三种还原，即向神圣者的呼声的还原，我们将证明，此还原与胡塞尔晚年提出的根本性还原或者拆解完全相应，马里翁跟随海德格尔同样来到了胡塞尔为超越论现象学划定的边界之上。

一 被给予性与意向流形

开篇伊始，马里翁便指出了理解《逻辑研究》的两条道路：一条是海德格尔继承的，聚焦范畴直观到存在的先行敞开；另一条则是德里达特别关注的，即含义的充实性的在场。前者突破了形而上学，走向存在论差异，后者则陷入了在场形而上学，最终走向了解构理论。如果人们愿意承认，《逻辑研究》的突破就体现在对范畴的直观上，那么显然不难看到，这两条道路在范畴直观与标明其充实之可能性的代现之间交会了，因而问题自然就在于理解作为直观之本质的自身被给予性、直观与代现三者的关系。

《逻辑研究》所谓"扩展"发生在从感性直观向范畴直观之上，马里翁在《还原与给予》中真切地重构了这一过程，前文也曾指出，从胡塞尔本人随后在《现象学的观念》中对绝对被给予性的强调看，《逻辑研究》中的这一"扩展"并不合适，他当时甚至没有彻底摆脱经验主义的底色，因为一旦将直观的本质理解为自身被给予性，那么"扩展"就应该让位于建基：对范畴的直观在何种意义上体现了这种被给予性，从而使其具有直观的性质，感性直观又在何种意义上具有被给予性的，使其成为直观，换句话说，马里翁之字形解读《逻辑研究》的策略并不适用于直观与被给予性之间的建基关系。

马里翁跟随海德格尔发现了《逻辑研究》中的作为直观之本质的自身被给予性，但随后，他马上暴露了对《现象学的观念》中的绝对的给予性，当然也包括绝对的自身被给予性的先天等观念的无知，在列举了一系列胡塞尔指出的被给予性之后，他写道："我们不应该误解胡塞尔现象学越来越纲领化的特征：它讨论的不是关于最终方向的不确定问题，也不是抵达它的手段；方向就是在场化；唯一的手段就是普遍直观。"①稍后，他又写道："现象学突破这方面所想要的是'对世界的总体直观'中把总体性在场化的'普遍直观'。"② 马里翁前一刻还在提醒大家不要淹没在胡塞尔给出的被给予性中，此刻便开始做出总结，显然，他将新的被给予性的成就理解为"在场化"和"普遍直观"。

马里翁在众多被给予性中提到了新鲜回忆中的被给予性，但却没有提及胡塞尔将这种滞留的被给予性与回忆相提并论，在马里翁特别指出的哥廷根《讲座》，也就是我们一直探讨的《现象学的观念》中，胡塞尔正是通过比较这两者，将现象学的本质构造带入了内时间结构之中，接下来的事情我们已经多次指出：经过了1907、1910、1917/1918年的不断努力，胡塞尔很快揭示了内时间意识的一维流形构造二维连续统的结构，绝对被给予性就此获得了展示，超越论现象学也由此获得了坚实的基础。正是在此结构中，胡塞尔开始展示出一种不同于《逻辑研究》中的范畴直观和普遍直观的本质直观，或者说艾多斯直观，而马里翁却令人惊讶地在此问题域中仍然坚守普遍直观，据此，当他与主流学界一道错失了意向流形的观念和结构时，反倒不那么令人惊讶了。

意向流形的观念和结构建立在内时间结构之上，针对马里翁随后对胡塞尔的误解，此概念的提出至少有如下意义。首先，它表明，马里翁跟随海德格尔所指认的胡塞尔通过现象学还原揭示的意识不是与实在相对的区域的存在，相反，具有意向流形结构的意识特别地被胡塞尔标明为纯粹意识。马里翁曾异常精细地指出胡塞尔在引用笛卡尔围绕"res"③做了修改，他由此判定胡塞尔试图掩盖意识的实在性，而我们的判断与他相反，胡塞尔的省略和修改恰恰是因为纯粹意识不是实在的，而是基础性的，它具有特殊的形式法则，换言之，基于纯粹意识的特殊性，胡塞尔根本无须遵循笛卡尔的教义。当马里翁坚持超越论现象学中的意识

---

① ［法］马里翁：《还原与给予：胡塞尔、海德格尔与现象学研究》，方向红译，上海译文出版社2009年版，第23页。
② ［法］马里翁：《还原与给予：胡塞尔、海德格尔与现象学研究》，方向红译，第26页。
③ ［法］马里翁：《还原与给予：胡塞尔、海德格尔与现象学研究》，方向红译，第137页。

仍然是物性的，无异于重新将实在的眼光引入了纯粹意识，这是一种连向实项内存在的还原都未达到的理解，与他追随海德格尔对范畴直观的理解极不匹配。其次，如何理解胡塞尔与笛卡尔的区别？在面对海德格尔对笛卡尔的批评时，作为笛卡尔专家的马里翁一直在极力为笛卡尔辩护，在他眼里，笛卡尔甚至已经提出了海德格尔意义上的存在方式等因素，但在论及胡塞尔与笛卡尔的关系时，他又决绝地将胡塞尔归入了笛卡尔作为有限实体的我思的阵营，但我们很容易在早已为法国学界熟知的《讲演》中看到胡塞尔如何强硬地将笛卡尔我思的明见性归于活的当下，[1] 也就是我们所谓一维流形的结构之中，而这意味着什么？这显然已经不可能是马里翁能够或者说愿意面对的了。最后，为了走出海德格尔的存在论差异，他一度尝试借助胡塞尔对形式化和总体化的著名区分，在《还原与给予》中清晰地区分了区域存在论、形式存在论等超越论现象学的新基础，但有趣的是，尽管如此，马里翁从未哪怕进一步追问一句：宣称要为包括形式科学在内的一切科学建基的胡塞尔，你难道不应该在现象学上构造出形式科学吗？如此，超越论的构造究竟有何意义呢？相反，他却义无反顾地将《观念》随后提出的纯粹意识实在化为物，于是，我们可以看到，胡塞尔无比简陋地以实在的意识支撑起了形式科学，无怪乎超越论现象学在他们看来只能是陈旧而落后的了。

真实的情况是，胡塞尔之所以有底气提出超越论现象学的构造和建基问题，正是因为纯粹意识拥有多维的流形结构，这里的"多维"纯属强调，流形本身就意味着多维，而此结构也反驳了马里翁同样跟随海德格尔对胡塞尔现象学缺乏对主体的生存方式的刻画的判断。下文将回到此问题。我们现在要面对的问题是，当马里翁就胡塞尔对区域存在论和形式存在论的说明认定他实际上已经提出了存在论差异时，[2] 我们应该如何理解意向流形的存在论地位？这或者是《还原与给予》讨论胡塞尔时所能衍生出的最有价值的问题了。我们的判断是：首先，马里翁曾在海德格尔与德里达之间指出了一个重要的命题："直观摆脱感性仅仅是为了

---

[1] ［德］埃德蒙德·胡塞尔：《笛卡尔沉思与巴黎讲演》，张宪译，第59页。
[2] ［法］马里翁：《还原与给予：胡塞尔、海德格尔与现象学研究》，方向红译，第205—206页。

让含义反过来摆脱直观。"① 我们知道，他对此命题的强调最终显然服务于他在海德格尔发现的存在的意义上超出了存在，但这里需要指出，所谓含义摆脱直观实际上证明的只是描述心理学的限度，因为胡塞尔在《逻辑研究》中将纯粹逻辑学的形式观念限定在整体与部分关系上，与此相关的是，自身被给予性只能体现在范畴直观之上，独立的含义显然也就无法在形式关联上得到表达，一旦超越论现象学以意向流形重建了形式关联，那么独立内容的存在必然也将得到重塑，我们在探讨本质直观如何构造集合和连续统时也已经初步展示了独立与不独立内容的新的被构造方式。其次，意向流形不是一种特殊的存在区域，这一点甚至不同于海德格尔的此在的存在：他在思想转向时就曾坦诚其生存论建构陷入了主体性哲学的窠臼，在此意义上，此在的存在不可能摆脱主体的区域，相反，意向流形是一种能够创生出新的形式法则的基础性的存在，或者说构造性的存在。从《观念》第二卷看，纯粹意识构造了物、自然、心灵、人格、精神等不同区域的存在，并赋予了它们以形式法则，这是超越论构造的经典展示，可以这样说，人如何在周遭世界中生存实际上也只是纯粹意识的一种构造性的表达而已，纯粹意识本身则是一种纯粹延伸构型，有趣的是，在马里翁的讨论中，《观念》第一、三卷常常出现，而真正体现纯粹意识的构造权能的《观念》第二卷却总是缺席的，如何看待这一现象？

就此，我们获得了理解马里翁与胡塞尔的第一个视角，他跟随海德格尔出色地洞察到了自身被给予性与范畴直观的内在关联，也顺此思路找到了胡塞尔在《现象学的观念》中对被给予性的"杂乱"的描述，但他始终无法进入绝对被给予性之中，更不要提跟随胡塞尔的思路揭示纯粹意识的内结构，进而确立意向流形结构的基础性和构造性，他的做法很简单，完全认可了海德格尔对胡塞尔《逻辑研究》之后的整体工作的接管，这一点与梅洛-庞蒂形成了显明的对照，后者曾经坚定地认为，海德格尔的生存建构只是重复了胡塞尔。

现在，我们应该不会惊讶于马里翁提出的胡塞尔的意识是平面的这

---

① ［法］马里翁：《还原与给予：胡塞尔、海德格尔与现象学研究》，方向红译，第46—47页。

一论断了①，与此相关的另一个论断是，意识总是在场的，这两者分别来自海德格尔和德里达的眼光。从胡塞尔对超越论现象学的整体构思看，这两点都是站不住的：就"平面"而言，意向流形恰恰是多维的，胡塞尔至少区分出了具有内在建基关联的横向、纵向、具体当下、活的当下等维度，对所谓现象学神学转向至关重要的是，人的存在是独立的，有其独立的人格、周遭世界、世代性和历史性，下文将指出，对人的存在而言，"呼声"即便真的存在，也完全可以不是马里翁等人设想的那样是所谓神圣者发出的；就"在场"而言，撇开"充实"这一对在场的简单理解不谈，活的当下的确永恒在场，这一问题方向对现象学发展产生过重大的影响，海德格尔的到时、梅洛-庞蒂的身体性的在场、列维纳斯刻画的睡眠和清醒、亨利的生命的印象性的自行感发都与此有关，但从胡塞尔的最终工作看，他晚年甚至坚决地彻底地提出了构造活的当下的任务，这意味着一维流形也是被构造的！特别值得注意的是，胡塞尔对活的当下的在场性，进而对在场形而上学的消解不是说三维时间相位，即前摄、原当下、滞留之间存在差异，因而不在场，而是说这三维相位本身都有待生成，如果马里翁足够坦诚的话，我们相信，他应该会承认他最终尝试揭示的向"呼声"的还原同样也运行在这一问题方向上。

据此，我们甚至可以提出，尽管《还原与给予》将"胡塞尔"嵌入标题，并且一开始就围绕海德格尔、德里达对胡塞尔的解读展开讨论，但严格地说，胡塞尔，尤其是他的超越论现象学是缺席的，马里翁坚决且彻底地将理性人的存在封闭在表象维度，以胡塞尔的方式，人只能"平面地"生活了，有必要补充一下，这并非现象学神学的普遍选择，列维纳斯和亨利显然更为内在地面对了胡塞尔的整体工作。但不无悖谬的是，尽管因为局限于海德格尔的眼光而无法透视超越论现象学的整体结构，马里翁在深入海德格尔的存在之思时，仍然不断地遭遇到胡塞尔，后者甚至一度在存在论差异上给了他超越海德格尔的契机。

---

① 参见［法］马里翁《还原与给予：胡塞尔、海德格尔与现象学研究》，方向红译，第93页。

二 现象学还原与存在理解

尽管没有论及向实项内存在的还原，但马里翁跟随——请原谅笔者一再使用这一说法——海德格尔对自身被给予性的强调实际上已经越过了这一形态的还原，但我们随即又遭遇到了悖谬，他认同了海德格尔对胡塞尔纯粹意识的实在性的理解，上文已经对海德格尔与胡塞尔在存在问题上的贡献和差异做了梳理，我们不再赘述，这里需要进一步对马里翁从中获得了何种启示以及又陷入了何种理论境况做出说明。

现象学还原为胡塞尔敞开了纯粹意识的绝对存在，基于内时间结构，超越论现象学获得多维度的展示空间，马里翁曾在此断定胡塞尔陷入了无法以范畴直观衡量的无法闭合的深渊，但显然，譬如如下说法在超越论现象学的领域中是不可能成立的："胡塞尔实际上完全被无限的被给予性迷住了，他似乎看不到这样一种剩余的奇异性，他只是讨论了这种剩余而没有追问它。"① "剩余"当然并不奇异，在胡塞尔那里，它产生自现象学还原，我们也曾批评过胡塞尔在此问题上的确不够严谨，他的论述视角甚至仍然建立在《逻辑研究》中的立义模式之上，而结合内时间结构，"剩余"本性上恰恰是纯粹意识的意向流形结构，我们需要跟随现象学还原，进入纯粹意识之中。

现象学还原揭示了绝对存在，尽管它仍然以纯粹意识这样的传统哲学术语表达出来，但它已经是基础性的了，但马里翁一早就否定这种可能："唯有悬搁，因而也就是唯有在1907年所获得的现象学还原，才使我们有可能达到存在者本身，即达到作为在超越论目光的纯粹直观中并通过这种直观而来的绝对被给予物的存在者。"② 随后："对存在者的寻求本身成了探求绝对的被给予性的一个特殊的案例。绝对的被给予性并没有重新采纳存在论的研究领域……"③ 这里的要害在于，在马里翁看来，现象学还原揭示的是存在者，而非什么绝对存在，绝对给予性也与存在论毫无关系，但必须指出，这只是对海德格尔的胡塞尔批评的重复而已，

---

① ［法］马里翁：《还原与给予：胡塞尔、海德格尔与现象学研究》，方向红译，第61页。
② ［法］马里翁：《还原与给予：胡塞尔、海德格尔与现象学研究》，方向红译，第67页。
③ ［法］马里翁：《还原与给予：胡塞尔、海德格尔与现象学研究》，方向红译，第67页。

他同样无法理解胡塞尔向超越论现象学的突破的要义。

正是在此方向上，马里翁提到了海德格尔在与胡塞尔共同撰写《大英百科全书》的"现象学"词条时公开的分歧，但我们认为，他们对现象学还原的不同理解体现出的更多的还是角度差异：胡塞尔侧重现象学还原的发生及其成就，而海德格尔则更加关注现象学还原在生存论建构中的意义。在我们看来，海德格尔的生存论建构本身就建立在现象学还原之上，这一点充分体现在他早年的生命现象学以之为基础的动机引发原则，在现象学上无非是对胡塞尔在《观念》中表达出的主体如何基于生存动机构造其在周遭世界中存在的继承和改写而已，但随着海德格尔向存在论的跃进，原先在现象学还原中揭示出的反思性的动机关联，显然需要在存在一侧获得建基和说明了，于是，海德格尔开始否定来路，后发的反而成为建基的。这种从反思性的意识结构向存在一侧的跃进，进而在此基础上对意识结构的后发建基，一方面决定了海德格尔对胡塞尔基本的建基态度，另一方面也决定了他无法彻底离开胡塞尔的镜像，而这也决定了马里翁在论述海德格尔时必然面对如下处境：胡塞尔始终会以不在场的方式在场。

马里翁认定胡塞尔陷入了意识的平面性和在场性，而海德格尔"涉及的不是在场，即使是亲身在场也不涉及；这里涉及的是从现象本己的主动性出发对现象的展示。现象通过自身并且从本己自身的可见性出发而给出自身，而完全没有被还原到为了意识的在场"①。这里的在场特指直观充实，海德格尔探讨存在就其自身显现自身当然不涉及在场，但这显然与我们所谓活的当下的永恒在场不同，与这种本源的在场相关的其实是海德格尔所谓时间性的到时，换句话说，马里翁显然不清楚超越论现象学在意向流形的框架上对海德格尔生存论建构的潜在影响，就此，当他在谈论构造在场的现象性时，完全导向了海德格尔，似乎只有海德格尔的存在之思才构筑了现象性，同样构造直观充实的意向流形的构架似乎与现象性完全无关了，但不无矛盾的是，他在尝试跃出海德格尔时暗示胡塞尔已经提出了存在论差异。

简单地说，现象性意味着现象的生成，并且特指从不可见、不显现

---

① ［法］马里翁：《还原与给予：胡塞尔、海德格尔与现象学研究》，方向红译，第94页。

到可见、显现的生成，在此问题上，马里翁对胡塞尔、海德格尔做了如下重要的判断："胡塞尔的现象通过明见性而得到规定，因而也局限于此，结果使得一切非明见的剩余都不得不从'业已还原的现象'那里消失。与之相反，海德格尔的现象由于起源于从尚不可见之物到可见之物的上升，因此，原则上说，在显现中理应蕴含了不可见之物。"① 在意向流形的结构中，明见性可以区分为相即的和绝然的，在《观念》阶段，相即与否已经被胡塞尔理解为经验关联是否合乎主体的动机，也就是说，已经不再局限于表象模式中的含义在直观中是否获得充实了。从马里翁的批评看，他显然没有进入胡塞尔那里的作为"剩余"的绝对存在之中，自然也就不可能看到超越论构造的诸阶段，甚至可以说，马里翁从海德格尔那里言说的现象性同样也适用于胡塞尔。

  问题在于如何构造现象性，很遗憾，我们必须暂时撇开马里翁对胡塞尔的误解，沿着海德格尔与胡塞尔之间的思与存在的镜像关系前行。首先，海德格尔的此在与其所领会的存在的共属性本身就是现象学还原的产物，在胡塞尔那里，此共属性被理解为习性自我与其生存于其中的周遭世界的相关性，而经由向死，从非本真存在向本真存在的"还原"，在胡塞尔那里则体现为从习性自我向原自我、前—自我领域的还原，因为这些新形态的自我生成了主体在周遭世界中的习性关联。其次，胡塞尔通过现象学还原揭示的诸自我都不是孤独的存在者，相反，它们始终存在于各种相关性之中，这一点非常容易被误解。在结构上，胡塞尔将超越论自我视为形式化的极点，它确保了绝对存在的统一性，而从具体构造上看，这种类型的自我显然被具体化为了各种形态的自我，譬如习性自我、原—自我和前—自我，当马里翁简单地将超越论自我与此在相对，并就此认定前者是无世界的，显然并不恰当。在发生现象学中，胡塞尔几乎不可能脱离世界谈论自我，即便在原真性的基地上讨论他人的构造时，他人也是首先作为所思对象以导引的方式存在的。最后，海德格尔与胡塞尔之间的镜像关系甚至最终决定了他们会面对共同的虚无和深渊：在海德格尔那里，《存在与时间》阶段，在虚无中，在世因存在者的消失而整体地呈现，此在也随之在向死中踏入了存在的深渊，而几乎

---

① ［法］马里翁：《还原与给予：胡塞尔、海德格尔与现象学研究》，方向红译，第97页。

与海德格尔同时，胡塞尔晚年同样也指出了构造活的当下的新的问题域，这种绝对在场或者说瞬间甚至都不能作为基础，他的解决方案就是所谓二——一性直观。

一旦错失了纯粹意识的深度，那么认定现象学还原唯有指向存在者与存在的共属性才具有深度显然是最佳选择了，马里翁也正是在此意义上认定海德格尔区别于胡塞尔①，如果他能指出海德格尔对胡塞尔的位移本身就建立在对意向流形结构的明察之上，那么我们将毫无保留地支持他的观点。在我们看来，从思与被思的存在的相关性向此在与存在的共属性的位移本性上也只是位移，对此共属性的揭示实际上仍然是现象学还原的运用，海德格尔与胡塞尔之间的差异更多的是着眼点的不同。尽管如此，当马里翁随后着眼此在与存在的相关性，尤其就此在的畏、虚无开始谈论还原时，我们必须说，他确实开始进入海德格尔思想内部，而他此时对存在还原之可能性的追问确实逼近了经典现象学的边界，他本人的向神圣者的呼声的还原也将随之而起。但随即，我们也将遭遇如下怪异的情形：首先，他向呼声的还原实际上并未脱离存有的呼声，也就是说，他对海德格尔的超出略显粗暴；其次，也是根本性的，由于他在追问海德格尔的过程中错失了作为原像的胡塞尔，他的向呼声的还原仍然将遭遇胡塞尔在超越论现象学边界处实施的根本性还原。而这两点实际上是内在相关的，错失了原像必然也将错失镜像中的构造物。

无视纯粹意识的深度以及对存在对意识的位移的过度强调，为马里翁对经典现象学的解读造成了障碍，他时常以海德格尔从存在一侧对意识哲学的建基，否定意识现象学通过现象学还原、反思已经实现的为自身的建基，而海德格尔为意识现象学的"建基"实际上往往只是对意识现象学为自身建基在存在一侧的反映，换句话说，海德格尔的所谓"建基"实质上只是说明。这一点充分体现在本我的深层构造同样可以走向新的存在现象和存在论差异，而马里翁借助海德格尔的深度无聊试图聆听的呼声同样也可以显示在本我的根基中。

---

① 参见［法］马里翁《还原与给予：胡塞尔、海德格尔与现象学研究》，方向红译，第109页。

三　向呼声的根本性还原

我们在此有意将胡塞尔晚年提出的根本性还原嫁接在马里翁向呼声的还原之上，是为了表明向呼声的还原在现象学上不具有必然性和唯一性，它仍然属于经典现象学努力的方向，向呼声的还原本性上甚至完全可以是根本性还原，但这需要详细的说明。

马里翁对两个方向的建基的混淆在对本我与此在的关系的论述上表现得尤其清晰。作为笛卡尔专家，马里翁很清楚笛卡尔在现象学运动中的独特地位。正如他强调的那样，我们的确很容易在笛卡尔那里看到胡塞尔与海德格尔在现象学主旨上的差异，但现在看来，说"原初交锋"似乎还是言过其实了，因为早在《逻辑研究》中回溯笛卡尔时，胡塞尔一开始强调的就是我在领域的基础性①，在超越论现象学内部的多次突破中，胡塞尔借助笛卡尔的怀疑，试图揭示的并非马里翁看到的平面的、孤独的本我，而是纯粹意识与绝对存在的多维的相关性，譬如《观念》阶段，胡塞尔的工作建立在双重意向性之上，《沉思》阶段则试图深入活的当下的明见性，必须指出，这里的超越论的多维构造涉及的正是马里翁在海德格尔那里强调的存在方式。但胡塞尔、海德格尔在对"存在方式"的表述上却有差异，至少从意图和思想姿态上看，海德格尔试图从存在揭示生存的可能性，而胡塞尔则始终坚持基于意识的明见性刻画主体在周遭世界中如何构造世界。

马里翁的如下洞见倒确实体现了海德格尔对胡塞尔的看法，值得特别提出："海德格尔把胡塞尔的努力以及对笛卡尔的表述强行所作的文本上的改写化为乌有；在这里，正是海德格尔捍卫了正统的笛卡尔文本，这恰恰是由于正统的笛卡尔在概念上与胡塞尔相反对。"② 与马里翁将笛卡尔的意识理解为实体性的不同，胡塞尔正是通过对表象性的我思的悬置进入纯粹意识的领域，进而试图勾勒纯粹意识的多维结构，与胡塞尔的改写相反，海德格尔从未质疑过笛卡尔的我思本身是否可以体现出多

---

① 参见［德］埃德蒙德·胡塞尔《逻辑研究》，倪梁康译，A335/B₁357。
② ［法］马里翁：《还原与给予：胡塞尔、海德格尔与现象学研究》，方向红译，第139页。

维的结构，而是试图从我在构造我思的可能性，有趣的是，在海德格尔这里，笛卡尔本人对我思的表象性的理解恰恰被保留了，这就是马里翁所强调的"正统的笛卡尔"。但问题是，当我们认为胡塞尔借由对笛卡尔我思的还原，确立了新的思与存在的相关性时，所谓正统理解恰恰是非现代的，难道马里翁竭力确保的就是海德格尔式的对近代之思的存在建基？这反而成了问题的关键。

在对笛卡尔的正统理解上，马里翁关于"未经规定的我在"和"世内存在者的持留性"的两个耽搁的经典说明确是合理的，我们也都已经知道，海德格尔对包括笛卡尔在内的我思哲学的批评的要义也正在于此。在此基础上，此在在存在上相对本我的优先性及其经由向来我属而对本我的确证自然也是合理的，这些经典理解，我们这里不再重复。

向呼声的还原源自对存在论差异的独特理解。《存在与时间》探讨的是此在以及非此在的存在者与存在一般的差异，我们知道，海德格尔最终尝试在此在的向死存在中见证本真的存在，但存在论差异在此见证中实际上仍然是含混的，马里翁的立场很奇特，他实际上总是基于海德格尔在转向时期对存在的新探讨回看《存在与时间》，以此将此差异置于遮蔽与显现、不可见与可见、未思与已思之间，从海德格尔的立场看，马里翁其实只是在他已经提供的存在之思中不断变换视角而已，当然，马里翁的目的并不在于从未思的存在论差异展示生存论建构的根基何在，而在于追问存在论差异本身的根基何在，也就是说，追问无法还原到存在论差异的存在问题。

在短暂地证明了《存在与时间》中的此在无力追问存在论差异之外的匿名的存在之后，马里翁很快令人惊讶地重新拾起了胡塞尔。根据马里翁，胡塞尔在《观念》阶段的工作有着特殊的重要性，除了上文已经提到的区域存在论的特殊地位外——由于他完整确实了意向流形的结构，我们也确实无意在此关键的问题上再花费时间——他最引人关注的问题方向是"存在之外的自我"的提出。这个提法初看起来当然是非法的，即便对马里翁而言也是如此，因为正是他宣称此在相对本我在存在和明见性上都具有优先性和建基性，此时却突然宣称在存在之外居然还存在胡塞尔意义上的自我,① 这意味着什么?

马里翁对胡塞尔式自我超出了存在的认定,显然源自如下推论:既然超越论自我构造了纯粹意识与绝对存在的相关性,那么这种自我当然是在存在之外的,但这一难得的洞见在马里翁那里很快便夭折了,因为他随即就指出:"当然,我们必须直截了当地承认,胡塞尔并没有对存在之外的这一境遇本身作出正面的探讨。"② 我们知道,这不是事实,因为胡塞尔晚年清晰地提出了前—存在的意志真理、善的目的论、前—自我的自身感发等问题,这些实际上就是对马里翁的积极回应。换言之,马里翁已经触及了超越论现象学的边界,但因为这些问题触及了神圣者的超越的存在,他拒绝承认胡塞尔能够进入存在之外的领域,并且很贴心地为胡塞尔何以无法进入此领域给出了两点解释。

马里翁随后针对海德格尔在思想转向时期揭示的无聊以及之后揭示的深度无聊等基本情绪,开启了向新的存在现象,即圣父的呼声的还原,我们不难看出,此结构与海德格尔给出的向存有/它的还原完全相似,因此在现象学上显然不具有唯一性,但这不是本文的重点,这里感兴趣的是马里翁在存在问题的边界上对胡塞尔的评述。

当然,这里的存在不能理解为存在一般,否则,根据海德格尔,存在就是超越的,圣父的存在甚至也属于这种存在,存在之外自然无从谈起,我们认为,马里翁其实隐瞒了一个前提,或者他认为这是自明的而不必特别提出,那就是被超出的存在本性上只能是包括此在内在的存在者的存在,但如果这样,那么我们必须插入一个评述,马里翁又在偷换概念,他将存在一般自然地理解为超越者的存在,海德格尔早年通过解读圣保罗书信悬搁上帝,将超越论的存在还原为存在一般的工作,也就丧失了意义。我们可以将此视为马里翁与海德格尔在存在问题上的争端,当然,相对思的哲学而言,这只是存在内部的问题。

回到马里翁对胡塞尔的自我的评述:"这种差异难道始终不可以通过

---

① [法]马里翁:《还原与给予:胡塞尔、海德格尔与现象学研究》,方向红译,第273—274页。
② [法]马里翁:《还原与给予:胡塞尔、海德格尔与现象学研究》,方向红译,第274页。

其不足（从海德格尔的批评来看）或过度而被还原到存在论差异吗？难道不是因为这种差异在对这一点既没有做出衡量也没有进行客体化的情况下就预支了对自我的非存在论的规定？……胡塞尔——以无可争议的方式——所听之任之的存在论上的不确定性难道不也可能意味着，自我首先而且有其不应该根据存在而得到规定？"① 这应该是《还原与给予》对胡塞尔最具启发性的评述了：自我有其非存在论的规定，当然，在马里翁看来，胡塞尔根本没有意识到这一点。

实际上，尽管胡塞尔没有如马里翁所愿根据所谓非存在论规定自我，但他还是清晰地指出了这一问题方向：就自我的存在方式而言，原自我与原非我相关，前—自我在前—存在的领域中构造此相关性，这既是对马里翁所谓非存在论的说明，也是对其所要求的新的存在现象的指明；从还原的角度看，胡塞尔正是将这种向前—存在的还原命名为根本性的还原或拆解，它意味着敞开构造在世的存在者，亦即胡塞尔意义原自我的存在域。特别值得注意，马里翁随后竭尽所能试图在海德格尔的深度无聊中揭示的呼声也正发生在此前—存在中，在他看来，神圣者的呼声以及对此呼声的应答不仅构造了此—在，而且也构造了胡塞尔意义上的非存在论的自我，这些"主体"的原型被马里翁称为既予者，而与之相关的就是给予者，这是他通过所谓逆意向性实施的独特的构造②，有趣的是，给予/既予的相关性同样沿袭了现象学的经典的相关性先天的结构，论题所限，这里不多涉及。

尽管马里翁跟随海德格尔一再压抑胡塞尔的贡献，但在对非存在论和还原问题的探讨上，他却是最接近胡塞尔晚年立场的，对神圣者的呼声的还原甚至就是根本性还原的一种变形，这一点以奇异的方式体现在他以呼声对胡塞尔"错失了"的非存在论自我的建基上，我们愿意将此视作现象学的方法具有严格性的又一个强有力的证据。

就马里翁对还原和给予的理解看，一旦向呼声的还原仍然建基于胡塞尔所谓根本性还原，那么走向神圣者只能是现象学的唯一选择便是问

---

① ［法］马里翁：《还原与给予：胡塞尔、海德格尔与现象学研究》，方向红译，第279—280页。

② 参见郝长墀《逆意向性与现象学》，《武汉大学学报》（人文科学版）2012年第5期。

题了，因为胡塞尔提出这种特殊的还原的目的在于揭示主体与存在的根本关联，这仍然是基于人类的权能做出的突破，至此，在马里翁与胡塞尔之间，当然也包括在现象学神学与理性现象学之间，如何理解主体与存在的关系再次成了现象学运动的焦点。这亟待我们做出自己的选择和突破。

四 彰显的与遮蔽的胡塞尔

在现象学运动中，尽管马里翁（天主教）与列维纳斯（犹太教）、亨利（基督教）的"分工"不同，但他们仍然都走在胡塞尔所划定的现象学的道路之上。相比列维纳斯、亨利，马里翁对胡塞尔显然最不熟悉，他对胡塞尔的解读受到了海德格尔的深刻影响，但有趣的是，尽管甚至只能借助海德格尔对胡塞尔提出要求，但他同样也进入了超越论现象学的深处，一方面这固然说明了胡塞尔长时间充当了海德格尔哲思的镜像；另一方面，正如我们一再强调的，这充分展示了现象学在实事上具有的严格性。

与海德格尔一样，马里翁也将胡塞尔的意识理解为表象性的，意识无深度便源于此，在《逻辑研究》的立义范式上，他们的判断基本上是合理的，但就超越论现象学，特别就作为其意向基础的意向流形结构而言，我们必须指出，他们的判断不但毫无道理，对现象学运动甚至有着巨大的危害，其中首要的便是，现象学的科学性和时代性从根本上被阉割了，此后，存在论者也就剩下从存在的高度上鸟瞰世界、挥斥方遒了。人类就此似乎获得了生存的高度和厚度，但却丧失了开启未来的能力，存在论是终结性的。

马里翁顺着海德格尔对胡塞尔的理解，特别地彰显了描述心理学的立义模式，实显的行为分析成了胡塞尔整个工作的基础，我们已经指出，这种源自海德格尔对胡塞尔的曲解对现象学运动产生了恶劣的影响，萨特式的前—反思的自身意识模式就是对海德格尔解释的回应，值得重视的是，梅洛-庞蒂、列维纳斯和亨利都没有接受这一曲解，尽管他们是否如实地揭示了意向流形结构及其对超越论构造的意义，但他们无疑进入了超越论现象学的内部。但这种说法对萨特并不公平。与马里翁"跟随"海德格尔，把胡塞尔现象学表象化，将理性人平面化，从而引出超越者的建基不同，萨特对前—反思的强调其实是防卫性的，他真正要做的恰恰是进入纯粹意识领域，他对人的生存悖论的揭示也不是马里翁能媲美的，实际上恰恰是后者要拒绝了：人怎么可能凭其自身的权能独立存在呢？如此，超越者如何显示？但有趣的是，作为引领者的海德格尔自己却从未漠视纯粹意识的绝对存在"镜射"出的此在的在世生存，他对胡塞尔的超越论现象学的态度是接管，而非马里翁式的因无法独立理解，或许也因理论上的需要而有意遮蔽。

对照马里翁，我们要重新确立的胡塞尔形象也就更加清晰了，简单地说，描述心理学中的立义模式只是对胡塞尔现象学的表层而言，多维的意向流形不仅构造出了人基于其习性、世代性的在周遭世界中的生存，而且显明了人在其本性的意向融合中与世界和存在的最初相遇，据此，胡塞尔意义上的主体不仅有其在世的宽度，也有其本性的深度。同样重要的是，胡塞尔基于意向流形结构所揭示的纯粹意识对绝对存在的构造，表明现象学仍然将为具体科学建基视为自己的天然使命，也正是基于超越论现象学与我们这个时代的整体知识结构的同构性，超越论的主体拥有了理解乃至批判我们身处其中的世界和存在的基本权力。马里翁与这些思考无关，他完成了对现象学的彻底的西式改造。

第 六 章

未尽之思

　　超越论现象学是胡塞尔一百多年前提出的哲学形态，我们之所以愿意花费如此大的精力面对它，除了它自身独特的思想魅力外，更重要的是，我们可以从这种形态的哲学中看到 20 世纪西方的整体知识结构以及在此结构中我们生存的可能。这一点充分地体现在胡塞尔提出的意向流形的结构上：简单地说，此结构是对非欧几何运动的哲学回应，它至少具有如下意义：其一，它试图通过对科学论的建基，为现代科学的发展建立新的意义基础；其二，从哲学上看，也正是基于此多维的流形结构与现代知识整体的同构性，我们同时也获得了洞察乃至批判现代存在的可能。据此，胡塞尔现象学自然也就具有了双重含义，它既为我们进入现代存在开辟了道路，也为我们反思乃至走出现代性创造了条件。

　　在本书梳理了超越论现象学的缘起、结构、基本问题以及对法国现象学的影响之后，我们应该有权力提出如下看似奇怪的问题了：谁是胡塞尔？谁的现象学？我们有能力面对自己的未来的现象学吗？

　　胡塞尔、海德格尔之后，萨特、梅洛－庞蒂曾通过引入辩证法、心理病理学、结构主义，更新和发展了现象学的基本原则，其后，现象学运动据说又在列维纳斯、亨利和马里翁那里得到了"彻底化"，其主要特征是重新激活了在经典现象学那里被悬置的超越者的存在，而这些法国现象学家的发力点都在于批判性地构造作为意义之最终基础的活的在场，我们可以将此看作他们对自己的在世权能捍卫。

　　如今，我们仍然身处现象学所刻画的现代存在之中，我们甚至同样面对着如何理解自己的存在以及如何走出现代存在的任务。现在看来，现代法国哲学提供了两种选择：现象学家试图通过批判性地构造在场性，为现代存在寻找新的意义创生点，而德勒兹等人则力图深入流形（Mannigfaltigkeit/multiplicité）的褶皱（faltig/pli）内部解构现代存在，尽管他们之间有着重要的区别，譬如现象学家们显然更尊重现代存在，因为它毕竟是人生在世的基础，而德勒兹等人则更加激进和彻底，在他们看来，现代存在甚至都是病态的，但这些法国哲学家显然或多或少都意识到了意向流形结构在哲学上对现代存在的建基意义。面对现象学以及与其关联的现代存在，我们应该做出何种选择？

第一节 严格的科学

超越论现象学是一门在严格意义上与时代相匹配的体系性哲学，它至少包含了如下核心问题：在现象学还原和反思中，超越论的意向流形如何显现自身，如何在现代数学理性中获得并展示出它的先天性和多维性；如何在能思/所思的先天平行关系中构造绝对存在；在思与被思的存在的平行关系中，真理、存在、身体、世界能够获得何种表达；等等。

但这些问题一开始并未真正进入胡塞尔的视野。人们很容易想起《逻辑研究》对理念之实存的断然否定：理念（或观念）是意向的，绝不是实在存在的。这一否定表面上似乎只涉及理念的实存，但实际上却也否定了理念世界存在可探明的内在结构的可能。对此时作为描述心理学家的胡塞尔来说，认识归根到底是表象性的，它意味着含义意向如何根据种属先天在体验的实项内容中得到充实。

胡塞尔的认识论理想其实已经隐藏在柏拉图将理念视为经验世界的原型之中。与柏拉图通过隐喻甚至神话确立理念的根基地位不同，胡塞尔诉诸普遍直观和范畴直观。但这种对柏拉图主义的现象学"改造"却陷入了无限回退和代现论的困境：反思只要是对象化的行为，那么它自身的合法性就必然依赖于新的反思；实项被体验的内容要能成为意向对象的代现性内容，就必须在意向行为中与意向对象具有某种相合性，而出路就在于重新理解作为感知、直观之本质的自身被给予性的结构，我们知道，胡塞尔正是在此问题上彰显了内时间结构的建基意义，简言之，内时间结构正是绝对的自身被给予性的内结构，其构造性支撑起的正是这种绝对给予性的构造性。

在《观念》阶段，通过悬搁自然主义和实在论的，胡塞尔揭示了一种自身表现为能思/所思的先天平行关系的纯粹意识，作为原区域，这种意识被认为能构造绝对存在。如何理解纯粹意识及其能思/所思的平行关系？现象学还原似乎就是对立义模式的改造，它旨在消除意识内容，揭示纯粹的意识行为，譬如海德格尔就认为纯粹意识仍然与种属普遍性相关。作为这一理解范式的衍生物，为了避免所谓无限回退，有学者延续了萨特的思路建议将胡塞尔的工作限定在前—反思的范围内。但纯粹意识真的只是描述心理学的意识概念的纯化吗？在能思/所思的先天平行关系中也能发现无限回退吗？超越论现象学难道不是产生自对描述心理学的内在困境的根本性的克服吗？

代现论模式的困境可归结为意识行为的实显性困境。实项被体验的意识内容，从反思角度说，亦即在内感知中被对象化反思到的意识内容已经是种属观念的产物了。被体验的内容以实显的方式存在，意向行为以及它们承载的意向对象同样也具有这一特征。在实显体验中，现象学被封闭在实显存在的领域中，胡塞尔并未提供任何进入原初被给予性的可能通道。谈论行为的"前—内感知"状态也就成了不二之选。

这种意识状态提供了什么？当超越论现象学在这种"前—"的领域中构造了身体、存在以及生活世界等问题域时，难道胡塞尔没有以某种方式进入这一领域？难道我们还能坚守在实显性上，以"前—实显的"来规定绝对存在及其问题域？我们将"无限回退"的困境理解为描述心理学的本质特征。这种意识模式必须整体性地在现象学还原中被悬搁。

超越论现象学的出场是为了解决描述心理学的内在困境。胡塞尔将内时间意识研究作为最重要的突破口绝非偶然，因为对绵延何以可能的研究直接涉及体验的本性，而立义模式自身就建立在种属的最小种差对体验整体的中断之上。绵延的本质特征在于同时性，在当下体验中，流逝的过去以及过去了的过去必须同时被体验到。1907年前后，胡塞尔激活了滞留概念，体验流的内在关联就此开始获得表达，作为一门新形态的哲学，超越论现象学也由此获得了展示自身的可能。在长达30余年的研究中，胡塞尔层层深入，从双重意向性到具体当下，再到涌流的活的当下，他一举突入并逐层刻画了纯粹意识的内在结构，现象学的还原、反思等方法也随之发生重大的变化，根据事态层次的差异，它们呈现了不同形态，譬如现象学还原与根本性还原，超越论反思、根本性还原、自身思义。

超越论现象学为现代哲学注入了全新的思想要素。思的超越论结构被胡塞尔称为能思/所思的先天平行关系。学界对超越论现象学的几乎所有误解都与将能思/所思理解为一种改良版的表象模式有关，这些误解包括：纯粹意识不纯粹，绝对存在不绝对，意识存在无深度、无历史，胡塞尔在自我、他人等问题上无贡献，超越论概念本身甚至也仅仅是康德的重复，如此等等，不一而足。

能思/所思的先天平行关系只能在内时间结构中才能充分地展示，这一点从《观念》对形式化与总体化的重新梳理，对非实显的视域与现象学还原的关系的揭示，以及对能思/所思的纵向维度的指明中都可以看出。实际上，在《观念》诞生之前，胡塞尔就已经将滞留的纵意向性视作绝对流显现自身的最重要的通道。而根据他的整体构想，纯粹意识的内结构更完整地展现为从自身建基于二——性直观的一维流形到二维连续统，或者说，从活的当下到双重意向性的意向流形的结构。在此结构中，类型学成了超越论现象学的内在事件，胡塞尔以此表明了超越论构造与现代存在、现代科学之间的可能具有的奠基性的关联。

就此，理解意向流形也就成了理解超越论现象学的重中之重。立义模式建立在种属先天或者整体与部分的关系之上，纯粹意识及其对绝对存在的构造都与此客体化的把握模式无关，从胡塞尔的探索看，作为现象学运动之根基的本质直观也只能建立在此意向流形结构之中。同时，在此多维建基的意向流形中，超越论现象学的几乎所有基本问题都可以获得恰当的理解。在存在问题上，纯粹意识所构造的绝对存在已然是一种超越种属先天的存在，它统摄并规定着各区域，这既表达了20世纪的经典知识范式，也重新确认了哲学对各门具体科学的建基地位，而现象学哲学试图构造的正是这种建基性的存在。在真理与明见性问题上，胡塞尔不仅在表象立义的模式中揭示了一种充实意义上的符合论的真理和相即明见性的观念，而且在超越论现象学的论域中提出了一种独特的融贯论的真理以及意志真理观，它们分别意味着绝对存在的内在的相即性构造以及在前—存在的基地上对存在的善的建基。在对真理的多维构造中，柏拉图的思的真理得到了最内在的回应，其中关键的是胡塞尔借助意志真理对善的理念的奠基地位的重新确立。

从纵意向性到活的当下，本我、他人和身体展现出了不同的存在形式。例如本我论上的实显性自我、纯粹自我、习性自我、原—自我与作为其前史的前—自我。与这些自我相应，尽管胡塞尔没有明确提出，但我们可以从他人与自我的平行关系上推知，他人实际上也具有了多种形态：作为我的实显对象的他人，我的习性关联中的他我，以及在我的本源意向中与我共在的他人。作为所思的—存在者层次上的存在者，他人已经具有不可还原的他性。身体承载了构造世界的动机关联，胡塞尔对它的研究同样遵循了多维的意向关联结构：身体既是构造了动感关联的运动器官，同时也是自由行动的主体，它展示了习性关联的总体。在形而上学的建构中，身体甚至提供了构造第一性存在的原动感和原质素，因而最终具有了构造习性存在的功能。

胡塞尔赋予生活世界以存在论的意味。无论从问题的缘起，还是从研究的深度来看，认为胡塞尔的生活世界理论源自海德格尔都是不正确的。生活世界现象学的最精微之处不在于它对科学世界的奠基——因为这一理论动机在超越论现象学的诞生之初就已经存在了，而在于对习性现象学的内在悖论的揭示：主体总是在主观世界中构造客观世界。这一悖论的解决意味着超越论现象学的最终形态，即本性现象学的到来。

现象学的形而上学问题被胡塞尔表达为一些类似无意识、睡眠、死亡、出生等现象学的界限问题。从超越论的构造上，这些问题之所以能成为现象学的最终基础，是因为它们专题化地展示了活的当下的自身构造以及对具体当下的构造，在此最终构造中，善展现出了它作为存在的基础地位，胡塞尔的现象学存在论最终建基于善的存在上。

从对哲学史的回应上，超越论现象学重新激活并刻画了柏拉图理念世界的内在结构。柏拉图描述的洞穴之外的理念、存在和善的先天关系在胡塞尔那里获得了超越论的内在奠基：柏拉图的思与存在是超越的，而非超越论的。在能思/所思的流形结构中，善不再如同柏拉图所表达的那样外在地高于存在，作为人的本性相关物，它为习性或人格的存在奠定了基础。

在海德格尔那里，超越论现象学及其所试图重建的思的哲学遭到了强有力的抵制：在他看来，超越论现象学由于固着于表象模式，最终阻碍了存在的自身显示。但实际上，由于海德格尔在以此在与存在共属性取代思与被思的存在的相关性时，错失了涌流的活的当下构造具体当下这一哲思意向，致使他耽搁了对存在之思的内在权能的彻底考察，其中最令人惋惜的是错失了胡塞尔已然揭示的本性之善对存在的构造。

很多胡塞尔研究者都有意无意地接受了海德格尔对胡塞尔超越论现象学的评判，他们也更愿意指责胡塞尔只是认识论研究者，超越论的本我论无非是笛卡尔和康德主义的延续，对他人问题的解决远不如海德格尔的共在深刻，如此等等。但情况可能相反，超越论现象学不仅为传统认识论奠定了基础，而且在现代数学理性的基础上提出并激活了一系列问题，譬如纯粹意识与绝对存在的构造关系问题、理念化的可能形态问题、理念化与存在的关系问题、存在与善的关系问题，在这些问题域中，数学哲学、科学哲学、意识哲学、存在哲学、伦理学等也都获得了新的用武之地。在当时欧洲的整体危机到来之时，对数学理念、存在与善三者的构造关系的探讨本应该发挥更大的效力。

这场新的思的批判最终将走向何方？我们显然尚未获得最终的答案。但我们至少可以确定，在超越论现象学的视域中，这场新的批判是必要且必需的，这不单是因为在西方哲学史曾发生过多次思与存在的对峙与转换，更因为我们实际的生存经验始终处在不断生成和流变中，按照胡塞尔的构想，流变的生存经验必须在人处身于其中的绝对事实中获得一种基于善的最高目的的合理性构造，而思的哲学就是对这种构造本身的合法性的永恒批判。

第二节 未来的任务

在具体展示了超越论现象学的体系和基本问题之后，我们曾就其对法国现象学的影响做了初步的勾勒，简单地说，与萨特、梅洛-庞蒂立足活的当下，从纯粹意识和身体角度探讨在世的可能性不同，现象学神学家们通过追问活的当下本身的根基性，逼近超越论现象学的边界，尝试为绝对他者、生命、给予性确立新的基础，尽管他们的问题视角、思考进路和理论目标各不相同，但从意向流形的构造层次上看，法国现象学家的工作恰恰证明了超越论现象学具有内在的严格性和科学性。

如何评判超越论现象学的严格性和科学性？第一，胡塞尔对行为本质的研究可视为现代行为心理学和病理学的基础和前提，也就是说，即便在实验科学上，胡塞尔这个层面的工作也仍然是严格的、科学的。第二，我们部分地拒绝对现象学是一门同一性哲学的批评，因为意向流形结构完全可以容纳不同的人格类型、精神类型，只要生活世界的差异导致不同形态的综合发生，在此层面，现象学为文化乃至文明的多样性以及它们之间平等做出了可靠的哲学论证。而我们之所以强调"部分"，是因为第三点，在胡塞尔那里，意向流形的框架是唯一的，他将之展示为一维流形构造二维连续统，这是他坚持欧洲理念的重要表现，而这也正是我们需要通过内在地反思批判，尝试突破和改造的。

现代西方哲学如何对待超越论现象学？有两位哲学家特别值得关注：第一位是德里达，他以解构思的本源性著称；第二位是德勒兹，他致力于在褶皱（pli）间重建意义世界。在探讨超越论现象学对法国现象学的影响时，我们有意忽略了德里达。在我们看来，德里达对意识和存在的延异本性的揭示并未真正冲击意向流形的整体结构：撇开他对《逻辑研究》和内时间的自由拼凑式的解读不谈，延异、替代等观念聚焦的是纯粹意识的流动本性，从思的原型上看，其作用类似辩证法对发生的强调，但关键问题是，他试图揭示的发生仍然是结构的发生，也就是说，德里达并未真正深入结构在发生上的起源问题，我们可以在他对内时间的解构中找到关键的证据，尽管他敏锐地质疑了滞留与回忆的原初性，但并未触及活的当下的三维时间相位本身的来源问题，他只是解构原初性，而非构造原初的结构。

德勒兹不是现象学家，相反，他甚至可以划入极端的反现象学的阵营，但有趣的是，我们却可以在他的存在观念上找到他对现象学的深刻回应。无论德勒兹本人是否明确意识到，他提出的褶皱（pli）的哲学意向指向的正是胡塞尔的意向流形的结构，因为此超越论的结构尝试探讨的就是多维（mannig）的褶皱（faltig）之间的构造问题。纯粹意识的内结构具体展现为一维流形构造二维连续统，超越论的构造也正体现在此同一化的过程中，德勒兹试图在褶皱的缝隙间揭示意义的生成，他表面上甚至和胡塞尔一样寄希望于时间性的综合。德勒兹反对意义的同一性的建制，新的可能在褶皱间早已存在，这不是破坏，而是对现代存在的新的建基。在此意义上，我们当然无法拒绝德勒兹提出的哲学的目的在于创造新概念的说法，因为在存在的褶皱处，意义已经在创生了，我们需要以新的概念对新的事态进行总结和说明。这是对现象学的相关性先天的真正质疑。

在经典的超越论现象学面前，我们未来的立足点何在？根据法国现象学家德里达和德勒兹，我们显然需要关注两个方向的问题：其一，从对活的当下的建基中获得新的存在构造和意义发生，这是对经典现象学的再建基；其二，关注多维的流形结构之间的同一化建制，检讨有可能被锁闭在此综合之外的意义来源。前者是纵向的，后者是横向的，他们都试图以新的存在为现代存在建立新的基础。

胡塞尔晚年已经指出了第一个建基方向：原感觉意识从区分到原融合的二——一性构造正是对此建基的说明。但很显然，这是一个极为初步的说明，大体上相当于说纯粹意识之所以具有同一性，是因为它本身就是由多融合而成，这不是对如何生成三维时间相位的说明，如果将活的当下的在场视为在世存在的基础的话，那么此生成区域显然就如胡塞尔所言是前—存在的。胡塞尔在动力学上将此构造诉诸意志，问题自然也就是原主体如何在意志活动中构造在世的基础了。从胡塞尔晚年的这些指向性的研究看，法国现象学神学家们实际上仍然走在胡塞尔开辟出的道路上，差异无非在于，列维纳斯在二——一结构中关注睡眠和唤醒，亨利和马里翁则似乎更简单地聚焦原当下的自行开启。

海德格尔应该无法知晓胡塞尔晚年的这些思考，但这似乎并不妨碍他追问三维时间相位的生成，我们愿意将此视为现象学的严格性的体现。我们知道，海德格尔最终将此构造理解为自身抑制的本有对过去、现在、将来三维时间的发送和端呈，对他而言，时间最终似乎是四维的，他也将此结构称为存有的拓扑结构。如果加入海德格尔的这些探讨——这甚至是必需的，那么我们必须面对从胡塞尔的原感觉意识的二——一结构到海德格尔的存有拓扑结构的整个讨论，于是，我们显然有必要追问：这些结构产生于何处，如何产生？如果确实存在新结构，此结构与胡塞尔、海德格尔已然揭示的存在结构有何差异？它对主体的存在意味着什么？当然，前提问题似乎是，在胡塞尔、海德格尔之后，我们真的有必要再去揭示某种新的存在结构吗？这是不是哲学的虚荣心在作祟？

很容易看到，无论从问题的发生，还是从建基的角度看，我们对第一个问题方向的追问甚至仍然是现象学的，而第二个问题方向显然与之不同，在存在的褶皱间追索锁闭和开启的可能性及其构造新存在的意义可以被视为对现象学本身的合法性的拷问。此问题方向对现象学的未来研究具有独特的价值，因为它为那些仍然希望在现象学的深处检讨现象学本身的合法性的研究者提供了新的可能：我们不仅需要揭示能够成为经典现象学的根据的某种新的存在，而且需要时刻关注作为被构造物的本质类型之间的差异是否只是这种新的存在的构造结果，还是说这些差异本身另有来源？

当胡塞尔在形式化上揭示出新的种属之后，类型学上的差异无疑成了超越论构造的应有之义，但有趣的是，胡塞尔尽管能够在格式塔上确认了譬如感知和想象的差异，但他却无法从构造上说明这两种本质类型何以能在意向流形的结构中具有并显示出如此这般的差异，如果引入自然不做跳跃的说法，那么在感知与想象之间是否存在某种新的"知觉"类型也就成为新的问题了，胡塞尔没有思考这类问题，因为它无法归入显现与显现者的相关性。据此，问题自然指向了相关性先天这一结构本身何以可能。与第一个问题方向对此相关性的内在的建基不同，我们现在要探讨的是整个相关性先天的来源。我们在此恰恰要指出，在揭示新的存在如何构造经典现象学的根基时，完全可以根据"异在"的声响，追问超越论构造中的那些已然在场的本质性的意识活动来源于何处？

据此，未来哲学至少可以获得两个方向的展开，在探索新的存在结构，亦即我们所谓心体结构的基础上，关注它对在世存在的构造，其中尤其需要检讨异常现象，从而为新的存在论提供可能的基础，而新的存在论相应地也呈现出了两种形态：为经典现象学建立基础的心体存在以及在心体存在上通过洞察褶皱间的锁闭和开启的可能性所揭示的真正的普全存在，后者甚至超出了同一性的流形结构的范围，人与自然也将在此新的普全存在中重新获得统一。

哲学发端于当下的运思。从未来哲学看，只有当我们先行揭示出与时代相匹配的思和存在的新结构，我们才可能洞察在世生存的意义，中西古典思想中的思和存在的范式也才可能获得展示自身的时机，胡塞尔现象学在20世纪就曾经承担起了这一重任，而这无疑也构成了我们当下哲思的基本处境。在此处境中，我们的未来哲学将如何展示自身？首要的当然是检讨自身，认识你自己始终是哲学的第一要务，从近代哲学看，世界和存在甚至就是在对自身的认识中展开的。

现在看来，我们显然有能力赋予哲学以更多的任务了，首先，从经典现象学的基础上，认识你自己意味着必须进入心体存在之中，以此揭示主体与存在、主体与世界的原始关联；其次，在主体与存在的生成关联上，在世的主体早已被剥夺了绝对的权能，它在在世的基本情调上受制于多维存在之间的褶皱与裂隙，主体因此不断面临着新的，甚至一开始就超出了其既有存在境遇的真正的被动生成。

参考文献

一　中文著作
（一）中文专著

[丹] 扎哈维：《主体性和自身性：对第一人称视角的探究》，蔡文菁译，上海译文出版社2008年版。

[德] 迪特尔·洛马尔：《自我的历史——胡塞尔晚期时间手稿中和〈危机〉中的"原—自我"》，载倪梁康等编著《现象学与政治哲学，第十辑，中国现象学与哲学评论》，上海译文出版社2008年版。

[法] 伊曼纽尔·列维纳斯：《总体与无限：论外在性》，朱刚译，北京大学出版社2016年版。

[法] 马里翁：《还原与给予：胡塞尔、海德格尔与现象学研究》，方向红译，上海译文出版社2009年版。

[法] 梅洛-庞蒂：《可见的与不可见的》，罗国祥译，商务印书馆2016年版。

[法] 梅洛-庞蒂：《梅洛-庞蒂文集·第2卷，知觉现象学》，杨大春、张尧均、关群德译，商务印书馆2021年版。

[法] 萨特：《自我的超越性：一种现象学描述初探》，杜小真译，商务印书馆2010年版。

[古罗马] 普罗提诺：《九章集》，石敏敏译，中国社会科学出版社2009年版。

[古希腊] 柏拉图：《蒂迈欧篇》，谢文郁译，上海世纪出版集团、上海人民出版社2005年版。

［古希腊］柏拉图：《理想国》，顾寿观译，吴天岳校注，岳麓书社 2010 年版。

［德］海德格尔：《存在与时间》（中文修订第二版），陈嘉映、王庆节译，熊伟校，陈嘉映修订，商务印书馆 2016 年版。

［德］海德格尔：《路标》，孙周兴译，商务印书馆 2000 年版。

［德］海德格尔：《海德格尔文集·面向思的事情》，陈小文、孙周兴译，孙周兴修订，商务印书馆 2014 年版。

［德］海德格尔：《时间概念史导论》，欧东明译，商务印书馆 2009 年版。

［德］马丁·海德格尔：《形式显示的现象学：海德格尔早期弗莱堡文选》，孙周兴编译，同济大学出版社 2004 年版。

［德］埃德蒙德·胡塞尔：《被动综合分析：1918—1926 年讲座稿和研究稿》，李云飞译，商务印书馆 2017 年版。

［德］胡塞尔：《纯粹现象学通论》，李幼蒸译，中国人民大学出版社 2010 年版。

［德］埃德蒙德·胡塞尔：《笛卡尔沉思与巴黎讲演》，张宪译，人民出版社 2008 年版。

［德］胡塞尔：《第一哲学》，王炳文译，商务印书馆 2006 年版。

［德］埃德蒙德·胡塞尔：《关于时间意识的贝尔瑙手稿（1917—1918）》，肖德生译，商务印书馆 2016 年版。

［德］胡塞尔：《经验与判断——逻辑谱系学研究》，［德］兰德格雷贝编，邓晓芒等译，生活·读书·新知三联书店 1999 年版。

［德］埃德蒙德·胡塞尔：《逻辑学与认识论导论（1906—1907 年讲座）》，郑辟瑞译，商务印书馆 2016 年版。

［德］埃德蒙德·胡塞尔：《逻辑研究》第二卷第一部分，倪梁康译，商务印书馆 2015 年版。

［德］埃德蒙德·胡塞尔：《逻辑研究》第二卷第二部分，倪梁康译，商务印书馆 2015 年版。

［德］埃德蒙德·胡塞尔：《内时间意识现象学》，倪梁康译，商务印书馆 2009 年版。

［德］胡塞尔：《欧洲科学的危机与超越论的现象学》，王炳文译，商务印书馆 2001 年版。

［德］埃德蒙德·胡塞尔：《文章与讲演（1911—1921年）》，［美］奈农、［德］塞普编，倪梁康译，人民出版社2009年版。

［德］胡塞尔：《现象学的观念》，倪梁康译，人民出版社2007年版。

［德］埃德蒙德·胡塞尔：《现象学的心理学：1925年夏季学期讲稿》，游淙祺译，商务印书馆2017年版。

［德］胡塞尔：《哲学作为严格的科学》，倪梁康译，商务印书馆2002年版。

［德］康德：《纯粹理性批判》，邓晓芒译，杨祖陶校，人民出版社2004年版。

［德］兰德格雷贝：《现象学和马克思主义中的目的论和躯体性问题》，载张庆熊主编，张庆熊等著《现象学方法与马克思主义》，上海三联书店2014年版。

［瑞］贝耐特：《胡塞尔的"Noema"概念》，载赵汀阳主编《论证》，辽海出版社1999年版。

［匈］卢卡奇：《历史与阶级意识：关于马克思主义辩证法的研究》，杜章智、任立、燕宏远译，商务印书馆2017年版。

陈志远：《胡塞尔直观概念的起源——以意向性为线索的早期文本研究》，江苏人民出版社2009年版。

马迎辉：《海德格尔与主体性哲学：基于心体构造的反思与重建》，江苏人民出版社2022年版。

倪梁康：《现象学及其效应：胡塞尔与当代德国哲学》，生活·读书·新知三联书店1994年版。

徐晟：《现象与主体：当代法国哲学的进路》，社会科学文献出版社2022年版。

（二）中文论文

［法］E·莱维纳斯：《伦理学作为第一哲学》，朱刚译，《世界哲学》2008年第1期。

［挪威］D.弗莱斯达尔：《胡塞尔的意向相关项概念》，张浩军译，《世界哲学》2010年第5期。

［美］R.麦金泰尔、D.W.史密斯：《胡塞尔论意义即意向相关项》，张浩军译，《世界哲学》2010年第5期。

陈志远：《感觉和心象的区分——胡塞尔解决想象现象学基本问题的隐

线》,《江苏社会科学》2016 年第 3 期。

单斌:《胡塞尔的流形概念——以空间流形为中心的考察》,《安徽大学学报》(哲学社会科学版) 2014 年第 5 期。

方向红:《现象学的一次越界:与晚期胡塞尔一起思考死亡》,《江海学刊》2011 年第 5 期。

郝长墀:《逆意向性与现象学》,《武汉大学学报》(人文科学版) 2012 年第 5 期。

李云飞:《胡塞尔与康德的先验观念论》,《南京师大学报》(社会科学版) 2013 年第 4 期。

李云飞:《"生活世界"问题的历史现象学向度》,《哲学研究》2012 年第 6 期。

马迎辉:《胡塞尔、弗洛伊德论"无意识"》,《江苏行政学院学报》2015 年第 3 期。

马迎辉:《趋同与原意向》,《现代哲学》2010 年第 5 期。

马迎辉:《压抑、替代与发生——在胡塞尔与弗洛伊德之间重写"无意识"》,《求是学刊》2017 年第 2 期。

倪梁康:《TRANSZENDENTAL:含义与中译》,《南京大学学报》(哲学·人文科学·社会科学版) 2004 年第 3 期。

倪梁康:《纯粹的与不纯粹的现象学》,《学术月刊》2007 年第 1 期。

倪梁康:《何谓本质直观——意识现象学方法谈之一》,《学术研究》2020 年第 7 期。

倪梁康:《历史现象学与历史主义》,《西北师大学报》(社会科学版) 2008 年第 4 期。

倪梁康:《思考"自我"的两种方式——对胡塞尔 1920 年前后所撰三篇文字的重新解读》,《中山大学学报》(社会科学版) 2009 年第 5 期。

倪梁康:《心性现象学的研究领域与研究方法》,《华东师范大学学报》(哲学社会科学版) 2011 年第 1 期。

倪梁康:《"自我"发生的三个阶段——对胡塞尔 1920 年前后所撰三篇文字的重新解读》,《哲学研究》2009 年第 11 期。

倪梁康:《纵横意向——关于胡塞尔一生从自然、逻辑之维到精神、历史之维的思想道路的再反思》,《现代哲学》2013 年第 4 期。

钱立卿:《弗雷格与希尔伯特的几何学基础之争——兼论胡塞尔对几何学起源的分析》,《世界哲学》2015 年第 2 期。

王恒:《解读列维纳斯的〈意向性与感性〉》,《哲学研究》2005 年第 10 期。

文炳、陈嘉映:《日译名"超越论的"与"超越的"源流考》,《世界哲学》2011 年第 1 期。

谢利民:《超越论现象学的界限——胡塞尔的原事实性形而上学研究》,博士学位论文,南京大学,2016 年。

曾云:《胡塞尔对伦理意志的反思——绝对应当和意志真理》,《道德与文明》2010 年第 3 期。

张庆熊:《"实质本体论"和"形式本体论"的宏大构想及其遗留问题——剖析胡塞尔在〈大观念〉中规划的本质科学》,《世界哲学》2014 年第 1 期。

赵汀阳:《不纯粹的现象学》,《哲学研究》1999 年第 6 期。

朱刚:《给予者,抑或受予者?——论马里翁对自我的激进化理解》,《安徽大学学报》(哲学社会科学版) 2022 年第 1 期。

朱刚:《胡塞尔生活世界的两种含义——兼谈欧洲科学与人的危机及其克服》,《江苏社会科学》2003 年第 3 期。

朱刚:《通往自身意识的伦理之路——列维纳斯自身意识思想研究》,《世界哲学》2015 年第 4 期。

二 外文文献:

(一) 外文专著

Bernet, D. Welton and Gina Zavota, *Volume III*, Routledge, 2005.

Bernet, Rudolf/Kern, Iso/Marbach, Eduard, *Edmund Husserl. Darstellung seines Denkens*, Felix Meiner, Hamburg, 1989.

Claesges, Ulrich, *Edmund Husserls Theorie der Raumkonstitution*, Martius Nijhoff, 1964.

Crowell, Stevens, *Husserl, Heidegger, and the Space of Meaning-Paths toward Transcendental Phenomenology*, Evanston, Ill., 2001.

Drummond, John, *Husserlian Intentionality and non-founational Realism*, No-

ema and Object, kluwer academic Pblishers, 1990.

Gurwitsch, Aron, *The Collected Works of Aron Gurwitch* (1901 – 1973), Volume II: Studies in Phenomenology and Psychology, Edited by Fred Kersten, Springer, 2009.

Held, Klaus, *Lebendige Gegenwart, die Frage nach der Seinsweise des transzendentalen Ich bei Edmund Husserl, entwickelt am Leitfaden der Zeitproblematik*, Martinus Nijhoff, 1966.

Husserl, Edmund, *Ding und Raum, Vorlesungen 1907*, hrsg. Ulrich Claesges, Martinus Nijhoff, 1973.

Husserl, Edmund, *Einleitung in die Ethik, Vorlesungen Sommersemester 1920/1924*, hrsg. von Henning Peucker, Kluwer Academic Publishers, 2004.

Husserl, Edmund, *Einleitung in die Logik und Erkenntistheorie Vorlesungen 1906/07*, hrsg. von Melle, Ullrich, Martinus Nijhoff, 1984.

Husserl, Edmund, *Formale und transzendentale Logik*, hrsg. von Paul Janssen, Martinus Nijhoff, 1974.

Husserl, Edmund, *Ideen zu einer reinen Phänomenologie und Phänomenologischen Philosophie, Zweites Buch*, hrsg. von Marly Biemel, Kluwer Academic Publishers, 1991.

Husserl, Edmund, "*Randbemerkungen Husserls zu Heideggers Sein und Zeit und Kant und das Problem der Metaphysik*", eingeleitet von Boland Breeur, in *Husserl Studies* 11, 1994.

Husserl, Edmund, *Späte Texte über Zeitkonstitution (1929 – 1934), Die C-manuskripte*, hrsg. Dieter Lohmar, Springer, 2006.

Husserl, Edmund, *Zur phänomenologie der Intersubjektivität, dritter Teil*, hrsg. Iso Kern, Martinus Nijhoff, 1973.

Husserl, Edmund, *Zur Phänomenologie der Intersubjektivität, ersterTeil*, hrsg. Iso Kern, den Haag Martinus Nijhoff, 1973.

Husserl, Edmund, *Zur Phänomenologie der Intersubjektivität, zweiter Teil*, hrsg. Iso Kern, den Haag Martinus Nijhoff, 1973.

Husserl, Edmund, *Zur phänomenologischen Reduktion, Texte aus dem*

Nachlass（*1926 – 1935*）, hrsg. von Sebastian Luft, Kluwer academic Publishers, 2002.

Kersten, Fred, *Phenomenological Method: Theory and Practice*, Kluwer Academic Publishers, 1989.

Landgrebe, Ludwig, *Der Weg der Phanomenlogie*, Gutersloh, 1967.

Levinas, Emmanuel, *Autrement qu'être ou au-delà de l'essence*, Martinus Nijhoff/La Haye, 1974.

Levinas, Emmanuel, *De Dieu qui vient à l'Idée*, vrin, 2004.

Levinas, Emmanuel, *En découvrant l'existence avec Husserl et Heidegger*, vrin, 2010.

Michel Henry, *Phénoménologie matérielle*, Presses universitaires de France, 1990.

Nam-In Lee, *Edmund Husserls Phänomenologie der Instinkte*, Dordrecht 1994.

Sokolowski, Robert, *The Formation of Husserl's Concept of Constitution*, Martinus Nijhoff, 1970.

Taguchi, Shigeru, *Das Problem des "Ur—Ich" bei Edmund Husserl: Die Frage nach der selbstverständlichen "Nähe" des Selbst*, Springer, 2006.

Tugendhat, Ernst, *Der Wahrheitsbegriff bei Husserl und Heidegger*, Walter de Gruyter, 1970.

Weyl, Hermann, *Das Kontinuum. Kritische Untersuchungen über die Grundlagen der Analysis*, Leipzig Verlag von Veit & Comp, 1918.

Zahavi, Dan, *Self-Awareness and Alterity: A phenomenological Investigation*, Northwestern University Press, 1999.

（二）外文论文

Andreea, Aldea, "*Husserl's struggle with mental images: imaging and imagining reconsidered*", in *Continent Philosophy Review*, 2013.

Angelino Lucia, "*L'a priori du corps chez Merleau-Ponty*", in *Revue Internationale de Philosophie, Relire Merleau-Ponty à la lumière des inédits*, juin 2008.

Bernet, D. Welton and Gina Zavota, "Notes on the absolute Time-Constituting Flow of Consciousness", in *On Time-New Contributions to the Husserlian Phe-*

nomenology of Time, Springer, 2010.

Brough, John, "The Emergence of an absolute Consciousness in Husserl's early Writings on Time—consciousness", in *Edmund Husserl: Critical Assessments of Leading Philosophers*, edited by R. .

Brough, John, "The Most Difficult of all Phenomenological Problems", in *Husserl Studies*, 2011.

Cantor Georg, "Beiträge zur Begründung der transfiniten Mengenlehre", in *Mathematische Annalen*. Vol. 46, No. 4.

Ciocan Cristian, "The Question of the Living Body in Heidegger's Analytic of Dasein", in *Research in Phenomenology*, 2008, Vol. 38, No. 1.

Deyer, Daniel, "Husserl's appropriation of the psychological concepts of apperception and attention", in *Husserl Studies* 23, 2007.

Dodd, James, "Death and Time in Husserl's C-Manuscripts", in *On Time-New Contributions to the Husserlian Phenomenology of Time*, Edited by Dieter Lohmar and Ichiro Yamaguchi, Springer, 2010.

Downes, Chauncey, "On Husser's approach to necessary Truth", in *The Monist*, Vol. 49, 1965.

Drummond, John, "An Abstract Consideration: De-Ontologizing the Noema", in *The phenomenology of the Noema*, edited by John Drummond and Lester Embree, Klumer Academic Publishers, 1992.

Drummond, John, "Husserl on the ways to the performance of the reduction", in *Phenomenology: Critical concepts in philosophy*, edited by Dermot Moran and Lester E. Embree, Routledge, 2004.

Drummond, John, "The Transcendental and the Psychological", in *Husserl Studies* 15, 2008.

Dupre, Louis, "The Concept of Truth in Husserl's", in *Philosophy and Phenomenological Research*, Vol. 24, 1964.

Geniusas, Saulius, "On Birth, Death, and Sleep in Husserl's late Manuscripts on Time", in *On Time-New Contributions to the Husserlian Phenomenology of Time*, Edited by Dieter Lohmar and Ichiro Yamaguchi, Springer, 2010.

Gurwitsch, Aron, "On the Object of Thought: Methodological and Phenomenological Reflections", in *The phenomenology of the Noema*, edited by John Drummond and Lester Embree, Klumer Academic Publishers, 1992.

Hanna, Robert, "Logical Cognition: Husserl's Prolegomena and the Truth in Psychologism", in *Philosophy and Phenomenological Research*, Vol. 53, 1993.

Hartimo, Mirja, "From Geometry to Phenomenology", in *Synthese*, Vol. 162, 2008.

Hopkins, Burt, "On the paradoxical inception and motivation of transcendental philosophy in Plato and Husserl", in *Man and World* 24, 1991.

Ierna Carlo and Lohmar Dieter, "Husserl's Manuscript A I 35", in *Husserl and Analytic Philosophy*, Ed. G. E. R. Haddock, Berlin/Boston: De Gruyter, 2016.

Kosowski, Łukasz, "The Structure of Noema in the Process of Objectivation", in *Husserl Studies* 28, 2012.

Landgrebe, Ludwig, *Der Weg der Phanomenlogie*, Gutersloh, 1967.

Landgrebe, Ludwig, "Phänomenologische Analyse und Dialektik", in *Dialektik und Genesis in der Phänomenologie*, München: Alber 1980.

Larrabee, Mary, "The noema in Husserl's phenomenology", in *Husserl Studies* 3, 1986.

Liankang, Ni, *Die phänomenologische Methode der Wesensschau und ihre Präzisierung als eidetische Variation*, in *Phänomenologische Forschungen*, Hamburg: Felix Meiner Verlag GmbH, 2005.

Liankang, Ni, "Horizontal-Intention: Time, Genesis, History—Husserl's Understanding of their immanent Relationship", in *On Time—New Contributions to the Husserlian Phenomenology of Time*, Edited by Dieter Lohmar and Ichiro Yamaguchi, Springer, 2010.

Liankang, Ni, "Urbewußtsein und Reflexion bei Husserl", in *Husserl Studies* 15, 1998.

Liankang, Ni, " Zur Vorgeschichte der transzendentalen Reduktion in den Logischen Untersuchungen. Die unbakannte 'Reduktion auf den reellen Bestand'", in *Husserl Studies*, 28, 2012.

Lohmar, Dieter, "Wo lag der Fehler der Kategorialen Repräsentation? Zu Sinn und Reichweite einer Selbstkritik Husserls", in *Husserl Studies* 7, 1990.

Mensch, James, "Retention and The Schema", in *On Time-New Contributions to the Husserlian Phenomenology of Time*, Edited by Dieter Lohmar and Ichiro Yamaguchi, Springer, 2010.

Natorp Paul, "Husserls Ideen zu einer reinen Phänomenologie", in *Logos* VII (1917–1918).

Rabanaque, Luis, "Hyle, Genesis and Noema", in *Husserl Studies* 19, 2003.

Rabanaque, Luis, "Passives Noema und die analytische Interpretation", in *Husserl Studies* 10, 1993.

Reynaert, Peter, "Intersubjectivity and Naruralism—Husserl's Fifth Cartesian Meditation Revisited", in *Husserl Studies* 17, 2001.

Scaltsas, Theodore, "Knowledge as 'True Belief Plus Individuation' in Plato", in *Topoi*, 2012.

Schnell, Alexander, "Das Problem der Zeit bei Husserl. Eine Untersuchung über die husserlschen Zeitdiagramme", in *Husserl Studies*, 2002.

Sheets-Johnstone Maxine, "The Enigma of Being-toward-Death", in *The Journal of Speculative Philosophy*, Vol. 29, No. 4 (2015).

Tanja, Staehler, "What in the Question to Which Husserl's Fifth Cartesian Meditation in the Answer?" in *Husserl Studies*, 2008.

Walton, Roberto, "The Theories of E. Husserl and A. Gurwitsch", in *Husserl Studies*, 2003.

Westerman, Richard, "The Reification of Consciousness: Husserl's Phenomenology in Lukács's Identical Subject-Object", In *New German Critique*, No. 111, 2010.

Zahavi, Dan, *Inner (Time-) Consciousness*, in *On Time-New Contributions to the Husserlian Phenomenology of Time*, Springer, 2010.

Zahavi, Dan, "Objects and Levels: Reflections on the Relation Between Time-Consciousness and Self-Consciousness", in *Husserl Studies*, 2011.

Zahavi, Dan, "The Three Concepts of Consciousness in Logische Untersuchungen", in *Husserl Studies* 18, 2002.

Zahavi, Dan, "Time and Consciousness in the Bernau Manuscripts", in *Husserl Studies*, 2004.

Zimmer Jörg, "Differenzierungen im Begriff 'Gegenwart' bei Husserl und Merleau-Ponty", in *Phänomenologische Forschungen*, No. 1 (2017).

后　　记

从 2002 年开始算起，我接触现象学已有 18 年了。

记得初识现象学是在方向红老师和王恒老师的课堂上。当时，方老师博士刚毕业，王老师也正在写作关于列维纳斯的博士学位论文。两位老师思想锐利，对从胡塞尔、海德格尔到德里达、列维纳斯的学术脉络有着独到的理解，他们对延异概念的产生以及列维纳斯在原印象上内爆现象学的诠释都给我留下了难以磨灭的印象。

2006 年，我有幸拜入倪梁康先生门下，开始正式研读胡塞尔。倪老师那几年正在酝酿他对超越论现象学体系的独立建构，其成就就是如今在学界已经广为人知的，以纵意向性为支柱对发生现象学的研究，以及作为其衍生的贯通现象学、唯识学、阳明心学的心性哲学体系的原创性的建构。这一融贯中西的探索不仅对理解现象学运动意义重大，而且为学界对以发生建构见长的唯识学和心学的理解提供了绝好的理论参照。我非常荣幸地目睹了倪老师这一时期的探索，在自己的博士学位论文中，我也"偷偷"照样以胡塞尔的内时间意识为主线，开始研究范畴代现的困境、现象学反思、还原的必要性，以及胡塞尔走向超越论现象学的必然性，尽管邯郸学步，但也乐在其中。

2010 年到 2012 年，我随俞吾金老师进行博士后研究。正是利用这段时间，我进一步完善了对胡塞尔整个内时间架构的理解，其中最满意的是将从胡塞尔全集第十卷"附录"中所得的内时间意识的"趋同"结构修正为了从原同时性到原融合的构造——后来再细化为从二一性、原区分到原融合的构造，读者们可以在书中看到我给出的胡塞尔内时间整体结构的草图。这一修正不仅实质性地回应了我一早习得的法国现象学对胡塞尔的解构，而且使我多少有了点直面现象学运动之外的其他思潮，譬如心理分析和西方马克思主义的勇气和底气。2012年9月，有赖南京大学哲学系各位老师的大力促成，我回到了初识现象学的南京大学哲学系。

在南京大学哲学系的近7年里，除了顺着倪老师开拓出的思路，继续研究胡塞尔的发生现象学外，我也努力将此思路贯彻到对现象学运动中其他代表人物的理解上。这一方向的研究难度颇大、进展缓慢，但毕竟属于自己的研究领域，唯有勤力前行。自觉收获颇多的是，在南京大学现象学研究所成立后，在系领导、外哲学科、南大学报特别是王恒老师的支持下，我筹备并参与组织了数次现象学与心理分析、神学以及马克思哲学的专题研讨会。这些会议旨在通过几大哲学思潮间的对话，揭示那些决定了20世纪西方思想之基本面貌的思与存在的范式。如今，越来越多的朋友关注并且愿意参与到这些跨思潮的研究中，我倍感荣幸、心怀感激。

胡塞尔现象学是对19世纪兴起的数学革命的哲学表达，海德格尔、梅洛－庞蒂、萨特以及现象学神学家们的一大功绩就是从各自角度将胡塞尔揭示的思的范式存在化和激进化。我理解力有限，知识结构上也有很大的欠缺，在对现象学运动的内在严格性的探讨中常感心有余而力不足，对各思潮之间关系的研究上更是如此。回想自己的求学历程，当初考研进入南京大学哲学系读书已属侥幸，能拜入倪老师门下更是我的荣幸，唯有感恩。

感谢我在南京大学、中山大学、复旦大学求学和工作时的老师和师兄弟们，感谢我在南京大学哲学系参与举办的各类学术活动中相识的学界前辈和朋友们，感谢我在南京大学哲学系几年的可爱的学生们，感谢诸位对我的支持和宽容，希望今后能继续加强合作、多帮助指点我。本书的部分章节已经在《哲学研究》《哲学动态》《江苏社会科学》以及《哲学分析》等杂志上刊载，这里对各位编辑老师的付出致以我最诚挚的谢意。感谢本书的责任编辑鲁从阳先生，没有他的付出，本书不可能如此顺利地出版。也感谢我的父母对我长时间求学的无条件的支持。要感谢的人实在太多，就不一一写明了。

  正值本书付梓之际，我由南京大学调入浙江大学哲学系工作，重回导师身边，时光荏苒，距博士毕业已整整十年矣！激动、兴奋之余也倍感压力，只希望自己能继续努力，无愧师恩，无愧本心。

2020 年 1 月
浙大紫金港

增订本后记

相比初版，增订本增加了一倍的篇幅，包括第二章的第六节"争论与回应"、第七节"新构架"，第三章的第四节"意向流形"、第六节"类型学"，第四章第二节"存在问题"、第三节"本质直观"，第五章"对法国的影响"以及最后一章"未尽之思"，其余核心章节在文字上多有改动，全书在结构上也有一定的调整。

这里首先对增补的内容做一些简要的说明。"争论与回应"一节讨论的是布洛赫与扎哈维围绕体验流的多次争论。我们相对更赞成布洛赫的立场，与扎哈维不可能真正放弃基于立义模式提出的前反思的自身觉知模式不同，布洛赫指出了绝对流的揭示对胡塞尔现象学方法和立场的改变，尽管未能对内时间的多维结构进行细致的勾勒。此外，在揭示体验流的内结构时，增订本也明确了我们一直以来与国外学界的差异：我们将体验流的内结构刻画为一维流形构造二维连续统，而国外那些仍在研读胡塞尔经典著作的学者则将之刻画为二维连续统构造了一维流形。在他们看来，一维流形就是实在的时间点组成的横轴，而我们则认为一维流形作为环状流形，亦即活的当下，它指示的是 C 时间手稿中专题讨论的绝对流的最终构造问题，本书讨论的原感觉意识的二——一性直观即与此构造有关，而它的被构造的可能性也指示出了一个全新的问题域。

意向流形是笔者 2014 年酝酿提出的刻画纯粹意识结构的新的意向性框架，它脱胎于笔者 2009 年完成的博士学位论文中揭示的内时间的多维结构，增订本以一节的篇幅特别明确了这一新的意向结构对超越论现象学的建基意义：《逻辑研究》中的立义模式被胡塞尔限定在整体与部分关系上，一旦现象学成功地从自身被给予性突入了绝对的自身被给予性，并以内时间结构刻画出了这种新的被给予性,那么如果认为立义模式没有随之被突破,这显然是不合理的,更何况在《观念》系统表达超越论现象学的体系时,胡塞尔再度强化了总体化和形式化的区分,形式化以及对它的构造所隐含的变革无疑要求现象学能够给出全新的意向结构。"类型学"一节只是粗略地介绍了超越论构造的内在特征。写作这节大致有这样几个目的:其一,本质类型是纯粹意识的超越论构造能力的一次重要的体现,因此"类型学"一节可被视为"纯粹意识"和"意向流形"的自然延续;其二,类型学与当时的格式塔理论有关,从胡塞尔对本质类型的超越论构造上,我们可以看到现象学与现代心理学乃至与现代科学之间可能具有的建基关联;其三,在超越论构造上看,第四章探讨的基本问题,譬如存在、真理、本我论、他人,它们各自在多维的意向流形中展示出的形态差异实际上也就是类型上的差异,在此意义上,本节起到了承前启后的作用。

"本质直观"一节也是笔者的新作,尽管从研究的基地上看,它其实只是意向流形结构的自身表达。但我很重视此项研究,因为这应该可以算作我对自己的现象学研究者的身份的证明。正如本书不断强调的,本质直观中的"本质"特指胡塞尔在通过现象学还原之后在《观念》阶段重新引回的"eidos",想象变更涉及的不是行为现象上的行为质性、质料等本质因素,而是使自由的想象活动成为可能的意向关联的融合、交叠、凸显,等等。很不幸,这里的层次和构造上的混淆至今仍然困扰着学界。在探讨本质直观时,我们也顺便论及了集合、连续统在本质直观中的构造。之所以讨论这些笔者并不擅长的论题,一是为了彰显意向流形框架中的本质直观的应有之义,胡塞尔确实将此视为现象学的内在任务;二是为了表明超越论现象学至少能够在意向上回应现代数学的一些最基本的观念,也只有如此,我们才有底气说我们正在探讨的超越论现象学至少是现代的,我们以此真正拥有了理解和内在地批判现代性的可能。

"存在问题"以及第五章"对法国的影响"也是我的旧作,这里一并收入。在探讨胡塞尔现象学基本问题的同时,笔者也一直在关注胡塞尔与海德格尔以及与法国现象学的思想关联,这两个方向其实是完全同步的。海德格尔一方面宣称自己从胡塞尔那里学到了现象学的方法,另一方面则指责胡塞尔没有触及存在问题,这无疑隐含了矛盾。一般认为,在现象学运动中，存在问题是海德格尔的专属，但实则不然，胡塞尔在《观念》阶段提出的纯粹意识构造绝对存在，对存在问题同样有着建基意义。实际上，正是海德格尔通过将纯粹意识理解为区域性甚至实项性的，压抑了胡塞尔此项工作的价值。接续意向流形的观念和框架，我们将强调纯粹意识作为原区域和原范畴构造绝对存在，对区域存在的建基作用，理解这一点其实不难，我们只需看到人格、精神等在《观念Ⅱ》中都是在纯粹意识构造绝对存在的基础上获得构造的就够了。

"对法国的影响"涉及了萨特、梅洛-庞蒂和三位现象学神学家列维纳斯、亨利及马里翁。篇幅和本人的能力所限，我们无法就他们与胡塞尔的思想关联做整体研究，这里只涉及这些现象学家是如何通过接受并改造胡塞尔的超越论现象学获得他们的哲学立场的。当然，本书对此问题的谈论也是以意向流形的框架为基础，并未涉及他们的思想的方方面面。我们相信，萨特、梅洛-庞蒂基于《观念》理解超越论现象学，他们对纯粹意识、现象学反思、超越论构造、能思/所思结构的诠释大体上切合胡塞尔，而现象学神学家们：列维纳斯、亨利和马里翁，他们的突破性的工作相应地可以在超越论现象学的边界处找到思想基础，我们可以根据意向流形和内时间的多维结构，给他们在胡塞尔那里找到大致的位置。对笔者来说，此专题研究或许能为我们今后理解、吸收、推进乃至消化现象学基本问题，进而开启自己独立的研究创造条件。

第六章"未尽之思"提出了两条推进经典现象学的可能路径，其中心体构造是笔者近年来尝试通过融合现象学与心理分析得出的，拙作《海德格尔与主体性哲学》（2022年）对此已有部分阐述，而本书可以算作心体构造的引论；在心体构造上回应德勒兹对现代存在的批判是在笔者思考意向流形结构时所得，对现象学运动的建基而言，称其为新方向未必合适，但它至少是那些试图真正走出现代存在的思考者所必须认真面对的。

在停笔之前，照例还是要交代下本书的不足。首先，由于在知识结构上存在无法弥补的缺陷，关于胡塞尔如何在能思/所思流形上为科学论建基，我一直畏之如虎，我的好友钱立卿博士在这些问题上对我多有提醒；在为本书的出版撰写的书评中，郭世恒博士也专门指出此问题需要拓展，感谢你们的批评和帮助！其次，本书论述的多维的内时间结构是我的博士学位论文的核心论题，意向流形是我在意向性问题上对此结构的接续和阐发。读者们很容易发现，本书在学术史的介绍上有明显的缺陷。我确实很少谈论国外的时髦研究，这固然与我的能力有关，但更重要的是，在我十余年前研读胡塞尔时，对胡塞尔的各种解读模式，包括美国东西海岸围绕"noema"的争论，以及至今仍然时髦的前—反思的自身觉知，对我就没有任何意义。实际上正是出于对这些理解和范式的不满，我才决意走向纯粹意识的深处。但近年来，我逐渐意识到，我的工作可能与那些更早的并且日益被遮蔽的研究有关，譬如芬克、兰德格雷贝已经延续胡塞尔，探讨双重意向性与自我的关系，我的师爷伯恩哈特·让克（Bernhart Rang）已经提到了能思流形、所思流形，但可惜这些真正展示了现象学的深度及其与现代知识的同构性的研究如今正被加速遗忘。而与此遗忘以及各种时髦的解释模式的泛滥同步的正是哲学无用论的兴起。能力所限，这部分补白工作只能依靠年青一代的学者了。最后，本书对《观念Ⅱ》的超越论构造的讨论，尤其是其中的身体部分，是我最不满意的，在未来的写作计划中，此缺陷大致会在两个研究方向上得到弥补：一是萨特、梅洛-庞蒂对身体的看法与胡塞尔以及与心体哲学具有何种思想关联；二是相比心理分析运动，身体现象学的理论特质何在？但这已经是后话了。

我要特别感谢我的导师倪梁康先生多年来对我的教导以及对我在学术研究上的一再任性的宽容，如果没有他的指导和宽容，我不仅不可能借助他在国内最早揭示的双重意向性进入纯粹意识，更不可能沿此线索触摸到活的当下的被构造及其所标识的现象学的边界问题域，更遑论目前正以此边界为标识，尝试通过现象学与心理分析的比较探索心体构造了。

中国社会科学出版社的郝玉明编辑为本书的增订付出很多，特此感谢！许伟、徐学臣、高琪锋、吴波成也为本书的增订做了不少工作，这里一并致谢！

2023年6月
浙大紫金港